中华现代学术名著丛书

府兵制度考释

谷霁光 著

图书在版编目(CIP)数据

府兵制度考释 / 谷霁光著. —北京：商务印书馆，2022(2023.11 重印)
(中华现代学术名著丛书)
ISBN 978-7-100-20917-5

Ⅰ.①府… Ⅱ.①谷… Ⅲ.①府兵制—研究 Ⅳ.①E291

中国版本图书馆 CIP 数据核字(2022)第 044029 号

权利保留，侵权必究。

本书据上海人民出版社 1978 年重印本排印

中华现代学术名著丛书

府兵制度考释

谷霁光　著

商 务 印 书 馆 出 版
(北京王府井大街36号　邮政编码100710)
商 务 印 书 馆 发 行
北京通州皇家印刷厂印刷
ISBN 978-7-100-20917-5

2022 年 7 月第 1 版　　　开本 880×1240　1/32
2023 年 11 月北京第 2 次印刷　印张 16⅞　插页 1

定价：80.00 元

谷霁光

(1907—1993)

学习历史，在于通古今之变，研究其发展规律和前途。今天进行经济改革，是现阶段中社会主义的必然发展，我们要能认清其本质，而掌握住政策的灵活性。

江西大学历史系八一级同学毕业纪念　谷霁光题

一九八五年夏

作者手迹

出版说明

百年前,张之洞尝劝学曰:"世运之明晦,人才之盛衰,其表在政,其里在学。"是时,国势颓危,列强环伺,传统频遭质疑,西学新知亟亟而入。一时间,中西学并立,文史哲分家,经济、政治、社会等新学科勃兴,令国人乱花迷眼。然而,淆乱之中,自有元气淋漓之象。中华现代学术之转型正是完成于这一混沌时期,于切磋琢磨、交锋碰撞中不断前行,涌现了一大批学术名家与经典之作。而学术与思想之新变,亦带动了社会各领域的全面转型,为中华复兴奠定了坚实基础。

时至今日,中华现代学术已走过百余年,其间百家林立、论辩蜂起,沉浮消长瞬息万变,情势之复杂自不待言。温故而知新,述往事而思来者。"中华现代学术名著丛书"之编纂,其意正在于此,冀辨章学术,考镜源流,收纳各学科学派名家名作,以展现中华传统文化之新变,探求中华现代学术之根基。

"中华现代学术名著丛书"收录上自晚清下至20世纪80年代末中国大陆及港澳台地区、海外华人学者的原创学术名著(包括外文著作),以人文社会科学为主体兼及其他,涵盖文学、历史、哲学、政治、经济、法律和社会学等众多学科。

出版说明

出版"中华现代学术名著丛书",为本馆一大夙愿。自1897年始创起,本馆以"昌明教育,开启民智"为己任,有幸首刊了中华现代学术史上诸多开山之著、扛鼎之作;于中华现代学术之建立与变迁而言,既为参与者,也是见证者。作为对前人出版成绩与文化理念的承续,本馆倾力谋划,经学界通人擘画,并得国家出版基金支持,终以此丛书呈现于读者面前。唯望无论多少年,皆能傲立于书架,并希冀其能与"汉译世界学术名著丛书"共相辉映。如此宏愿,难免汲深绠短之忧,诚盼专家学者和广大读者共襄助之。

商务印书馆编辑部
2010年12月

凡　例

一、"中华现代学术名著丛书"收录晚清以迄20世纪80年代末,为中华学人所著,成就斐然、泽被学林之学术著作。入选著作以名著为主,酌量选录名篇合集。

二、入选著作内容、编次一仍其旧,唯各书卷首冠以作者照片、手迹等。卷末附作者学术年表和题解文章,诚邀专家学者撰写而成,意在介绍作者学术成就,著作成书背景、学术价值及版本流变等情况。

三、入选著作率以原刊或作者修订、校阅本为底本,参校他本,正其讹误。前人引书,时有省略更改,倘不失原意,则不以原书文字改动引文;如确需校改,则出脚注说明版本依据,以"编者注"或"校者注"形式说明。

四、作者自有其文字风格,各时代均有其语言习惯,故不按现行用法、写法及表现手法改动原文;原书专名(人名、地名、术语)及译名与今不统一者,亦不作改动。如确系作者笔误、排印舛误、数据计算与外文拼写错误等,则予径改。

五、原书为直(横)排繁体者,除个别特殊情况,均改作横排简体。其中原书无标点或仅有简单断句者,一律改为新式标点,专名号从略。

六、除特殊情况外，原书篇后注移作脚注，双行夹注改为单行夹注。文献著录则从其原貌，稍加统一。

七、原书因年代久远而字迹模糊或纸页残缺者，据所缺字数用"□"表示；字数难以确定者，则用"（下缺）"表示。

目　录

府兵制度考释

引言 …………………………………………………………… 3
第一章　府兵名称的由来及其演变 …………………………… 6
第二章　西魏、北周时期府兵制度的形成 …………………… 22
第三章　府兵制与魏晋以来封建兵制及鲜卑拓跋兵制的
　　　　渊源关系 …………………………………………… 78
第四章　隋卫府制度的确立和军户的废止 …………………… 95
第五章　唐初府兵制的恢复及其全盛 ………………………… 127
第六章　府兵制与均田制及封建国家职能的关系 …………… 197
第七章　府兵制的破坏 ………………………………………… 214
附论一　东魏、北齐建置府兵问题商榷 ……………………… 245
附论二　唐河北道折冲府的设置及其变化 …………………… 258
附论三　城民与世兵 …………………………………………… 268
附论四　"良家子"与私装从军 ……………………………… 279
府兵纪事年表 …………………………………………………… 288
付印附记 ………………………………………………………… 318

相关研究补编

补魏书兵志 ································· 321
唐折冲府考校补 ······························ 331
西魏北周和隋唐间的府兵 ······················ 383
再论西魏北周和隋唐的府兵 ···················· 422
三论西魏北周和隋唐间的府兵
　　——府兵的阶级成分问题商榷 ············ 445
四论西魏北周和隋唐的府兵
　　——府兵初期资粮与军备问题再探讨 ······ 474
五论西魏北周和隋唐的府兵
　　——府兵制的确立与兵户部曲的趋于消失 ··· 498

谷霁光先生学术年表 ················· 邹锦良 515
读《府兵制度考释》书后 ············· 何兹全 522

府兵制度考释

引　言

　　府兵制度,在整个中国封建社会兵制史中,占有较为重要的地位。府兵制度实行及实行以前,封建皇朝较多采用征发、简点的办法来补充兵源;府兵制度破坏以后,乃较多采用召募的办法了,这是一个带有关键性的演变。作为封建主义上层建筑的一个重要组成部分的府兵,是与当时封建经济基础的变化相适应的,是与当时生产力发展水平相适应的,它随同阶级斗争形势的发展而演变着。毫无疑问,府兵制度研究,不仅涉及整个西魏、北周和隋、唐的历史发展规律,而且涉及整个中国封建社会的历史发展规律。我们学习、运用马克思列宁主义、毛泽东思想以研究府兵制度,旨在加深对中国中世纪史的规律性的了解。例如府兵由家兵、部曲转化成为皇朝直辖化的军队和兵士的自备资粮,是以统一的物质条件与封建占有的均田制为其基础,研究府兵制度,即在于阐明这些问题,从而为进一步研究魏、晋、南北朝、隋、唐的历史,提供一些有益的论证和资料。又如隋末农民起义,人数之多,范围之广,时间之久,超过以往各次起义,然而分散性也表现得极为突出,为什么这样突出?除了农民起义本身原具有分散性这一弱点外,当时分布各地的府兵,力量尚强,又可以统一调度,影响着大规模农民战争的形成;然而声势浩大的各地农民起义,终于吸引住各地府兵兵力,使府兵陷于被各个击破的地位,原来自认为铁桶江山的隋皇朝，也终于被摧毁。这一客观形势，虽然在一定程度上也加剧农民运动的分散性，而在初期阶段，这一分散性却正是农民革命开展所必然和所必需的。研究府兵制度，即在于阐明这些问题，从而为阐述农民革命的一般规律与特殊规律提出新的线索。

研究府兵制度，其目的在于阐明中世纪史一些本质问题，但研究尚在开端，初步工作只能为历史的本质问题提供有关资料并找出一些新的线索。这需要先做一番钩沉索隐的工作，在问题提出上可以是细大不捐，以便将来进一步去粗取精，全面阐明府兵制度发展的规律。例如军府上面冠以地名，隋代在润州有所谓金山鹰扬府，唐代在广州有所谓番禺折冲府之类，本来是细小不过的问题，但从其演变中却可以窥见出，由原来防守冲要的驻屯部队，逐步变成为一支随时可以调遣的常备军而又构成为一所经常的封建军事学校，这对兵制研究便可以获得新的启示。又如唐折冲府数最高额达到633府，这究竟是全盛时期的总数，抑或为衰败时期的总数？通过这些不可忽视的细节考证，回过头来可以说明封建社会中许多制度具有一般规律性的问题。府兵研究，当前之所以还需要做些细致深入的资料整理工作，这就是其主要原因。关于府兵制的资料本极缺乏，以前也不曾做过系统的发掘和整理工作。因此，做些考证工作，奠下研究的初步基础，也是必要的。

本书以考释为主，适当地加以论述；在掌握较多的资料与持有较可靠的论证时，偶或有论述多于考释的地方。引用史料，一般在行文中择要摘录，并在附注中注明出处；只有特殊重要的，才录用全文。考释不以问题为纲，系按历史年代顺序加以述说，其目的在于便利进一步的研究，容易从中找出其发展规律。与府兵制度关系不那么直接或者府兵制度中一些较次要的问题，另行列为附录，以供参考。

作者在书中对府兵制度提出了一些可供讨论的新问题,对过去研究中争论的问题,也表示了自己的看法,错误定所不免,希望读者予以指正,在党的"百花齐放、百家争鸣"方针的指导和鼓舞下,为繁荣祖国的社会主义科学文化而共同努力。

第一章　府兵名称的由来及其演变

我们所说的府兵,专指西魏、北周、隋、唐的一种兵制而言。但从魏、晋以至隋、唐,这个名称的应用范围较广,专称与通称容易混淆,因而在府兵制研究中也往往随着产生纷歧。为了便利研究起见,在对府兵制度本身进行考释之前,先行析述府兵这一名称,给予确定的涵义;和名称有关的一些问题,也略予论列。

一、"府兵"作为通称与专称的区别及其联系

府兵作为通称由来已久

从魏、晋以至隋、唐,府兵泛指某将军府、某都督府或某某军府的兵而言,这是府兵的通称,也就是府兵发展成为专称的来源。

某将军府的兵简称府兵,在两晋时期已较流行,唐长孺先生曾对此作过一番考证。[①] 西晋刘璠在他父亲刘弘刚死的时候,带领父亲的兵攻打郭励,《晋书·刘弘传》说是"墨绖率府兵讨励"。为什

[①] 见唐长孺《魏周府兵制度辨疑》,载《魏晋南北朝史论丛》,三联书店1955年版,页250—251。

么叫府兵呢？按刘弘原做荆州刺史兼领军职，军号是车骑将军，刘璠系带领荆州车骑将军府的兵出征，而当时简称为"府兵"。东晋的谢玄，北镇广陵，所统军队号为"北府兵"，由于他是以建武将军、兖州刺史、领广陵相、监江北诸军事的官衔，驻屯北境，所部为镇守北境某将军府的兵，故简称为"北府兵"。其后刘牢之以辅国将军、都督兖青冀幽并徐扬州晋陵诸军事官衔出镇京口，他的军队也被称为"北府之众"。①

这种通称，到唐代仍沿袭不废。高宗时梁建方等讨突厥，"发秦、成、岐、雍府兵三万人"②，"府兵"系指这几个州都督府的兵。德宗时柳晟为山南西道节度使，所领军队也叫"府兵"。③ 可见将军府的兵都可通称"府兵"。

当时这种将军府，又可以简称为军府。军府这一名号，在隋、唐时代多指府兵（作为专称的）而言，而魏、晋以来则更广泛地适用于一般将军府。

晋刺史多兼督军事，历史上往往"府州"并称④，"府"即军府。梁河东王萧誉为南中郎将、湘州刺史，是湘州有军府；湘东王萧绎为镇西将军、都督、荆州刺史，是荆州有军府；其他江州、雍州、郢州、徐州、兖州等都系府州并立，而由一人兼任刺史、军将之职。因为军府权力比州郡权力大，所以称府州而不称为州府。军府这一

---

① 见《资治通鉴》卷一〇四，晋太元二年；卷一一〇，晋隆安二年。
② 见《资治通鉴》卷一九九，唐永徽二年。此时诸州多置都督，府兵即指州都督府的兵。
③ 《新唐书》卷一五九《柳晟传》："授山南西道节度使，府兵讨刘辟还，未扣城，复诏戍梓州。"
④ 历史上"州府"并称，州、府均属地方行政区划。这里并称的"府州"，则是军事与地方行政合一的。

名称,适用范围是州刺史兼管军政的牙门,涵义仍较广泛。

北魏时代,军府仍系一种通称。广阳王元渊任北道大都督,《魏书》说是"受任军府",乃指北道大都督府而言。① 又《魏书·杨椿传》有关军府的记载如下:

> 自太祖平中山,多置军府以相威摄,凡有八军,各配兵五千,食禄主帅,军各四十六人。自中原稍定,八军之兵,渐割南戍,一军兵才千余,然主帅如故。

魏在中山设置八个军,每军各有主帅僚属,也就有军将的牙门,通称为府。这种军府,系以一个军为单位②,与北道大都督那种军府,在范围上、职掌上是不同的。但从军府这一名称来讲,则又具有相同意义。中山八个军,是一种特殊军事组织,除了军之外,后来还有镇戍,到唐代仍沿袭其制。同时代的南朝,军、镇、戍也设置在沿边各地。这种军的制度,各个朝代不尽相同,而性质则基本上相似。北魏中山八个军,又可简称或者通称为军府,那该是广义的称呼,并非专称。

岑仲勉先生说北魏的"军府必为一种特殊兵制"③,如果指中山八个军而言,自属正确。但当了解军府应视为当时适用范围较广的

---

① 《魏书》卷一九下《城阳王徽传》:"渊受任军府,每有表启,论徽罪过。"同书卷一八《广阳王深(渊)传》:"蠹害军府,获罪有司。"均指北道大都督府而言。魏末仍然如此称呼,《周书》卷三二《陆通传》,"贺拔岳为侯莫陈悦所害,时有传岳军府已亡散者",此乃指贺拔岳受任开府仪同三司、都督雍华等二十州诸军事时所立的军府。

② 这种军府,南方也有。《南齐书》卷五七《魏虏传》:"于梁山置一军,南置三军,慈姥置一军,洌州置一军……徐浦置一军,内外悉班阶赏,以示威刑。"军有班阶,亦即立有军府。

③ 岑仲勉:《府兵制度研究》,上海人民出版社1957年版,页10。按中山八个军有如唐代的军、镇、戍、守捉,而各有特点。

一种通称,表明某个中心地区有着一定数目的军队,有着统领军队的将军或其他带军号的军将,有着将军或其他带军号军将的牙门,有着军将的属官,所以南北两方也都通用这一名称,并不专指某一特殊兵制。同时当日所谓"军府"又不专指"将军开府"而言,刘弘不是开府将军,南朝许多州的军府和州刺史的军职大都不是开府将军,中山八个军的设置,也在北魏定制"依品开府"之前,因之军府不能作为"将军开府"的简称①,军府设置属官与"开府置属官"在当时官制中不是同一回事②,因而不能把军府限在"将军开府"的狭小范围内。

军府可以作为通称,故属于军府的兵,可以统称为府兵,这也是一种通称。基于这样的原因,相连而来地产生了另外一些比较广泛应用的名词如"军户"、"府户"、"兵户"等,一般适用范围甚至比军府更广泛。唐长孺、岑仲勉两先生都曾对此作过考释③,寻求其中相互关系,这里略加申述。

军户、兵户都指世代执兵役的人户而言,有如魏、晋的"士家"④,凡属军户,不入黄籍,即不列入民户,其社会地位也不同于

---

① 将军开府之制在北魏始于太武帝神䴥四年(431年),其最初命令,还是在神䴥元年(428年)颁下的。至于平中山在道武帝皇始二年(397年),中山八个军府显然不属将军依品开府的制度。

② 军府一般都有部属员吏,可以设置属官;至于开府将军,开府置属官,便是官号上具有"开府"之号,其意义为开府仪同三司,两者必须区别开来。"将军开府"即不同一般军府,是开府将军的一种名分。参阅《魏书》卷二六《尉眷传》、卷一九下《南安王桢传》等。

③ 见唐长孺前书页252—254,岑仲勉前书页2—8。

④ "士家"即"士"的家庭。魏晋世代执兵役的称为士,其家称士家,其子女称"士息"、"士女",本即封建国家的直属部曲。魏令"诸士女嫁非士者,一切除夺,以配战士",是婚姻受限制。晋"调诸士家,有二丁三丁取一人,四丁取二人,六丁以上三人",士家必须简补士;又可能被迁徙到别处,担任屯田等任务。士家有时亦泛称"兵家"。

一般民户。府户的内涵完全相同,因之,北魏北镇的兵户,也叫府户,《北齐书》卷二三《魏兰根传》:

> 缘边诸镇,控摄长远。当时初置,地广人稀,或征发中原强宗子弟,或国之肺腑,寄以爪牙。中年以来,有司乖实,号曰府户,役同厮养,官婚班齿,致失清流。而本宗旧类,各各荣显,顾瞻彼此,理当愤怨。……宜改镇立州,分置郡县,凡是府户,悉免为民,入仕次序,一准其旧。

很显然,这种府户都是名列北镇兵籍的户口,如高聪、蒋少游被配为云中兵户,蒋少游虽然"留寄平城,以佣书为业,而名犹在镇",即是府户①,其户口不能列入州县的黄籍,即是具有"府籍",非皇朝特许,永远不能脱离②。

府户不只限于北镇,南边的军府,其兵户也可以称为府户,《魏书》卷八七《刘侯仁传》:

> 刘侯仁,豫州人也。城人白早生杀刺史司马悦,据城南叛,悦息朏走投侯仁。贼虽重加购募,严其捶挞,终无漏泄。朏遂免祸。事宁,有司奏其操行,请免府籍,叙一小县,诏可。

刘侯仁名列军府,具有府籍③,这与北镇兵户之称府户,情况是相

---

① 见《魏书》卷六八《高聪传》、卷九一《蒋少游传》。他们都是兵户,也可称为府户。
② 见下引《魏书》卷八七《刘侯仁传》。
③ 按刘侯仁之有府籍,或是战争中被没为军户的。史文不详,难于肯定。但府户亦即"城民"、"城人",唐长孺先生在其《魏周府兵制度辨疑》中已有说明,可参阅,见唐著前书页256—257。

同的。

军府的户口,世执兵役,称为府户,也就是兵户。府户、兵户有的是被强征而来的,有的是被俘虏或坐罪而来的,其地位低于一般农民,类似屯户、客户、僮户,人身依附性很强。至于北镇初置时的士兵,多系拓跋族本族人或是中原强宗子弟,"不但不废仕宦,至乃偏得复除"[①],享有特殊的地位。到了孝文帝迁都洛阳后,由于鲜卑贵族门阀化,镇将被排斥在"清流"之外,仕宦、婚姻都受到歧视。边兵的身分就更加低落,而且其中补充了许多谪配的罪犯[②],他们名隶军籍,世代戍边,号称府户,有如奴仆。只有经过政府放免,才能成为平民。他们因之而极度愤怨,终于酿成北魏末年的六镇起义。府户的身分,由此不难肯定,那就是较一般农民为低而比奴婢略高,有如隶属于封建国家的农奴。

府兵与军府到隋唐时代逐渐成为专称

隋代军府乃专指府兵制度中的骠骑府或鹰扬府而言。《隋书·高祖本纪》所载开皇十年诏,"军府统领,宜依旧式","罢山东、河南及北方缘边之地新置军府",军府即骠骑府、车骑府的专称,其他州镇的军府都不包括在内;史籍中也不以军府一名来称呼其他州镇的军队及其军将的牙门。从这时候起,军府基本上是专用名称。同书卷二四《食货志》说炀帝"将事辽碣,增置军府,扫地

---

① 《魏书》卷一八《广阳王深(渊)传》。
② 北魏自文成帝以来,多以罪犯谪戍北镇,见《魏书》卷四一《源贺传》:"宥诸死刑,徙充北蕃诸戍,自尔至今,一岁所活,殊为不少。"又卷五七《崔挺传》:"(孝文帝)时以犯罪配边多有逃越,遂立重罪,一人犯罪逋亡,合门充役。"

为兵",当时骠骑府已改称鹰扬府,军府就是指鹰扬府而言,这一习惯的说法,乃更加固定下来。

唐代也一直沿用这一习惯的说法。《新唐书·兵志》说"武德初,始置军府,以骠骑、车骑两将军府领之";又《资治通鉴》卷二一二开元八年敕书说"役莫重于军府,一为卫士,六十乃免",都专指当时的府兵而言。同样,唐代官吏书奏中提到的"军府"总是专指府兵所隶属的府,如崔善为上唐太宗疏:"畿内之民,是谓户殷;丁壮之人,悉入军府。"①李峤上武则天表:"今之议者或不达于变通,以为军府之地,户不可移,关辅之民,贯不可改,而越关继踵,背府相寻,是开其逃亡,而禁其割隶也。"②军府即折冲府的专称,不独是习惯说法,而且成为法定名词,《唐六典·户部》关于户籍的规定,"有军府州不得住无军府州"。军府作为专称,一为法令所确定,用法乃更加一致。

军府作为府兵所隶属的府的专称,渐次确定;相应地,府兵专指鹰扬府、折冲府的兵,一般也趋于一致。唐人称折冲府的将佐为府官③,其军士为府兵,《邠侯家传》、《白氏长庆集》、《樊川文集》中都有文可征④,府兵作为折冲府兵的专称,已经可以肯定。民间流传的习惯说法,也是这样,敦煌出土的歌谣,一首讲到"十六充夫役,二十当府兵";又一首讲到"天下恶官职,不过是府兵"。⑤ 当然

---

① 《册府元龟》卷四八六《邦计部》四《迁徙》。
② 《册府元龟》卷四八六《邦计部》四《户籍》。
③ 白居易《白氏长庆集》卷四七《策林》三:"府有常官。"
④ 《白氏长庆集》卷四七《策林》三:"夫欲分兵权,存戎备,助军食,则在乎复府兵、置屯田而已。……若使反兵于旧府,兴利于废田,张以簿书,颁其廪积,因其卒也,安之以田宅;因其将也,命之以府官。"
⑤ 《敦煌掇琐》中集卷七〇。

这是就一般情况而言,偶然也有例外的,上面叙述魏晋以来军府与府兵作为通称的时候,已经列举过这种事例。① 为什么府兵作为专称尚有一些例外的情况呢？这是由于当时习惯上称呼府兵的,尚有其他名称,而法令上对于府兵的组织多称军府或卫府,对于府兵的成员多称卫士或侍官,府兵虽是专名专用,但偶亦作为通称。至于军府名号,习惯上法令上都比较统一,自然不容易混淆。

府兵与军府作为隋鹰扬府、唐折冲府及其军队的专称,乃由于魏、晋以来作为某将军府及其军队的通称演变而来,这一演变,固然可以说明兵制因袭在名称上的表现,而最主要的是说明府兵制有着较为独特的发展变化以至获得专名专用的地位。府兵制形成于西魏、北周,其确立和完善阶段是在隋、唐,因而专名专用也发生于隋、唐。我们考证府兵与军府这一名号的由来,一方面要看到制度的因袭,另一方面又必须看到制度的独特发展,如果看不到这两方面,只知道它在隋、唐时作为专称而不知道魏、晋以来作为通称的历史演变关系,那是不全面的。同样,由于时代和社会条件的不同,名称与制度会发生变化,正如内容之于形式,新的内容有其新的形式,也有用旧形式表现新内容的。府兵作为专称,完全承袭魏、晋以来府兵这一通称,制度上则有独特的发展变化,如果迷惑于名称上的相同而忽视制度上的重大差别,显然是不对的;反之,如果不看到专称从通称演变而来这一渊源关系,把两者说成是"偶然的相同",也是不对的。

---

① 军府作为通称,在府兵制施行时较少见,通用于府兵制破坏以后。《资治通鉴》卷二二四永泰元年称路嗣恭为朔方节度使,"披荆棘,立军府","军府"即指朔方节度使而言。同书卷二二三、二二五、二二六等,军府见于记载尚有好几处,一般都指节度使,不再是折冲府的专称了。

二、府兵在各个时期的其他名称

六军、十二军与二十四军

西魏、北周之初,府兵最高统帅,除皇帝和都督中外诸军事的宰臣外,有所谓八柱国,即八个柱国大将军。西魏末年,八柱国只有六柱国实际统领军队,所以习惯上称八柱国以表示新形成的府兵制,而官书则叫"六军",因为封建古制,相传天子六军,六柱国所领军队正好是六军。《北史》和《资治通鉴》都说宇文泰于大统八年"初置六军"①,亦指六柱国所领军队而言。当时府兵制还在萌芽阶段,名称也不一致,六军分为左右,成为十二军,《周书》便有"十二军"的记载②,十二军为十二大将军所领而分属六柱国大将军。十二军再分左右成为二十四军,二十四军为各骠骑大将军、开府仪同三司所领而分属于各大将军。二十四军在北周成为一个法定的称呼,皇朝宣布有关军事的政令,都用这个名称。其时府兵制度已进入初步形成的阶段,组织制度跟着变化,二十四军成为军队统率上的一个最重要的单位,到后来柱国大将军、大将军这两级统

---

① 《北史》卷五《魏本纪》称大统八年三月"初置六军",《资治通鉴》卷一五八梁大同八年二月称"魏初置六军",此即府兵制正式形成的开始。大统八年以后即陆续任命将分别担任柱国大将军的职位。

② 府兵制创始以前即有十二军之名。《周书》卷一七《刘亮传》:"太祖置十二军,简诸将以将之,亮领一军,每征讨常与怡峰俱为骑将。魏孝武西迁,以迎驾功……"这在西魏建立以前,系临时制度。到大统三年宇文泰率李弼等十二将东伐,为战时编制。这里十二军指六柱国下所属十二大将军,乃固定的军事组织。

率虽然存在，但皇朝政令更直接地以二十四军为基本的宣达和执行的单位。同时期内仍用六军、十二军的名称，而六军一般是作为"天子六军"的一种通称，不像以前那样具有专称的内容；十二军在战时组织中也曾经有过，由于天子六军既是传统的一个组织，战时既适合军事需要而又能表示传统的威仪，如是六军临时分为左右，一般又构成为十二军。这是战时组织，是战争中的十二支军队，有时少于十二，有时多于十二，与平时府兵组织虽有其联系，显然大有不同，由于是战时组织，即具有临时性和特殊性，不应当混为一谈。

二十四军在北周较为通用，其兵士称为"军人"或"军士"，综称为"诸军军人"，最后"军人"改称"侍官"，这些都可视为府兵的一种专称。

卫府与十六卫

隋、唐时期，府兵的主管机构一般连称"府卫"或"卫府"，系指上有十六卫下有鹰扬府或折冲府。《新唐书·兵志》所谓"兵列府以居外，将列卫以居内"[*]，即把卫、府作为府兵组织中的两个基本单位；杜牧《原十六卫》一文，也是卫、府并提[①]。府兵有宿卫和征防的任务，而宿卫最为固定和经常化，隋、唐时府兵又号"卫士"，在官府文书中，卫士之名，比府兵更为多见。《唐律疏议》是以卫士作

---

[*] 据中华书局点校本《新唐书》，此条引文出自《新唐书·方镇表序》。——编者注

[①] 杜牧《樊川文集》卷五《原十六卫》："内以十六卫畜养戎臣，外开折冲果毅府五百七十四以储兵伍。"

为法定名称的。① 唐玄宗天宝十一载虽一度把卫士改称"武士"，那时候府兵已属有名无实，武士的名号自亦无关宏旨。②

隋、唐官府文书中，常见鹰扬府、折冲府之名，其兵号为鹰扬兵、折冲兵，因为府名鹰扬或折冲，府的长官为鹰扬郎将、折冲都尉，所以出现鹰扬兵、折冲兵这种专门名称。严格说来，鹰扬府才是隋代府兵的专用名号，折冲府才是唐代府兵的专用名号；至于军府不独可通用于隋、唐，亦可通用于西魏、北周，就广义言之，更可以通用于魏、晋、南北朝。卫士、军人同样可以适用于西魏、北周以至隋、唐。军士、军人名号在北周有确定涵义，即指二十四军系统内的兵，隋、唐仍然如此；而唐代被点为卫士者，法令上叫作"军名"，军士、军人以及军名都系互相联属的名词③，在府兵制度中这些名号都可通用。鹰扬、折冲是就其组织制度来称呼的，卫士是就其任务来称呼的，名称的多样性，除了历史上因袭关系外，主要为制度内容所决定。

乡兵与坊府

除了上述这些名称外，从西魏到隋，还有"乡兵"这一名号，一般也指府兵而言。因为府兵兵源一部分由乡兵转变而来，而府兵分驻各地，军坊之外，尚有乡团，所以有时又称乡兵，这点在以后有

---

① 苏瓛《刑部散颁格》残卷，也有"卫士免军，百姓免简点役"之文，可见在封建法典中，卫士是法定名词。

② 按天宝八载折冲府已无兵上番，这时候所谓卫士实际上为圹骑所充任，武士应只指圹骑而言。

③ 《唐律》有"军名"、"征名"之别。"军名"指被点为卫士而具有军籍的；"征名"指从军征讨，列入战士名籍的。

关各章中仍当述及。隋开皇十年以后,府兵制度完全确立,乡兵之名,乃不复见,因府兵中央化已经巩固,乡兵这一带有地方割据色彩的名词,就被摈弃。当然西魏、北周和隋初的乡兵,已处在中央化激剧发展过程中,这一名词的涵义,与北魏以及南朝的一般所谓乡兵,固又大有不同。①

此外,隋代有时又有"坊府"之称,坊指府兵集中屯驻地方设有军坊者而言;府指军府。隋开皇十年诏书所谓"魏末丧乱,军人权置坊府",系指府兵驻屯处所,不成为一种通用的名号,只是诏书中所提到的坊府,其内涵可以表明为府兵,当时也可能应用这一名称。② 唐代又有"军团"的称呼法,军团来源于军队的组织系统而又与乡团有关;乡团原是府兵分散驻屯所在地方,后来乡团又叫地团。③ 至《旧唐书·戴胄传》所谓"比见关中河外,尽置军团;富室强丁,并从戎旅",军团乃府兵的别称,不过这种名称在史书中究不多见。④

府兵名称虽繁,大体上仍可归纳为下列几种。总的说来,府可称为军府,兵可以称为府兵;从历史阶段上讲,西魏、北周时府主

---

① 旧作《再论西魏北周和隋唐的府兵》(见本书第422—444页。——编者注),载《厦大学报》第三集,1944年版。其中较多篇幅是论述乡兵与府兵的渊源关系。
② 《隋书》卷二八《百官志》:"诸府皆领军坊,每坊置坊主一人、佐二人。"坊府并称,因府兵集中坊居住,其中且有家属。坊主任务在于校比户口,劝课农桑。
③ 军团应为军坊乡团或坊坊乡团的简称。根据《隋书·百官志》,知军坊、乡团分指兵士居住比较集中的城乡地区,当军民分治时,军府分别设坊主、团主以治理民事。
④ 《旧唐书·职官志》左右卫大将军条仍有"军团"以指府兵组织的记载。(据中华书局点校本《旧唐书》和《新唐书》,此条"军团"出自《新唐书·百官志》。——编者注)

要在于二十四军,兵称军人或军士以至称为侍官;隋时府主要称为鹰扬府,兵称鹰扬兵,亦称卫士。在鹰扬府之前的一阶段则称骠骑府、车骑府,兵亦可称乡兵,这在北周时基本上也如此。在唐代虽一度称骠骑府、车骑府,主要称为折冲府,兵为折冲兵,较多的是称为卫士。其他名称只是偶然被引用,这虽与府兵制度的演变也有一定的关系,但和习惯说法与官府文书中的应用比较起来,是不重要的。

三、府兵制与同时期其他兵制的关系

府兵是当时封建兵制的一个方面或一个组成部分。更准确一点说,府兵是当时兵制的一个主要方面,一个最重要的组成部分。但必须明确,它不是唯一的,不能以府兵概括当时全部封建兵制,也不能把它看成是唯一重要的军队,当时封建兵制的几个主要方面或几个主要组成部分正系相互为用。这些问题在下面各章中尚须作一些具体分析,先在这里简略地予以综合述说。

禁卫军、禁军与府兵的关系

首先从府兵作为卫士或侍官谈起。府兵有宿卫和征防的双重任务。宿卫的任务是较固定而又经常的,在隋、唐统一以后战争比较少的情况下,宿卫自然成为最主要的任务;而从整个府兵制的发展阶段来看,就难分别其主次轻重。西魏、北周时期,征防的任务不独繁重而且较经常,这是由于封建内战不断发生的原故。隋、唐在对外战争频繁时期以及隋末农民起义当中,也是如此。府兵从军事方面体现封建国家的职能,宿卫和征防都是执行其职能的具体表现,它既是兵制中主要的一个方面或最重要的一个组成部分,这两种任务都要负担,硬要一般地分别其主次轻重,是不符合于实际情况,也是不必要的。①

府兵是不是封建皇朝的一种禁卫军呢?② 应该说是的。北周末年称府兵为侍官,隋、唐称为卫士,循名责实,是皇朝直接掌握的亲军,并用以担任宿卫。就是北周改名侍官以前,仍然是皇朝直接掌握的亲军,宿卫任务自始是固定而经常地在执行,均属无可置疑。不过府兵只能说是禁卫军的一种,有时虽属于最主要的一种,也从来不是唯一的,另外总是有一种称为禁军的禁卫军存在。唐代的"元从禁军"以至发展为神策六军,固不待言;即西魏、北周的禁军也始终是独立存在的,大统八年以前,王励领禁兵从战沙苑,贺兰祥以右卫将军领禁军宿卫京师③,大统八年以后,尉迟纲以中领军总领禁兵等,禁军不曾废除④,而且有羽林、佽飞等名目,均为

---

① 旧作《西魏北周和隋唐间的府兵》(见本书第383—421页。——编者注),载《中国社会经济史集刊》第五卷第一期,1937年版,文中说府兵最重宿卫,是不全面的,其他错误尚多,不足为据。

② 禁军在旧史中为皇帝亲军的一种专称;但府兵也担任宿卫,也为皇帝亲军之一,合言禁卫军,包括的范围比亲军更广一些。

③ 《周书》卷二〇《王盟传附子励传》,"大统初为千牛备身直长,领左右,出入卧内……沙苑之役,励以都督领禁兵,从太祖";同卷《贺兰祥传》,"迁右卫将军,加持节、征房将军",两人所领均禁兵。

④ 《周书》卷二〇《尉迟纲传》:"魏废帝二年拜大将军兼领军将军。……齐王仍以纲为中领军总宿卫。……孝闵帝践祚,纲以亲戚掌禁兵。"按尉迟纲有领军将军、中领军等官号,都属禁兵组织系统,参阅同书卷二七《蔡祐传》,蔡祐亦以中领军领禁兵。

禁军①。杨坚在北周宣帝时任大司马、右司武，史书说是"入典八屯，外司九伐，禁卫动巡警之勤，治兵得蒐狩之礼"，所谓禁卫仍是专指禁军而言。②按禁军与府兵同属宿卫，具体任务却有所不同，虽然有时府兵上番可以调归禁军统领，这只是承担宿卫时如此，组织系统始终区别开来，不会混淆。唐长孺先生把北周二十四军宿卫与禁军宿卫等同起来，误以为禁旅全属二十四军的军人或军士，因而忽视了禁军的独特地位和作用，其原因就是不了解府兵与禁军始终同时并存这一普遍事实。③

府兵的属于禁卫军，其宿卫任务与宿卫组织时常在变化中，其实禁军也时常在变化，两者在变化之中自亦有相互影响之处。我们知道禁卫军具有护卫中央皇室的一般特点，而执行这一任务是多方面的，禁卫军本身也可以多种多样。西魏以至唐代，禁卫军的名称和制度是变化较多的，府兵本身就是禁卫军的一个新的发展，如果单纯拘泥于一些名称和官制的条文，不深入研究这些名称和官制的实质，往往会不得要领。我们应该肯定府兵是一种禁卫军，但禁军始终存在并保持其一定的职能与地位，其范围、其重要性以及种类在各个朝代各个阶段中容有不同，而表现在制度上禁卫军从来不是单一的，则又完全一致。

---

① 羽林之名见《隋书》卷六〇《于玺传》，熊渠之名见《隋书》卷六一《郭衍传》，欶飞之名见《隋书》卷五五《乞伏慧传》，折冲之名见《隋书》卷五五《和洪传》，其他尚有忠义、勇猛等名，一般应属禁兵。

② 按大司武属禁兵系统，禁军为大司武的职掌；至于大司马则总司军事行政，职权更大。

③ 见唐长孺前书页263。按《周书》卷一〇《宇文导传》，"督左右禁旅，会于沙苑"，此"禁旅"指禁兵。又《北史》卷六〇传论谓六柱国"各督二大将军，分掌禁旅，当爪牙御侮之寄"，则指府兵。同一名词，内涵不同。六柱国属于禁旅，而禁旅亦可专指禁兵，唐先生以为六柱国分掌的禁旅包括一切禁军，自属不妥。

府兵与其他军队的关系

其次,府兵制实行的同时,还始终存在着其他兵制,即使府兵成为最主要的军队的时候,其他军队的重要作用,仍然不能予以忽视。西魏以来,州郡兵一直不曾削弱,有时候还是继续加强,隋的都尉,唐的州都督府,兵数是增加的。另有镇戍兵,唐代更在边疆设置军、守捉等,名目也不少,至于临时设置的有如隋的骁果,临时召募的有如唐的猛士,也很繁多,而且有许多属于中央军,隋的骁果还可以担任宿卫,历史上记载这些事实比较详细,无须广为征引。

有些专书或专论,往往以府兵作为隋唐整个的兵制来述说。当然,府兵在隋唐处于极为重要的地位,加以重点叙述,有时是必要的,却也不能以府兵概括一切或代替一切兵制。杨志玖先生在其《隋唐五代史纲要》中对唐代的兵,只讲了府兵,不曾提到其他军队,而且说:"(府兵)因有这些优点,所以唐朝便拥有雄厚的武力,保证了初唐对外战争的胜利。"[1]由于忽视了其他兵制,就不免夸大了府兵的作用。岑仲勉先生估计唐代兵数单是边兵一项就有四十九万;府兵约六十万人,一般以六番计算,在番的只十万人,"不得不取资于别项兵源"[2],这话是正确的。至于对外战争的胜利,固不能完全看兵的数量,府兵一度是比较精锐,作用是大一些,但是如果完全忽视其他军队的职能,单纯归功于府兵,必然不符合于当时的实际情况。

---

[1] 《隋唐五代史纲要》,上海人民出版社1957年版,页37。
[2] 《隋唐史》,高等教育出版社1957年版,页218。

第二章　西魏、北周时期府兵制度的形成

　　从西魏大统八年(542年)到北周大象二年(580年)，一共三十八年的时间，府兵制度已经形成，属于府兵制发展的初期。其中又可分为三个阶段：西魏大统八年到恭帝三年(556年)，主要是把乡兵和增募豪右纳入六柱国统领系统之内，构成一个新的军事系统，是为第一阶段，亦即宇文泰当政时期。北周明帝元年(557年)到建德元年(572年)，主要是乡兵经过初步整顿，二十四军确立和巩固了，是为第二阶段，亦即宇文护专权时期。建德元年到大象二年，主要是进一步扩充府兵，府兵担任侍卫也更加制度化，是为第三阶段，主要是北周武帝亲自掌政时期。其间嬗变之迹，需要详为论述。

　　府兵制发生的背景，府兵制与均田制、租调制的关系，以及府兵与胡汉民族关系等问题，都分别穿插在各个阶段中加以阐明。

一、六柱国领兵的由来及其变化

六镇起义后的关中与东、西魏的分立

　　535年西魏在关中建立了一个小朝廷。关陇原是人民起义风

暴所席卷的地区,北魏末年风起云涌的镇民、流民起义,其中心要求在于反对北魏的胡汉联合统治。这些起义,到531年虽暂时被镇压下去了,而影响却很深远。

北魏皇朝在人民起义的烈火中分崩离析,到西魏和东魏的对峙局面形成以后,农民反抗封建统治的斗争始终不曾间断。① 起义的深远影响和不停顿的反封建统治的斗争,也必然要反映到封建政治经济制度中去。

边疆方面的突厥、柔然和吐谷浑等都相当强盛,这些部族统治者不时企图内侵,特别是在东、西魏分立中它们处于举足轻重的地位②,往往气焰很盛,这也影响到西魏的政治和军事。

以宇文泰为中心的西魏统治集团,其动向怎样?必须先对这一集团的主要组成人员进行分析。

从宇文泰以至六柱国、十二大将军来看,这一集团是胡汉贵族结合在一起,胡族的汉化均已较深,多数人出身北镇或与北镇有一些渊源关系。在六镇起义前后,他们的地位都不高,一般只不过统军、别将。但他们中间多数人参与了镇压镇民、流民起义,宇文泰

---

① 据《周书》各本纪,起义有如下多起:西魏文帝大统十二年,瓜州民张保攻杀刺史成庆;魏废帝元年,东梁州民围攻州城;北周武帝保定二年,洛州民周共聚众暴动,署将相;天和六年,信州"蛮"渠冉祖喜、冉龙骧反;建德三年,始州民王鞅拥众反;六年东寿阳土人反,率众五千袭并州城;宣帝宣政元年,汾州稽胡帅刘受逻千举兵反;大象元年,相州人段德举谋反;二年(静帝时),豫、荆、襄州内诸"蛮"攻没郡县。

② 《资治通鉴》卷一五七、一六五、一六六、一六七,关于西北部族内侵的记载有:西魏文帝大统三年柔然南侵;废帝二年吐谷浑连年入侵;恭帝二年西魏屈事突厥;北周明帝武成元年吐谷浑入侵。其中突厥最强,东魏、西魏都屈事于它,《隋书》卷八四《突厥传》:"佗钵控弦数十万,中国惮之,周、齐争结姻好,倾府藏以事之。佗钵益骄,每谓其下曰:'我在南两儿常孝顺,何患贫也!'"由此可知突厥在当日北边的地位。

就是其中的一个,他混在起义军中,葛荣委任以将帅,后来背叛了起义军,反过来镇压陇右的起义,其他如宇文导、李弼、独孤信、赵贵、于谨、侯莫陈崇、侯莫陈顺、豆卢宁、宇文贵等都是由进攻起义军起家。此外还有关陇洛冀一带武人和文人如韦孝宽、司马消难、苏绰、卢辩等参加,以后这一集团又不断在扩大和变化。最初却以宇文泰及六柱国、十二大将军代表着这一统治集团的主要政治动向。

西魏在建立后的几个月当中,宇文泰就颁布二十四条新制,六年后又颁布十二条新制,后来合起来成为三十六条新制,一直奉为"致事之法"和所谓"中兴永式"。戎马仓忙之中,急于颁布所谓新制,真像汉高祖入关约法三章,希望一新耳目,西魏的行政措施,较之东魏确是差胜一筹。三十六条新制的颁布也决非偶然,宇文泰自己说是由于"戎役屡兴,民吏劳弊",所以要革新政治,以期"益国利民便时适治"。① 可是宇文泰作为封建地主阶级的代表人物,更本质的乃在于加强对农民的统治,当时法令是残酷的,稍后孝闵帝诏书,说是"政教未孚,使我民农,多陷刑网";明帝诏书,更说是"诸村民一家有犯,乃及数家而被远配"②,封建统治紧紧地压迫着农民。在东、西魏分立对峙之下,西魏虽然在政治上军事上忙于对付东魏,而对农民统治的加强,不独为其施政的基础,亦已成为其施政的归宿。李弼常说:"丈夫生世,会须履锋刃,平寇难,安社稷,以取功名。"③这代表着当时许多封建地主的想法,所以苏绰也说

---

① 关于二十四条新制、十二条新制等,应结合《周书》卷二《文帝纪》、《北史》卷九《周本纪》以及《周书》卷二三《苏绰传》,参互对照,方能了解其本意;其条制本文,今已不存。
② 《周书》卷三《孝闵帝纪》、卷四《明帝纪》。
③ 《周书》卷一五《李弼传》。

是:"世道雕丧,已数百年;大乱滋甚,且二十岁。民不见德,唯兵革是闻。"①他们在西魏小朝廷还不巩固的时候,追求建立一个如两汉的中央集权封建国家,平定"寇难",免于兵革,集中反映了中小地主的要求,也就是阶级斗争形势下这一统治集团的主要动向。

宇文泰势力的稳定与六柱国领兵的由来

宇文泰在封建内战中,骤然被推为关陇一带大小军阀的首领。当时贺拔岳被侯莫陈悦所杀,贺拔岳军中无主,宇文泰名位虽不很高,而赵贵等一加推戴,许多军阀也都归心于他,与后代"黄袍加身"的把戏有些相似。固然宇文泰的被推戴,原和宋太祖"陈桥兵变"一样,事先有着雄厚的基础和周密的部署,而他所以被推戴而又能稳定下来,则与当时军阀中一部分人疲于征战、渴望统一有关。宇文泰统一关陇是比较顺利的,后来的六柱国、十二大将军等武将和依附着这些人的文臣便是宇文泰的有力支柱。

宇文泰成为关陇地区大小军阀的首领,主要是依靠着贺拔岳原来的军事基础,《周书·贺拔岳传》说是"贺拔元功凤殒,太祖借以开基",同书又说贺拔岳"以二千之羸兵,抗三秦之勍敌……杂种畏威,遐方慕义",这对贺拔岳的才能,有些夸大失实,但可从中窥见当时关陇的局面,以贺拔岳为中心的军事势力正在形成。宇文泰既因贺拔岳部下的归心而被推戴,便不能不笼络这些人,否则将无法构成为一中心势力。在六柱国、十二大将军中,如李弼、豆卢宁是从侯莫陈悦方面投到宇文泰方面来的,宇文泰得重用他们;其

---

① 《周书》卷二三《苏绰传》。

余几乎都属贺拔岳原来势力范围内的将领,宇文泰自始也就依靠他们的支持。即如独孤信、杨忠一度投归南朝,宇文泰仍设法找他们回来,回来后又予以重任,完全由于他们属于贺拔岳系统的关系。此外贺拔岳的哥哥贺拔胜投降南朝后重又回到北朝,宇文泰极其尊重他,原因亦复相同。贺拔胜早死,没有能列名六柱国,他临死时手书给宇文泰,主张对于东魏用兵应"内先协和,顺时而动"①,可见宇文泰势力的稳定,到大统十年贺拔胜死的时候,不是没有问题的,"内先协和",在于进一步笼络这些将领,这样宇文泰的势力才可以巩固下来。

宇文泰需要笼络这些将领,他们之中有的也早就归心宇文泰,把宇文泰看成是"混乱中秩序的代表者",于谨、赵贵以至贺拔胜、独孤信等都是这种人物,他们已不愿再从事封建内战,只希望在宇文泰羽翼下保全功名。像于谨"名位虽重,愈存谦挹";贺拔胜最初尚以"年位素重,见太祖不拜",最后还是"尽诚推奉",从而"恩礼日重"。②他们在镇民、流民起义中受到打击,受到教训③;在连续不断的封建内战中,他们和周围的许多地主也尝到流离颠沛之苦④。事实上农民对地主的斗争不曾中止,东西魏和南北朝分裂下的战争更随时都会发生,他们本身向往着混乱中的封建秩序,便不得不在一定程度内服从于宇文泰的意旨,而与宇文泰结合成为一

---

① 《周书》卷一四《贺拔胜传》。
② 《周书》卷一四《贺拔胜传》,卷一五《于谨传》。
③ 如贺拔胜与其父贺拔度曾在镇民起义中被俘;后在恒州又为流民所攻,与弟贺拔岳逃走相失,这是直接的。间接受到教训的当然更多。
④ 如独孤信的父母都在东魏,自己流离颠沛于云、荆、雍诸州。又曾奔梁,为梁武帝效力。后与贺拔胜北返,归心宇文泰。由于他属于贺拔氏势力系统,才安定下来。

个中心势力。这样,尽管武臣如独孤信"既为百姓所怀,声震邻国",而宇文泰用之不疑,《周书》说是"初启霸业,唯有关中之地,以陇右形胜,故委信镇之"①,结果获得了关陇统一的效果。当然一些分散的土著势力,在短期间内仍然存在,而最有名望的人物如李贤、李远在陇西为土著势力,李远以十二大将军之一领兵在外,李贤始终镇守本土,以笼络一方,"抚导乡里,甚得民和"。② 宇文泰的关陇政权于是巩固起来了。

"广募关陇豪右"与乡兵的纳入六柱国系统

西魏大统八年(542年)"初置六军",大统九年"广募关陇豪右以增军旅"③,是府兵制形成中的重大事件,也是研究府兵制初期阶段一个关键问题。

历史上关于这件事的记载,只是这么简单的一句话,必须把许多相关的事情联系起来,才能知道事件的具体内容。首先是对募兵的"募"字,不能停留在一般概念上,必须根据当时情况作出具体分析。在封建割据下的召募,不全是皇朝与被募兵员的关系,主要的乃是皇朝与拥有武装力量军将或据有地方势力豪强间的关系。

---

① 《周书》卷一六《独孤信传》。
② 《周书》卷二五《李贤传》。李贤在平定原州、固守原州以及平定凉州等役中都著有"功勋",最初以"乡人"、"乡兵"助战,尤为宇文泰所重视。武帝至于说:"食彼桑椹,尚怀好音,矧兹惠矣,其庸可忘!"其借重于李贤名望的迫切可知。
③ 见《北史》卷五《魏本纪》,《周书》卷二《文帝纪》。按大统八年三月宇文泰初置六军,四月即大会诸军于马牧。九年三月与东魏高欢会战,大败于邙山。《北史》卷九《周本纪》谓"帝以邙山诸将失律,上表自贬,魏帝不许。于是广募关陇豪右以增军旅"。按邙山之败,损失督将四百余人,军士被俘斩的有六万人,原来六军,已经所剩不多,所以扩军是一个紧急措施。

西魏皇朝直接召募豪右本人从军的,如辛昂原为丞相府行参军,及尉迟迥伐蜀,昂占募从军;大统九年所募关陇豪右,应该包括这样一种人在内。① 但由于地方势力、军阀势力比较强大,召募豪右以增军旅,还需要通过豪右的首脑来进行,更要依靠豪右迫使和诱骗农民当兵,史书有如下的记载:

> 凡此诸军,仍令各募关河之外劲勇之士,厚其爵赏,使为前驱。(《周书·韦孝宽传》)

> 徙其(氏)豪帅四十余人并部落于华州,太祖即以昶为都督领之。……十五年拜安夷郡守,带长蚑镇将。氏族荒犷……乐从军者千余人,加授帅都督。(《周书·赵昶传》)

> 时齐氏未平,衍奉诏于天水募人以镇东境,得乐徙千余家,屯于陕城……每有寇至,辄率所领御之。(《隋书·郭衍传》)

> 建德五年,大举伐齐……募三辅豪杰少年数百人为别队,从帝攻拔晋州。(《北史·宇文敬传》)

以上所载,一般为大统九年以后的情况,大统九年以后仍然如此,更知大统九年的始募豪右从军,是包括豪右本身和通过豪右召募的兵员在内的。这一封建的从属关系,在战乱时表现得突出,因之军队组成总脱不了宗族、乡党、部曲的色彩。当时有这么一个故事:韦孝宽建议在华谷、长秋筑城,宇文护不同意,反而派人对韦孝

---

① 见《周书》卷三九《辛庆之传族子昂附传》。其他如蔡祐被宇文泰召为帐下亲信,也是占募从军的。

宽说："韦公子孙虽多，数不满百，汾北筑城，遣谁固守？"说话本身虽然是意在言外，却也反映出军队的组成情况。后来隋统一后，仍然遗留这种宗亲从属的浓厚色彩，史籍中偶然保存着一个可以说明这个问题的材料，因录于下：

> 若复渡辽，吾与汝必为大将军，每军二万余兵，固已五万人矣。又发诸房子侄、内外亲娅，并募从军，吾家子弟，决为主帅，分领兵马，散在诸军。（《北史·李浑传》）

这是宇文述诬陷李浑所伪造的一段供词，李浑固然不曾作此打算，可是伪造的供词，也必须能自圆其说，多少可以反映当时的某些实际情况。为了进一步说明这个问题，不妨远引三国时期的事例，作为旁证：

> （卫）固欲大发兵，（杜）畿患之，说固曰："夫欲为非常之事，不可以动众心。今大发兵，众必扰，不如徐以资募兵。"固以为然，从之，遂为资调发，数十日乃定。诸将贪多应募，而少遣兵。（《三国志·魏志·杜畿传》）

可知宇文泰要扩充兵力，必须广募豪右，正如卫固募兵，应募与遣兵，权都操在诸将。封建割据下的召募，具有这样一个特点，我们在研究中常常把募兵抽象化了，对于宇文泰广募关陇豪右的对象不能理解，对于广募豪右为什么能够"以增军旅"也就无法理解，所以把募兵演变的前后史实略为征引，使对初期府兵的组成问题，在研究上能有所裨益。

总之,宇文泰广募关陇豪右以增军旅,目的在于召募豪右从军,更在于通过豪右利用宗亲、乡里关系招致一般地主和强制、骗取一些农民当兵。这是宇文泰扩军中唯一可能的办法,而且这办法在相当长时间内继续实行。北周建德三年(574年)武帝"诏荆、襄、安、延、夏五州总管内有能率其从军者,授官各有差"①,还是广募豪右以增军旅这一措施的继续。

广募豪右的内涵基本明确,可进而研究乡兵的扩充整理问题,乡兵的扩充整理与广募豪右密切相关。府兵初期的组成,乡兵构成为一个重要方面,研究府兵制源流,必须对此详加阐明。

乡兵在北魏末年已经比较广泛地发展起来,特别是距离京城较远的僻远地区和农民起义所在地及其周围地带,乡兵更多;东、西魏分裂后,连京城附近的州郡,乡兵也有着风起云涌之势,他们依违于东、西魏两个小朝廷之间,成为双方所笼络、利用的一些重要力量。这都是分散的地主武装,以地方豪右做头目,以私兵、部曲和一些地主豪侠武士做骨干,包括宗族、乡党、宾客以及其他所谓"义从"在内,有地主、有农民,更多的是农民当兵。乡兵在本土一般建有营堡,流动时又往往家属资财随行,其平时组织虽然不严,却是地方豪右具有的一种潜在武装力量。关于乡兵在魏末的发展变化,不能在此全面论述,这里着重探究大统八年后的乡兵和乡兵纳入六柱国统领系统的由来及其作用。

广募豪右以增军旅与乡兵纳入六柱国系统是连续采取的扩军整军措施,二者又是息息相关的。前者是笼络地主武装力量扩充兵力,后者是使原来地方力量逐步中央化。乡兵中央化的第一步

---

① 《周书》卷五《武帝纪》。

在于使之纳入六柱国统领系统,其督将由皇朝选择、委任,史书有如下一些重要记载:

> 郭彦……大统十二年,初选当州首望,统领乡兵,除帅都督。(《周书·郭彦传》)
>
> 韦瑱……大统八年,齐神武侵汾绛,瑱从太祖御之……顷之,征拜鸿胪卿,以望族兼领乡兵,加帅都督。迁大都督、通直散骑常侍,行京兆郡事。(《周书·韦瑱传》)
>
> 柳敏……年未弱冠,起家员外散骑侍郎,迁河东郡丞。朝议以敏之本邑,故有此授。敏虽统御乡里,而处物平允,甚得时誉。及文帝克复河东,见而器异之……迁礼部郎中,封武城县子,加帅都督,领本乡兵,俄进大都督。(《周书·柳敏传》)
>
> 绰弟椿……(大统)四年出为武都郡守,改授西夏州长史,除帅都督,行弘农郡事。……十四年置当州乡帅,自非乡望允当众心,不得预焉,乃令驿追椿领乡兵。其年破桀头氏,有功,除散骑常侍,加大都督。十六年征随郡,还除武功郡守,既为本邑,以清俭自居。(《周书·苏绰传附弟椿传》)
>
> 田式……周明帝时,年十八,授都督,领乡兵。(《隋书·田式传》)

从上述资料中可以综合出如下几点:(1)乡兵纳入六柱国统领系统中,采用大都督、帅都督等统一官号。(2)选择所谓"乡望"、"首望"作乡帅,领本乡兵。(3)乡帅可由皇朝官吏兼领。(4)乡兵不必驻在本土,可以随时受命出征,长期流移在外。而主要之点在于乡兵逐步中央化,使之纳入六柱国统领系统之内,其中介是皇朝认可的"乡望"、"首望"充任乡帅以加强其向心力的发展。

整理乡兵与扩充乡兵同时进行,即"广募豪右"与"初置乡帅"是紧接着于大统九年至十二年先后连续进行的。除上面引述有关广募豪右的史实外,这里摘录有关扩充乡兵的一些主要记载:

> 司马裔……及魏孝武西迁,裔时在邺,潜归乡里,志在立功。大统三年,大军复弘农,乃于温城起义。……八年率其义众入朝,太祖嘉之,特蒙赏劳。顷之,河内有四千余家归附,并裔之乡旧,乃授前将军、太中大夫,领河内郡守,令安集流民。……十五年太祖令山东立义诸将能率众入关者,并加重赏,裔领户千室先至……授帅都督。……魏废帝元年征裔,令以本兵镇汉中……(保定)四年……大军东讨,裔率义兵与少师杨㩲守轵关。(《周书·司马裔传》)

> 王悦……太祖初定关陇,悦率募乡里从军,屡有战功。……侯景围洛阳,太祖赴援,悦又募乡里千余人从军。……十四年授雍州大中正、帅都督,加卫将军、右光禄大夫、都督,率所部兵从大将军杨忠征随郡、安陆并平之。(《周书·王悦传》)

> 令狐整……立为瓜州义首,仍除使持节、抚军将军、通直散骑常侍、大都督。整以国难未宁,常愿举宗效力,遂率乡亲二千余人入朝,随军征讨。(《周书·令狐整传》)

> 杨㩲……时弘农犹为东魏守,㩲从太祖攻拔之。然自河以北,犹附东魏。㩲父先为邵白水令,㩲与其豪右相知,请微行诣邵举兵以应朝廷,太祖许之。㩲遂与土豪王复怜等阴谋举事,密相应会者三千人。……十二年进授大都督……十六年大军

东讨,授大行台尚书,率义众先驱敌境……保定四年迁少师,其年大军围洛阳,诏㩦率义兵万余人出轵关。(《周书·杨㩦传》)

从上述资料中又可以综合得出下列几点:(1)司马裔等都以乡兵归附宇文泰,纳入六柱国统领系统后,随军征战,仍然称为乡兵,"义众"、"义兵"只不过文饰其词,实即乡兵。(2)司马裔等所率领的乡兵,在大统九年以后仍不断扩充,如王悦增募乡里拒侯景、令狐整率宗亲从军。(3)宇文泰力争豪右乡兵纳入六柱国统领,原在山东的鼓励其入关,原在陇右的鼓励其入朝,并允许随带亲属。由此可知宇文泰扩军、整军是同时进行的,从某种意义上说,所谓"义首"、"乡望"所统乡兵、义从的扩充,亦即广募豪右以增军旅的一个内容。

乡兵原系分散的地主武装,纳入六柱国统领系统后,即构成为统一的皇朝武装力量,督将由皇朝遴选所谓乡望担任,甚至由皇朝官吏兼领,加强了中央化的程度,特别是督将接受皇朝六柱国系统下将领的统率,随军出征,无疑地更可以防制地方割据势力的增长;即使驻屯本土,随时可以被调出征,其原有的势力,都有被削弱的可能。原来这些豪右及其所领乡兵,在六柱国统领系统之内,受着一种军事的制约,逐步中央化了。宋太祖定兵制以矫累朝藩镇之弊,《宋史·兵志》所谓"为什长之法、阶级之辨,使之内外相维,上下相制,截然而不可犯者",乡兵的纳入六柱国统领系统,其作用亦同。因此同时广募关陇豪右以增军旅,又让原来乡兵扩充,是在中央化前提下扩充乡兵,目的在于增加皇朝的武装力量。

初期府兵,除宇文泰原有军队外,就靠增募豪右、扩充乡兵并统领于六柱国,所以初期府兵也叫乡兵,直到隋代,乡兵仍为府兵的一种别称。① 上述考证,不只是名称来源或变化问题,更重要的可以看出初期府兵的形成及其特点,从而可以进一步探讨府兵与当时封建政治、经济的关系。

胡姓的恢复、赐予和军人姓氏的从属于将领

《北史》记载着两件关于鲜卑姓氏的历史事实,与府兵也有密切关系。

>(大统十五年)五月……初诏诸代人,太和中改姓者并令复旧。(《魏本纪》)
>(魏)恭帝元年……魏氏之初,统国三十六,大姓九十九,后多绝灭。至是以诸将功高者为三十六国后,次者为九十九姓后,所统军人亦改从其姓。(《周本纪》)

宇文泰的下令复姓与赐姓,都是以鲜卑血缘关系来巩固其统治势力,而赐姓加诸有功的将领,更是幻想着扩大鲜卑血缘关系于府兵系统中。宇文泰这一统治集团多出身北镇或与北镇有一些渊源关系,其军队中的鲜卑人虽不及高欢军中那么多,仍占有一定比例。除了宇文泰自己所领和陆续笼络到的鲜卑兵外,与高欢在沙苑及

---

① 关于乡兵作为府兵的一种别称,上面所引郭彦、柳敏、苏椿等被派统领乡兵,授以帅都督的官号,已可见之,这尚须结合隋唐的乡兵加以研究,第四章中列举了有关资料,足以说明。

河桥对垒中又俘虏了一批鲜卑军士作为部属。① 宇文泰这一措施，显然是要进一步抚慰这些人②；加上大统十七年西魏文帝死，魏废帝二年元烈以所谓谋反伏诛，三年魏废帝又有"怨言"，宇文泰借此废废帝、立恭帝，宇文氏与元氏逐渐发生裂痕；又由于颍川被围以至陷落，出军东伐不利，河南自洛阳、河北自平阳以东都归于齐，东梁州豪帅随之叛变，形势大为不利③。宇文泰想利用鲜卑血缘关系以维系复杂的部族混合体，且北魏统治时间久，在胡汉贵族中有其一定影响，正如八柱国中仍有元欣在内实不统兵，十二大将军内又有元赞、元育、元廓三人实亦不占重要地位，姑利用其人暂资维系。复姓与赐姓确有着某些作用，虽然不会有什么实质的改变，也不可能有什么实质的改变。

既然说复姓、赐姓有一些作用，这些作用在府兵制度中究竟有何体现？是必须研究的一个问题。史料缺乏，复姓、赐姓的具体办法已很难了解，即如"所统军人亦改从其姓"的规定，如果以六柱国为军人姓氏的依据，则主要军队中总共只有六姓；如果以十二大将军为军人姓氏的依据，则主要军队中总共可有十二姓，除去重复的，加上六柱国的姓，最多也只十五姓；如果扩大为二十四个开府将军的范围，数目就更多些。以此类推，到底军人姓氏从属于哪一级军将，仍是疑问。

---

① 《周书》卷二《文帝纪》："沙苑所获因俘，释而用之。河桥之役，率以击战，皆得其死力。"按沙苑之役，发生在大统三年，俘虏七万，留其甲士二万；四年河桥之役又虏甲士一万五千。

② 同时期内在北齐也发生如何对待拓跋氏问题。"宋世良献书，以为魏氏十姓、八氏、三十六姓，皆非齐氏腹心，请令散配郡国无士族之处，给地与人"，齐文宣帝没有采纳宋世良的意见。到天保十年杀元世、元景等二十五家，旧史称之为"滥杀诸元"（《通典》卷三《食货》三）。宇文泰想笼络诸鲜卑族，即与拓跋皇族发生裂痕，对拓跋诸族仍然不加排斥，在两个势力对峙之下，亦势所必然。

③ 见《周书》卷二《文帝纪》。

根据《周书》所载大统十五年以后三十七人赐姓的情况分析，二十六人赐姓是开府将军的职位；其余十一人是仪同将军（个别是散号将军），这十一人中又有九人是文官或武散官并不实际领兵，一人年老告休，一人是再度赐姓，由此可以基本上确定赐姓军将是居于开府将军的职位。因而又可以推知军人从属于军将的姓氏，是以二十四军这一级为其系统的。那么六柱国、十二大将军加上二十四开府将军的赐姓与复姓，除去重复的外，可能有三十多姓。这点目前尚难于肯定。①《魏书·官氏志》载有一百十八姓，宇文泰赐姓时又提到一百三十五姓，可能军将赐姓不必都是开府将军的地位。②

　　根据现有史料，初步作如上分析，军人从属于军将的姓氏，基本上系以二十四军为单位，也还可能有一部分是从属于其直辖的六柱国、十二大将军以及其他军将的姓氏。《北史》、《周书》所谓"所统军人亦改从其姓"，其主要系统在于六柱国、十二大将军下的二十四军，不是杂乱无章，赐姓也不是毫无标准③，它与府兵组织系

---

　　① 赐姓中就李弼、赵贵、杨忠、王雄、阎庆、蔡祐、辛威、王杰、耿豪、李和、杨绍、侯植、窦炽、李穆、韦孝宽、申徽、陆通、柳敏、唐瑾、郑孝穆、崔谦、崔端、薛善、杨纂、段永、令狐整、寇儁、赵肃、张轨、李彦、裴文举、高宾、李昶、韦瑱、韩雄、陈忻等（共三十六人）作具体分析，这些人《周书》中有传，一般均在大统十五年至魏恭帝三年赐姓，在此前后赐姓的没有计算在内。三十六人赐姓中宇文氏占了十六人，其他重复的姓也有，但比较少。

　　② 拓跋及其部属的姓氏很复杂，《魏书·官氏志》也不是都包括了，赐姓时也不可能是一百多姓都赐遍，上述三十六人，其中赐姓宇文氏的就占了44%强，其他重复的乙弗氏有二人。按以诸将功高者为三十六国后，上列三十七人即属这一类。至于复姓的鲜卑族尚未计算在内。

　　③ 赐姓有其一定惯例，如寇儁在大统末赐姓若口引氏，寇和在明帝时亦赐姓若口引氏；赵贵赐姓乙弗氏，赵肃亦赐姓乙弗氏，即可说明。至于它与府兵组织的关系，则军人从属于军将之姓，其具体情况虽不详，但必有其惯例，这又可以从赐姓本身中看出来。

统密切相关。如果这种分析不错的话,可知宇文泰复姓、赐姓这一措施,目的在于利用鲜卑血缘关系以维护和加强他的统治地位,其所凭借以加强鲜卑血缘关系者则为府兵组织。这在当时情况下也是促进军队中央化的一项政策,至少可以缓和一下拓跋氏与宇文氏的矛盾,使西魏范围内的统一局面不致破裂。从表面看来,似乎宇文泰是恢复落后的部族军制,是恢复原始社会家长制时代和奴隶社会初期以氏族为单位的军队组织,而其实质则系结合地主武装的宗亲、乡里等因素①,纳入六柱国统领系统,承认血缘、地域关系而力图改变分裂情况,统一和集权正是在这种矛盾中经过反复曲折过程才逐渐形成的。由于史料缺乏,只能作出如上的推定,正确与否尚待进一步研究,尤有待于新史料的发现,以资确证。

籍民为兵与法令规定中的三项标准

宇文泰为了增强其军事力量,除了扩充、整理乡兵和广募关陇豪右以增军旅外,另一方面又接着采用"籍民为兵"的办法。《玉海》卷一三七《兵制》引《后魏书》:

> 西魏大统八年,宇文泰仿周典置六军,合为百府。十六年籍民之有材力者为府兵。

同书卷一三八《兵制》引《邺侯家传》:

---

① 前注寇氏赐姓若口引,赵氏赐姓乙弗,即照顾了封建宗法中的家族关系,其中又可以包括宗亲和乡里关系在内。

> 初置府兵,皆于六户中等以上家有三丁者选材力一人,免其身租庸调,郡守农隙教试阅,兵仗衣驮牛驴及糗粮旨蓄,六家共备,抚养训导,有如子弟,故能以寡克众。

《邺侯家传》所载正与《后魏书》相合。《后魏书》指明籍民为兵的确切年代,《邺侯家传》更具体揭示籍民的标准、办法及军资、衣粮的供备情况,两者可以相互补充。

宇文泰籍民为兵的标准,根据《邺侯家传》的记载,共有三条,即户等、丁口、材力。

"六户中等以上家"是资财标准。北魏以来赋调按资财多少分为九等,即上上、上中、上下、中上、中中、中下、下上、下中、下下的户等区分,也叫"九品"。① "六户中等以上家",乃指中下以上的户,即九等户中属于中等以上的六个户等,"六户中等以上家"这一句把上述意思表达得很完全、很确切,较之单说"六等户以上家"或"中等户以上家"是更易了解的。这种说法,在当时可以说是习惯语,如《隋书·食货志》关于北齐"料境内六等富人,调令出钱"的记载②,"六等"本可完备些写成"六户中等以上家",由于下面紧接着"富人"二字,简化后的写法仍属确切易晓。又《周书·武帝纪》建德三年诏"贫下户给复三年","下户"亦可累赘些写成"九户下等之家",但前面已先指明一贫字,写法简明确切。《魏书·食货

---

① 《魏书》卷一一〇《食货志》:显祖时"遂因民贫富为租输三等九品之制……上三品入京师,中三品入他州要仓,下三品入本州"。这里三等即上三品、中三品、下三品,也即上中下合为九品。

② 《隋书》卷二四《食货志》:"始立九等之户,富者税其钱,贫者役其力。"这与六等户可以对照研究,而六户中等以上列为富人,可知下等或下三品应为贫人。《周书》卷五《武帝纪》所谓"贫下户"也指下三品而言。

志》还有"三等九品"、"上三品"、"中三品"、"下三品"的说法,"中等"为三等的一级,"六户"包括上三品和中三品,用词不同,内容完全一致。

籍富室从军与广募关陇豪右的精神是相符合的,不过变"募"为"籍",具有法令上的约束,强制性更强;变关陇地区为不限关陇,地域范围可以更广,籍民为兵可以说是广募关陇豪右的发展。为什么要籍取富室从军,其情况与广募关陇豪右大抵相同,前面已经谈过,不在此重复。《邺侯家传》所说的自备资粮,只有富户才能办到;又说"抚养训导,有如子弟",正有如当时的"子弟军"①,由公卿子弟、宗团、乡曲等所构成,是豪右的结合,是地主武装广泛发展后的一种现象,也是宇文泰所希望的一支封建皇朝认为最可靠的武装力量。封建地主阶级强化国家机器,最终是用以统治农民,宇文泰希望以豪右富室为其军队核心,笼络他们并利用其资财建立军队以与东魏及南朝抗衡②,其对农民专政的作用也始终是最本质的。至于事实上能否完全做到豪右富室从军,又当别论,其原先企图却不能不说是如此。当然宇文泰要籍取豪右富户从军,不一定都充当普通士卒,《通考》卷一五一《兵考》三"籍六等之民,择其魁健材力之士,以为之首","以为之首"一语解

---

① 《周书》卷一五《李弼传子辉附传》,"从太祖西巡,率公卿子弟别为一军",这是一班高级文武官吏的子弟,为"子弟军"的最特殊者。此外各种子弟军,有为宗姓关系的,如张双、张齑父子有其私人武装,为宗族乡里的子弟所组成,见《北史》卷七八《张齑传》。

② 北魏召募,即在鼓励富室从军。《魏书》卷一〇《孝庄帝纪》:"有私马仗从戎者,职人优两阶,亦授实官;白民出身外优两阶,亦授实官"。又,"诏私马仗从戎者优阶授官"。又,"诏职人及民出马,优阶各有差"。这些人的从军,也希望爬上统治层,相互利用。募富室豪右从军,并非宇文泰所独有的办法。

释得极为允当①，豪右富室从军可成为军队中的督将和下级武官；即使不为督将或武官，他们为从军之倡首，这对强制和骗取农民当兵，都会发生作用和影响。《通考》的说法，基本上与《后魏书》、《邺侯家传》的内容相符合，其所以补充"以为之首"一语，或另有所据，可惜现在已不见它的来源。

陈寅恪先生首先提出六户指户等而言。② 岑仲勉先生另外提出六户即六坊之人，亦即六镇南迁之人的说法，以为魏末六镇流民南下分散各地，不得不设法安置，乃在流民流落的地面，按照他们原来的镇别，分设六坊来管理他们，六户系指这些人户。③ 按北魏分裂为东、西魏的时候，六坊之众大部分跟着高欢迁邺，西入关的"不能万人"。从《隋书·食货志》所载全文来看，六坊之众乃指有组织的军队而言，故高欢"并给常廪，春秋二时赐帛以供衣服之费"；其后齐文宣"更加简练，每一人必当百人，任其临阵必死，然后取之，谓之百保鲜卑"。这些原来有组织的军队，与那些自行流徙的镇民显然是有区别的。军镇是边防镇守的区域，军坊是军人集中居住的地方。④ 六镇之民称为镇民、镇人或称府户，往往包括所

---

① 《周书》卷三一《韦孝宽传》："凡此诸军，仍令各募关河之外劲勇之士，厚其爵赏，使为前驱。"亦即召募中择魁健材力之士以为之首，爵赏主要是给予这些人的。又《周书》卷五《武帝纪》，"诏荆、襄、安、延、夏五州总管内有能率其从军者，授官各有差"，同样是鼓励所谓"乡豪"、"首望"为首召募从军。

② 见《隋唐制度渊源略论稿》，三联书店1954年版，页132。

③ 见岑仲勉《府兵制度研究》，页19。

④ 《资治通鉴》卷一六三胡三省注："魏、齐之间，六军宿卫之士，分为六坊。"这个解释，非常正确。军人集中居住的城坊曰军坊。一般居民集中居住的城坊亦曰坊，《魏书》卷一八《元孝友传》"京邑诸坊或七八百家，唯一里正"，即指一般城区的坊而言，唐代京城有街有坊有市，坊大抵以住户为主。另有特设之坊，《魏书》卷一五《元祯传》："淮南之人，相率投附者三千余家，置之城东汝水之侧，名曰归义坊。"坊的共同点，为城区人户集中居住处所，乃无例外。

有北镇在内；因为北镇数目很多，最重要的是六镇，所以有时以六镇概括北镇，它与六坊无涉。六坊主要指北魏的禁卫军——羽林、虎贲以及增置的庶子厢、宗子厢等，他们在京城附近设坊而居，原来是有组织的，可能集中住在六个军坊，习惯上称为六坊，一部分跟着北魏孝武帝西行入关，大部分被高欢所控制住东迁到邺，不能看作是六镇流民。如果是六镇流民安插在流落地面，仓促间不可能跟高欢东迁或魏孝武帝西走，更不可能成为高欢的主要军事力量。而且由六镇、六坊转称为六户，未免太曲折，缺乏史实依据。

兵的选择，按户等标准，家有三丁者选材力一人，兼顾丁口与材力两项条件。按汉末以来，就有"三五简发"的制度，即三丁择一、五丁择二，偶亦如此施行；不过西魏在两项条件之前，还有一个户等标准。我们看到制度的因袭方面，也应当看到制度的差异方面，这就是制度沿革，不可忽视。

籍民为兵的三项标准和条件，法令上规定如此，在具体执行时可能不全按照规定。由于没有更多的史料依据，不能作更多的叙说，只是必须注意，封建社会中，往往法令是一回事，实行起来又是另一回事，如果把规定看成是完全实现的事实，那是会差之毫厘、失之千里的。

兵的免于租庸调与军资六家供备

《邺侯家传》说，被籍为兵，"免其身租庸调"。按被籍为兵，不编户贯，列入军籍，一般都免于赋役，这一记载应亦可信。租庸调系唐代租税专用名词，而租庸调的办法实属由来已久，唐代人用当时习惯称谓以表述西魏、北周时极相类似的赋税制度，原不足怪。

有人据此怀疑《邺侯家传》这一记载的不真实,理由未必充足。

谈到赋调,尚须涉及均田制,这也是研究府兵所当重视的问题。

宇文泰在大统元年颁布二十四条新制,大统七年颁布十二条新制,大统十年又综合三十六条成为五卷颁于天下。其事由苏绰主持,根据《周书·苏绰传》所载苏绰建议的六条诏书中有关尽地利、均赋役的内容,可能三十六条中已有涉及均田和赋调制度的。均田和赋调制的正式颁布,据《隋书·食货志》记载,系在魏恭帝三年(556年),只能以此作为研究的张本。但晚于籍民为兵的实行已经六年。

均田制规定"有室者田百四十亩,丁者田百亩",另外"人口十已上宅五亩,口九已上宅四亩,口五已下宅三亩"。这一法令实行的情况如何,今已无法考证,单就法令规定来看,一丁田百亩,有室者百四十亩,超过一般自耕农的标准。当时一夫治田四十亩是由来已久的一种常规,所谓一夫通常包括室家在内。根据均田制,有室者超过一百亩,即以单丁计算,也超过六十亩。这不能说明当时的农民可以多有土地,只能说明社会上有些人占有耕地可能数的一倍半到二倍半,这种人就是地主阶级中占人数最多的小地主,既然他们田多,相对的农民的田地少了。当时历经战乱,社会残破,人少田多,一丁平均有田四十亩,可能接近实际数字。① 关于奴婢

---

① 《魏书》卷七《高祖纪》:太和元年诏,"一夫制治田四十亩,中男二十亩,无令人有余力,地有遗利"。后来均田以露田四十亩为基础,由这个标准而来。魏晋以来行屯田、课田法,每丁一般有耕地三十至五十亩,四十亩可以说是一个平均数。

《北史》卷一〇《周本纪》:建德六年行《刑书要制》,"正长隐五户及十丁以上、隐地三顷以上皆至死"。按一户平均为二丁,故云"五户及十丁以上";又据下文"地三顷以上",可知每丁平均三十亩,一户二丁合六十亩。这一法令条文,大致反映当时一些实际情况,即每丁平均三十亩,尚不及四十亩。这一材料可证实上述说法。

是否受田问题,《隋书·食货志》没有谈到,可是北魏、北齐奴婢可以受田,隋初仍然如此,则西魏、北周的奴婢受田,可能也是一依"良丁",只是在所谓"行周礼"的掩饰下,把这一事实隐晦起来了。一般大官僚,都拥有大批奴婢,于谨一次获赏奴婢千口,杜叔毗一次受赐田二万亩,其他赐奴婢几十几百口、赐田几千亩以至万亩的也不在少数。① 拥有不少奴婢田宅的萧大圜说:"二顷以供饘粥,十亩以给丝麻。侍儿五三,可充纴织;家僮数四,足代耕耘。"他自认为是"自足自止"。② 田地欲望在二百一十亩以上,仍不失为一个中小地主的要求。由此可知,均田制正符合于一般中小地主的利益,这是法令的根本出发点。当然在田地荒芜的情况下,农民垦田亦可在一定限度内获得保障,客观上对生产有好处,这也不可否认,兹不详论。

赋调制与均田制密切相关。均田制的颁布,虽欲以确定地权,而最重要的是作为征收赋调的依据,赋调制是以均田制为其基础的。西魏北周赋调制"凡人自十八以至六十有四与轻癃者皆赋之。其赋之法,有室者岁不过绢一匹、绵八两、粟五斛;丁者半之",这是租和调的规定。至于庸则"凡人自十八以至五十有九,皆任于役,丰年不过三旬,中年则二旬,下年则一旬。凡起徒役,无过家一人"③,此即后来唐代租庸调法之所本,只是数额和具体办法有些不

---

① 见《周书》卷一五《于谨传》、卷四六《杜叔毗传》。又《周书》卷二八《陆腾传》,"赏得奴婢八百口";《周书》卷二九《伊娄穆传》,赏得"田三十顷";《周书》卷三五《裴侠传》,"赐良田十顷,奴婢耕牛粮粟,莫不备足"。其他类似记载尚多,不备举。

② 《周书》卷四二《萧大圜传》。(据中华书局点校本《周书》,"自足自止"作"知足知止"。——编者注)

③ 《隋书》卷二四《食货志》。

同。当时实行中另有"九品混通"的规定①,在每一地区并非每一有室者和单丁均按照上述数字负担赋役,而是按资产分为三等九品,上品多纳,下品少纳,九品混通,自北魏以至隋唐都曾如此实行。苏绰说过:"租税之时,虽有大式;至于斟酌贫富,差次先后,皆事起于正长,而系之于守令,若斟酌得所,则政和而民悦。"②所云"斟酌贫富,差次先后",正是九品混通的具体内容。田地多照理应多纳,田地少可以少纳,实行时不可能都符合于法令,大官僚又根本免于交纳,但一般地主和农民承担赋役在法令上要以此为依据,那是没有疑问的。

由此进而研究被籍为兵与免其身租庸调的关系,便易于理解。"六户中等以上家"是三等九品中财产最多的,即田宅奴婢最多的,依照赋调法令规定,交纳的粟和绢也比下三品为多,愈是户等高,赋额也愈重,被籍为兵之后,免其身租庸调,对于这些人来说,便有着眼前实惠。这些人当兵免赋,而整个地区的租税仍然是九品混通,不担任兵役的上、中户固然要增加负担,为数众多的贫下户,更会负担着增加总额中的很大数量。所以这种优免办法,吸引着上、中户的人充任兵役,对封建皇朝来讲,赋役数额不会减少,封建剥削在九品混通中大有回旋余地,结果负担落在不服兵役的民户身上,而贫下户的农民,总是为数众多的,一户增加一点,凑起来是很大数目,何况官吏每每是"舍豪强而征贫弱","纵奸巧而困愚拙",赋役都转嫁到一般农

---

① "九品混通"的办法,详见《魏书》卷一一〇《食货志》:"先是天下户以九品混通……(太和)九年,下诏均给天下民田。……十年……乃诏曰:'……自昔以来,诸州户口,籍贯不实,包藏隐漏,废公罔私。富强者并兼有余,贫弱者糊口不足。赋税齐等,无轻重之殊;力役同科,无众寡之别。'"这里说明九品混通,赋税并不齐等,尚有轻重之殊,但法令上仍以户等为依据。

② 《周书》卷二三《苏绰传》。

民身上。① 我们从这一点来看均田制与赋调制以及府兵的关系,就不难了解封建剥削本质及其在各种法令中的具体体现。

关于军资供给,有些轻兵器由兵自备,《北史》卷六〇传论说是:"每兵唯办弓、刀一具,月简阅之;甲、槊、戈、弩,并资官给。"这样看来,由兵自备的只"弓、刀一具";当然,弓可以包括箭镞,刀可以包括刀橐,史文简赅,也不能过于拘泥"一具"这字面意义,即按文意来讲,也应该是刀、弓各一具。

《北史》说"甲、槊、戈、弩,并资官给",而《邺侯家传》说"兵仗、衣驮、牛驴及糗粮、旨蓄,六家共备",二者似乎有矛盾,一向成为研究中争论的一个重点,需要细加考释。

首先,什么是"六家",历来就有不同的解释。我过去一度把"六户中等以上家"看成是每六户中取其中等以上的一户,把"六家共备"看成是六个编户共同筹办军资衣粮。这只是一种主观臆测,事实上按六个编户找一中、上家资的人当兵,户口分布哪能如此整齐,也与村坊组织不相符合,这说法是不能成立的。后来陈寅恪先生提出由六柱国筹备供给之说②,并从《邺侯家传》的文字、内容等加以考订,《邺侯家传》有"自初属六柱国家"、"六家主之"等语,六家即指六柱国家,而"六家共备"《通鉴》作"六家供之"③,这说法可

---

① 《周书》卷二三《苏绰传》:"今逆寇未平,军用资广,虽未遑减,以省民瘼,然令平均,使下无匮。夫平均者,不舍豪强而征贫弱,不纵奸巧而困愚拙,此之谓均也。"赋税有定额,不会减少,结果落在贫弱身上,这就是一个说明。一般谈府兵,只研究它与均田制的关系,很少涉及它与赋调制的关系,便难了解府兵的资粮负担如何直接间接加诸农民身上的具体事实。

② 见陈寅恪前书页132—133。

③ 《资治通鉴》卷一六三。按"六家共备"即六家分别供给之意,"共"借用为"供"。

以成立。今见《北史》卷六〇传论所称"咸推八柱国家",又新旧《唐书·高祖本纪》所载,李虎在西魏"当时称为八柱国家"、"号八柱国家",亦可见八柱国家是一种习惯称谓,领兵是六柱国,简称六家是合乎事实的。而且《邺侯家传》对六家本已作出了确切的说明:"八柱国言六家何也?""其总戎盖六家也。"仔细阅读原书,"六家"解释,本身自有注脚,无烦旁证。当然我之所以同意这一说法,不单从文字上作考证,主要从兵制整体和有关史料综合而来。

其次,军资衣粮为什么和怎样由六柱国家来供备,更是争论的中心点。六家供备,如果就事论事,就会提出这样的疑问:"李虎等于乱忙中奔入关内,哪能家家都有如许财产以供数千人之装备?"从而把"六家共备"强解为"府兵本人自备"。① 这一疑问解决了,正确的说法也就不难找到了。

自备行资和私财养兵,这是汉末特别魏末以来较为突出的一个变化。单从西魏建立时来看,这种情况仍很普遍,那时候所谓"首望"、"义首",都是拥有资财的,李虎等虽然仓猝入关,也不是没有资财,他们参加战争,往往举宗或全家随着军队迁徙而将可以携带的财资自随。地主武装的整个情况如此,因而六家供备不可机械地理解为只是六柱国供给全军,六柱国提供军备衣粮(其来源下面再谈),也可以包括其统领系统内那些"首望"、"乡豪"的私财赡军在内②,目前能够看到的史料,有如下几条:

---

① 岑仲勉:《府兵制度研究》,页17。
② "六家共备",即六家自筹给养,或者说给养由六家负责解决。如果机械地解释成为六家全盘供备其全部军队的资粮,即不符合于魏晋以来私兵部曲给养的习惯。大头目下有小头目,私财赡军,包括小头目在内。赡军的财产来源,下面另当论及。

> 王悦，字众喜，京兆蓝田人也。少有气干，为州里所称。……太祖初定关陇，悦率募乡里从军，屡有战功。……侯景围洛阳，太祖赴援，悦又率乡里千余人，从军至洛阳。将战之夕，悦罄其行资，市牛飨战士。……十四年……率所部兵从大将军杨忠征随郡安陆，并平之。时悬兵深入，悦支度路程，勒其部伍，节减粮食。① 及至竟陵，诸军多有匮乏，悦出廪米六百石分给之。(《周书·王悦传》)
>
> 令狐整，字延保，敦煌人也。本名延世，为西土冠冕。……遂立为瓜州义首，仍除持节、抚军将军、通直散骑常侍、大都督。整以国难未宁，常愿举宗效力，遂率乡亲二千余人入朝，随军征讨。整善于抚驭，躬同丰约，是以人众，并忘羁旅，尽其力用。(《周书·令狐整传》)
>
> 李迁哲，字孝彦，安康人也。世为山南豪族……太祖令迁哲留镇白帝，更配兵千人，马三百匹。信州先无仓贮，军粮匮乏，迁哲乃收葛根造粉，兼米以给之，迁哲亦自取供食；时有异膳，即分赐兵士；有疾患者，又亲加医药。以此军中感之，人思效命。……迁哲累世雄豪……缘汉千余里间，第宅相次。(《周书·李迁哲传》)

王悦屡以私财募兵，又罄其行资市牛飨士；令狐整、李迁哲与士卒实行所谓"同丰约"、"共甘苦"，还是蓄养家兵的作风，都可以看出私财助军的一些痕迹。自然我们不能过分强调"私财"助军的范围

---

① 此处所谓"行资"、"粮食"，未必真正是王悦自己原有的私财，只是由他筹措得来的(不管采取什么方式)，私财的内涵本来就是如此，应予注意。

和效用,王悦以廪米分给诸军,就不一定是私财。特别是像李虎等六柱国,久经征战,流徙不定,专靠以原有私财供军确是不可想象的;而且以私财助军,即使"慷慨"过一两次,也不可能持续下去,封建剥削起家的军将也是爱财如命的。因此"六家共备"的军资来源,不能局限于私家原有财产这一概念内①,主要仍当看到军将的地位和诸种剥削方式。

军资供备来源,一是虏掠,如杨㯹"大获甲仗及军资以给义士",又"令领所部,四出抄掠,拟供军费"②,封建战争中军资有赖于虏掠,那也很少例外。二是就地搜括,军将往往兼任地方官吏,如独孤信久镇陇右,旧史说是"劝以耕桑,数年之中,公私富实,流民愿附者数万家"③,大致在陇右初步安定的情况下,独孤信搜括了不少财富,军队当亦可以取给于此。另外是屯田,以民营田,供给军用,李贤在河州大营屯田,宇文贵在梁州表置屯田④;也有兵士直接屯田的,如姚辩"统营校","抚养士卒,劝课农桑,莫不家实食,人知礼节"⑤。军将以屯田供军,也是封建制度下军需的一种较为常见的来源。

六柱国统领下的军队,无论采用什么方式筹措军资衣粮,都可

---

① "私物不足,颇有公费",在北魏时曾有此例。《北史》卷四九《毛鸿宾传》"鸿宾亦领乡中壮武二千人以从……四座常满,鸿宾资给衣食,与己悉同。私物不足,颇有公费。"又梁览"家世豪富,资累千金……既为本州刺史,盛修甲仗,人马精锐",见《北史》卷四九本传。其他例证尚多。

② 《周书》卷三四《杨㯹传》。

③ 《周书》卷一六《独孤信传》。

④ 《周书》卷二五《李贤传》"乃大营屯田,以省运漕";卷一九《宇文贵传》"于梁州置屯田,数州丰足"。其他各地多有屯田,见同书卷二三《苏绰传》、卷三五《薛善传》,《北史》卷三〇《卢恺传》,《隋书》卷二九《地理志》。

⑤ 《金石萃编》卷四〇《姚辩墓志铭》。

说是"六家共备"①,这只能从封建割据下地主武装的惯例来理解。虽然六柱国的军队转向中央化,仍是处于初期变化过程中,当时军资、衣粮供备上尚保留原来私兵的一些痕迹,并不足怪,《邺侯家传》所载的内容,正反映了转变中的原始情况。

当然,地方武装中央化在当时是比较快的,"六家共备"的痕迹固然存在,同时是"并资官给"的,《北史》之说,又反映了转变中的发展趋向。所谓"官给"也是从民间征税或屯田收获中搜括而来,只是由皇朝统筹,财政中央化又进了一步。较早的事实,如独孤信东征,赵肃以土豪率宗人做行军向导,独孤信即授以司州别驾的官职,使监督军储,军用丰足,宇文泰便称誉之为"洛阳主人"。② 后来宇文贵西征,诏令赵刚兼行渭州刺史事,资给粮饩;陆腾征信州,诏令辛昂于通、渠等州运粮给军;薛善为司农少卿领同州夏阳县二十七屯监,又于夏阳诸山置铁冶,兼领冶铁监,广兴屯田,营造军器,供给诸军。③ 所谓官给、私给,有时很难严格划分。封建财政也在变化中,有一次关中大饥,征敛民间谷食以供军费,隐藏粮食的可以互相告发,地方官用严刑逼取,致人多逃散,据说只有王罴以大都督镇华州,在当地有些"威信","得粟不少诸州而(民)无怨讟"④。总的看来,军资都取自民间,即为官给;而军将就地筹措,

---

① 私财的由来,在封建地主和军阀、官僚中都是从剥削中取得,问题是采取哪一种剥削方式而已。同样,所谓好施爱士,也不可作片面的解释,如贺拔胜"轻财重义",独孤信、尉迟迥"好施爱士"等,并不是对每个人都如此,而只是对待一般地主士大夫,这是私财怎样得来和怎样去的问题,可以联系起来考察。
② 见《北史》卷七〇《赵肃传》。又大统三年宇文泰既平弘农,因馆谷五十余日,关中饥荒,即寄食弘农,由地方筹措军食。
③ 见《北史》卷六九《赵刚传》、卷七〇《辛昂传》,《周书》卷三五《薛善传》。
④ 《周书》卷一八《王罴传》。

获多获少不同，就某种意义上说，也可以说是私给。西魏、北周之交，政令不完全统一，开始笼络的乡兵，地方色彩比较浓厚，六柱国供备军资，只能作军将自筹来理解；至于私财养兵，在短时间、小范围内是有的，作为制度持久实行，历来不曾也不可能成为事实。

由此可知，军资取给是转向皇朝统筹，而起始多由军将自筹，有的还由所谓"首望"、"义首"以私财募兵和私财赡军。被籍为兵的，还须自备弓刀，甚至自备行资。久经战乱，封建财政不相统属，而且生产破坏，军费浩繁，如何供养大批军队，是宇文泰所遇到的一个困难问题。他在处理这一问题过程中，一方面因循旧章；另一方面又有所改变，这种改变只是初步的，随着封建政治经济和府兵制的进一步发展，其后变化也更加显著。

六柱国领兵和整个统领系统的初步确立

大统八年，宇文泰"初置六军"。六军名称和制度可溯源于历代相传的"天子六军"，后来宇文泰仿《周礼》建六官，都是宇文泰采用苏绰整套建议的一个方面，始于大统八年，到大统十六年基本确立了。

以六柱国大将军分统六军的制度，大统八年后逐步在形成，一些主要军将的官职也逐步在上升。大统八年仅于谨一人为大将军，其余李弼、赵贵、独孤信、侯莫陈崇、李虎只是开府将军，另外尚有达奚武、若干惠等六人同属开府将军。到大统十四年李弼、独孤信升任柱国大将军，十五年于谨、赵贵、侯莫陈崇又升任柱国大将军,李虎任柱国大将军的确切年代已不可考,应不晚于十五年①,可以说六柱国分统六军的制度,到大统十六年是确立了而且划一了②。

《周书》又有宇文泰"置十二军"之说,那还在西魏建立之前,统率十二军的有刘亮、怡峰等人,当时刘亮军号只是大都督、怡峰只是都督而已。大统三年宇文泰率李弼、独孤信等十二将东征,包括刘亮、怡峰在内,虽为战时组织,应与原来十二军有关,"时战士不满万人"③,十二军的规模,自然不很固定。原来十二军作为基础,经过十多年的整军扩军,乃有六柱国分统六军的制度,十二军的名号乃不复见;六柱国下的十二大将军,习惯上也很少称为十二军。只有开府将军一级较为重要,简称二十四军。《周书·宇文护传》:"自太祖为丞相,立左右十二军,总属相府。"④大将军为六柱国和二十四开府中间的统将,在组织系统上似乎较为次要些;至于命将出征时,大将军常常率领开府将军、仪同将军,仍有其实权,因而也并非虚设⑤,只是作为平时的统率单位而言,十二军的作用不很显著。

---

① 《周书》卷一六列李虎为七柱国之首,按李虎在大统五年已为开府,与独孤信资历相等。
② 陈寅恪先生以为大统十六年以前统兵的为八柱国;十六年特别是十七年李虎死后,"八柱国中六柱国统兵之制始一变"。其说虽也反映当时某些实际情况,但宇文泰的压倒其他柱国,并力求控制其他柱国,并不在李虎死后才成为事实。注意变化中某些情节是必要的,但更应重视总的趋向。
③ 《周书》卷二《文帝纪》。参阅同书卷一七《刘亮传》、《怡峰传》。
④ "立左右十二军",实即二十四军,此言十二军与初置十二军的情况,已有不同。
⑤ 《周书》卷一九《宇文贵传》说宇文贵于大统十六年进位大将军。魏废帝三年,开府李光赐反,开府张遵举兵相应,贵命开府叱奴兴、成亚击之。同书卷二一《尉迟迥传》,迥以大将军督开府元珍、乙弗亚、万俟吕陵始、叱奴兴、綦连、宇文升等六军甲士一万二千、骑万匹伐蜀,即以大将军督六个军出征。

二十四军每一军由开府将军统领,开府将军下为仪同将军。前者军号为骠骑大将军、开府仪同三司,后者为车骑大将军、仪同三司,而简称为开府将军、仪同将军。《北史》卷六〇传论:"每大将军督二开府,凡为二十四员,分团统领,是二十四军。每一团仪同二人,自相督率,不编户贯。"即是二十四军之下,又有团的组织单位。日人滨口重国认为一个军辖二个团,每一团仪同二人,就成为四十八团和九十六个仪同府,而有仪同将军九十六人。滨口这个解释,过去曾辩论其不确①;经过反复考订,知道从前自己对整个府兵统领系统的演变研究不够,滨口之说,基本上是正确的,只是一军二团的分析,有待进一步研究②。

《北史》说"分团统领","每一团仪同二人",是军下有团,其组织为仪同府。从整个系统来讲,仪同府属于"军团"这一级,"军团"之下又有团,团有大都督③;其下有旅,旅有帅都督;旅之下有队,队有都督。其官制、官品如下表:

---

① 见旧作《再论西魏北周和隋唐的府兵》(四)丙"团与仪同"一段。
② 滨口重国之说如下:

```
柱国大将军 ┬ 大将军 ┬ 开 府
 (四军)    │(二军) │ (一军) ┬ 团 ┬ 仪同府
          └ 大将军 └ 开 府  └ 团…┴ 仪同府
```

六柱国——十二大将军——二十四开府——九十六仪同
　　　　　　　　　　　(二十四军)　　　(四十八团,九十六仪同府)

滨口以此符合"合为百府"之说,但《北史》并不明言一军二团,其依据仍嫌不足。
③ 大都督仍应为团一级,隋唐府兵制中,团有校尉,相当于大都督。团之上有军,后来连称为"军团"。

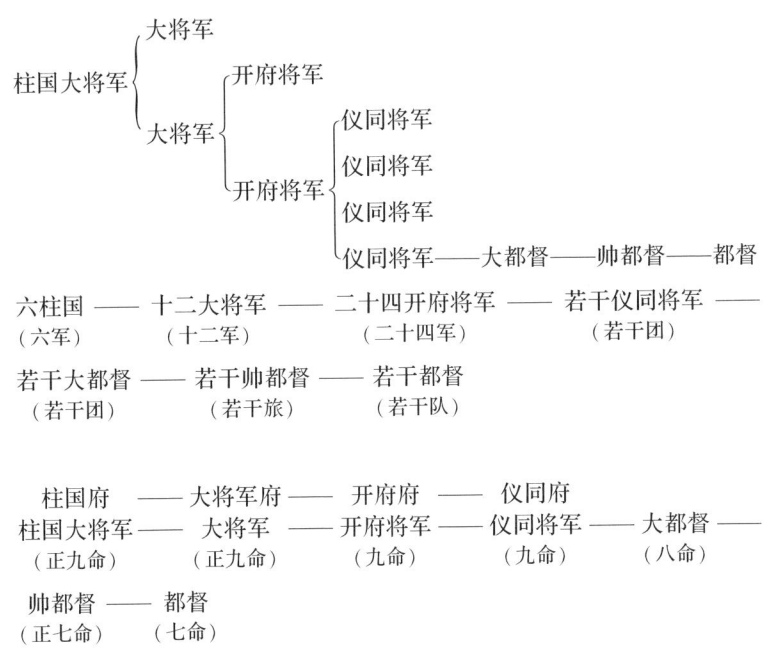

```
                    ┌ 大将军
柱国大将军 ┤         ┌ 开府将军
                    │         ┌ 仪同将军
                    └ 大将军 ┤ 仪同将军
                              │ 仪同将军
                              └ 开府将军 ┤ 仪同将军
                                         └ 仪同将军 ── 大都督 ── 帅都督 ── 都督
```

六柱国 ── 十二大将军 ── 二十四开府将军 ── 若干仪同将军
(六军)   (十二军)   (二十四军)   (若干团)

若干大都督 ── 若干帅都督 ── 若干都督
(若干团)   (若干旅)   (若干队)

柱国府 ── 大将军府 ── 开府府 ── 仪同府
柱国大将军 ── 大将军 ── 开府将军 ── 仪同将军 ── 大都督
(正九命)   (正九命)   (九命)   (九命)   (八命)

帅都督 ── 都督
(正七命) (七命)

  按仪同将军的牙门称仪同府,置有僚属。开府府有长史、司马、司录,正六命;仪同府也有长史、司马、司录,六命。开府府有中郎掾属,五命;仪同府也有中郎掾属,正四命。开府府有列曹参军,四命;仪同府也有列曹参军,正三命。开府尚有参军,三命;仪同府不置参军。[①] 所不同的是仪同将军不属于将军开府之列,皇朝官制系统上没有获得开府称号,而仪同军号车骑大将军与开府军号骠骑大将军也不相同,地位低一级,虽与开府将军同为九命,而权力不同,所置僚属的官品较低,人数也略少。但同时又当看到,仪同将军自有牙门,置有僚属,它不是二十四军的副职,而系仪同府的主管军将,自属非常明显。

[①] 见《周书》卷二四《卢辩传》所载北周官制。

团为军下面的一级组织单位,《旧唐书·戴胄传》所说的"关中河外,尽置军团",军与团连称,是由于初期府兵组织系统中即有此制度,因而成为一种习惯称谓。又《孔神通墓志铭》:"在阵驻军及荡逻,不失团队。"①"团队"连称,包括其下的队而言,又是仪同府组织单位的概括名词。团与仪同将军相连属,不独见于《北史》,出土的《龙山公□质墓志铭》有如下记载,足资补充:

> 周朝受大都督、龙山公,选补仪同。领乡团五百人,守隘三峡。②

这个受封为龙山公的仪同将军,领乡团镇守三峡,是团的名称屡见于记载,乡团与仪同相连属,决非偶然。到隋唐"军坊乡团"在府兵制度中仍然一度保留,制度到隋唐时是大大变化,而渊源关系却不能不从西魏北周时找寻。

团、旅、队在北魏以至隋唐,有时采用,有时又废除,即同一名称之下,其兵数、官等以及组织可以相差很大,变化之迹,在唐折冲府组织系统中尚须略为述及,这里不再详论,以免过于繁琐。

此外每一军究分几团,尚难作出确切的解答。单凭《北史》记载,不足以说明问题,由于《北史》记载本身很不明确。疑一军一般是二团,也可以多于二团,或者只有一团,所以《北史》没有明确记述设置数字。至少一团分为左右,故有仪同二人;正如六军分为左

---

① 《汉魏南北朝墓志集释》图版455。
② 原清华大学图书馆所藏拓本,此从笔录。

右是十二军,十二军分为左右是二十四军。至于设立二团或多于二团,基于《玉海》引《后魏书》"西魏大统八年,宇文泰仿周典置六军,合为百府"之说①,一军有二团就可以有九十六个仪同府,其时正在扩军,增设乡团,因而各军增设仪同府是极其可能的。没有其他可靠的史实依据,暂行从疑。

总上所述,宇文泰在扩军、整军中,广募关陇豪右以增军旅,又于九等户中的上、中富室籍其有材力者为兵,并笼络"首望"、"义首"的乡兵纳入皇朝六柱国统领系统,使地主武装逐步中央化。军资、衣粮仍保有军将自筹的旧习,逐步走向并资官给,纳入整个封建财政系统之内。但被籍为兵,仍须自备弓刀,其他从军者有的亦"自备行资"。兵列军籍,不编户贯,免于"租庸调",一般地主当兵在均田制和九品混通的赋役制的基础上,免于"租庸调",又凭借战功以为进身阶梯,自然是有利的。这样可以吸引一部分富室豪右当兵,至少是罗致他们作为军队僚佐,在征募中为之倡首,从而强制或骗取农民当兵,把农民投入封建内战中去。至于六柱国统领下的整个组织系统,为六柱国大将军构成六军,十二大将军构成十二军,二十四开府将军构成二十四军,六军、二十四军是上层组织中两个最重要的单位。以下有若干团,分别设若干仪同府,再下是团、旅、队,分置各级"督将"。至下层组织,史籍均无明文记载,可能是制度制订得较晚,而史籍行文简略,也不可能一一叙述,主要是其上层组织,从大统八年起开始形成,大统十四、十五两年中,整个六柱国统领系统算是初步确立了。

---

① 按《后魏书》有"合为百府"之说,《邺侯家传》又有"六柱国共有众不满五万"之说,如果以百府计,每府只五百人,每一大都督可能统率二百五十人。

二、二十四军地位的提高与私兵性质的逐步改变

宇文护专权和中央集权制的初步加强

宇文泰死后,诸子年幼,宇文泰的侄儿宇文护执政,于557年废魏恭帝,立宇文泰子宇文觉为天王(即周闵帝),建国号为周,史称北周。北周皇朝的大权掌握在宇文护手里,直到572年宇文护被杀为止,历时十五年。

宇文护在557年杀害闵帝,560年又杀害明帝,赵贵、独孤信、侯莫陈崇、李远等亦先后被杀掉或被迫自尽。561年宇文护为都督中外诸军事,复以大冢宰总领大司马、大司空、大司寇、大宗伯、大司徒五府,集军政大权于一身。

宇文护为了加强对地方的控制,首先把雍州刺史改为雍州牧,自领州牧之任;其次改都督诸州军事为总管,任命亲信的人如大将军宇文宪为益州总管,后来在襄州设总管府总领荆州、安州、江陵等总管,宇文直为襄州总管。

宇文泰第四子宇文邕于560年继位为皇帝(即周武帝),和宇文护之间存在着矛盾,封建皇朝还不很稳定。北周的统治者为了巩固统治,陆续采取了某些新措施,如放还因连坐而被远配的村民,判刑减本罪一等;又于蒲州开河渠,于同州开龙首渠,以广灌溉。特别是561年改八丁兵为十二丁兵,岁率一月役,对防戍徭役有所减轻。原来力役规定,丰年不过三旬,中年二旬,下年一旬,可能后来改变了。这里所谓八丁兵乃指一般徭役和防戍而言,一年

八番为四十五日,十二番就只三十日了,相等于原规定的丰年徭役的天数。①

与此同时,北周皇朝封元罗为韩国公,"以绍魏后";并令北魏以来的三十六国、九十九姓都改称京兆人②,使鲜卑人以都城长安为籍贯,借以缓和鲜卑族的内部矛盾。

对突厥维持和好,也力求与吐谷浑和好,对陈很少战争,对北齐虽有战争而且在564年遭到严重的损失,但基本上是以防御为主,积蓄力量,很少主动出击。

十五年当中,宇文护是继续执行宇文泰的政策,制度上改变不多,北周是在较稳定的局面中逐步加强中央集权。

增筑新城与军人城居

城、郭、坞、垒是封建战争中重要的攻守工具。宇文泰时,各地曾有筑城的事例,如王思政在弘农起城郭,韦孝宽在汾北筑一大城。但由于军事仓忙,日不暇给,新筑和加固,要看驻屯军将的决策,那时候所筑的城堡不多。

宇文护当政以后,连续由皇朝主持新筑了许多城,《周书》记载的计有如下诸城:

---

① 岑仲勉先生以为"八丁兵"、"十二丁兵"与兵役毫无关系,只是徭役的时间规定。按《周书》卷二三《苏绰传》:"又差发徭役,多不存意,致令贫弱者或重徭而远戍,富强者或轻使而近防。"徭役防戍都包括在内,"八丁兵"、"十二丁兵"之词是全面地表达了其内容。当然府兵的番第不相同,不能以此去解释府兵每年服役的期限,那是对的,这里"八丁兵"泛指一般徭役和兵役(如近防、远戍)。

② 见《周书》卷四《明帝纪》。

558年——柱国尉迟迥率众于河南筑安乐城。(《明帝纪》)

559年——达奚武击退齐将斛律敦于汾绛,筑柏壁城。(《达奚武传》)

564年——刘雄随宇文宪军出宜阳,筑安义等城。(《刘雄传》)

566年——筑武功、郿、斜谷、武都、留谷、津坑诸城,以置军人。(《武帝纪》)

569年——筑原州及泾州东城。柱国宇文宪于宜阳筑崇德等城。(《武帝纪》)

570年——宇文盛筑大宁城。(《宇文盛传》)

北周筑城比北齐少。宇文护一般不主张筑城,他曾拒绝韦孝宽于汾北筑城的建议,何以在河南一带增筑新城呢?这是由于对北齐战争一般是不利的,实亦情势所迫。其中在长安附近所筑的新城,则与河南情况不同,不是用于军事防御,而是用于安置军人。

军人城居是当时一种通例。北魏以来特别是魏末所谓城民,一般都为军籍,六镇起义以后,城民或城人变乱和暴动的很多,有为军将的叛上,有为府户的不满与反抗,综合有关事例来看,城民基本上以军人为主体①;至于原来工商业比较发达或政治中心所在的城市,军人往往立坊而居,号曰军坊。军人世代执役,有的家属随军②,他

---

① 关于北魏以来军人城居和城民具有军籍问题,另见附论。
② 《资治通鉴》卷一五〇谓东益州本氐王杨绍先之国,将佐皆城居,三秦反者,皆其族类。魏子建为刺史,悉召城民慰谕之;既而渐分其父兄子弟,外成诸郡。又《北史》卷七三《梁士彦传》载士彦以大将军为晋州刺史,北齐来攻,乃令妻妾及军人子女昼夜修城。都是军人家属随营之例。

们集中居住城坊,仍不同于后来的兵营,城坊之内,既有公府,又有私家,既有构成城坊主体的军人,也可以参杂一部分民户,这种城坊属于军事性质,与一般都市是有着严格区别的,上述北周所筑新城,也都属于军事性质。

隋开皇十年诏书提到,"魏末丧乱……兵士军人,权置坊府"①,所谓坊府,即与城坊有关。北周时期,军人除流动作战居处不能固定以外,一般都驻屯在一定城坊以及坞堡中,就地镇防。杨㩇以义兵纳入府兵组织,任开府将军,所部兵历镇邵州。魏玄也以率募乡曲为大都督,所部兵分驻弘农、九曲、孔城、伏流四城;后为仪同将军,徙镇蛮谷;进位开府将军,徙镇阌韩。此外如杨崇为仪同将军,以兵镇恒山;达奚寔为都督,以兵镇弘农,都以具有军事性质的城坊为其驻屯中心。② 出土的北周保定二年《檀泉寺造像记》更为我们留下有价值的资料:

> 绛州刺史、龙头城、开府仪同三司、丰利公、弟子宇文贞。③

宇文贞官衔之中,加上龙头城的城名,是旧史所没见过的,写碑记的人不懂官书惯例,在官名中夹以地名,却反映出军将驻地和军人城居的情况。宇文贞为绛州刺史并为开府将军,其开府所在的中心城坊为龙头城,故碑记把龙头城列在绛州刺史之后、开府将军之前。又韦孝宽以晋州刺史、大都督,镇玉壁城,即被称为城主,《周

---

① 《隋书》卷二《高祖纪》。
② 见《周书》卷三四《杨㩇传》、卷四三《魏玄传》、卷二九《达奚寔传》,《北史》卷七三《杨义臣传》。
③ 《山右石刻丛编》卷二北周保定二年《檀泉寺造像记》。

书》卷三一《韦孝宽传》有云：

> 齐神武倾山东之众,志图西入,以玉壁冲要,先命攻之。连营数十里,至于城下……城外尽其攻击之术,孝宽咸拒破之。神武无如之何,乃遣仓曹参军祖孝征谓曰："未闻救兵,何不降也？"……俄而孝征复谓城中人曰："韦城主受彼荣禄,或复可尔；自外军士,何事相随入汤火中耶！"

按此"城中人"即指"军士",城主即韦孝宽,与上述碑记联系起来看,可知军人城居,军将即为城主。以城名加在军将官衔之上,表示官职、军府及其地区,已开隋唐军府因地立称的先声。

军人在边防集中于城坊,甚至附近居民有时亦集中于城郭,便于以军队保护居民的生业和生产,此殆为一种通例。至于在内地,一般也集中城坊居住,但也可能分散在附近各地,《周书》卷三三《王悦传》：

> 王悦,字众喜,京兆蓝田人也。……太祖初定关陇,悦率募乡里从军,屡有战功。……侯景围洛阳,太祖赴援,悦又率乡里千余人,从军至洛阳。……以仪同领兵还乡里。悦既久居显职,及此之还,心怀怏怏,犹陵驾乡里,失宗党之情。其长子康,恃旧望,遂自骄纵。所部军人,将有婚礼,康乃非理凌辱；军人诉之。悦及康并坐除名,仍配流远防。

按王悦以仪同领兵还乡里,只有军职,不兼地方官,在地方上只有一般镇守之责,除仪同府和基本部队居住城中外,其军士也可能散居在城郊和乡村。后来隋唐初期有军坊、乡团,集中城坊的为军坊,散居乡村的为乡团,坊设坊主,团设团主,负责检查户口,劝课农桑,疑此时已具雏形,但无直接史料可资证明,只能存疑。而且到唐代仍以军坊为主,一度只置军坊,坊置坊主,别无乡团名目。总的看来,军人城居,是最主要的和最经常的形式。

军人城居,已为当时通例,宇文护当政后的筑城,仍属继续前代的措施。但其中颇具有一些新的因素,他在武功、郿、斜谷、武都、留谷、津坑等地筑城,都比较靠近京城①,这些地名可以考查出来的,计武功、武都属京兆,郿属扶风,留谷属凤翔。皇朝的军队,除集中长安外,长安外围也分别建立新城"以置军人"。这些城不同于作为政治中心、经济中心的城市,也不同于军事防御上需要的堡垒。如果军人较长期地定居下来,即可因地立称,可是这时候征防不定,故可视同宇文贞开府所在的龙头城。宇文护于武功等地筑城,正是内地边防化的一项新措施。

这一新措施,也意味着中央集权的加强,在京城周围驻屯皇朝直辖的军府,形成以京城为中心的军府部署。所以武功等城在七月修筑,北周武帝十一月即巡视新城,历时三十五天②,可见其重视程度。

二十四军地位的提高及其原因

宇文护当政时期,柱国大将军和大将军的人数日增,《北史》卷六〇传论所谓"此后功臣,位至柱国及大将军者众矣,不限此秩,无

---

① 北周所筑之城,后为唐代设置折冲府,经考证出来的,计有凤翔的留谷府,沁州的安乐府。城处于冲要地带,内有军坊,沿袭设置军府,自属可能。
② 见《周书》卷五《武帝纪》。

所统御。六柱国、十二大将军之后,有以位次嗣掌其事者,而德望素在诸公之下,并不得预于此例",主要指宇文护当政时期的情况而言。仅天和六年(571年)所授柱国就有二十五人,前后合计人数更多。① 按六柱国领兵系统,大统十四、十五两年中才初步确立,大将军也比较符合于十二人的数字,但六柱国与十二大将军的数目和比例,自始即不是那么固定。六柱国之外,宇文泰本人以更高地位统领六军,仍称柱国;而元欣名为柱国,实不领兵,习惯上称八柱国。十二大将军之外,念贤曾任大将军,死在大统五年,可不计算在内;王思政亦任大将军,但他在颍川遭东魏军围攻以至城陷身囚,事在大统十四、十五年之间,所以不在"十二"之列。这一组织系统的变化是较频繁的,也是易于理解的。不过宇文护当政,为了巩固自己地位,骤然增加了柱国大将军和大将军的人数,以笼络一部分军将,所授既滥,官号与实际领兵者乃截然分开,其情况与宇文泰当政时期迥然不同。

　　这个时期,官号不加实职,便同勋级,宇文护乃从待遇方面提高,以示尊宠。保定二年(562年)既下诏"柱国以下、帅都督以上母妻授太夫人、夫人、郡君、县君各有差",复下诏"诸柱国等勋德隆重,宜有优崇,各准别制邑户,听寄食他县"。因此,授有柱国名号而无实职的,一般都不领兵;其领兵出征或外任诸州总管的,才授有实职,名号与实职分离。这一演变,到宇文护被诛以后,更形确定。武帝建德四年(575年)又置上柱国、上大将军、上开府、上仪同等官,授上柱国的人员又增加了,实际上都成为不同等级的勋

---

① 据《周书》卷五《武帝纪》,天和六年新授柱国计有王杰、宇文会等二十五人,其他如保定四年新授柱国计有李穆、韦孝宽等六人。柱国总人数不易统计出来。

号,宣帝大成元年(579年)"初令授总管、刺史及行兵者加持节,余悉罢之"①,原来授柱国、大将军、开府、仪同者并加"使持节都督",此后不再是这样了。

原来任开府将军的军将,一般即为二十四军的统领,在宇文护当政时期,只是既有官号又有实职的才能分别领兵,而且还有加号大将军的趋向,下面两项记载可资证明:

> 尔绵永……其年(保定四年)授持节大将军、都督、治左八军、总管军事。(《文苑英华》卷九〇五庾信《周柱国大将军尔绵永神道碑》)
>
> 段永……保定四年拜大将军……天和四年授小司寇,寻为右二军总管,率兵北道讲武。(《周书·段永传》)

按尔绵永即段永,尔绵为赐姓。段永在保定四年(564年)为大将军,这时给予实职,即为治左八军、总管军事②;至天和四年(569年)任右二军总管的实职。由此不难看出,大将军是官号,实已同于勋级,治左八军和右二军总管才是实职;以大将军名号担任一个军的统领,勋级仍旧,而实权同于原来的开府将军,另外又带"总管"的名衔,官号与实职的分开乃在制度上确定下来。

二十四军,本来是左右十二军的总称。《周书·晋荡公护传》说,"自太祖为丞相,立左右十二军,总属相府",即指二十四军而言。上述段永神道碑和传记所说的左八军、右二军,即是二十四军

---

① 上引资料见《周书》卷五、六《武帝纪》,卷七《宣帝纪》。
② 《周书》卷三〇《窦炽传》谓炽子恭为左二军总管,此乃战时组织,与府兵平时统领系统不同,故不能与段永之例同列。

中的两个军,左十二军从左一军到左十二军,每军有一带数字的番号(右十二军同),这也显示二十四军在统领系统上的重要。照理,六军之下分左右军,即为十二军,大将军一级亦可有左一军至左六军、右一军至右六军的番号,实际上并不如此。从上层统领系统言,二十四军是最基本的,这种番号便为二十四军所独有。

六军、十二军在组织系统上仍旧保留,北周武帝屡有亲率六军讲武的事实。然而柱国大将军、十二大将军一般都无实职,所谓六军又回到历来"天子六军"的概念上去,六军的具体内容乃左右十二军即二十四军;所以宇文护当政时期,二十四军之名更多地见于记载,如伐齐的征二十四军。可见六军、十二军在统领系统上已无实职,名存实亡;二十四军则在组织系统上与统领系统上都保留着,其地位更显得重要。

二十四军的重要,不独表现在组织系统与统领系统上,而且也表现在政治待遇上。孝闵即位之后,即诏令"二十四军宜举贤良堪治民者,军列九人",与地方官同样具有选举权力。领兵及选举等权力,都落在某某军总管军事或某某军总管这些人的身上,这些人是随时任命、随时变动。这样,二十四军地位重要了,总管仍不易专擅,权力集中于皇朝或其当权者,实质上是中央集权加强的一种表现。

原来六柱国领兵,权力太大,逐步变成以二十四个军将领兵,皇朝便易于控制;而且皇朝给予军将的领兵实职,不固定于原来的官号,随时可以任命、更换,都意味着皇朝权力的加强,相对的军将的权力有所削弱。

在宇文护当政、中央集权加强的同时,军队中私兵部曲的遗留影响仍然存在,这种影响不是一下子可以完全摒除的。如宇文广死后,所部配隶宇文亮,军人驻屯由陕州迁至秦州;李迁哲死后,其六子李敬猷"还统父兵,起家大都督";陈忻死后,其子陈万敌"领其部曲",说是"朝廷以忻雅得士心"的关系。① 可见乡兵、部曲纳入府兵统领系统之内以后,私兵的痕迹仍然存在,所谓"暂经隶属,便即礼若君臣"②,它在军队中的影响是不容易克服的。一直到隋唐时代,这种痕迹有时还要表现出来。这是封建主义的本质所决定的。

陈寅恪先生看到了西魏北周军队的"皇朝直辖化",不免忽视了部曲乡兵遗痕的深刻影响及其阻碍,岑仲勉先生看到了西魏北周军队的"世兵"特点,又不免忽视了部曲乡兵性质上的大有改变,两者都把军队组织系统、统领系统固定于大统十四、十五两年,抓住一点而忽略其他,从而有时对于官号以及有关名词术语也误认为一成不变,考释工作有时也停留于一般名词概念上,往往不得要领。上面两段叙说,旨在说明乡兵、部曲的进一步中央化,却又不忽视乡兵、部曲的遗留影响,以便更好地阐述府兵制的源流变化。

三、扩大募兵与府兵侍卫职责的加重

北周武帝的扩大募兵和讲武教战以及对军将权力的限制

宇文护专权,与武帝发生矛盾。建德元年(572年)武帝杀掉

---

① 见《北史》卷五七《宇文亮传》,《周书》卷四四《李迁哲传》、卷四三《陈忻传》。此外如王思政的儿子康,率思政所部兵从军东征;又从尉迟迥征蜀,镇天水郡,见《北史》卷六二《王思政传》。

② 周武帝语,见《周书》卷一二《齐炀王宪传》。

宇文护，政局尚少动荡，臣下的权力又集中在皇帝身上，即封建国家（从北周范围内讲）权力更趋向于集中于皇朝，而皇朝权力又集中于皇帝。

北周武帝是北朝的一个有为的皇帝。他收回全部权力后，采取不少积极措施，如放免江陵俘口，亲录囚徒，蠲免逋租悬调和兵役残功，奖励农业，提倡俭朴等，对于缓和境内阶级矛盾，增殖国家财富，都有相当作用。

当时北齐政治紊乱，已趋微弱，武帝集中力量于平定北齐，比之宇文泰及宇文护当政时期，主客观条件都好得多了。

由于对齐用兵，武帝扩大募兵范围。其后宣帝对陈用兵，又"免京师见徒，并令从军"。这时候府兵人数当迅速增加。关于武帝时募兵的记载有：

（建德）三年……诏荆襄安延夏五州总管内，有能率其从军者，授官各有差；其贫下户给复三年。（《周书·武帝纪》）

建德二年（应为三年），改军士为侍官，募百姓充之，除其县籍；是后，夏人半为兵矣。（《隋书·食货志》）

宇文敬……内史都上士……建德五年，大举伐齐……于是募三辅豪侠少年数百人为别队，从帝攻拔晋州。（《北史·宇文敬传》）

宣政元年……总戎北伐……发关中公私驴马悉从军。（《周书·武帝纪》）

综合上述史料，可以明确如下几个问题：（1）广募百姓充当府兵——军人、军士，包括贫下户即广大的农民在内，突破"豪右"和"六户中等以上家"的范围,扩大了兵源。(2)被募为兵的,本人"除其县籍",即免除本身的租庸调和杂徭;有的地区,贫下户还得以给复三年。(3)军籍与民籍分开,"除其县籍"即"不编户贯"。(4)募豪侠少年与发公私驴马从军,前者不属于府兵系统,系临时"义从"性质;后者为临时调发,也不是固定制度,临时兵额大大增加了。

这样扩大募兵的结果,旧史估计为"是后,夏人半为兵矣"。北周之民主要是汉族,召募所及,当然主要是汉人——夏人。575年和576年,武帝伐齐,出兵人数,一次是17万,一次是145,000;此外防守南境及其他地方的军队估计不下10多万,当时军队总数在30万以上。北周原来统治区内的户口数已不可考。按平齐后(大象中,579—580年)有户359万、口9,009,604,而建德六年(577年)平齐所得户3,032,528、口20,006,880。① 平齐后两三年中北周的户口数字变动已很大,要想从中得出平齐前的户口实数,殊不可能。只是大象户口数字仍然反映出许多问题,即平齐后户口锐减,特别是口数减少很多,原来北齐每户平均六口强,大象中每户平均二口半强,户的平均口数下降到最低限度。再则大象中户口锐减,估计北周在平齐前的户口数也不会很多,最大限度地征、募民众为兵,不编户贯,民户数字自然日益减少,旧史谓"是后夏人半为兵矣",若兵以30万来估计,那么大象户除去平齐所得户,所余287,472之数,约略相当。当然北周实际户数不会只有60万②,不

---

① 见《通典》卷七《食货》七。按《周书》卷六《武帝纪》谓平齐得户3,302,528,这里依存《周书》之数。又据《通典》,隋受周禅,有户3,599,604,应即大象户数,大象户数举其成数而言。

② 军户以30万计,民户为28万多,合计60万左右,隐口漏丁应亦不少,特别是扩大募兵之后,户籍紊乱,所以户数锐减,实际户数当有200万(民户)。

著籍的流民以及各种隐户、荫户一定是很多的；此外除汉人外，鲜卑和其他各部族也占着一定的比例，原来北周实际户数，当远远超出 60 万。这样，旧史所载户数与扩兵情况，均属可通。

武帝募兵的范围，包括贫下户，即所谓"募百姓充之"，这样，军队中（包括府兵在内）真正出身农民的会大大增加。前面已经说过，宇文泰"广募关陇豪右"与"籍民之有材力者为府兵"，也会骗取或强制农民当兵；现在扩大兵源，被召募来的无疑多是农民了。原来豪右富室从军的传统，被法令所打破，这是较大的变化，这一变化到隋唐初期仍会曲折地、反复地在兵制中反映出来，值得予以重视。

北周武帝除扩大募兵外，非常重视兵的训练，其讲武教战，从时间上讲，还比扩大募兵为早。从府兵的形成来看，讲武教战，原是府兵构成为一种特殊军队的一个重要因素。

宇文泰在大统八年大会诸军于马牧，既而大狩于华阴，大飨将士；九年大阅于栎阳；十年大阅于白水；十一年大阅于白水，狩于岐阳；十二年大会诸军于咸阳；十三年西狩于岐阳；十四年又大狩于原州以北长城。大统十五年至废帝二年因军事紧张，加以宇文泰与魏帝发生矛盾，没有大规模讲武。恭帝元年又大狩于原州一带；三年又北狩，宇文泰就在北狩途中死去。可见宇文泰勤于讲武教战，府兵之所以成为劲旅，实与此有关。

北周的讲武教战，已经经常化，而且在兵制中有着明文规定。宇文泰模仿《周礼》，结合鲜卑的尚武风气，很早就把制度固定下来。根据《隋书·礼仪志》和《玉海》所引述的内容来看，春季叫"振旅"，夏季叫"茇舍"，秋季叫"练兵"，冬季叫"大阅"，其实战阵之法完全相同。其中有一点值得注意的，是参加讲武的有将帅，还有"乡稍之官",有徒兵、骑兵,还有"众庶",可见地方官吏和当地丁壮也是参与的;不过战阵之法,只由将帅和徒兵、骑兵进行演习,地方官吏和当地丁壮可能限于见习而已。① 但北周关于四时讲武的规定,不免拘泥于《周礼》,实际上宇文泰十次大阅或大狩,五次是在冬季,三次是在夏季,两次是在秋季,春季不曾举行。② 总的情况表明,尽管是军队演习,多少妨碍农事,大规模集中军队,在当时会是劳民伤财的,何况地方官吏及丁壮等都参加,更是扰民动众。然而如果像有些府兵制度的研究者那样,由此而否定后来《邺侯家传》所追述的"农隙教试阅"之说③,那就有失谨严了。

与讲武相连的是平时训练。《北史》卷六〇传论说是:"十五日上,则门栏陛戟,警昼巡夜;十五日下,则教旗习战。"④这只是就番上宿卫的军队而言。其他集中城坊的军队,也有平时训练的规定,故传论接着点明"月简阅之",上番的"十五日下"是进行训练,其在军府的,则每月加以简阅。二者相互联系而又相互区别。此外有大校阅,与此又是联系着的而又有着区别,但不矛盾。

府兵的重视训练,可以从明文规定和宇文泰在战争间隙中的实行,获得确切的说明。武帝承袭这种制度,并且加紧在进行。他在宇文护专权期间,虽曾几次大规模讲武,却常常间断,宇文护被杀以后,除用兵北齐和准备北伐突厥外,年年举行,甚

---

① 《隋书》卷八《礼仪志》三、《玉海》卷一四二的记载基本相同。其中"乡稍之官"于教阅时"以集众庶",最为重要。
② 见《周书》卷一、二《文帝纪》。
③ 见岑仲勉《府兵制度研究》,页16—17。
④ 《北史》传论所谓十五日上、十五日下,即上番宿卫以一个月为一轮,这是自周至唐宿卫的基本期限,算是一番;远的倍其月上,也是以一个月作为基本期限的。轮番时一半宿卫,一半训练,唐太宗教射,也是就上番卫士加以训练。

至有年达四次者。讲武时间,多数在冬季,也有在夏季和春季举行的①,可见其整军备战的紧迫情况,同时又可以窥见其统一北方的决心。

武帝注意于拣选军将,并勤加训练。但对军将权力的限制,承袭宇文护的措施而又进一步严密和固定起来。除上面讲到增设上柱国、上大将军等官号外,其平时二十四军总管与战时六军总管截然分开,575年的战时六军总管人选又与576年的大不相同,命将出征,由皇朝随时指定;其所统的兵,也由皇朝随时予以调配,将不能专其兵,在制度上获得了又一保证。自然其中仍存在着矛盾,例如两次出征军将中,除宇文氏外,非皇族军将尽管多所更换,而杨坚、达奚震两次都被列为主将之一,杨坚地位逐渐提高②,具有相当大的权力。集权与分权以及皇帝与军将间的矛盾,变易不居,单纯采取某一些措施,是无法解决的。

中军的加强及府兵与禁兵的关系

封建皇朝的军队,是由中外军构成的。宇文泰在西魏当政时

---

① 武帝在建德二年讲武三次,建德三年讲武四次;春、夏讲武也在这两年,当时正准备攻打北齐。

② 建德四年与建德五年两次伐齐,六军主将及其他军将更换极多,除宇文宪、宇文纯、宇文招、宇文盛两次都参加外,别姓仅达奚震、杨忠二人。杨坚在第二次伐齐时升为六军主将之一。又第二次伐齐之一主将宇文达,《周书》卷六《武帝纪》误作宇文盛,参阅《周书》卷一三《宇文达传》可知。这样六军主将,在两次战役中全部更换,宇文盛实未连任。

伐齐主将中宇文氏始终占有一半,即第一次为宇文纯、宇文盛、宇文招和别姓达奚震、司马消难、侯莫陈琼共六人,第二次为宇文达、宇文亮、宇文俭和别姓杨坚、窦恭、丘崇共六人。窦恭《周书》本纪误作窦泰,参阅同书卷三〇《窦炽传》可知。这都是加强中央集权制的措施。

期,除以丞相名义外,更重要的是以"都督中外诸军事"的名义,握有军事实权①,其牙门简称"中外府"。宇文护专权时期,除了以大冢宰名义使五府总于天官外,又为都督中外诸军事,设中外府。武帝亲自掌政以后,即时撤消中外府,把军权直接掌握在皇帝手里,让大司马实际执行皇帝的命令,中外军完全由皇帝调度,在北周范围内是进一步加强了中央集权制,实行了君主专制政治。

武帝加强中央集权,在军队方面首先是加强中军,加强皇帝对中军的控制,从而也控制着外军。所谓中、外军,一般指直辖皇朝的军队和直辖地方的军队而言。这时所谓外军即总管、刺史所统率的地方军队,包括镇、戍、防的驻屯军队在内;所谓中军系以府兵为主体,包括由宫廷直辖的禁军在内。关于禁军性质,下面还得涉及,这里先谈中军的加强和外军的运用。

武帝增兵,主要是增加府兵;武帝讲武,主要是训练府兵。他对北齐用兵以至平定北齐,是以府兵为中心、为主体的中外军结合,其用兵吐谷浑、稽胡以及南方的陈,基本上相同。575年伐齐,主力十七万人,其中于翼所领二万人为荆楚之兵,李穆所领三万人

---

① 按宇文泰自大统元年即有丞相、都督中外诸军事的名义。陈寅恪先生在其《隋唐制度渊源略论稿》131页中引《周书》和《通鉴》之文,说是"魏废帝二年春,魏帝诏太祖去丞相、大行台,为都督中外诸军事",似乎宇文泰在魏废帝二年才为都督中外诸军事,或者是去掉宰相名义而只有都督中外诸军事头衔而已。其实《周书》、《通鉴》均有差讹,《北史》卷九《周本纪》作"魏帝诏帝为左丞相、大行台、都督中外诸军事",更是错误。宇文泰在大统元年并未辞去丞相和都督中外诸军事,所辞的只是王爵和录尚书事。到大统十四年进位太师,十七年又有冢宰总百揆的名号,官号相当复杂。当时宇文泰以魏官繁冗,思革前弊,准备行周礼、建六官,疑魏废帝二年尽去丞相、大行台、都督中外诸军事名衔(即《周书》多一"为"字,《北史》"为左"二字为"去"字之讹)。其时宇文泰即以太师、冢宰总百揆,实权都在手中,只是名号简化一些而已。宇文泰后又进位太师、大冢宰,名号简略而地位更崇高。宇文泰死,其子觉"嗣位为太师、大冢宰",别无其他名号,亦可证明。

为原州总管之兵,武帝亲统的六军及宇文宪、杨坚、侯莫陈芮率领的六万人,都是中军。576年伐齐,主力十四万五千人,都是中军;另有于翼所率宜阳总管的兵,没有列入主力之内,可能还有其他外军参加这一战役,也不会是主力。从两次战役中看出,中军人数可以出动十四五万人,再把留守部队估计进去,会在二十万左右,就北周范围来说,已经达到最高度。①

外兵在伐齐战争中,不是主力或者虽是主力而所占比例不大;在地方局部战争中,外兵就比较重要。576年宇文盛率中军出征稽胡,韦孝宽以镇守玉壁之兵与主力军相掎角;577年陈将吴明彻北攻至吕梁,徐州总管梁士彦以所部兵拒战,由于兵力不支,才派王轨率中军应援。中军是主力,但须外兵配合。武帝两次伐齐,韦孝宽镇守玉壁这一冲要地带的兵,完全没有调用,起着一种钳制作用。如果看到中军的增加,就抹杀外军的作用;或者一谈到府兵的形成,就把一切外兵混入府兵系统,那是不符合于实际情况的。不独武帝时是以中军为主力、中外军互相配合,即在宇文泰时也是如此。如大统十六年用兵宕昌羌,是大将军宇文贵、豆卢宁和凉州刺史史宁配合作战的;史宁所统凉州刺史所属的兵②,乃是外兵,不能与府兵混为一谈。

中军以府兵为主体,此外另有禁军,这在府兵形成之前就存在着,在府兵确立之后也没有取消。府兵的研究者,往往看到府兵负有宿卫的职责,就把府兵与禁军混淆起来,这与上述把中外军混淆起来的看法,同样是不能成立的。唐长孺先生指出府兵与

---

① 主力指六军而言,其他配合作战的不列六军之内。参阅《周书》卷六《武帝纪》,同书卷三〇《于翼传》、《李穆传》。

② 见《周书》卷四九《宕昌传》。

禁军在统领系统上的区别，却又认为"禁兵即以府兵充当"，仍然是否定了禁兵的单独存在。解决这一问题的关键，在于明确武帝时府兵在宿卫中的地位和宿卫制度的变化，下面着重阐明这一问题，并附带把宇文泰、宇文护当政时期有关的源流演变，略加述说。

禁卫军可以有多种多样，于翼以大将军"总中外宿卫兵事"①，足见宿卫兵事又分中外，这就一语道破府兵与禁军的联系及其区别。禁军指侍卫宫中及护从"御驾"的兵，最接近皇帝和宫廷，有时叫"亲信兵"，有时叫"帐下兵"②，领兵的军将便称为"心腹"、"心膂"。《周书》、《北史》有关禁兵、禁旅的记载，一般都属于这种禁军。大统八年以前，王励为"千牛备身直长，领左右出入卧内"，沙苑之役"以都督领禁兵"；王懋历任左右武卫将军、右卫将军、领军将军，"宿卫宫禁，十有余年"；沙苑之役，贺兰祥以右卫将军留卫京师。③ 这里所谓千牛备身、武卫将军、右卫将军、领军将军等，所领的都是禁兵，与其他中军不同。大统八年以后，即府兵形成和确立以后，这种性质的禁兵，仍然保留。宇文泰晚年，委诸女婿以心膂之寄，李基、李晖、于翼都以"武卫将军，分掌禁旅"，而尉迟纲先后以领军将军、中领军"总宿卫"④，禁兵与府兵在组织系统及官号上不曾混淆。宇文护专权时期，也没有多大改变，只是官号有些不同。宇文泰颁布六官，没有全部实行，他就死去了；宇文护重新颁

---

① 《周书》卷三〇《于翼传》。
② 参见《隋书》卷五五《独孤楷传》、卷五〇《李礼成传》，《周书》卷三〇《于翼传》。
③ 参见《周书》卷二〇《王盟传子励、懋附传》、《贺兰祥传》。
④ 参见《周书》卷二五《李基传》、卷二〇《尉迟纲传》，《资治通鉴》卷一六五。

布并改订六官,禁兵官号和宫卫之制,乃更趋于完备,府兵与禁军的区别,由此可以窥见其梗概。

北周宫卫之制,主要是宇文护订立的,根据《隋书·礼仪志》所载:一是左右宫伯,"掌侍卫之禁,更直于内",下分左右中侍、左右侍、左右前侍、左右后侍、左右骑侍、左右宗侍、左右庶侍、左右勋侍。其职掌如左右中侍掌御寝之禁,是宿卫有中外之分,而内侍也分中外,左右中侍为"御寝"禁卫,这与前侍、后侍自然有所不同。二是左右武伯,掌内外之禁令兼领六率之士,其宿卫范围是宫廷内外,离开皇帝生活中心地较远,其下六率为左右武贲、左右旅贲、左右射声、左右骁骑、左右羽林、左右游击,所辖范围较大,其不同番号的部属也多。两者区别为前者以"侍"为主,后者以"卫"为主;前者"更直于内",后者掌内外之禁。当时这个制度施行较久,于翼由原来的武卫将军,转为新制度下的左宫伯、右宫伯;尉迟运做过左武伯、中大夫,宇文达做过右宫伯和左宗卫。由于宇文护专权,五府总于天官,大司马握有一定的军权①,而直接由中外府控制;尉迟纲曾以小司马总领禁兵。后来武帝想安置自己的心膂,让于翼以司会中大夫、大将军衔总中外宿卫兵马事,即被宇文护排斥,转任小司徒,加柱国衔。其时宿卫禁军的统领仍在变化中,但可以肯定的是,禁军主要是侍卫宫廷内外,即侍卫地段以宫廷为中心;至于宫廷以外的整个京城和京城附近的冲要地方,其宿卫任务主要属于府兵。直到隋唐时,府兵虽可侍卫宫廷,而最接近皇帝的,仍为禁军。北周侍卫宫廷的此时全为禁军,禁军被视为皇帝最亲信

---

① 《周书》卷一三《卫刺王直传》:"请为大司马,意欲总知戎马,得擅威权。"由此知大司马也有一定权力。

的军队,这是易于理解的。

武帝亲揽政权以后,除左右宫伯、左右武伯之外,还置有大司武、大司卫,其下又有左右司武、左右司卫,司武、司卫的权力较大。尉迟运由左武伯改授右侍伯,转右司卫,既而为右宫正兼司武;武帝行幸云阳宫,委司卫上士李询以留府事,可以概见。司武、司卫的侍卫职责略有不同,皇帝用以互相控制。578年尉迟运以司武上大夫总宿卫军事,同年宇文孝伯以司卫上大夫总宿卫兵马事。论地位,尉迟运为柱国,宇文孝伯为大将军;论资历,尉迟运久掌宫禁,宇文孝伯只是在武帝病危时临时被任命为司卫上大夫,获有总宿卫兵马事的权力,乃与尉迟运职掌相等。司武、司卫的增设,是禁军的扩充,这是禁军制度中的一个变化。① 武帝在加强府兵的同时,也加强了禁军。不独府兵与禁军有中外宿卫之分,应区别开来;禁军又有内外宫禁之分,也应区别开来。

左右宫伯、左右武伯、左右司武、左右司卫之外,宣帝时又有"武候"之设。② 这些名号逐渐演变成为隋十六卫中的左右监门卫、左右武卫、左右卫及左右武候卫等。隋十六卫中十二卫统府兵,唐则有府兵在禁军所在的"北门长上",北周时是否已具有萌芽因素,现存史料未能确切说明,只有存疑。

---

① 隋文帝杨坚在宣帝时亦曾任右司武,转大前疑,擅有周皇朝的权力;其子杨勇时为左司卫,其亲信李礼成被任为司武上大夫,"委以心膂"。均可说明司武、司卫职位的重要。
② 周末宫禁之制,变易颇多。《隋书》卷五四《伊娄谦传》称隋文受禅,以谦为左武候将军,按此官在周末已有。《续高僧传》卷一九《释法藏传》称乙娄谦在周大象元年已为武候府次大夫,开皇元年,是由次大夫升任将军,武候府仍承前置。又《续古文苑》卷一七《乙速孤神庆碑铭》称神庆祖安,周右武候、右六府骠骑将军,均足证武候府的设置在周末。

武帝在扩大禁军时,更重视府兵的宿卫。其实在宇文护专权时期,即对府兵宿卫采取措施。570年,"初令宿卫官住关外者,将家累入京,不乐者解宿卫",当然这不限于府兵,但府兵一向有宿卫任务,也应包括在内。武帝在572、575两年中两次改置宿卫官员,一般都以为指府兵宿卫而言,但据《北史·卢辩传》"建德元年改置宿卫官员……四年又改置宿卫官员,其司武、司卫之类,皆后所增改",明白地说是禁军,虽也可能包括府兵在内,现仍不易找到确切证明。建德三年(574年)武帝另一措施,乃与府兵宿卫直接有关,《北史》卷一〇《周本纪》:

> 大会卫官及军人以上,赐钱帛各有差。
> 改诸军军人,并名侍官。

前一条仍可泛指中外宿卫兵,后一条则专指二十四军的军人、军士。在法令上肯定二十四军都负有宿卫任务,同时更表明二十四军不独日益中央化而且日益禁卫化,是皇帝直接掌握府兵的结果,也是皇帝专制的主要凭借。

关于北周府兵宿卫的详细情况,已无可考。《北史》卷六〇传论说"十五日上,则门栏陛戟,警昼巡夜;十五日下,则教旗习战",看来府兵也是宿卫宫廷的,不过"门栏陛戟"是宿卫的概括说法,解释便不能太拘泥,"门"既可泛指宫廷诸门,亦可泛指京城诸门;"陛"既可泛指内廷诸殿,亦可泛指外廷诸殿,这从隋唐宿卫情况来看,自属可通。"十五日上"、"十五日下"的解释有两种:一是府兵宿卫一般为分番宿卫,番上宿卫时,半月服役,半月讲武;一是府兵宿卫经常化,每月有十五天服役,十五天讲武。从府兵宿卫情况予以分析，以前说为妥。当时长安有军坊，长安附近另有新城安置军人，在长安的府兵尚可一月一番，散处附近各州郡的便不易达到这个要求；而且府兵至少十万人以上，也不需要这许多人宿卫。《北史》卷六〇传论又说"月简阅之"，即指不是上番宿卫的军人，也须每月简阅一次，这与番上宿卫有着十五天讲武的规定，精神上是一致的。

第三章　府兵制与魏晋以来封建兵制及鲜卑拓跋兵制的渊源关系

府兵制与魏晋以来封建兵制及鲜卑拓跋兵制的渊源关系，主要从西魏北周府兵制形成阶段中予以研究，这一阶段与前一阶段的关系弄清楚了，隋唐府兵制的发展变化，也比较容易了解。

研究府兵制与魏晋以来封建兵制及鲜卑拓跋兵制的渊源关系，必须抓住魏晋以来封建兵制演变的主要特点和鲜卑拓跋兵制逐步封建化的主要进程，结合府兵制初期的主要内容，加以综合分析，说明其渊源变化，这必须涉及整个封建政治经济的变化以及鲜卑拓跋氏封建化的前后发展。因此，在研究中不能孤立地只谈兵制，更不能简单地就史籍中某一片言只字作对比。

在这一章的叙说中，主要地弄清楚府兵制度形成以前四百年间的兵制演变，即魏晋以来封建兵制的演变，特别是北魏建立后封建兵制在糅杂着鲜卑拓跋兵制下的主要变化。与上章在内容上是紧密联接的，但所涉的时间更长、范围更广，从按年代顺序叙述历史的角度来看这一章，只能说是上一章的一个补充考释。

第三章　府兵制与魏晋以来封建兵制及鲜卑拓跋兵制的渊源关系

一、魏晋以来的家兵、部曲与"兵户"、"士家"

坞垒的普遍建立

　　坞垒是封建割据的军事据点,同时是封建割据的自然经济单位。小城叫作坞,垒则更着重于军事设置。三国时杜恕"自营宜阳一泉坞,因其垒堑之固,小大家焉",是知坞与垒究亦难于区别。西晋"永嘉之乱",百姓流亡,所在屯聚,苏峻纠得数千家,结垒于本县,据说远近感其"恩义",推之为主,乃是许多坞垒的联合组织形式。东晋时刘遐、周坚等,各为坞主,立壁于河、济之间,其范围更广,相互间有寇掠,有时也有联合。在河南一带,坞主张平号豫州刺史,樊雅号谯郡太守,各据一城,众数千人。① 大的坞主,在坞垒联合的基础上据有大的城隍,又与城主无别。② 曹丕在《典论》中追述汉末豪强割据混斗的情况说:"大者连郡国,中者婴城邑,小者聚阡陌,以还相吞灭。"③坞垒即曹丕所谓中者、小者那样一些"名豪大侠、富室强族"所建立的,后来不断在变化发展中。

　　坞垒的形式,再推广一些,就有所谓"保聚"。如晋永嘉中郗鉴率千余家,避乱保峄山,凭险以为固④;还有选择僻远地方立为保聚的,

---

① 见《三国志》卷一六《杜恕传》注引《杜氏新书》,《晋书》卷一〇〇《苏峻传》、卷八一《刘遐传》、卷六二《祖逖传》。
② 北魏末年,一个城的主将,称为城主,这里所指的多属"自为坞主"者,稍有不同。
③ 《三国志》卷二《文帝纪》注引《典论》。
④ 《资治通鉴》卷八八晋愍帝建兴元年。

永嘉之乱，百姓流亡，所在屯聚，就包括这种情况在内。① 更有一种屯封、顿舍，表面上不是军事组织的坞垒，实际上仍然是以军事手段保护屯垦并用以压迫农民的。南朝除公屯、公顿外，又有私屯、私顿，如宋时宣城多私屯，陈时＊鲁悉达纠合乡人保新蔡，并招徕附近流民置顿以居之。② 另外还有所谓墅，或者泛称田园，宋孔灵符于永兴立墅，周围三十三里，水陆地二百六十五顷，又有果园九处，他们"燔山封水，保为家利"，创辟田园，"听遣所给吏僮附业"。墅为封建占有的一种形式，然而"富强者兼岭而占"，又有其武装或以武装为后盾，它与坞垒在不同条件下采用不同的占有方式。③ 西晋"八王之乱"时，庾衮率众保禹山，时"百姓安宁，未知战守之事"，衮乃"修壁坞，树藩障"。④ 这些形式共同之点，乃是大小封建主占有一较大范围的土地，无论"自为营堑"或"封略山湖"，均为封建割据下的一种剥削压迫方式，既是经济的，也是政治的。当时封建统治仍在深化和推广，封建主利用这些形式，巩固或构成许多经济中心点，加强对农民的统治，亦用以抵抗少数部族统治者的侵略或其他封建主的兼并。

家兵、部曲的盛行

汉末就有家兵。灵帝时会稽朱儁为交阯刺史，逼令本郡简募家兵，加上调发的兵，合五千人。以后家兵日盛，曹操所属，任峻有

---

① 三国时管宁在辽东、田畴在徐无山中，择免于兵荒的地方住下来，亦此之类。
＊ 据中华书局点校本《陈书》，应为梁末侯景之乱时。——编者注
② 见《宋书》卷四七《刘敬宣传》、《陈书》卷一三《鲁悉达传》。又《陈书》卷五《宣帝纪》谓太建四年十月诏立顿舍，给地赋田，以安置罢任者及其部下。
③ 《宋书》卷五四《孔季恭传弟灵符附传》、《羊玄保传兄子希附传》。
④ 《晋书》卷八八《庾衮传》。

第三章 府兵制与魏晋以来封建兵制及鲜卑拓跋兵制的渊源关系

宾客、家兵数百人，曹洪有家兵千余人，李典有宗族、部曲三千余家，后来尚有增加。家兵与部曲都属一种私人势力，也可统称为私兵。永嘉乱后，祖逖想恢复中原，东晋元帝给以千人廪，布三千匹，不给铠仗，使自召募，祖逖将其部曲百余家渡江，进行冶铸和召募，力量日强，这仍然具有私兵的性质。家兵、部曲一直在发展，梁时很盛，据说"大半之人，并为部曲"，"或事王侯，或依将帅"，"携带妻累，流逐东西"①；陈时将领，各拥部曲，"动以千数"②。这就构成长期分裂时代大大小小的地方势力。

私家之拥有家兵、部曲的，一般以坞垒或保聚、顿舍等为其据点。李典居乘氏，家中谷帛很多，其家兵、部曲系继承其从父的。郗鉴率高平千余家保于峄山，三年之间，众至数万，其中丁壮即成为其部曲。庾衮在禹山，原来没有军队，一经建立壁坞，便拥有部曲。

地方官亦多依势役属部曲。东晋时方镇去官，皆割精兵器仗以为送故，送兵多者千余家，少者数十户。③即不任军职的，部曲也不少，宋刘怀民曾为齐、北海二郡太守，其子善明一次收集门宗部曲，就得三千人。*

部曲中一部分人"不耕而食，不织而衣"，这是上层分子，他们"为虎作伥"，"收缚无罪，逼迫善人"④，占部曲的少数，严格说来，

---

① 《文苑英华》卷七五四何之元《梁典总论》。
② 《陈书》卷三一《鲁广达传》。
③ 《晋书》卷七五《范汪传子宁附传》。
* 见《南齐书》卷二八《刘善明传》。——编者注
④ 《文苑英华》卷七五四何之元《梁典总论》。按部曲中的上层分子，有的原为破落的封建主，有的为无业游民或武夫悍卒，如《北齐书·高乾传弟昂附传》所载高昂的乡人部曲王桃汤、东方老、呼延族等，他们虽然获得一定的政治地位，但对所从属将领尚有人身依附关系，仍然算是部曲。

不应列入部曲范围之内。绝大多数是身受压迫和剥削的,他们不独世执兵役,有的也从事耕作。梁张孝秀部曲数百人,力田数十顷。更多的是从生产中转入兵役,梁末鲁悉达在新蔡置顿舍,招集晋熙等五郡,尽有其地,令其弟广达领兵,在江表将领中所领部曲最为众多。在一般情况下,强者为大姓部曲,弱者从事耕种与馈运,或者身兼二用,"春夏佃牧,秋冬入保"。① 战乱频仍时,部曲颠沛流离,徒然成为豪强割据混斗的牺牲品。

家兵、部曲的特点

家兵、部曲是营、堡、坞、垒以及屯封的武装势力,它与客户、属名同是人格上依存于官僚、军阀、强宗、豪族,而构成为他们的私人部伍,旧史上却说是"私财养士",隐蔽了其中的剥削本质。像汉末鲍信徒众二万,"厚养将士,居无余财";三国时吴将朱桓部曲万口,"爱养吏士,赡护六亲,俸禄产业,皆与共分"②,这是当时的一种通例。至资财来源除了如孙韶、孙峻有其食邑与产业外,主要还靠做地方官去剥削百姓或战时虏掠,即如吕蒙"赊贷为兵",后来还是要取给于地租剥削和当官敲诈或行军打劫的。这种情况,说明当时家兵、部曲即使已成为封建皇朝军队的组成部分,给养有时尚需军阀自筹,是经济上地方割据的表现。

---

① 《资治通鉴》卷一二四宋元嘉二十三年载御史中丞何承天上表建议于淮、泗筑城以居内徙之民,一城千家,可有战士二千,"春夏佃牧,秋冬入保"。又《晋书》卷三七《安平献王孚传》称曹魏遣冀州农丁五千户屯于上邽以备蜀,"秋冬习战阵,春夏修田桑"。

② 见《三国志》卷一二《鲍勋传》注引《魏书》、卷五六《朱桓传》。

第三章 府兵制与魏晋以来封建兵制及鲜卑拓跋兵制的渊源关系

基于家兵、部曲的给养来源和人身依附关系,又形成世兵制度与一定情况下家属随营或士兵散居的局面,凡强宗豪族的部曲被称为属名而不列黄籍;西晋时方镇以精兵器仗相送,"既力入私门,复资官廪布,兵役既竭,枉服良人"①,即不属于封建国家的户口。又据《南史》卷七〇《郭祖深传》:"勋人投化之始,但有一身;及被任用,皆募部曲。而扬、徐之人,迫以众役,多投其募。利其货财,皆虚名上簿。止送出三津,名在远役,身归乡里。又惧本属检问,于是逃亡他境。侨户之兴,良由此故。"将帅多募部曲,与封建皇朝争夺农户,也即集权与分权间发生矛盾。

世兵是世代执役,部曲以家为单位,即家属和军队的关系很密切。原来部曲、家兵都聚集在营堡或城市附近地方或临时屯封所在,公孙瓒的部曲放散在外,司马师的死士三千散在人间②,分土定居,随时可以集中。但也有家属随营者,东汉献帝兴平二年,曹操在乘氏,兵士多出取麦,屯营不固,"乃令妇人守陴"③,这不是一般城市妇女,而是士卒家属。吴部曲家口,就有一万人集中在中洲;韩综率家属及部曲男女数千人奔魏,他们原先也是集中在军营所在地的。吴屯田的兵士和家属杂居,所以徐琨、孟仁"将母在营",这在当时是不足为奇的。④ 不过家属随营,牵累很重,乃战乱时权宜之计。总的趋向,士家仍是分散地定居在各地,魏、蜀士家后来多不随营,即军队和家口不混在一起,而是分别集中于几个中心地

---

① 《晋书》卷七五《范汪传子宁附传》。
② 参见《后汉书》卷一〇三《公孙瓒传》、《晋书》卷二《景帝纪》。
③ 《三国志》卷一《太祖纪》注引《魏书》。
④ 参阅杨晨《三国会要》卷一七《兵》。

区,既分散又比较集中①,这是适应战争需要,也是由于家兵、部曲"中央化"所引起的。

家兵、部曲与兵户、士家

兵户、士家,是属于封建皇朝的军队。三国时吴、蜀都有兵户,魏则称士家,兵称为士,子为士息,他们与民户不同,随时服从封建皇朝的调遣,或服兵役,或事屯田,其性质与家兵、部曲相同,只是隶属有所区别,故兵户、士家亦得统称为部曲。② 在封建割据时期,家兵、部曲相当多,民户相应减少。以三国为例,魏户口三百万,兵五十万,为六比一;蜀户口九十多万,兵十多万,约九比一;吴户口二百多万,兵二十多万,约十比一。③ 一般又为"强者为兵,赢者补户",可见兵户、士家在社会生产中占去很多劳动力。

兵户、士家与家兵、部曲有矛盾,而又是统一的。在长期分裂割据中,基本趋向为从家兵、部曲转变为兵户、士家或民户,其过程是曲折复杂的,在许多场合下却表现为兵户、士家或民户转变为家兵、部曲。

魏、蜀、吴三国,除分别拥有汉皇朝原来一些军队外,主要依靠收容强宗豪族的家兵部曲,以充实和扩大各自的武装割据力

---

① 魏士家以冀州为多,多与民户杂居。见《晋书》卷九七《匈奴传》载郭钦疏。
② 《后汉书》卷三四《百官志》:"将军……其领军皆有部曲。大将军营五部,部校尉一人……部下有曲,曲有军候一人……曲下有屯,屯长一人。"部曲原是军队编制之称。
③ 参据《后汉书》卷三二《郡国志》,《三国志》卷一四《蒋济传》、卷三三《后主传》注引《蜀书》、卷四八《孙皓传》注引《晋阳秋》,《晋书》卷二《文帝纪》,《通典》卷七《食货典·历代盛衰户口》。

量。曹操初起时的武装,即是由李典、张郃、吕虔等这些拥有家兵部曲的将领结合而来的。其进一步发展,在于使家兵、部曲中央化;其后曹操的禁卫军,一部分骨干仍属许褚的家兵部曲,原来许褚部下号称"虎士"的剑客,转而成为曹操的宿卫禁旅,这与一般家兵部曲的隶属于曹魏,其重要性有所不同。那些不易笼络或不能依靠的家兵部曲,则被设法解散,袁绍汝南本土的兵二千、户二万,被曹操编遣就田业;并州一些土豪及其部曲,被刺史梁习征取强壮当兵、差遣出征,并强徙其家属于邺城,有些地方势力因之消失了。

地方家兵部曲的中央化,不是一朝一夕所能完成的,中间经历许多反复曲折,有时地方割据势力又复抬头,西晋统一前后的情况,即可说明这点。分散性的地主武装,兴起于黄巾起义以后,既而为扩张地盘,相互吞并,中小军阀,朝不保夕。而且黄巾、黑山以及各地农民军,在军阀混战中仍保有一部分实力,不时予地方豪强以打击,对他们威胁很大。基于政治、经济等原因,小军阀是更多地依附于大军阀,使政治局面逐步出现相对的稳定性,然而大军阀拥有雄厚的兵力和资财,不很容易就范,这成为家兵部曲中央化过程中最大的难关。从西晋到南朝,朝代的更替频繁,各个朝代中军阀战乱也很多,都反映出这种复杂情况。

封建皇朝为了削弱地方割据势力、加强直属军队力量,同时采用简发和召募的办法迫使农民并招致一部分地主或商人当兵,魏晋有"三五简发"之例,也有"以资召募"之例,这自然可以成为封建皇朝可靠的力量而用来控制割据势力。如三国时蜀发犍为等郡的强丁,建立五部都尉;吴简发山越的强者为兵;魏更有其广被征发、召募的士家,这些与完全来源于家兵部曲者不同,即地方割据的色彩较少。① 然而这样的军队并不能摆脱地方割据势力的影响，一则发兵、募兵，多少受地方势力的牵制，如蜀发强者为兵，必须以弱者配大姓为部曲；二则简发、召募来的军队，有时又会转变为大小军阀的家兵部曲，像王敦、桓温之流，是把一些封建皇朝的直属军队据为私兵的。

总的情况表明，从汉末以至南朝，在军队组成中家兵部曲较为突出，虽然军权是逐步地归向封建皇朝；这一变化的最直接的一种反映，即在于家兵部曲"中央化"程度如何。

二、北魏以来的部族军和家兵部曲

鲜卑拓跋氏的部族军及其变化

曹魏末年，拓跋族开始进入奴隶社会。至西晋时奴隶制已经建立，峻刑法，置百官，俘虏生口常以万计。由于受汉族经济、文化的影响，它平定中山后，即开始封建化，使内徙新民"计口受田"，仿汉法收租赋，下诏"恤民"，希望"家给人足"。其原来及新附部落，则仍处于奴隶制阶段。

拓跋氏自统许多部落，即所谓三十六大姓，一般为拓跋氏血缘或其近亲。部落成员中的强壮者为兵，有杂胡及其他被俘掠生口为之牧畜、耕种。"凡此诸部，其渠长皆自统众"②，长孙嵩代父统

---

① 《三国志》卷一八《吕虔传》谓吕虔将家兵到泰山郡，"简其强者补战士，泰山由是遂有精兵"，即是通过召募、简发手段来加强中央控制权力。
② 《魏书》卷一一三《官氏志》。

兵,所领即为其乡邑和旧人;庾业延为中部大人,畜产有公私之分,私畜自己所有,公畜乃拓跋皇朝所有。拓跋氏向各部征兵,各部渠帅率部民从征,自携资粮,缺乏时就地取给或杀副马以食。后来部族军不断扩大,源贺说降河西四部鲜卑,招慰三万余落,即为拓跋皇朝提供了兵源。拓跋族本身,一直保持世兵制。魏孝文帝迁洛,令代迁之士,皆为羽林、虎贲;魏末更有所谓宗子厢、庶子厢及望士队,宗子、庶子及望士,都不外乎是拓跋氏近亲及其隶属的部民。一般地说,最初军人、部民和渠帅出自一个部落,由一个渠帅统率,基本上属于一姓,即使有他姓参杂其间,也以其同族为骨干或为基本成员;愈到后来,参杂愈多,兵将一姓的关系被打乱,只是多为鲜卑人而已。

军队给养也发生变化。此后给养不必出自本部,逐步由营户、屯户以及租赋中支付,部族军变作职业兵,世代服役,成为一种类似兵户、士家的民户。北魏几次正封畿,畿内置八部帅,方割畿内及以公田分赐代迁之户,其中一部分鲜卑人成为封建主、奴隶主,享有僮仆、田宅,大部分人户为"城民"[①],提供兵役,乃真正的兵户。其在镇戍的兵户更多,往往"禄既不多,衣粮俱竭","亡命山泽,渔猎为命",部族军日益趋于微弱。

汉族兵户与番役

拓跋氏进入中原后,即兼用汉法征汉人为兵。其办法主要有

[①] 《魏书》卷五二《刘昞传》:"次(子)字仲、次贰归、少归仁,并迁代京,后分属诸州为城民。"

两种。一种是征发汉人充当镇户,世代执役,一般多集中于城郭,后来更多地叫作城民。① 这些人也是职业兵,平时在家治生,番上之日,担任征战和防守,有时还得屯田。镇户的给养,主要依靠屯户和屯兵的耕种,然而"官渠乏水",往往"功不充课,兵人口累,率皆饥俭",以致"兵士役苦,心不忘乱。故有竞弃本生,飘藏他土;或诡名托养,散在人间;或亡命山泽,渔猎为命;或投仗强豪,寄命衣食"。② 这原是拓跋皇朝的兵户士家,而逐渐转变为豪强的家兵部曲。一种是征发汉人分番出征或远戍,其办法是十五丁出一番兵,或十丁取一,或三五简发,或丁壮尽征等③,一般地是要求"豪富兼丁"、"豪门多丁"者充任④。番期按规定一年一代,"资粮之绢,人十二匹"。⑤ 此外还有兵调,有时六十户出戎马一匹,有时二十户出戎马一匹、牛三头,有时一户纳租五十石,也有兵士自贲戎具的。⑥ 制度极为紊乱,其中以"十五丁出一番兵、资绢十二匹",推行时间较久,范围也比较广。这种被简发的兵,由于官吏受纳财货,简选不平,不尽强壮,更不是豪富子弟,且往往"役过期月,未有代期";或者"收其实绢,给其虚粟",以致"衣粮俱尽,形颜枯悴,睿切恋家,逃亡不已","苦役百端",死于沟壑。⑦

　　镇兵与番兵比较,仍以番兵为多。镇兵作为基本部队,番兵则

---

① 镇民亦称为城民,《魏书·肃宗纪》载正光五年诏有"州镇城人"之语。城人(即城民,避唐太宗李世民讳改)有的属州,有的属镇。
② 《魏书》卷三八《刁雍传》、《北史》卷四六《孙绍传》。
③ 参见《魏书》卷七《高祖纪》,卷一八《元孝友传》等。
④ 参见《魏书》卷一九《元天赐传》、卷一六《元法僧传》、卷八二《常景传》。
⑤ 参见《魏书》卷一八《元孝友传》、卷六九《袁翻传》、卷四四《薛虎子传》。
⑥ 参见《魏书》帝纪卷三至七,《北齐书》卷二四《杜弼传》。
⑦ 《魏书》卷三八《刁雍传》、卷五一《皮豹子传》、卷六九《袁翻传》。

是最广泛的兵源,皮豹子所谓"唯仰民兵,专恃防固"①,即指番兵而言。有的镇戍还强令番兵耕种,且耕且戍,以补田兵的不足。他们却又不是镇户,其苦难比镇户所受的更为深重。

北魏末年家兵部曲的发展

北魏初期,家兵部曲的势力不易存在,这是由于拓跋皇朝的部族军对各地方控制很严。但疆域扩大之后,南北边防,渐有鞭长莫及之势,家兵部曲已在潜存长养中,有的是部族结合在一起,有的是宗族结合在一起,有的是乡部为土豪所专擅,有的是州镇兵成为私人武装。到六镇起义时,拓跋皇朝的政治经济力量又受到严重打击,中央控制力量削弱,地方割据随着就产生了。

家兵部曲的发展极为迅速。最初是许多强宗豪族利用其原有武装并召募流民来镇压起义,像尔朱荣、贺拔胜、侯莫陈崇等人,都以乡部、宗兵参与镇压起义而又在战争中扩大其乡部、宗兵势力。接着豪强之间争夺地盘,一个州镇、一个县邑甚至一个村落都成为割据中心,情况又与汉末军阀混战相似,逐渐演成东、西魏两大集团对峙的局面。

北魏末年家兵部曲的特点,在于多以"城民"或"城人"形式出现,六镇起义是"城民"起义,是广大军民反抗北魏统治的运动。当时北魏皇朝一方面采取高压政策,派最强的军队到北边进行镇压;一方面采取分化政策,改镇为州,把兵编为户,世役改为三五简发,让原来属于统治阶级的兵户成为民户,恢复其原来的社会政治地

---

① 《魏书》卷五一《皮豹子传》。

位。"城民"本来包括属于统治阶级的封建主、奴隶主这些剥削阶层,更包括属于被统治阶级的广大农民、奴隶等各阶层劳动人民,其后便包括军将与家兵部曲两种成分。

六镇起义、流民起义失败后,城民之变风起云涌,一直到北齐、北周对峙时期,仍然是余波未平。这时候虽也有下级士兵反抗封建统治的起义,而主要是军将间争夺权力的变乱,原先北魏皇朝的边防军逐渐成为军将的家兵部曲。如崔秉在燕州,为流民领袖杜洛周所困,率领城民奔定州,仍维持其部分势力①;济州刺史萧赞为城民所逐,房士达以"乡情所归",被推摄理州事,正是因为他家世在清河,有其潜势力且有武装的缘故②;颍州城民一部分依附尧雄以联东魏,一部分依附王长以联西魏,军将各有其部曲,部曲亦各有其主③。北周武帝对宇文宪说过:"近世以来,又有一弊,暂经隶属,便即礼若君臣。"④道破当时军将与部曲的封建关系,其趋向是由来已久。

从城民的广大成分来说,它具有家兵部曲性质,这与汉末以来北方的营堡坞垒有关。北方多平原,封建主多筑城堡以巩固其对农民的统治和避免被侵夺;即陇西一带习俗不立营堡,后来也有所发展。边疆部族内徙,亦多筑城防驻守其中,保持重要据点,军人筑城而居,一时成为惯例,因而即以城民代表城中居民,实际上军人在城中不独人数多,而且在生活习惯上居支配地位,城中将领则在政治、经济上居统治地位。地方割据势力抬头时,这些人就处于

---

① 见《魏书》卷四九《崔鉴传子秉附传》。
② 见《魏书》卷四三《房法寿传从侄士达附传》。
③ 见《北齐书》卷二〇《尧雄传》。
④ 《周书》卷一二《齐炀王宪传》。

半独立状态,原来的城民也就成为其家兵部曲了。

北方城民发展为家兵部曲的性质,基本上与南方的家兵部曲合流。家兵部曲的来源,其在军队组成中的比重,其人格上对军将的依存关系,其执役的世代相承及其与家属的关系以及居住的分散与集中等,两者大体上是相同的。具体差异在于北方城民城居较多,部曲家兵中可以包括不同部族而一般具有不同的部族特点,人身依附关系更强,其中隶户、僮户就涵有更多的奴隶制成分。总的说来,是大同而小异。

北魏兵制的封建化

北魏兵制最本质的一面,在于逐步封建化。其封建化过程从北魏平定中山开始,到它迁都洛阳时可说是基本上完成了。镇户、城民的性质,基本上同于兵户、士家,三五简发的番役,也与魏晋的简发差别不大。当魏皇朝分裂之际,家兵部曲的发展,又同于汉末以来的情况。除番役外,世兵为其经常的基本部队,汉末以来,一般也是如此。

兵的给养,北魏原来部族壮者为兵,有奴隶为其畜牧耕种,后来取给于屯田和兵调,又逐步与汉制相合了。

鲜卑兵制特点的遗留及其影响

部族为军的特点,在北魏军队中虽然逐渐蜕化,但多少仍保留着。特别是北边的军队,部族为军的情况尚普遍,这与宗族、乡党的封建关系,还有某些区别,即血缘纽带表现较突出,地域关系的因素不在其中起主导作用。当然这些也在变化中,家兵部曲中各族相互渗透,成分日益复杂,已不像原来部族军那么单纯了。

番役自携资粮,所谓"资粮之绢,人十二匹"的规定,乃是一个重要特点。鲜卑拓跋氏原来并没有这样的办法,是进入中原后才采取的。自备资粮,在比较原始一些的部族军队中也存在过,战时以牲畜自随,或就地取给,那是部落酋长领兵征战的一种给养方式。北魏简发人民为兵,并使其自责番役内的资粮,乃是一种封建剥削。① 兵役与兵调结合在一起,为拓跋皇朝加强剥削的结果,而其来源则与部落自备资粮不无关系,拓跋氏社会制度变化极为迅速,由原始公社制发展到封建制,不过四百年时间,其中存在着家长制时代部落兵制的某些痕迹,完全可能。后赵石季龙时,"征士五人,车一乘,牛二头,米各十五斛,绢十匹"②,其办法也大体相似。

番第的规定,也是北魏兵制中一个特点。虽然封建兵制中也有番第③,但北魏镇兵以及简兵服役都有番期,而且按人口比例上番或应番,办法比较固定,推行范围也比较广,这又与部族为军有关。

府兵制沿袭并发展了封建兵制也继承了鲜卑拓跋兵制的某些特点

如上所述,府兵制初期的军户和家兵部曲的色彩以及统领系

---

① 北魏番役,资粮之绢,人十二匹,镇戍兵必须携以自随,应依当时生产关系而定其资粮的性质。北魏时封建生产关系是基本的,所以这属于封建国家的一种剥削。

② 《晋书》卷一〇六《石季龙载记》。

③ 汉代卒更、践更、过更也是番第的一种方式。但府兵是由军户的更番到征调终身兵的更番,情况有所不同;特别是一月一番的规定,行得普遍、长久,应该看作是新的方式。

第三章　府兵制与魏晋以来封建兵制及鲜卑拓跋兵制的渊源关系

统等,主要是汉末以来封建兵制演变的结果,军人城居更是坞垒城镇的一种发展。军队给养,无论依靠封建赋敛或屯田剥削,都由封建占有制而来,所谓私财供军或养士,本质上均为封建剥削,汉末以来,一直存在着这样一些办法,它在初期府兵制度中也还有所反映。这都是最基本的一面。

府兵制度施行初期,部族特点与宗族特点同时存在。部族的血缘关系,不仅反映在改姓、复姓中,更重要的是部分军队仍然是由部族组成的,虽然有时杂而不纯。番第的规定,亦从鲜卑兵制演变而来,只是与汉末以来番休办法大体相合,而更固定化、普遍化了。至于自备资粮的制度,也实施于府兵制后期,论其渊源关系,则始自北魏,此为少数族统治者进入中原后恣行掠夺与剥削的方面之一,隋、唐沿袭其法,时间和条件前后不同,其封建剥削的实质则完全一致。

府兵出自鲜卑部落兵制说辨正

陈寅恪先生以为府兵兼采鲜卑部落之制及汉族城郭之制[①],其说法尚欠全面。封建兵制应该是府兵制的主要渊源和内涵,鲜卑部落兵制只是某些遗留因素和影响,二者结合后形成为具有新的特点的府兵制。过分强调鲜卑部落之制,是不适当的。陈先生着重从八部及赐姓等方面探索鲜卑部落之制,太多地着眼于形式,其实八部与八柱国只是一种偶合,有如汉置八校,南齐置八镇、八安,强相比拟,不足以阐明问题的本质。其实除陈先生所提出的部族

---

① 见陈寅恪前书页126—132。

色彩外,番役自备资粮和番第的规定,亦属府兵制显著的特点。鲜卑兵制从部族、资粮、番第三个方面给予府兵制以重大影响,却没有也不能压倒作为主流的封建兵制,封建化是拓跋族进入中原后的基本趋向,府兵制自亦不会逾越这一轨辙。

岑仲勉先生因袭陈先生之说,并进一步指明府兵为世兵的征兵制,就其自备资粮来说又是游牧社会的落后兵制。① 关于府兵初期为世兵之说,自能成立,这在汉、魏以来即已有之,非西魏、北周所独创;到唐代既非世兵,则征兵与世兵不能联系在一起,其说即不能适应,后面仍当详论。至于说府兵是游牧社会的落后兵制,更是把问题的性质混淆,把事物的联系看成事物的等同了。严格说来,原始社会根本无所谓军队。② 即家长奴隶制下的氏族成员,游牧为资或牲畜自随,与府兵自备资粮,在性质上也并不相同。在封建社会中,军队亦可以自筹给养,这是封建制度下的一种剥削方式和私有形式,不能与家长奴隶制下的混为一谈,更不能与原始社会公有制相提并论。恩格斯在《德国古代的历史和语言》中说过:"以国家经费装备和供养军队,在那个几乎没有货币和商业的自然经济时代,也是无从谈起的。"③我们根据恩格斯这一段话,足以辨正岑先生说法的错误,同时也就不难了解封建社会中兵士自备资粮或私财赡军的原因。研究府兵制的给养关系,必须深刻领会恩格斯这一科学论断。

---

① 见岑仲勉《隋唐史》,页210—212。
② 岑先生在前书中又提到原始社会,其实军队作为国家最重要的工具,是在阶级出现之后才产生的。
③ 恩格斯:《德国古代的历史和语言》,人民出版社1957年版,页93。

第四章　隋卫府制度的确立和军户的废止

府兵制度到隋代又发生了一些新的变化,其中如军人编入户贯、鹰扬府名称和地位的确立等,与西魏、北周时大不相同,综合起来考察是卫府制度的建立和逐步趋于完整。其过程可分为两个阶段:581—604年隋文帝初步建立卫府制并把军人编入户贯,进一步防制"将专其兵",从而更有利于专制主义的中央集权政治;605—617年隋炀帝改变卫府名号和官号,增置军府,中央集权表现在军制上更是加强了,然而也同时遭遇到困难,军府的分散性,无形中又削弱了皇朝的实际控制力量,府兵制便在这种矛盾的曲折、反复过程中产生了较为剧遽的变化。

一、隋前期的卫府与军人的编入户贯

隋文帝代周平陈与加强中央集权的措施

隋文帝取得皇权,改换朝代,当时的政治局面变化比较快。他虽然遭遇到一些地区的总管如尉迟迥、王谦等的反对,由于一开始就利用"入总朝政、都督内外诸军事"的职权①,直接掌握府兵,可以对各地的反抗势力采取各个击破的办法,军事上较为顺利。在结束了暂短的内战之后,这一新的朝代便稳定下来,九年而灭陈,南北复归于统一。

在统一前后,统一与割据的矛盾,时起时伏。梁士彦代尉迟迥为相州总管,隋文帝很忌刻他,这不独由于梁士彦讨平尉迟迥的威名太盛,还由于相州地当冲要,不愿轻易授予武人。②隋文帝早就看到北周皇室孤弱而危的一些原因,故使诸子"分茇方面",其忌刻梁士彦,不仅是对待个别军将问题,而关系到整个对内政策问题。隋文帝和刘昶有旧交情,很亲近,可是他的儿子刘居士"任侠不遵法度",就轻易以谋反罪杀掉了。③ 专制皇帝不容许臣民"任侠不遵法度",怕影响统一和集权,旧史单纯从"猜忌"二字来评论④,只是触及某些表面现象而已。至隋灭陈后,婺州、苏州、杭州、饶州等地土豪随即发动大规模的变乱,地方势力是不易排除的。隋文帝在政治制度方面,极注意于削弱地方势力,此外还禁大刀、长槊,兵器不能私造;禁江南造大船,三丈以上的括入官府;又规定九品以上外官,不得将父母及十五岁以上的子弟带往任所;州县佐吏三年一代,不得重任,其用意都在于巩固、加强中央集权。

边防方面,一开始就比较紧张。突厥、吐谷浑都相当强大,几

---

① 据《隋书》卷一《高祖纪》,隋文帝杨坚在北周末年任大司马、右司武,已有掌管军政和禁卫事务的权力。既而入总朝政、都督内外诸军事,遂集军权、政权于一身。

② 见《隋书》卷四〇《梁士彦传》。

③ 见《隋书》卷八〇《刘昶女传》。

④ 参见《隋书》卷二《高祖纪》、卷二五《刑法志》,《资治通鉴》卷一七七文帝开皇十年、卷一八〇文帝仁寿四年。

次内侵,特别是突厥骑兵进入长城、抄掠周齐,对这个新朝代来讲,威胁是不小的。从开皇元年起,隋文帝就急于修长城,并屯兵沿边各地。这样也更使得他锐意于巩固统一,加强国防。

隋文帝在政治上虽然有所更张,以图稳定新政权,而封建剥削的本质终究是无法掩蔽的。隋文帝聚积了那么多财富,经过炀帝的长期糜费和隋唐之间长期战争的耗损,到唐太宗时仍然用之未尽①,无怪隋文帝自己也说"四海百姓,衣食不丰"②。其实岂止不丰,像关中地区一遇天灾,人民就得流离失所。在这种情况下,阶级矛盾便逐步激化,农民的反抗运动不可遏止。隋文帝寻求所谓止"盗"之方,找不到实际上也不可能找到什么"良策"。于是加重刑罚,以致"天下懔懔"。③ 就是在这样的境况下,隋文帝不断强化封建国家机器,完整的军事组织系统和府兵部署在逐步形成中。

恢复旧姓与整理乡兵

隋的代周,比前此改朝换代尚具有不同特点,即由鲜卑皇室改变为汉族皇室,这一变化,固属由来已渐,隋文帝杨坚在北周皇朝当权以后,便是明朗化了。580 年即令"诸改姓者,悉宜复旧",第二年又令"以前赐姓,皆复其旧"④,这在军队统领系统中,具有一定的改变观感作用。过去宇文泰赐姓于军将,被赐姓的所统军士也改从其姓,后来经过六柱国统领系统的改变,官号与实职截然分

---

① 见《旧唐书》卷七四《马周传》。
② 隋文帝遗诏中语,见《隋书》卷二《高祖纪》。
③ 见《隋书》卷二五《刑法志》。
④ 《北史》卷一〇《周本纪》、卷一一《隋本纪》。

开,军队统领随时由皇朝加以更换,军士改从军将姓氏的制度,必然无法实行。但这一成文法令影响很深,如段永在出土的碑志中作尔绵永,王轨在《北史》中有作乌丸轨的。① 为了消除这种影响,隋文帝在代周之前,即已明令赐姓、改姓"皆复其旧",既恢复了汉族的社会地位,又进一步清除私兵、部曲的遗痕。隋文帝准备代周而掌皇权,废弃普六茹氏、复姓杨氏,更可以争取广大汉人的同情和支持,因此代周的文告上说:"神征革姓,本为历数有归;天命在人,推让终而弗获。"②他利用天命、神征把恢复原姓和夺取帝位联系起来,自然在军队统领方面也要一新耳目了。

隋代周以后、灭陈以前,又一度出现了乡兵。旧北齐统治区域以及南边与陈接壤地区,先后有过很多乡兵组织。清河人张奫家于淮阴,在北周时即拥有乡里势力和豪侠子弟,隋文帝为大丞相时,授以大都督,领乡兵,后迁骠骑将军。③ 庐江人樊子盖,历仕北齐、北周,隋初授以仪同,领乡兵,后参与平陈战役,位至左武卫将军。④ 来护儿寄籍广陵,开皇初授大都督,领本乡兵,后为府兵中一员猛将。⑤ 彭城人刘权,开皇中以车骑将军,领乡曲兵。⑥ 庐江人陈棱,家世雄豪,隋灭陈后,江南土豪变乱蜂起,随

---

① 段永赐姓尔绵氏,王轨赐姓乌丸氏,均见《周书》各本传。段永作尔绵永,上章已经引述;王轨作乌丸轨,见《北史》卷七三《梁士彦传》。
② 《北史》卷一〇《周本纪》。
③ 见《隋书》卷六四《张奫传》。周末其本乡另一土豪郭子翼附于陈,张奫即率宗族子弟击破之。
④ 见《北史》卷七六《樊子盖传》。
⑤ 见《北史》卷七六《来护儿传》。
⑥ 见《隋书》卷六三《刘权传》。《北史》卷七六本传称"领乡典兵",应为"领乡曲兵"之误。

第四章 隋卫府制度的确立和军户的废止

其父陈岘为隋内应,拜开府,不久领乡兵,后任骠骑将军。① 这些乡兵活动于北自淮阴、南至广陵这片战争冲要地带,活动时间从隋文帝作相时起持续到南北统一两三年之后,领兵军将都是一地雄豪,后由隋朝分别授以大都督、仪同、车骑将军、骠骑将军名衔,逐渐纳入府兵统领系统。这些人后来都历任很高的官,旧史为之立传,其他不见文献记载的乡兵,一定不少,出土的《唐该墓志铭》,可资佐证:

> 洎开皇之初,将定江表,首置军府,妙选英杰。君以材雄入幕,豪胜知名,远近所推,特授都督。既而教兵不弃,治兵有典,富贵自取,仍领帅都督。②

撇开其中谀词不谈,这短短的关于唐该经历的描述,殊可补史文的不足。墓志首先载明南边的新置军府,其时间是在灭陈之前;其次说明唐该本人是所谓"雄材",而又为"远近所推"的乡豪;第三,唐该由都督迁帅都督,是军府的下层统领。把乡兵纳入府兵系统,把乡豪列入府兵将校,是隋皇朝统一南北、削弱地方势力的一个过程,隋文帝仿照宇文泰在西魏实行过的办法,取得了同样效果。当然,宇文泰时期的乡兵,更是大量存在的,私兵势力的削弱,历时较长,隋代的整理乡兵,仍然属于局部的短时间的措施。

隋代府兵仍然带有宗族和部曲的色彩。蒲州有所谓"宗团骠骑",隋文帝杨坚出身弘农大族,当尉迟迥起兵反隋时,杨家士族组

---

① 见《北史》卷七八《陈稜传》。
② 《汉魏南北朝墓志集释》图版488。

成宗室兵三千人,隋文帝令宗人杨尚希率领,镇守潼关,后来即任命为这个宗团的骠骑将军。① 这实际上也是乡兵。乡兵是以乡里的士族及其笼络、胁持下的宾客、农民组成的,既具乡土色彩,往往又有宗族色彩。宗团骠骑,乃特种府兵,乡兵为乡团,宗兵为宗团,相互间有着渊源关系。

宗团本属地方势力,在杨隋皇朝统治下自然成为中央集权的有力支柱。乡兵纳入府兵系统,将校中的雄豪,虽在乡里有其势力,在一定条件下却也倾向于统一的皇朝。因此,完全同于南北朝私兵性质的部曲,已经少见,即如隋文帝赐给洛州总管窦荣定的八千户部曲②,仍然是直接隶属封建国家的一种兵户,不同于私人部曲,而且它只是存在于地方部队中,存在于原来的乡兵中。府兵制的形成和确立,乃在于消除这种现象,即使不是根本的消除,亦可减少到相当大的程度。

隋文帝的恢复旧姓,笼络乡兵,扩大了府兵的范围,进一步改变"暂经隶属,便即礼若君臣"的局面,比之宇文泰是在更大区域内和更大程度内奠定了统一和集权的府兵制基础。

军人以二十一成丁与编入户贯

隋文帝于开皇十年(590年)颁布了关于军人编入户贯的诏令③,这是府兵制度中一项重大改革。诏书颁布在统一后的次年,

---

① 见《隋书》卷四六《杨尚希传》。宗团骠骑即宗团骠骑府,宗团又称"宗室兵"。宗团与乡团相似,前者以宗族为中心,后者以乡里为中心。
② 见《隋书》卷三九《窦荣定传》。
③ 见《隋书》卷二《文帝纪》,《北史》卷一一《隋本纪》。

经历魏晋以来长期分裂的局面至此结束,原是封建政治生活中的一件大事,府兵在南北统一后发生这种变革,决不是偶然的,它与当时整个封建政治经济紧密联系在一起,依存于当时的封建经济,又较集中地体现了当时的封建政治。

开皇十年(590年)关于军人编入户贯的诏令,《资治通鉴》只略引几句,《隋书》和《北史》把主要内容都摘录了,这两个摘录只有个别言词的差异,基本上是相同的,兹以《北史·隋本纪》所载原文为准,并附《隋书》的异文于有关言词之后:

> 魏末丧乱,宇县瓜分,役军(《隋书》作"车")岁动,未遑休息。兵士军人,权置坊府,南征北伐,居处无定,家无完堵,地罕苞桑,恒为流寓之人,竟无乡里之号,朕甚愍之。凡是军人,可悉属州县,垦田籍帐,一同编户(《隋书》作"一与民同")。军府统领,宜依旧式。罢山东、河南及北方缘边之地新置军府。

这一段资料,不独是研究府兵编入户贯的唯一依据,而且是研究府兵前期发展过程的重要参考,对此应作详细的说明。

前此府兵,一般是家属随营,列于军户、兵户而不是民户。

关于兵户、府户、军户等名称和内容,前面两章都曾有所论列。看来,广募豪右、籍民为兵、广募百姓之后,情况仍然没有多大改变。北周在关中附近筑城以置军人,军人家属随同住在坊府;复令宿卫官家属都迁入关中,还是鼓励并规定家属随营居住;又周平齐后把并州军人四万户迁入关中,军人和军户一同迁徙,或集中于军坊,或在军坊附近安置,分布于乡团,一般以集中军坊为多,即所谓"权置坊府",坊指军坊,府指军府,概括地说军人、军户集中居住于军府所在的军坊、乡团,是战乱时期权宜的一种措置。军人、军户虽属筑城而居,但在南征北伐之际,随时有调动可能,实际上调动还是频繁的,居处无定,不能作久安之计,所以军人虽然有家,却是"家无完堵,地罕苞桑",从士兵来说,处于封建剥削下的难于定居,生活更是困苦。同时既为军户,不属民户,流移不定,很难有固定的属州、属县,所谓"恒为流寓之人,竟无乡里之号",道破军户和民户的区别,特别是揭示了军户流动频繁的实情,这对于前期府兵的研究,大有裨益。如果我们以隋唐府兵情况推想西魏、北周的制度,即以统一后的常规比拟割据时期的权宜设施,必然会失以千里,在许多问题上的纷歧意见,往往由此而来。

隋统一以后,军户编入民户。在这里我们又须研究制度变化后的户籍、居处、资产以及负担、给养等问题,考察它在这一措施下的具体变化。

军户编入民户,即改属州县管辖,无复军户的存在。就军人本身言,有其军籍或者叫"军名",在营、在役以至在家,凡军役范围内有关职责和生活,均属军府管辖;但就其户口的整体言,则为民籍或者叫编户,军人与其家室不能分割,军人与民户又紧密联系在一起,其家室的生产、生活以及在封建法律上,直属州县,所以说"凡是军人,可悉属州县","垦田籍帐,一同编户"。这样,既然取消了军户,却不妨碍军人的具有军籍与其所负军事职责。所以开皇三年"初令军、人(民)以二十一成丁",军与民并提;开皇五年长孙平奏令"诸州百姓及军人,劝课当社,共立义仓",也是百姓与军人并提。到开皇十年军户取消之后,成丁和社仓纳粟只讲"百姓",毋需另行提出军人。① 因其户口既属编户,"一与民同",即包括在"百姓"二字之内,这是易于理解的。

军人编入民户后,垦田籍帐,一同编户,这包括均田在内,军人可以按均田法令保有自己的田地或授得一份田地。"垦田籍帐"指与垦田等有关的册籍簿帐。唐代户口册登记户主姓名、年龄、性别并注明卫士身份、官名、官品或白丁等,其家室组成人员相同;再就是登记田业亩数,有的还载明地段所在及按均田令规定应授田、已授田、未授田的数字等,这是户籍的一般要求,隋代的应基本上相同或类似,"垦田籍帐"是概括了这样一些内容,诏书简略,又颇拘泥于文字的排偶,如果望文生义,难免陷于片面;或者单就"垦"字作为垦荒、屯垦来解释,也会脱离当时社会情况。总之,民户册籍是怎样,军户改为民户后也就怎样登入册籍,田产在私有制的封建社会中,历来为户籍中的一个重要项目,过去"三等九品"系以田产为其重要依据,籍帐中特别提出垦田以概括其余,原是很自然的;至于为什么提到垦田而不明指均田,可能是行文惯例,也可能由于隋的均田在开皇十二年才加重注意,诏书的用词就不免概略一些。

军户编入民户,军人及其家室都可依照均田法令受田,或者保有自己的产业,这与过去依军府系统占田或随宜开垦有些不同。其所受之田或者原有产业免除租庸调,这与以前一样;后来隋炀帝"增置军府,扫地为兵,自是租赋之入益减"②,军人仍然是免除租庸

---

① 见《隋书》卷二四《食货志》。开皇十年前的诏书"军民"并提,十年以后的一般只提"百姓"了。按开皇三年"初令军人以二十一成丁","人"原为"民"字,为避唐太宗李世民讳所改;若单言军人,与前后史实不符,应该是军与民并提的。《通典》卷七删去"军"字,保留"人"字,《隋书》没有这种写法,只有用"男子"、"百姓"字样的。参阅岑仲勉《府兵制度研究》页42的一段考证。

② 《隋书》卷二四《食货志》。

调。军人可以受田而不纳租赋,这是具有军名的民户与一般民户差别所在,上引诏书只提"垦田"而不提租赋,也反映了这一事实。

军人的资粮给养,一般由自己负担或负担一部分,编入民户后,这方面负担固定了,还可能增加了。据《隋书·张定和传》所载,张定和"初为侍官,会平陈之役,定和当从征,无以自给,其妻有嫁时衣服,妻靳固不与,定和于是遂行"。这是开皇十年前的事。按北周武帝"改诸军军人,并为侍官",侍官成为军人的习惯称呼,一直流传到唐代。故知张定和系府兵,从征时须要"自给"。又如开皇十年以后,赵元淑授骠骑将军,"将之官,无以自给",得长安一富人资助才赴任。①《新唐书·刘弘基传》也说刘弘基"少以荫补右勋侍,大业末从征辽,资乏,行及汾阴,度后期且诛","乃亡命,盗马自给",可见衣粮始终自给。至于其家室赡养以及本人平时生活所需,更会是自给的,开皇五年长孙平奏立义仓,"收获之日,随其所得,劝课出粟及麦",劝课对象即包括"诸州百姓及军人"在内。②军户编入民户后,这些负担殊有增加的可能。

军人除免纳租赋外,是否因军名可免除其他负担或获得其他待遇呢?这种可能性也很少。长孙平奏令百姓和军人共立义仓,后来军户即按民户分上、中、下三等纳税。又开皇八年高颎奏令"诸州无课调处及课州管户少者,官人禄力……于所管户内,计户征税"③,这一负担,军人也恐难免。当时不见军人优免的法令,军人负担在逐渐加重。

府兵原来分别居于军坊、乡团。《新唐书·兵志》说"府有郎

---

① 《隋书》卷七〇《赵元淑传》。
② 见《隋书》卷二四《食货志》。
③ 《隋书》卷二四《食货志》。

将、副郎将、坊主、团主,以相统治",郎将、副郎将指军队统领系统(其实原名骠骑将军、车骑将军),坊主、团主指军户管辖系统,这是开皇十年前的情况。军户编入民户之后,军坊、乡团的组织,可能有所改变,因此后军人"地著",一律划归民户中的坊里组织内,就不存在特殊军户组织,从唐折冲府成立后的情况看来,应是如此;在隋代尚无法找到任何材料可资说明。但军人"地著",即属就地安家,原来军坊、乡团的组织系统不存在,而原来的居住地区,一时不会完全改变,乃可断言。同样,新入军府的军人可以就所在地居住,也大致可以肯定。军户由于编入民户,由比较集中逐渐转变为比较分散,这是势所必然的,从张定和、刘弘基等人的经历①可以看到,军人家室是安土定居,不因军人的南征北战而"恒为流寓之人,竟无乡里之号",如是家属不必随军,筑城以置军人(军户)也就不是完全必要的了。

兵役出自军户与出自民户,二者亦应有所不同。兵役出自军户,带有世兵制的性质,军户的丁壮,一般仍须当兵——自然也可以不再当兵而别从民户中补充兵源。至于兵役出自民户,则在民户中一体征集,不一定是世代执役了——自然也有父子同时被点为兵的。关于这一点,史料缺少,尚不能确切予以说明。只是兵役年限,隋代的规定比较清楚,由此也可推定兵役出自民户是与出自军户不同的。开皇三年令"军人(民)以二十一成丁",比前此十八成丁②,减少了三年,当时军户、民户分开,诏令军、民并称,是因服

---

① 张定和,京兆万年人,参加平陈、抗击突厥和吐谷浑等战役。刘弘基情况略同。
② 开皇元年规定男女"十八已上为丁,丁从课役",见《隋书》卷二四《食货志》。

役时限相同。军人虽世代执役,而在终身役中年纪太小或太老不能为兵,却是客观事实,所以有着二十一岁到六十岁的兵役年限规定。① 这一规定适用于一般民户丁壮的服徭役与兵役期限,即可以从民户中补充府兵所缺的兵和所增的兵,诏令军、民并称,是非常明确的。炀帝即位以后,令"男子以二十二成丁"②,将男子服兵役、徭役年限推迟一年,当时军户早已编入民户,便也无需军、民并提了。由此可知,军户存在的时候,府兵由军户世袭和从民户中简选而来;军户取消了,府兵的简补便在一般民户中进行。从这两个诏令可以看出军户编入民户前后兵源的区别,这一区别是十分值得重视的。

卫府制度的形成与军将名号的降低

隋开皇中置十二府③以统禁卫之兵,即左右卫府、左右武卫府、左右武候府、左右领左右府、左右监门府、左右领军府,合为十二军④。左右卫"掌宫掖禁御,督摄仗卫",下有直阁、直寝、直斋、直后等并掌宿卫侍从;又各统亲卫,分置骠骑府、车骑府,以领内军宿卫。左右武卫领外军宿卫。左右武候掌车驾护从、道路营禁。左右领左右(也叫左右领),掌侍卫左右、供御兵仗,有千牛备身、备身

---

① 府兵非世兵,但为终身役,终身役的服役年限,一般与课役租调的年限相同,唐代亦有例外。
② 《隋书》卷二四《食货志》。
③ 隋初称府,系沿北周之旧。北周有武候府,不直接称卫,见《续高僧传》卷一九《释法藏传》。
④ 《隋书》卷二八《百官志》:"左右领军府各掌十二军籍帐、差科、辞讼之事。"该志又有"二十四军马牧"的记载,沿袭旧名,很少称十二军或二十四军。

左右之属。左右监门,掌宫殿门禁及守卫事宜。左右领军掌十二军籍帐、差科、辞讼。另外有东宫十率,即左右卫率、左右宗卫率、左右虞候、左右内率、左右监门率,基本上是与十二府相应而设置的,只是左右领军在东宫没有类似的组织。为叙述简便起见,下面专谈十二府,兼以概括与十率有关的问题。

十二府中有四府称卫,其他不以卫称;全部称卫并改置扩充为十二卫,合之左右备身、左右监门两府为十六卫府(后来习惯上称为十六卫),是隋炀帝大业三年开始的。但其规制与前此的基本相同。

十二府的来源有二:一是西魏、北周的禁兵系统,原属宫伯、武伯职掌范围之内,这里有如左右卫的直寝、直斋,左右领的千牛备身、备身左右等。① 一是西魏、北周的府兵系统,原来司武、司卫等名号已改为左右卫、左右武卫、左右武候等,而左右卫、左右武卫、左右武候、左右领军都领骠骑府、车骑府,即是府兵。两者结合在一起,成为十二府,法律上称为"禁卫",是两种禁卫军队的综合组织。

十二府中仍然存在着中外宿卫或内外宿卫的区别②,左右卫有直寝、直斋之属和左右领有千牛备身、备身左右之属以及左右武候的分任扈从,主要为内卫;左右卫之亲卫也主要是内卫;出土的《伍道进墓志铭》③谓伍道进于开皇六年任帅都督,领左亲信,这也属内卫。内卫不断扩大,增立名目,开皇十八年于左右领之外,置备身

---

① 炀帝时改置左右备身府,不以卫名,仍表示其属于禁兵系统。
② 据《隋书》卷二八《百官志》,左右卫、左右武候、左右监门为内卫,余为外官。按左右卫各统亲卫宿卫,左右武卫但领外军宿卫,亦有内外之分,亦即中外之分。
③ 见《汉魏南北朝墓志集释》图版493。

府。皇帝信任内卫,内外宿卫相互牵制;而内卫中又有主次轻重之别,内卫自身也相互牵制。

府兵小部分属内卫,大部分属外卫,因内外卫的不同,府兵分为内军与外军。左右卫所领亲卫、勋卫、翊卫,称为三卫,三卫各有骠骑府、车骑府,是为内军,十二府所领其他骠骑府、车骑府为外军①;实际上三卫为内卫,其他外军为外卫。如屈突通开皇中为亲卫大都督,薛世雄开皇初为右亲卫车骑将军②,属内卫即内军;又如崔彭以骠骑将军"恒典宿卫",杨子崇以车骑将军"恒典宿卫"③,指明"恒典宿卫"的即属内卫也就是内军。屈突通后来做右武候车骑将军,其官衔中只著骠骑、车骑名号的,都属外军,即充任外卫而已。

卫府制度的建立,使不同类型的禁卫结合在十二府中,十二府相互区别而又统一于禁卫,至此府兵更得通称为禁卫兵。如李浑为右骁卫大将军,当时称为"家世隆盛,身捉禁兵"④,范安贵由都督累迁至右领军骠骑将军,也称为"累统禁兵"⑤。就广义的禁卫言之,府兵也可说是禁兵,各种禁卫军结合为十二府之后,统称禁卫兵,更属有据。⑥

隋禁卫总于十二府,其军人总名侍官,从北周武帝以来,就朝

---

① 见《隋书》卷二八《百官志》。凡"外军宿卫"、"外军鹰扬官",均指三卫、三侍以外的府兵。
② 见《旧唐书》卷五九《屈突通传》,《隋书》卷六五《薛世雄传》。
③ 见《北史》卷三二《崔彭传》,《隋书》卷四三《杨子崇传》。
④ 《隋书》卷三七《李穆传子浑附传》。
⑤ 《汉魏南北朝墓志集释》图版502《范安贵墓志铭》。
⑥ 隋文帝时李安任右领军大将军,兄悊任备身将军,《隋书》卷五〇《李安传》谓"兄弟俱典禁卫"。

向这方面发展,使军权集中于皇朝、集中于皇帝。全国统一以后,有了实现这种规制的充分条件,隋文帝于开皇九年平陈,马上发布一个诏书,其中有云:

> 兵可立威,不可不戢;刑可助化,不可专行。禁卫九重之余,镇守四方之外,戎旅军器,皆宜停罢。代路既夷,群方无事,武力之子,俱可学文;人间甲仗,悉皆除毁。①

"禁卫九重"为十二府范围的内外禁卫军任务,"镇守四方"主要是地方军任务,内外禁卫结合、中外军队结合,封建国家机器更是强化了。所谓戢兵缓刑,并不意味着国家这一工具的任何削弱;相反地,中外军相维、禁卫内外军相维,而"人间甲仗,悉皆除毁",皇朝直接掌握的武装便会进一步加强。

十二府一般都有大将军一人、将军二人,这种统领系统,从六柱国大将军设置以来,其间变化较多也较大。

十二府大将军直属皇帝,下面直辖诸骠骑、车骑府。十二府大将军的地位职责,系由柱国大将军、大将军演变而来,骠骑、车骑则由开府、仪同演变而来。按十二府大将军为正三品,而北周的柱国大将军与大将军都是正九命(相当于正一品),主帅的品级大大降低了。骠骑将军正四品、车骑将军正五品,比北周开府、仪同九命(从一品)更降低得多。原来北周领兵的柱国大将军、大将军共十八人,隋十二府大将军十二人加上副职近三十人;原来北周领兵的开府、仪同最多不过百人,隋的骠骑、车骑增加也不在少数,这说明下面

---

① 《隋书》卷二《高祖纪》。

军将增加了,地位降低了,权力分散了,皇帝威权独揽,在军队统领系统上表现得非常明显。至于原来的上柱国、柱国、大将军、上开府、开府、上仪同、仪同,在隋代都是勋级。这些官位,品级高,权力大,北周宇文护当政以后,便逐渐在变化,空有名号而无实权,隋初正式列为勋级。到后来非有战功的军将,不再授给这种名号,炀帝时除开府、仪同三司外,一律都取消了①,即便作为勋级,也被认为名号、品级太隆,终于废而不用。

骠骑府、车骑府的官制及其组织系统,因袭北周而亦大有变化。

骠骑府的长官为骠骑将军,有车骑将军为之副贰;车骑府的长官为车骑将军。骠骑、车骑系由开府、仪同演变而来,其品级在隋代与勋级的开府将军、仪同将军相同。② 骠骑府、车骑府起初也称开府府、仪同府,逐渐亦废而不用③,在法令上、习惯上都称骠骑、车骑府。出土的《安喜公李君碑》谓李某于北周任使持节车骑大将军仪同三司、上仪同大将军,到隋开皇二年任车骑将军④;《隋书·崔彭传》谓崔彭于隋初拜上仪同,数岁转车骑将军,俄转骠骑将军,都说明隋初把上仪同的勋级与骠骑、车骑的实职区别开来,而骠骑、车骑相当于开府、仪同的地位,其所授实职比所得勋级往往低一级,故授上仪同者其实职为车骑,授上开府者其实职为骠骑⑤;此外

---

① 《隋书》卷二八《百官志》称炀帝即位,"旧都督已上至上柱国凡十一等……皆罢之",所指的是十一个勋级的废弃。
② 隋初骠骑的全称仍为"骠骑将军、开府、仪同三司",车骑为"车骑将军、仪同三司",勋级亦同,但有领兵不领兵之分,《隋书》卷二八《百官志》载有"领兵开府"、"领兵仪同",不领兵者不在此列。
③ 《隋书》卷二八《百官志》:亲卫置开府府、仪同府。
④ 《金石萃编》卷三九《安喜公李君碑》。
⑤ 张定和以功加上开府、骠骑将军,史万岁拜上仪同、领车骑将军,均与崔彭情况相似,见《北史》各本传。

也有勋级与实职相当的,如杨子崇拜仪同,实职为车骑;又有勋级比实职为低的,如李浑为骠骑,勋级尚为上仪同①,这种情况比较少,不过勋级与实职既已分离,其中存在差异,亦所难免。

车骑为骠骑之副贰②,有时也设置与骠骑府平行的车骑府,开皇十七年颁铜兽符于骠骑、车骑府,可见当时还有独立存在的车骑府。《隋书·百官志》载左右卫统亲卫,置开府府、仪同府,并注明"武卫、武候、领军、东宫领兵开府(仪同)准此",也说明二者是可以分别设立的;《百官志》以骠骑府为开府府、车骑府为仪同府,是沿用旧的名称,是制度变化中所遗留下来的旧痕迹,仍然是指着同一件事,其说法自属可信。《通典·职官典》说"隋车骑属骠骑府",这是就一般情况而言。骠骑府有骠骑为长官、车骑为副贰;还有特殊的即独立存在的车骑府,车骑本身即为长官,《通典》没有提到,是一疏忽。《隋书》称崔彭从车骑将军转骠骑将军恒典宿卫,又称杨子崇以车骑将军恒典宿卫,由车骑改充骠骑不称迁而称转,即因官品不同而职权相当的关系。③ 所以有的车骑将军具有长官的职权,恒典宿卫即非一般副贰的地位,史传中这种分辨仍可看得出来。④ 而且这种情况,在西魏、北周存在过,一直到唐初间或保留着,参阅前后有关各章,考察其源流变化,更会确信

---

① 《北史》卷五九《李浑传》。

② 车骑为副贰,故亦称骠骑为军正,《北史》卷七五《王韶传》:"在周累以军功,官至车骑大将军、仪同三司,复转军正。"可知有时把车骑作为副职来看待,但一般并不如此。

③ 《隋书》卷五四《崔彭传》:"拜上仪同。……数岁,转车骑将军;俄转骠骑将军,恒典宿卫。"卷五〇《庞晃传》称北周时晃亦由骠骑将军"转为车骑将军"。

④ 除杨子崇外,其他以骠骑将军"恒曲宿卫"的例子较多,《隋书》崔彭、杨俊等传,可资参照。

而不疑。

隋骠骑、车骑府分布在京城以及地方上冲要地带,还不是因地立名,习惯上仍然以十二府所属按一、二、三、四等数目字来排列,主要是承袭北周"左八军"、"右二军"的称谓而来。出土的《陈茂碑》称北周末历任大将军府橡治右十二府长史①;《刘德墓志铭》称仁寿元年授上开府仪同三司,后检校泾州右武卫三骠骑事②;《范安贵墓志铭》称开皇三年入为右领军右二骠骑将军③。骠骑府分别系于所属十二府之下而以数目字来排列,自较方便。同时又出现冠以地名的办法,"泾州右武卫三骠骑",即表明泾州有右武卫的三个骠骑府,这与"右领军右二骠骑将军"的称谓不同,右领军右二骠骑是按右领军所领骠骑府的次序排列的,而泾州三骠骑是按右武卫所领骠骑府之在泾州者而言的,这时候名称还不是那么统一,逐渐发展到因地立名,"泾州右武卫三骠骑"正是因地立名的萌芽阶段。

骠骑、车骑之下,有大都督、帅都督、都督领兵,与北周完全相同;但又有大都督、帅都督、都督的勋级,名号相混,只有从实职上加以分辨。

从西魏、北周以来,府兵组织系统及其官号、官品,可以作如下对照:

---

① 见《金石萃编》卷三九。
② 见《汉魏南北朝墓志集释》图版448。
③ 见《汉魏南北朝墓志集释》图版502。又《金石萃编》卷六一《乙速孤神庆碑》,父晟,皇朝上开府、右武候右廿府左车骑将军转骠骑将军;又卷七五《乙速孤行俨碑》,祖晟,皇朝上开府、右武候右廿府左车骑将军、骠骑将军;其上一代的乙速孤安在北周为右武候右六府骠骑将军。这些是按右武候府所领骠骑府、车骑府的一、二、三、四等次序排列,与《刘德墓志铭》的记载是一致的。

第四章 隋卫府制度的确立和军户的废止

北周　柱国大将军 —— 大将军 —— 开府将军 —— 仪同将军
　　　（正九命）　　（正九命）　　（九命）　　　（九命）

　　　大都督 —— 帅都督 —— 都督
　　　（八命）　（正七命）　（七命）

隋　　□□□大将军 —— 骠骑将军 —— 车骑将军 —— 大都督 ——
　　　（正三品）　　（正四品）　　（正五品）　　（正六品）

　　　帅都督 —— 都督
　　　（从六品）　（正七品）

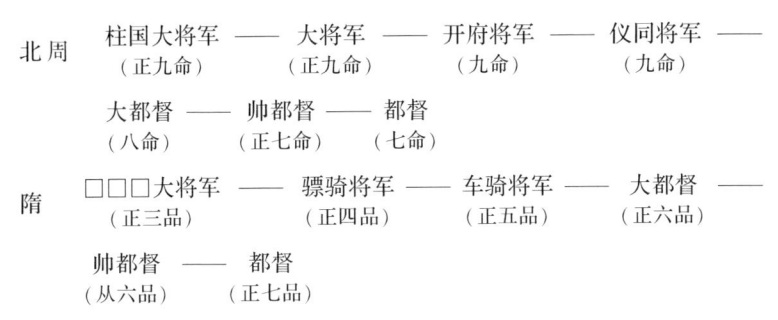

两者比较，最高的军职在官品上相差二级，最低的相差三级半，其中骠骑与开府相差二级半，车骑与仪同相差三级半，名位更为悬殊。隋的制度在于降低军将的名位，分散其实权，两相比较，极为明显。

再从魏末军制来看，其军职有幢主、军主、统军、别将、都将、子都督、都督等名号，一个统军就领一旅之兵，人数在三千左右[1]；别将只领一旅的就算是少见的了[2]。至于一个大都督，像萧宝夤和宇文泰都曾设大都督府，大都督职位相同，但权任因人而异，他们这种大都督具有统兵征伐的实际权力，更不是一种寻常的官职了。[3] 魏末多战乱权宜之制，军将递升，不一定都按常规，后来又设柱国大将军等官以荣宠跋扈军将，上面官号愈高，下面的统军别将便相对地显得低微，这是封建割据中一种常见现象。西魏北周时初步澄清这种混乱情况，并逐步把一些特隆的名号如柱国等转为勋级；

---

[1] 《周书》卷一七《怡峰传》、卷一九《达奚武传》载有别将、都将、子都督等名号。根据《周书》卷一四《贺拔胜传》，"召补统军，配以一旅"，比照《魏书》卷七〇《傅永传》，知统军所领兵为三千人；证之《魏书》卷六四《郭祚传》、卷六五《邢峦传》，亦知统军所领约三千人，即一旅在当时为三千人。

[2] 《汉魏南北朝墓志集释》图版232《李璧墓志铭》：为东道别将，"众裁一旅，破贼千群"，即言其所统之兵甚少。

[3] 萧宝夤开大都督府，下设都督等官，权力很大，正是战乱时现象。

隋初又全部转为勋级,并把具有实职的十二府大将军、骠骑、车骑等品级降低。其他如幢主、军主、统军、别将等虽仍见于官制,而名位较微,别将不过正八品,统军不过从八品,军主不过正九品,幢主不过从九品,到炀帝时一律废掉了。① 两相对照,正反映出从地方割据到中央集权的变化过程,研究军事组织系统沿革,也就明显地窥见出这一因素。

隋代军制特别是开皇十年后的军制,逐步趋于稳定,不复是地方割据下的战时权宜的设施,主要表现于军人地著编入户贯和各种禁卫军队综合为十二府以及军将名位与实权的降低,为卫府制度奠定下初步基础;至隋炀帝时更趋于完备。

二、鹰扬府的设置与隋后期的府兵

隋炀帝的残暴统治

隋炀帝穷兵黩武、荒淫腐化,陷人民生活于水深火热之中。他把中央集权、君主专制政治进一步巩固和加强,在开始当政的五年中,掘堑筑城,开渠穿河,并将隋初许多制度重行厘定。这时候封建国家所掌握的财富更加丰足了,隋炀帝便迅速地暴露其残暴统治者的面目。

以隋炀帝为首的隋统治集团对人民的苛酷剥削和凶残压迫,激起了各地人民的反抗,农民起义彼仆此起,终于汇合成波澜壮阔

---

① 见《隋书》卷二八《百官志》。

的农民战争。炀帝一方面继续进行对外战争,一方面力图镇压农民起义,不断扩充军队以强化国家机器。而强大的人民起义斗争的浪潮,严重地冲击和震撼了这一封建皇朝;中央集权及其军制本身也日益暴露了它本身的弱点。这个封建皇朝的统治,历时总共不过三十七年。

骠骑府改为鹰扬府及相应的改制措施

隋炀帝大业三年(607年)改骠骑府为鹰扬府,为府兵组织系统一个重大变更。

骠骑府改为鹰扬府,府的长官称鹰扬郎将;鹰扬副郎将为其副职,后二年鹰扬副郎将又改名鹰击郎将。鹰扬郎将为正五品,鹰击郎将为从五品,比之骠骑将军(正四品)和车骑将军(正五品),分别降低一级和半级。其下级大都督改为校尉,帅都督改为旅帅,都督改为队正。从此将军和都督的名号都取消,而代之以较低的郎将、校尉、旅帅、队正等名号,整个府兵军职的地位又比以前有所降低。

原来的车骑一般为骠骑的副职,单独设立车骑府时则为正官,自骠骑府改作鹰扬府之后,鹰扬副郎将在名号上确切指明为副职,改名鹰击郎将后亦为副职。同时三卫改名三侍,统一设置鹰扬府,也以鹰扬郎将、鹰击郎将为正副长官。[①] 三侍为内军鹰扬府,此外为外军鹰扬府,分别隶属于十二卫。

[①] 统一设置鹰扬府,就不像以前有骠骑、车骑府之分,所以《隋书》卷二八《百官志》对此特别加以叙述。

鹰扬府逐渐冠以地名,出土的墓志铭及符印等颇多这方面的资料,可补旧史的缺略。张伏敬大业三年为右武卫纯德府鹰扬副郎将,邓□为玄真府副鹰扬郎将,其事当在大业五年以前。① 当时雍州有真化府,弘化郡有龙泉府及东阳府、河山府、洛汭府、进德府、温池府、尧台府、兴城府、临江府等。② 鹰扬府很多,府名前面既系以所属之卫,又冠以所在地名,系统清晰,这在当时习惯称谓和公文、官历中大抵已完全通用;而旧史不载,当由于行文从简的关系。

十六府的成立和十二卫分领府兵的制度,也比较固定下来。十六府为左右卫(或称左右翊卫)、左右武卫、左右候卫、左右屯卫(亦名左右领军)、左右御卫、左右骁卫、左右备身、左右监门,后来亦称十六卫。其中左右备身、左右监门不领府兵,领府兵的为十二卫。十二卫所领府兵,通称为卫士,卫士代替了侍官的称呼,也是从一般"军人"、"军士"名号中突出其重要职责的称呼。③ 左右卫所领的府兵专名为骁骑,左右武卫所领名熊渠,左右候卫所领名佽飞,左右御卫所领名射声,左右屯卫所领名羽林,左右骁卫所领名豹骑,这些名称一般自秦汉以来已被采用,北周左右武伯所属六率,即有射声、骁骑、羽林名号,宣帝时更有熊渠、佽飞等名号。大抵禁卫军由皇帝赐以美名,以示特殊,因之府兵的禁卫军色彩,也更加显得浓厚。十六府中的左右备身、左右监门,分别掌侍卫左右

---

① 见《汉魏南北朝墓志集释》图版454《张伏敬墓志》、图版482《邓□墓志》,皆"系之以卫府、冠之以地名",为隋唐府兵名称制度化的源流。

② 参见劳经原等《唐折冲府考》、《唐折冲府考补》,拙著《唐折冲府考校补》(见本书第331—382页。——编者注),均见开明版《二十五史补编》第六册。

③ 隋初习惯上称府兵为侍官,这是沿袭北周的称呼,见《隋书》卷六四《张定和传》、卷二五《刑法志》。大业三年后,法律上称呼为卫士。

和门禁守卫,不领府兵,是保留原来传统禁军的系统。① 至此十六府代替原十二府成为各种禁卫军队的总汇。

隋后期府兵和内外宿卫军、中外军的关系

炀帝即位,扩充府兵,《隋书·食货志》说:"时帝将事辽碣,增置军府,扫地为兵,自是租赋之入益减矣。"从《食货志》叙事的年代顺序看来,应是大业元年事,上文提到三月王弘、于士澄往江南采大木造龙舟,下文提到八月炀帝乘龙舟幸江都,增置军府约在这年四月至七月之间开始。

隋鹰扬府数及兵额,已无可考。从已经发现的鹰扬府地域名称来看,其分布是非常之广的。东北方面,在幽州、易州、赵州等地设府;西北方面,在瓜州、朔州等地设府;东南方面,在扬州、润州等地设府;西南方面,在襄州、夔州等地设府,分布地域之广,可说明府数之多。② 再结合出兵数字来看,隋文帝平陈,不过出动五十一万人;而大业八年用兵高丽,就达一百十三万二千八百人,增加了一倍多。按广征天下兵、募民为骁果尚在大业九年,足见大业八年所出的兵,是原有的中外军,其中府兵占很大的数字,"增置军府,扫地为兵"的事实,也反映在庞大的出兵数字中。按隋行军编制,一般每军二万多人,最多可达五万③,当然行军编制与平时编制是

---

① 见《隋书》卷二八《百官志》。
② 劳经原等关于唐折冲府的考证,已见前注。其地域分布,尚须另行考订,现经初步考订出来的,有幽州的先贤府,易州的龙水府,赵州的象城府,瓜州的大黄府,朔州的龙泉府,扬州的安德府,润州的金山府,襄州的邓城府,夔州的东阳府等,地区尚待进一步研究,府名亦有待于进一步发现。
③ 参据《文献通考》卷一五一《兵》三,《隋书》卷三七《李穆传子浑附传》。

不同的，而府兵编制又可以不同于一般军队编制，暂且按行军编制估计一下，大业八年主要分二十四军，其中十二卫和东宫六率的兵可以有三十多万至六七十万，现结合出征的中外军兵数估计，将不少于六七十万，因十二卫和六率的兵不可能全部出动，尚有一部分要担任宿卫，如府兵占出兵总数的二分之一即六七十万人，卫士总数（包括出征和留守的在内）必然超过六七十万人。这种估计，依据殊嫌不足，姑志于此，以待他日重新论证。

隋代宿卫分内外，情况基本上与西魏、北周相同。左右卫有别于他卫，各辖直寝、直斋等员；又统亲卫，无论住行，随时侍从皇帝左右，较接近皇帝。左右备身、左右监门又有别于十二卫，专掌侍卫左右和宫殿门禁，职掌更为重要。所以府兵中有内军和外军之分，而禁军中有"领府兵"和"不领府兵"之分，所谓内外相维，基本上没有什么不同。但其趋向为加重内宿卫兵，大业八年募民为骁果，以折冲郎将、果毅郎将领之，分置左右雄武府，以雄武郎将、武勇郎将为府的正副长官①，而上属于左右备身府，其组织系统与军将名位完全与鹰扬府相同。这样，骁果成为皇帝的亲兵。如果说大业八年前着重扩充十二卫，那么大业八年后是着重扩充左右备身府。骁果虽不完全用以宿卫，然而炀帝巡游江都，骁果在扈从军中占极重要的地位②，宇文化及便是以骁果发动政变的，主谋司马德戡领左右备身骁果，裴虔通系监门直阁，当时骁果万人营于城内，卫士寡弱，皇帝最亲信的左右

---

① 按左右备身府有折冲、果毅郎将"掌领骁果"，这指全盘军事行政和军事指挥而言，不止于掌领番上宿卫的骁果。唐长孺《唐书兵志笺正》页4，对此似有误解。
② 大业元年隋炀帝巡游江都，十二卫兵乘船数千艘；大业十二年炀帝再至江都，便多以骁果从驾，人数在一万以上。参见《资治通鉴》卷一八〇大业元年、卷一八五唐武德元年。

备身府、左右监门府乃在政变中扮演了主要角色。

在中外军方面,炀帝是竭力加强中军、扩大鹰扬府作为禁卫军而依靠它进行征战与担任宿卫,即所谓"募人"也别置雄武府,命名曰骁果,纳入左右备身府统领系统,成为皇帝的另一支亲兵,也纯属中军。除出征与宿卫外,地方镇戍有的亦由中军担任,如李百药为鲁郡临泗府校尉,充戍会稽;张平高是绥州人,任鹰扬府校尉,充戍太原。① 洛口等官仓,设有箕山、公路两个鹰扬府,并筑城防守。② 又薛世雄以右候卫将军镇怀远,后以左御卫大将军领涿郡留守,吐万绪以左屯卫大将军镇怀远,陈稜以武贲郎将为东莱留守,杨威以永嘉府鹰扬郎将为河阳关留守。③ 加强中军,并使中军担任地方防务,即所谓中外相维,重首轻足。这一发展是中央集权的一种通例,府兵的加强和扩大,是体现这一发展的一种形式。

三、府兵制与当时封建军事、政治的矛盾

府兵制发展到隋末,已经成熟了,即制度本身基本上已达到了完整和系统化阶段,西魏、北周以来关于革除私兵部曲、建立中央化军队的要求,也基本上实现了。但新的矛盾不断产生,府兵制也反映出存在于当时封建军事、政治乃至经济领域中的诸矛盾,它在

---

① 见《旧唐书》卷七二《李百药传》,《新唐书》卷八八《张平高传》。
② 《资治通鉴》卷一八三大业十二年称"移箕山、公路二府于洛口仓内",并令筑城。又卷一八四义宁元年载有箕山府郎将张季珣固守洛口仓顽拒农民军事,知箕山、公路确为鹰扬府。
③ 参见《隋书》卷六四《陈稜传》,卷六五《薛世雄传》、《吐万绪传》,《唐折冲府考校补》引《杨思玄墓志铭》。

实施中即遭遇许多新的困难。例如内外宿卫的矛盾、中外军的矛盾、地区府兵与地方兵的矛盾、军府分散与征战同宿卫的矛盾,特别是增置军府与租赋收入同农业生产的矛盾,在制度中明显地表现出来。而由于兵役与军赋迅速加重,农民群起反抗地主阶级和封建皇朝,这一根本矛盾愈激化,其他错综复杂的矛盾包括府兵制本身诸矛盾也愈尖锐,不能得到解决。隋皇朝终于在农民战争中被推翻了,府兵制度亦随之中断。

府兵制与整个军制中的复杂矛盾

内外宿卫的矛盾,表现在制度的不断更张,到宇文化及以骁果发动政变而表面化了。

北魏禁卫军,以羽林、虎贲为重,羽林担任宿卫与征戍,羽林、虎贲绝大多数被高欢掌握了,建立了东魏,孝武帝仅以万人勉强保持着西魏小朝廷。西魏宇文泰当政时期,主要是把私兵部曲纳入府兵系统,内外宿卫问题不甚突出。到宇文护当政以至北周武帝亲政时期,府兵宿卫事务加重了,而大小宫廷事变如宇文护废孝闵帝、卫王宇文直举兵夺位都与亲信禁兵直接相关,如是逐步建立以府兵分别担负内外宿卫的制度,并与亲信禁兵交错起来。隋炀帝大业中这种制度基本上达到完善与完整。禁卫综合,内外相维,比以前各封建皇朝更为复杂细致。

可是卫大将军的权力大了,典掌兵马既有一定实权[①],其宿卫

[①] 如隋文帝族子杨雄曾为右卫大将军,隋文帝"恶其得众,阴忌之,不欲其典兵马",改授司空。见《隋书》卷四三《观德王雄传》。

地位与战时指挥作用相应地在提高。隋文帝时卫大将军领兵出征的尚少,到炀帝时便很多,府兵宿卫地位也不免于独重之嫌,这就是战时作用影响及于平时宿卫地位的提高。① 就在扩充军队、募民为骁果之际,把骁果列入左右备身府——禁兵系统之内,内外宿卫随着起变化,大业元年随炀帝去江都的以十二卫兵为主,大业十二三年却以骁果为主了;宇文化及在江都发动政变,卫士轻易被更换,宫廷外的宿卫者无力抵抗,这也决不是偶然的。原先把府兵列入禁卫并参与内宿卫,后来又把骁果列为禁兵参与宿卫,而在这禁卫综合之中、内外相维之际,各个势力间总是存在着利害冲突,无法保持平衡。当时所谓制度完善,恰恰反映出诸矛盾的集中和错综情况。

中外军矛盾同样表现得极其突出。

炀帝在加强中军的同时,也加强外军。大业二年,郡置正四品的都尉、正五品的副都尉,专典一郡兵马,都尉品级高于鹰扬郎将,而鹰扬"领兵与郡不相知",这样地来分割地方军权、避免外军权重;然而军事指挥上不易协调,大业七年又"敕都尉、鹰扬与郡县相知追捕"②,形成外军和地方权重的局面。后来李渊以太原留守的名义,尽揽其控制区内的鹰扬与都尉的兵力;王世充也以从江都募兵起家,吞并当地的中军。③ 到江都政变后,中军一方面为农民军所折损,另一方面为地方武装所吞并。大业二年和七年关于地方

---

① 隋文帝时以卫大将军实职出征的,只虞庆则一人,其事尚在开皇十七年。炀帝时就多了,宇文述、张定和、麦铁杖等都以卫大将军统兵远征,单是大业八年用兵高丽,属于卫大将军、将军的至少八人。参阅《隋书》卷一至四《文帝纪》、《炀帝纪》。
② 《隋书》卷三《炀帝纪》、卷二八《百官志》。
③ 参见《旧唐书》卷一《高祖纪》、卷五七《张平高传》、卷五八《刘政会传》,又卷五四《王世充传》。

兵制的改变，已表明中外军矛盾重重，不能解决。

府兵制本身也出现新的矛盾，当其他矛盾特别是阶级矛盾激化时，问题便无法解决。

府兵扩充了后，鹰扬府的设置更分散。任务也更趋于繁复，除宿卫与征战外，还有就地戍守与调戍别地以及行军中的留守与屯驻等，此外，各地农民起义及部分地区地主起兵时，府兵还随着郡兵出动。府兵的分散性这一弱点，更加暴露无遗了。大业九年以后，卫大将军、将军、武贲郎将在各地镇压农民起义的越来越多，分散的农民起义吸引和消灭了很多的府兵，使府兵不能像以前那样保持着较为集中的力量。隋末农民起义，一开始表现得极分散，与这一客观形势有关。最后府兵势力被削弱了，其组织由分散而趋于瓦解。大业十三年，右御卫将军陈稜，左屯卫将军张镇州，武贲郎将刘长恭、王辩、高毗等分别在洛阳、济北、庐江等地与农民军相持，而朔方鹰扬郎将梁师都杀郡丞，马邑鹰扬校尉刘武周杀太守，金城府校尉薛举杀县令，武威鹰扬府司马李轨执虎贲郎将和郡丞，淮安鹰扬校尉杨士林杀郡官，巴陵校尉董景珍等据郡反隋，府兵体系濒于瓦解。同时太原附近的鹰扬府归心李渊，其他三卫中的长孙顺德、刘弘基"背征"亡命，也归心李渊，中军一变而为地方势力。府兵分散的弱点，在平时不易窥见出来，集中与分散这一矛盾关系，至战时就难于调整，特别是由于受到农民军的严重打击，府兵便由极端被动以至于完全失去控制。

隋府兵的解体

隋炀帝"增置军府，扫地为兵，自是租赋之入益减"；加上募民

第四章　隋卫府制度的确立和军户的废止

为骁果,"骁果之家,蠲免赋役",封建皇朝的租赋收入,无疑是大大减少了。炀帝转而从其他方面得到补偿,掠夺的门路益广。宫廷和军事部门所需的骨角、齿牙、皮革、羽毛,均课之州县百姓;役使丁男屯田、运粮;令民户供应皇帝游幸及蕃商往来的糜费,并出钱市马、驴以充军用或粮运;又"复点兵,具器仗,皆令精新,滥恶则使人便斩",长吏乘机舞弊,豪富积蓄之家从中渔利,一切负担多转嫁于农民,致"弱者自卖为奴婢","百姓废业"。然而封建皇朝的积贮始终丰足,"所在仓库,犹大充牣";洛阳"布帛山积",城内军队至"以绢为汲绠,然布以爨"。① 军费的支付愈多,掠夺的门路愈广,财政的收入愈丰,人民的生活愈苦。隋炀帝的穷兵黩武,加害于人民至惨至酷。

在这种情况下,农民起义便广泛开展,不可遏止。从大业九年到十三年(613—617年)这五年当中,单是《隋书》本纪记录的就有63起,人数多的十几万,少的也有几万人。就起义区域看:雍、豫15起,冀、青、兖26起,徐、扬、荆22起,遍于当时九州中的八州之地。由于统治者穷兵黩武和穷奢极侈,人民生活不下去,农民反抗运动范围广、数目多、规模大、时间久,超过以往各朝。又由于全国统一不久,府兵分布各地,还有一定的控制力量,农民起义在其前期,分散性、狭隘性比较突出;然而另一方面,各地农民军分别吸引住分散的府兵力量,使隋军无法集中其全力来镇压,农民起义乃汹涌澎湃地发展起来。其后强大的农民军终于将各地府兵各个击破,并打垮了骁果以及一些地方军队的主力。隋皇朝也就土崩瓦解了。

---

① 上引资料均见《隋书》卷二四《食货志》。

府兵在封建国家内部职能中的作用

研究府兵的，往往从中央集权这一角度来阐述府兵制的形成和确立，即着重从统治阶级内部矛盾和封建政府的内部机能来考察。从现象上看，原先西魏、北周与东魏、北齐对峙，又同南朝成为鼎足之势，其后北周灭北齐与隋灭陈，表明统一势力战胜割据势力；而北周与隋的用兵突厥、吐谷浑及隋的用兵高丽，是府兵作为封建国家主要工具体现其外部职能。论府兵制的成败优劣，一般着眼也止于此。究其实质，则最终和最根本的乃是体现着封建国家的内部职能。我们观察事物，通常从它的现象逐渐深入其本质，故研究府兵制的形成、发展问题，从中央集权及对外战争入手，原是很自然的事，但是把研究工作停留在这上边，那就会不得其要。

专制主义的中央集权政治发展到隋炀帝时，获得进一步的加强，府兵即为其重要依据。正在这个时候，府兵体现着封建国家内部职能乃更突出。通御河、筑城濠、建东都、修长城等无一不是用军队监督的。"东都役使促迫，僵仆而毙者十四五焉。每月载死丁，东至城皋，北至河阳，车相望于道。"① 北筑长城，绵亘千余里，死者又大半，如果不依靠军事强制手段，这些工役便不可能动手也不可能完成。② 洛口仓专设箕山、公路两个鹰扬府并筑城护卫，当然也是防范人民的。至于大业七年，"敕都尉、鹰扬与郡县相知追捕，

---

① 《隋书》卷二四《食货志》。
② 以兵监筑长城，可参阅《北齐书》卷一三《赵郡王琛传子叡附传》。高叡领山东兵数万监筑长城，即以兵监视役徒（民夫），这在隋时亦所不免。

第四章　隋卫府制度的确立和军户的废止

随获斩决之",完全用以镇压农民暴动①,这比用兵高丽要早一年;此后卫大将军、将军、武贲郎将等分布各地,对农民军实行残酷的屠杀,上面已经述及,都直接地表明府兵在封建国家内部职能中的作用,无须广为征引。

府兵的形成,也没有离开这一根本因素。以宇文泰为首的西魏统治集团,绝大部分是参与过镇压流民起义的,少数人还是从镇民起义、流民起义队伍中分裂出来的,他们所以易于归心宇文泰,其重要原因之一,乃是仇恨和害怕农民起义,并结合起来共同对付起义军。其中许多人具有择人而事的封建伦理和加强封建统治的要求,寇洛、赵贵等都曾率乡里南迁即所谓"避难",其实是等待机会抗拒起义军;薛端、薛善等河东大姓,家世豪富,"以天下扰乱",不亟亟于仕进,终于归心于宇文泰。他们也满足于宇文泰当政下的功名富贵,于谨是其中的典型,"名位虽重,愈存谦挹","教训诸子,务存静退"②。他们渴望巩固统治阶级秩序,维护封建统治,因而在一定条件下愿意放弃某些私人势力或利益,否则乡兵部曲纳入府兵系统,便是不可想象的事。

当然,西魏、北周以至隋初,阶级矛盾都作为基本矛盾普遍存在着,然而在复杂的历史进程中,也有着暂时缓和局面,因而在一定时期内,府兵多表现出外部职能的作用,这也是一种实际情况,可是不能把这种情况绝对化起来。

关于府兵在整个封建军事上的作用,历来被夸大了,还需要略予分析。

---

① 见《隋书》卷三《炀帝纪》。按原来规定都尉、鹰扬领兵不相知,目的在于防制地方势力;这一改变乃纯为镇压农民。
② 《周书》卷一五《于谨传》。

唐人李泌、杜牧等夸大府兵强盛的一面，岑仲勉先生曾经辩论其不确，初步澄清了一些问题。[①] 北周平定北齐，隋灭陈，不全是依靠府兵之力，中外军配合，才构成人数众多的劲旅。当然也不能否认府兵在其中的重要作用，中外军配合究竟是以中军为其核心力量；撇开整个政治、经济因素不谈，单就军事上考察北周所以强于北齐、隋所以统一南北的条件，府兵的强劲是无可置疑的。

---

① 参见岑著《府兵制度研究》页43，《隋唐史》页195—196。

第五章　唐初府兵制的恢复及其全盛

当隋皇朝倾覆时，府兵组织解体了。一部分府兵为大小军阀所掌握，极为零落；李渊、李世民父子据有太原一带，控制了所在地区的鹰扬府，比较完整。然而府兵制是中断了，原来的府兵分隶于各地大小军阀后，成为其私兵部曲，地方割据势力一度抬头。到李渊父子重建统一的唐皇朝，中央集权制确立了，府兵制也逐渐恢复了。

唐高祖李渊恢复府兵制，与隋统一以前的制度有些类似。唐皇朝建立之初，一切都没走上轨道，军事倥偬中重新设置军府，客观条件不允许马上做到"率由旧章"，权宜设施，变化较大。

唐太宗贞观十年以后，府兵经过重新整理，进入全盛时期。直到武则天当政以前，府兵在征战与宿卫中都居于极重要的地位。

一、府兵的恢复及其组织制度

府兵恢复的原因及其条件

李渊在太原起兵时有兵三万，其中临时召募的有一万人，在进军关中途中招降和收编不少军队，众达二十万。当时面临的问题，一是如何使得来自各方的军队能够归心于唐。如尉迟敬德降唐后，唐"以为右一府统军，使将其旧众八千，与诸营相参"，所以军队统领系统时有改变。① 一是如何解决军粮问题。自李渊父子起到其他将领都是就地取粮，而久经战乱，生产荒废，居民聚集城堡，野无所获，当李世民与宋金刚相持于河东时，即因军中乏食，势颇危急。一些割据者如王世充曾在洛阳置十二州营田使，李渊亦以耕战之务为急。李渊父子把召募和招降的兵逐步纳入府兵组织系统，在军事初定后又使一部分军队转入耕战兼顾，并逐渐地著，粗具府兵的雏形。

唐初十二卫与十二军的建立及其关系

李渊入长安建立唐朝，即开始任命"元从功臣"和招降军将为卫大将军、将军，完全因仍隋制。

唐初十六卫的组织都经恢复，分别任命了军将，只是变动频繁，如武德元年即有左武候大将军窦抗和庞玉，武德二年又有左武候大将军安修仁和李世民，大都是先后受任的原故。② 战乱之际，十二卫军将常常在外领兵或镇守，武德二年右卫将军宇文歆助并州总管李元吉守晋阳，九年右领军将军王君廓助幽州大都督李瑗典兵事，随后王君廓又以左领军大将军衔兼幽州都督。③ 当时十二卫所属有骠骑、车骑将军，是事实上的领兵官，如高静为右武卫骠

---

① 见《资治通鉴》卷一八八唐武德三年。当时分设左、右三军，合为六府。左三府隶李建成，右三府隶李世民，不久即废。
② 见《资治通鉴》卷一八六、一八七。
③ 见《旧唐书》卷六四《齐王元吉传》，卷六〇《庐江王瑗传王君廓附传》。

第五章　唐初府兵制的恢复及其全盛

骑将军,乙速孤晟为右武候右二十府左车骑将军。① 然而骠骑、车骑多隶于三王——建成、世民、元吉,权势分立;十二卫大将军一般为崇宠的名号,不是所有中军都纳入十二卫统领系统。

武德二年(619年)置十二军,以关内诸府分隶十二军。② 分关中为十二道,诸道都有骠骑、车骑府。次年十二军各立军号,原万年道为参旗军,长安道为鼓旗军,富平道为玄戈军,醴泉道为井钺军,同州道为羽林军,华州道为骑官军,宁州道为折威军,岐州道为平道军,邠州道为招摇军,西麟道为苑游军,泾州道为天纪军,宜州道为天节军。③ 军有将、副各一人,以督耕战。军有坊,置坊主一人,由本坊五品勋官担任,以检查户口,劝课农桑。武德六年"以天下既定,遂废十二军";八年以突厥入侵,重又设置。这是一部分开始地著的军队,分道分军,以督耕战,以劝农桑。这种包括军户在内的驻屯部队,仍旧集中居住城坊,在其中择五品勋官一人为坊主。他们有时亦调驻别处,如罗艺曾以宜州天节军将镇泾州。④ 但一般均在本地,如于志宁"为华州团斸使,仍授骑官军副"⑤,就地督课农耕,就地训练兵士。郑元璹为参旗将军,因其"少在戎旅,尤明军法",唐高祖"常令巡诸军,教其兵事"⑥,这说明府兵地著之后,为比较固定的基本禁卫部队,能够耕战并重。

十二卫、十二军之外,三王各开府领兵。当初李渊起兵时建大

---

① 见《旧唐书》卷五七《张长逊传》,又《乙速孤行俨碑》已见前引。
② 置十二军事据《新唐书·兵志》是在武德三年,《旧唐书·高祖本纪》作二年,以旧纪为正,参阅唐长孺《唐书兵志笺正》卷一,页5。
③ 见《通典》卷二八《职官典》,《新唐书》卷五〇《兵志》。
④ 见《旧唐书》卷五六《罗艺传》。
⑤ 见《金石萃编》卷五六《于志宁碑》。
⑥ 见《旧唐书》卷六二《郑善果传从兄元璹附传》。

将军府,置左、右三军,长子李建成为左领军大都督,统左三统军;次子李世民为右领军大都督,统右三统军;另有中军由四子元吉统率,留守太原。不久建成被立为太子,除东宫另有左、右三卫府外,世民、元吉统领下各置左、右六护军府及左右亲军府、帐内府,习惯上称为秦王(李世民)六府和齐王(李元吉)六府及亲军府、帐内府,分掌亲勋卫及外军①,其系统与十二卫、十二军不同。

十二军将军低于十二卫大将军一级。钱九陇以右武卫将军为苑游军将,算是卫与军两个职衔相当的例子。罗艺以左翊卫大将军领天节军将,杨恭仁为左卫大将军、鼓旗军将,都是以高一级的官位领低一级的实职。所以军与卫系统不同,军将官阶不同,却可以兼任。而郑元璹以太常卿兼参旗将军,文兼武职,所以称"兼"。②军与卫的军将可以兼领,固然是因人而任,但在制度上也有其必然联系。

军、卫与秦齐二王护军府同样互有联系,亦互有区别。侯君集为左虞候车骑将军,属十二卫系统,隶于李世民所领十二卫大将军之下;薛万钧为右二护军、北门长上,北门长上属十二卫,右二护军则直隶秦王护军府。③李神通由左领都督授元戈军将,乃是由建成府中出为十二军的军将。④统领系统,本自不同。

十二军为关中最基本的军队,也是唐皇朝比较固定的基本禁卫部队,它可以分别拨归十二卫或亲王护军府统率,担任宿卫或征

---

① 见《旧唐书》卷四二《职官志》。
② 见《旧唐书》卷五六《罗艺传》,卷五七《钱九陇传》,卷六二《杨恭仁传》、《郑善果传从兄元璹附传》。
③ 见《旧唐书》卷六九《侯君集传》,《新唐书》卷九四《薛万钧传》。
④ 见《金石萃编》卷五七《李孝同碑》。

戍。段志玄由右领大都督府军头,改充乐游府骠骑将军,再迁秦王府右二护军①,乐游府属京兆,应是十二军所统骠骑府之一,而与秦王府关系极为密切。疑征戍与宿卫事务均归秦王府掌管;卫大将军或将军、长史等之所以兼十二军的军将,也由于统领上有其便利之处,不完全是因人而任。《旧唐书·职官志》记载二王护军府的职掌,说护军下"统军各五人、别将各十人,分掌领亲勋卫及外军",外军可以包括十二军所属的骠骑、车骑在内,这是否确切,尚须另行考订。

骠骑、车骑的分设与合置

唐初将鹰扬郎将、鹰击郎将改为军头、府副,不久就恢复骠骑、车骑将军名号,又曾改为统军、别将(一说称副军),比较常用的是骠骑、车骑。

唐初统治者为了笼络武人,一方面提升武人的职位,一方面又提高军将的官号。李渊初起兵时建立左、右三军,六军统领中有三人——王长谐、姜宝谊、阳屯,原是隋的鹰扬郎将,升任六军的统军,分隶于左、右领大都督,在职位上是提升了。统军之下有军头,段志玄、卢永吉都是当时军头之一,其地位相当于鹰扬郎将,而号称军头,表示为一军之主。然而这种职位与名号,还不足以满足竞求荣显的武人。在战乱之中唐统治者要收买和利用武人,因之大都督提高到大将军,统军提高到护军②,军头也很快地改称骠骑将

---

① 见《旧唐书》卷六八《段志玄传》。
② 见《旧唐书》卷四二《职官志》。

军了,段志玄即是以军头改号骠骑将军的。当时王世充等割据势力的将领,也有号称骠骑将军的,头衔上冠以将军两个字,比军头、郎将自然"光彩"得多。至于军将个人如刘弘基、姜宝谊很快升到卫大将军,段志玄由军头转骠骑升护军再升卫大将军,"官运亨通",唐统治者笼络他们,他们也乐为所用。官号步步提高,甚于北魏末到西魏的情况。可是另一方面,由于将军的名位高,唐皇朝初步稳定之后,即力图把军将名号降低,这与北周和隋代的情况又复相似。中央集权政治的发展是迂回曲折的,有时可能反复。骠骑将军名号在唐初不过使用六七年,便复称统军①;再经六七年,统军还得降为都尉,然后才固定下来。变化之迹,十分显著。

唐初一度是骠骑、车骑合置与分设同时存在,逐渐趋于合置,而以骠骑为正职、车骑为副职。

唐初军府称为骠骑将军府的是以骠骑将军为军府的长官,车骑将军仅仅为其副职。但另有车骑将军府,以车骑将军为军府的长官,与骠骑将军府并存,虽名位较低,而在军事组织系统上乃是平行机构。《新唐书·兵志》说:"武德初,始置军府,骠骑、车骑两将军府领之。"同书《百官志》注:"唐亲卫、勋卫置骠骑将军、车骑将军,翊卫置车骑将军。"又《旧唐书·职官志》说:武德七年定令,"亲卫骠骑将军为亲卫中郎将,其勋卫骠骑准此;亲卫车骑将军为亲卫中郎将,其勋卫、翊卫车骑准此。……诸军骠骑将军为统军……诸军车骑将军为别将"。从这些记载中可以看出,军府有两类,一是名位较高的骠骑府,一是名位稍次于骠骑的车骑府。从三

---

① 武德元年改军头为骠骑将军,七年改称统军。见《新唐书》卷四九上《百官志》。

卫来讲，在亲卫、勋卫中这两类军府都有，翊卫就只有车骑府。至于十二卫所属其他军府和十二军的军府，究竟两类都有或只有骠骑府？新旧《唐书》的说法不甚一致，也较含混。《新唐书·百官志》注："又改军头曰骠骑将军，府副为车骑将军，皆为府。"便明确地说骠骑、车骑的设置并不限于亲卫、勋卫。《乙速孤神庆碑铭》称"父晟，皇朝上开府、右武候右廿府左车骑将军转骠骑将军"，铭文不说"迁"而说"转"，看来是把两者作为平行的职位来称述的。《新唐书·百官志》又说，"（武德）二年以车骑将军府隶骠骑府"，似乎分设不久即行合并了。然而同书《兵志》说武德三年关中十二军"以车骑府统之"，似乎当时另有车骑府。从《兵志》上下文意分析，"以车骑府统之"的"车骑"字样可能是"骠骑"之讹。肯定外军中的车骑并属骠骑府，那么武德二年以后，只有三卫中骠骑、车骑仍然各自为府，其他都只有骠骑府了。综合《新唐书·百官志、兵志》、《旧唐书·职官志》的记载，可知骠骑、车骑在中外军中各自为府，是武德二年以前的事；武德二年以后，只有三卫中仍保留骠骑、车骑两府；到武德七年，三卫骠骑、车骑的名号都统一于中郎将，分设的痕迹全部消除了。

唐初骠骑、车骑各自为府，是笼络武人的一种权宜措施，同时是兵制中旧条例、旧习惯的遗留，从西魏、北周之际，一直到唐初，都出现过这种情况。综上所述，车骑一般不单独为府，在特殊情况下可以单独设府。这一结论揭示出骠骑、车骑相互关系中一条很清楚的线索，即战乱中车骑将军可能单独设府，而在局面比较稳定时则为骠骑的副职。由此再回头去研究西魏、北周的开府府与仪同府的相互关系，便知道仪同将军虽无"将军开府"之名，却有开府置僚属之实，虽隶属于开府将军，却不是开府府的副职，所以在品级上同是九命,而仪同府在统领系统上便构成为团的一级单位。研究西魏、北周的府兵制,对于仪同单独设府和二十四军"分团统领"这两个问题①,必须有明确的了解。由于史料缺乏,当时可资直接说明这两个问题的材料仍嫌不足,现在从演变过程中找出其变化线索,可作为仪同单独设府的重要补充说明,对于"分团统领"的考释也有所裨益。② 当然,仪同单独设府与车骑单独设府,既是一线相承的发展,又是在不同条件下体现出不同内容,机械作类比或单纯从后来情况去肯定前此的事实那是不对的;同样地,如果完全忽视这一发展线索,一味追求直接材料,历史研究也会不易为力。

唐初恢复府兵制,虽属沿袭隋的制度,然而处于从战乱到初步稳定的情况下,实为具体历史条件所决定,因而多与隋初相类似的地方,权置坊府,军人居处无定,即其一例。同时也存在很大差别,如隋初十二府和亲王府军队与唐初十二卫、十二军及护军府之间,有着很大的不同。至于唐初府兵较快地走向军人地著和中军统一于十二卫的局面,与隋初的发展基本上是一致的;骠骑、车骑府的分合,唐初与隋初也极为相似,不过隋初骠骑、车骑名位是由高到低,唐初则系由低到高,封建皇朝利用名位以笼络武人乃至实现中央集权政治,高下在手,这也取决于当时的客观条件。因此,唐初恢复府兵制,既是因袭旧制,又是在具体的历史条件下自为沿革的。

---

① 《北史》卷六〇传论:"柱国大将军……六人,各督二大将军。……是为十二大将军。每大将军督二开府,凡二十四员,分团统领,是二十四军。每一团仪同二人,自相统率。""分团统领"监本作"分开国领",研究府兵制的对此多所考证,应以"分团统领"为正。但不了解仪同独设府的情况,便无从解释"分团统领"的意义,所以这里又回头指明其关系。

② 《北史》卷六〇传论,对六军、十二军、二十四军的组成及其军将员数,都明确叙述,对团的数目则不曾说明,这是由于团数可以增减的原故。

二、折冲府的建立及其全盛时期

唐太宗在位时正当阶级矛盾暂时缓和而中央集权政治进一步巩固时期,后世所盛称的"贞观之治",是隋末农民起义后一个必然发展。唐太宗顺应时势,尚注意于人民的休养生息,不失为一个具有远见的封建政治家。到唐高宗时尚维持着一种稳定局面。另一方面,随着政权的巩固和军事力量的强大,唐太宗和唐高宗统治的几十年间,也曾进行多次对内对外的战争。这时候的府兵制,基本上属于一种平时兵制,它在一定程度上可以适应战时需要,但不能不出现某些矛盾甚至极为突出的问题。府兵制进入了全盛时期,也日益暴露出它的弱点。

自汉末以来,中国久经分裂,西晋统一和隋的统一,历时都较短促,专制主义的中央集权政治,到唐代才算是真正巩固下来。一切典章制度,在长期变化发展的基础上,都重新厘定,府兵制也更成熟更完整了。现存资料也比较多,关于府兵制度的具体内容,已有条件作比较系统的叙述,进而探索其本质问题。

唐军府名称、军将名号和折冲地团

唐太宗贞观十年(636年),确定军府的专名为折冲府,这是由于府的长官改称折冲都尉之故。在这以前,军府称骠骑府、车骑府,后称统军府,都以府的长官名号命名。不过骠骑、车骑之名历时不久,统军之名历时更短。

折冲都尉这一名号又略低于隋的鹰扬郎将,秦汉以来称为都尉的一般是郡县级的军官;而郎将列入将的范围,历来是中央一级的军官。军府长官改称折冲都尉后,其实际职权随着名号的变更不免有所削弱,州或郡的长官虽不直接管辖折冲府,但点兵、练兵、发兵等事务,刺史或太守是参与的。至于骠骑、车骑都带将军之号;统军、别将在北魏末年以来也仅次于都督,名位仍然很高。所以改统军府为折冲府,是继骠骑改统军、车骑改别将之后进一步贬抑军府长官的措施。正职名折冲都尉,副职为左右果毅都尉,合为三人。别将一般不另设置,即使设置也仅居于军府的僚佐,不是军府的统领长官,全然不同于魏末以来别将独自领兵的情况。

折冲府既联系折冲都尉之名,也可以脱离折冲都尉之名而存在。"折冲樽俎之间"一句老话,用于军事上是兵可不用而不可不备,封建皇朝用这个好名词来粉饰太平。如同隋代的鹰扬府,折冲府作为军府的一个专称,虽然根源于折冲都尉,但在法令上和习惯上则又脱离折冲都尉而独立存在。当时有折冲府、折冲兵以至简称折冲的称谓,不曾称为折冲都尉府、折冲都尉兵。至于骠骑、车骑府是骠骑将军府、车骑将军府的简称,犹如西魏、北周的开府府、仪同府,乃骠骑大将军开府仪同三司府、车骑大将军仪同三司府的简称,即开府将军府、仪同将军府这一简称的简称,它们都不曾脱离军将名号而单独成为一种专称。这一名称更动,无疑寓有加强专制主义的中央集权政治的意义。

折冲府分布在各地,即就所在区域,因地定名。京兆府属折冲府很多,如云阳县有甘泉山,汉甘泉宫所在,设有折冲府,即名甘泉府。长安城内的永乐坊也设有折冲府,即名永乐府。甘泉府、永乐府等便是各地方折冲府的简称和专称,总称为折冲府。

各个折冲府的兵源和军人家室居处有一定范围,叫作"地团"。《唐律疏议·职制律》:"州县有境界,折冲府有地团,不因公事,私自出境界者,杖一百。"团本来是一种组织的称呼,用于军事上曰军团、曰乡团,军团是军事统领单位①,乡团是军士聚居地区,引申为军事组织、乡兵组织。用于户籍上就叫团或团伍,隋代的"团貌",是"各随便近,五党三党共为一团,依样定户上下"②。唐皇朝对于其宗室,每州置宗师一人,总管宗室户口,"别为团伍",免其徭役。对于上番工匠,也"以州县为团,五人为火,五火置长一人",以相统摄。③ 地团即在一定地域内立为团伍,其户籍属于州县,其军籍属于折冲府,其地域区划,类似州县的境界。折冲府地团的大小,没有一定的标准,要看折冲府分布的疏密和兵役轻重的情况而定。"无军府州"就不存在什么地团。"有军府州"凡兵役重、兵源多的,折冲府设置就多,地团区域就小;反之,地团区域就大。

地团表明军府的地区范围,也表明军人地著,更表明军人一般是分散居住,基本上不脱离其家乡以及农业生产和本人原来的生活。

军人分居地团之内,原来没有落户的,落户后即与民户错居;新入军籍的,其家室仍住原地。我们从出土的唐瓜州、西州户口残卷中,可以窥见其分散居住和不脱离本土、本业的基本情况。军人的户口与一般民户,除注明"卫士"和"不课"外,其他完全相同。其户籍渗杂在一般民户之中,其田地也相互交错。④ 自隋开皇十年

---

① 《新唐书》卷四九上《百官志》:左右卫长史,"掌判诸曹、五府、外府廪禄,卒伍、军团之名数,器械车马之多少"。军团指府兵组织中的下层机构。
② 《隋书》卷二四《食货志》。
③ 见《资治通鉴》卷一八七唐武德二年,《新唐书》卷四六《百官志》。
④ 参阅王永兴《敦煌唐代差科簿考释》附《唐差科簿丛辑》,载《历史研究》1957年第12期;又《唐户籍簿丛辑》,载《食货》半月刊第四卷第五期。

军人编入户贯后,从军人地著发展到军人完全自民户中拣点出来,愈来愈是分散居住。卫士不脱离其乡土、本业及原来家庭生活,只有在上番、教阅的时候,才分别集中于折冲府或上番所在的京城或征戍所在的地区,执行军事任务,过着军队生活。

  唐初仍有军坊。①《新唐书·百官志》谓"军坊置坊主一人,检校户口,劝课农桑,以本坊五品勋官为之",当时征战频繁,兵士难于完全地著,就集中居住于城坊。十二军分布于关中各地,有的在城坊中安家,有的在乡团中安家②,设有坊主、团主以检查户口、劝课农桑。后来军人在城坊、乡村中分散居住的情况愈来愈普遍,府兵长期集中居住的军坊便不存在了,坊主也不复设置。唐长安城内有折冲府,仅仅是折冲都尉的牙门,其军人皆错居在坊郭之中,如宣平坊有义阳府,地近东市,人口较多,本坊之内,也有寺院、相者宅、旅店和官民住宅。延福坊有真化府、宣平府,地近西市,人烟稠密,本坊之内同样有寺、观、旅邸和官民住宅。洛阳城内情况相似,怀音府在宣教坊,地近南市;洛汭府在大同坊,地近西市;郏鄏府在进德坊,地近北市;金谷府在兴艺坊,地靠外郭城。③ 军人杂处居民之中,和集居于军坊者不同。至于"上番卫士"或"卫士长上",临时集中于京城中的屯营内,那种"军坊"仍然存在④,然而只

---

① 《资治通鉴》卷一九一唐武德七年:建成"发幽州突骑三百,置宫东诸坊,欲以补东宫长上"。这就是军人集中城坊居住,"坊"即军坊。

② 军人乡居的设乡团,乡团置团主,其住户为军户,有别于地团中军人之列入民户,此不可不辨。

③ 见徐松《唐两京城坊考》卷三至五。

④ 《资治通鉴》卷一九七贞观十七年载唐太宗"诏太子知左右屯营兵马事,其大将军以下并受处分",知屯营为十二卫士上番时车聚之所。不称军坊而称屯营,因其系供军人临时集中居住,不是军户长期安家之所在。后来韦后召诸府折冲兵五万,分屯京城,列为左右营,属于同一性质,见《旧唐书》卷七《中宗本纪》。

限于卫士轮番暂住,并非长年定居;而且家属均不随营,别无军队以外的户口,这与西魏、北周"军人城居不编户贯"是两回事,当作别论。

军人不脱离乡土及其本业和家庭生活,既经说明,可以进而讨论兵农分合问题。

府兵是否兵农合一,历来是研究者争论的中心问题。一般意见比较同意于以隋开皇十年作为分界线,在这以前,是兵农分离,而且是兵农分治;在这以后,是兵农合一,而且是兵农合治。所谓兵农分合,系指军人是否脱离乡土及其原来家庭生活的问题;所谓兵农分治、合治,系指军人单独成为军户抑是编入户贯的问题。对于这些问题,前面已经分别有所阐述。这里须加申述的是:我们对之不能作简单化的、绝对化的理解。隋开皇十年以后,兵户编入民户,军人地著,其总的趋向是兵农合一,然而唐初有一段时期,骠骑、车骑府常要随军征战,就谈不上兵农合一。其中十二军开始地著,以督耕战,逐渐走向兵农合一,但不能看成为真正的兵农合治,坊主、团主之设,虽不同于军事组织,而军人居住仍然比较集中,耕又更多地依存于战。同时军人刚开始安家立业,正常的生产、生活还没有完全建立,和贞观十年设置折冲府以后的情况相比,其差别是很大的。这是需要具体分析的第一点。而所谓兵农合一,一般是意味着兵士出于农家,在役期间又可以做到"三时务农,一时讲武",至少是军人一般能有一定时间从事农业生产。就拿唐贞观十年以后的情况来说,这点也不容易完全办到。即使"出征多不逾时,远不经岁",但风尘劳苦,干戈扰攘,如果一律按"三时务农"的平时规制予以想象,会是不符合于事实的。这是需要具体分析的第二点。又府兵的组成成分,在法令规定中强调资财标准,虽然实行起来不会全是那样,但唐初却有富户和官吏子弟当兵的传统,至少其中有一小部分人属于地主阶级,这部分人及其家庭向来过着剥削生活,如果真正是兵农合一,便得认为他们也全部参加生产,那也是不恰当的。这是需要具体分析的第三点。我们还须注意,兵农合一、兵农合治,是府兵制达到成熟、完善阶段的重要特点,客观上对生产有着积极作用。然而当时封建皇朝是把兵役推广到冲要地区的全体丁壮,希望能"众强长久",并让他们不脱离本土、本业以及原来家庭生活,部分衣粮、军资自备,以减轻封建财政的支付,实质上是增加人民的负担,使人民以兵役为义务,并从法律上固定下来,对农民是一种军赋和力役的转嫁,是变相的封建剥削。如果看到兵农合一、兵农合治在客观上的一定积极作用,而忽视制度中对农民加重剥削的本质,就会陷入封建政论家所谓"寓兵于农"的曲解中去。这是需要具体分析的第四点。以上四点将在下面再作些具体论述。

唐折冲府的设置及其总数

唐折冲府总数时有变化,史籍的记载也极纷歧,屡经考订,以 633—634 之数较为可靠。

史籍中关于折冲府总数的记载,有如陆贽《陆宣公奏议》说是 800,《新唐书·兵志》和《通鉴》说是 634,苏冕《会要》和《新唐书·百官志》作 633,《邺侯家传》作 630,《唐六典》和《旧唐书·职官志》作 594,杜佑《通典·州郡典》和杜佑《理道要诀》[①]作 593,杜

---

① 杜佑《理道要诀》和苏冕《会要》、李繁《邺侯家传》均见《玉海》卷一三八《兵制》所引。

佑《通典·职官典》和杜牧《原十六卫》作574。岑仲勉先生在其《府兵制度研究》一书中,把574—594列为一组,630—634列为一组,认为594和633是时期先后不同的两个统计,并认为全盛时期府数是633,衰败时曾减少到594,陆贽"八百余所"之说不足为据。① 经过这样排比分析,初步扫清许多障碍。因"七"、"九"字形相近,他又推断出杜佑著作中的574应为594之讹,故前一组中以593、594较为可靠;至于630之说,系《邠侯家传》举其成数而言,故后一组中以633、634较为可靠。根据旧著《唐折冲府考校补》的考订,折冲府名可知者约630左右,更可证明唐折冲府数最高额在630左右,苏冕《会要》和《新唐书·百官志》633府、《通鉴》和《新唐书·兵志》634府之说,一定有所依据;至于二说相差一府,可能是统计材料有出入,也可能是传写之误。而且另一组数目中593、594也恰好相差一府,何以如此巧合? 看来数字推移,是有着相互关系的,究竟如何推移,未便臆断。现在可以初步肯定的是,折冲府数最多时达到633或634,而有一个时期折冲府数较少,只有593或594。

那么,633或634府是否为府兵发展到全盛时期的总数? 593或594府是否为其由盛入衰某一阶段的总数? 得作进一步的探索。

先谈633府(包括634府这一最高额数字,以下同)是否府兵全盛时期的总数的问题。

关于折冲府的发展变化,现存史料中以《玉海》卷一三八《兵

---

① 陆贽《陆宣公奏议》卷一一《论关中事宜状》:"大凡诸府八百余所,而在关中者殆五百焉。"唐人言折冲府总数者,以此说差异最大,不足为据。或许"八"为"六"之讹,"五"为"二"之讹。

制》引苏冕《会要》的记载较为系统、真实；府数最多时折冲府所处的发展阶段，亦当以《会要》的记载为主要依据。兹征引如下：

> 武德三年（旧纪作二年）七月十一日（旧纪作壬申），下诏曰："周置六军，每习蒐狩；汉增八校，毕选骁勇。今伊洛犹芜，江湖尚梗，各因部校，序其统属。改换钲铎，创造徽章，取象天官，作其名号。"于是置十二卫将军，取威名素重者为之，分关内诸府隶焉（军名傅奕所造）。关内置府二百六十一，精兵士二十六万，举关中之众以临四方。又置折冲府二百八十，通给旧府六百三十三。河东道府额亚于关中。河北之地，人多壮勇，故不置府。其诸道亦置。

参照《新唐书·兵志》和《邺侯家传》的记载，苏冕《会要》所载关于折冲府的情况，基本上是真实的。虽然其中也有错误和含糊之处。"十二卫将军"应作"十二军军将"，按十二卫大将军及其将军，在武德元年前一年即已陆续任命，不待武德三年[①]；十二军军将虽亦属于卫府系统，但在当时十二军与十二卫尚未合一，二者不能相混。武德三年，关中十二军各立军号，有参旗、鼓旗、玄戈等名目，从"取象天官，作其名号"之语看来，确是指这一年十二军定名和任命军将而言[②]，"十二卫将军"显然是误笔。"给"字应为"计"之讹

[①] 武德元年即已任命李神通为右翊卫大将军、柴绍为左翊卫大将军、窦抗为左武候大将军、王伯当为左武卫大将军、刘弘基为右骁卫大将军，其他任命或更易的卫大将军尚多，见《资治通鉴》卷一八六至一八七。

[②] 《唐大诏令集》卷一〇七所载《置十二军诏》，与《会要》所录的基本相同而较详。其中"取象天官，作其名号"作"取象天官，定其位号"，即指置参旗等十二军事。

或借用。此外均正确。《会要》的文体简练,往往一句话包含许多内容,必须仔细阅读,会通全文,才能了解。

《会要》除摘录十二句诏文外,记载了五件事情:关内十二军的设置,关内最初府数,折冲府的"又置",全盛时期折冲府总数,河东道和其他各道折冲府分布情况。这五件事情中又包括许多内容:关内十二军的设置包括取威名素重者为军将和管辖关内诸府两项史实;关内置府包括府数、兵数以及"举关中之众以临四方"这一军事目的。"又置折冲府"实际上包括增设和改置的府数。全盛时期折冲府总数包括总府数、旧府数等。《会要》言简意赅,全文又是按年代顺序叙述的。据此可以明确如下几个基本点。

(1)关内置府261。

关内261府乃指十二军时期已建立的府数。当时军队主要集中在关中,李渊在太原起兵,部下只三万人,到长安时已经纠合得二十多万人,散在各地的还没计算在内。当时李世民所部由万人骤增至十三万,建成、元吉的军队可能少一些。但收编的军队一天一天增多,单是随李密入关的农民军就有二万人,在泾州又得薛仁杲精兵万余人。建立十二军,设二百多个府,使二十万左右的兵士逐渐地著或获得暂时安居之地,"以督耕战",殊有必要,也有可能。《会要》说武德三年关中设府261府,这个数字可能包括稍后增设之府数在内。关中大量设置军府,比其他地方为早,不久即达到常备兵的饱和状态。戴胄在贞观五年时说道:"关中河外,尽置军团;富室强丁,并从戎旅。"①到贞观十年军府改为折冲府后,增置于各地,关内不会多所增加。而且按规定,在京城的府兵数不满一千二

---

① 《旧唐书》卷七〇《戴胄传》。军团指府兵而言,参见同书卷四四《职官志》。

百人的视同上府;在京城和岐、同等州的府,兵数不满千人的视同中府。这虽然是为重视京城及其附近军府的地位,但与府数达于饱和,和兵额不易增加也有关系。所以《会要》关于关内置府的记载,主要是指十二军时期所建立的府,而又概括后来略增数得出关内设府总数,其年代可包括武德元年到贞观十年(618—636年)①,而以武德元年至六年(618—623年)为主。

(2) 折冲府的建置。

贞观十年,军府一律称为折冲府。《会要》特别提到"又置折冲府二百八十",显然是指贞观十年及其后陆续增设的总府数,"又置"连下文以别于旧府,上下文结合以见义。可见贞观十年及其后陆续增设的府,一共是 280 个。《会要》的依据是什么,无可考订,但武后在洛阳附近诸州和延州有所增设,玄宗在河北道也有所增设②,均有记载可资说明。唐太宗贞观十年增设了一批,这也是可能的。

(3) 十二军时期关内道以外有府 92。

《会要》所谓"通计旧府六百三十三",系综合上文全部内容而得出全盛时期折冲府总数。《会要》已明确指出十二军时期关内府数为 261,改名折冲府以后各道增设府数为 280,虽未举各道旧府数,而其和为 633,故知这一未知数为 92。这 92 个府必然是"又置折冲府"以前的"旧府",即十二军时期所建置的府。由于十二军时期关内府数为已知数,所以不难肯定,这 92 个府是十二军时期关内以外各道的府数。隋代鹰扬府经过隋末农民起义的打击和封建

---

① 《会要》下文的年代断限为贞观十年,故此语可以概括到贞观十年。
② 武则天在洛阳附近和延州置设军府,见《文苑英华》卷四六四《废潼关雍州置开郑汴许卫等州府制》和《新唐书》卷三七《地理志》。玄宗在河北道设府见《玉海》卷一三八《兵制》。

割据者的吞并,许多地方的府随着解体了、消失了,如润州金山鹰扬府,"隋末乱离,乡人自立为金山县"①,就是一个例证。但有些地方,归附唐朝比较早,或者地方秩序比较稳定,或者由于其他原因,继续保留军府或早已设置军府。例如陇右道瓜州大黄府,隋代设置,唐初郭钦任大黄府统军,以统军为军府长官,是武德六年到贞观十年间的事;又江南道安州义安府,唐初有薄师任该府统军,这些均可说明十二军时期关内以外地方,也有设置军府的。② 当时骠骑将军、车骑将军或统军、别将很多,有的领兵流移各地,有的领兵渐次地著,除具有条件承袭隋代设置的军府外,逐渐新设军府,亦属势所必然。所以关于十二军时期关内以外各道军府数,《会要》没有单独列出,而从上下文和叙事顺序看来,是包含这一内容的。

(4) 府兵制衰败时期折冲府总数为633。

折冲府数达到最高额633府,大致在什么时候,仍然要从上下文中去探索。年代断限,主要是确定起讫于何时。最高额的形成起于贞观十年,"又置折冲府"一语已经指出,接着要解决的中心问题是,633府究竟落实到以后哪一时期?《会要》下文说:"河北之地,人多壮勇,故不置府。"河北道历有军府③,"不置"之说,绝不可解,"不"字应为"又"字之讹④,即又有增设的意思。再

---

① 《元和郡县志》卷二六:润州"金坛县……隋于此置金山府。隋末乱离,乡人自立为金山县。……改名金坛"。
② 参阅旧著《唐折冲府考校补》,载《二十五史补编》第六册。
③ 河北道历有军府,如高宗永徽中韦待价贬卢龙府果毅,麟德中又有大陆府、吴泽府校尉周仁恕等。当另详论,此不备录。
④ "不"字与"又"字在当时最易讹混。"不"通写作"疋","又"通写作"ㄨ";"又"讹为"不",仅多书下面一直(丨)。

参证《邺侯家传》所载："玄宗时，奚、契丹两蕃强盛，数寇河北诸州，不（'又'字之讹）置府兵番上，以备两蕃。诸道共六百三十府。"①两文不谋而合。如果没有《邺侯家传》的印证，《会要》几乎简略得无法理解，二者结合起来，那么《会要》所指的时间、地点和原因，就了然在目，而"不"字均为"又"字之讹，也就更可肯定。《邺侯家传》所谓 630 府，系概括玄宗开元初年的最高额，630 府乃举其成数而言。《会要》633 之说，也指明这一最高额，而数目更为确切些。《玉海》卷一三七《兵制》称"唐府兵六百三十余所，江淮两道不过八九"②，仍是折冲府最高数额的另一叙述方式。以上论证，已可肯定府兵崩溃时期的玄宗开元初年，折冲府数达到最高额 633（或 634），兹再征引《邺侯家传》一段记载作为补充说明：

> 初置府兵，西魏、周、隋，用之皆利。及太宗之时，每府番上，必引于殿廷，亲自教射，加以赏赐，由是用之，所向无敌。……时出征多不逾时，远不经岁，而能克捷。高宗始以刘仁轨为洮河镇守使，以图吐蕃，于是始屯军于境，而师老厌战矣。后以李敬玄为鄯城镇守使，而败十八万于大非川。时承平既久，诸卫

---

① 岑仲勉先生以为《邺侯家传》这段话的真意是说，"河北如果多置兵府，其人就须到京师番上，会弄成当地空虚，兵源缺乏，故不于河北置府"。"不"字无讹。只是《会要》的"不"字应为"又"字，才可与下文"亦"字相照应。见岑著《府兵制度研究》，页 60。按河北在玄宗时府兵是增加的，岑说不能成立，旧作《安史乱前之河北道》对此初步有所论述，见《燕京学报》第十九期。又唐长孺先生在其《唐书兵志笺正》中以为河北道有府兵，只是不番上宿卫，专事防御，这与下文不易联属，只能是用备一说而已。

② 这是《玉海》本文，提出六百三十余所之说，比《邺侯家传》"诸道共六百三十府"又确切一些。下文"江淮两道不过八九"，所据材料不全，系承袭《新唐书·兵志》的数字而来，但不能因此而否定其全部记载的真实性。

第五章 唐初府兵制的恢复及其全盛

将军,自武太后之代,多以外戚无能者及降虏处之……至是卫佐悉以借姻戚之家,为僮仆执役,京师人相诋訾者,即呼为侍官。时关东富实,人尤上气,乃耻之,至有熨手足以避府兵者。番上者贫羸受雇而来,由是府兵始弱矣。……玄宗时,奚、契丹两蕃强盛,数寇河北诸州,不(又)置府兵番上,以备两蕃。诸道共六百三十府。上府管兵千二百,次千,下八百,通计约六十八万。

《邺侯家传》对于府兵的由盛而衰,叙述得源源本本,也基本上是符合于历史事实的。其叙述方法是把府兵发展过程与其制度巧妙地结合在一起,由"府兵始弱"转到"又置府兵番上,以备两蕃",很自然地连接上总府数和总兵额,折冲府数最高额的年代也就衬托出来了。如果把"又置府兵番上,以备两蕃"与"诸道共六百三十府"完全割裂开来看,则上面四句文意没有着落,既不足以补足前文的内容和语气,又不足以启下,岂不成了多余的!原文是通过玄宗时河北诸州的增设军府,转到总府数和总兵额上来,这是根源于史实而自然成文,亦即文章的巧妙处。无论从《会要》或《邺侯家传》分析,折冲府数达到最高额633(或634)府,是在府兵制崩溃时期。

通过上面考释,折冲府数达到最高额633时不是府兵的全盛时期,而是它的崩溃时期。府数多并不能说明兵制之盛,必须结合其实际情况来研究,以下仍当述及。

其次讨论593府(包括594府这一相近数字而言,以下同)的所属时期问题。

个人过去一度认为折冲府是逐渐增加的,中间经过574以至593、594的阶段,最后进入最高额633或634府,那是主观臆断,无足置论。① 岑仲勉先生则相反，以为府兵制衰败过程中府数比前减少，即在全盛时期为633，崩溃时期减到594府。并从史料来源分析，以594府之说本于《唐六典》，《唐六典》"成书时府兵已废，故府数比全盛时约少四十"，又说"高宗、武后以后，府兵制日趋败坏，府数只有比前少，哪有反而增加之理？"② 首先，岑先生在论证方法上颇为疏忽。唐武后时曾于郑、汴、许、汝、卫等州增置特种折冲府，总数为31府，岑书引证过这项史料，没有理由说武后以后折冲府数是在减少。又武后时，延州金明县西境，新置二府，一为羌部落，一为合门，见于《新唐书·地理志》，这是武后增置折冲府的另一证明，更知岑说不符合于历史事实。至于说《唐六典》成书时府兵已废，也不完全确切。《六典》于开元十年（722年）开始修撰，开元二十七年（739年）修成。③ 其时府兵已经败坏，到天宝八载（749年）才停止府兵上下"鱼符"，活动正式停止。可是折冲府和这一机构的官员仍然存在，一直到德宗建中初年（780年）仍然见于载籍。府兵制不曾明令废止，在较长时期内名存实亡，封建官僚主义的官样文章，原亦不足为怪。前引岑先生的论证均难成立。其次唐折冲府确由633减到593，但时间上并不是由盛而衰，而同是处于衰败时期。折冲府减到593时，府兵制已经崩溃了。《通典》卷一七二《州郡典》二称天宝初"改州为郡"，下注"折冲府五百九十三"；《玉海》卷一三八《兵制》引《通典》，则直接写成"天宝初，折冲府五

---

① 旧作《西魏北周和隋唐间的府兵》，写于1937年，不独观点错误，即考证上也多主观臆断，不再一一在此批判。
② 岑仲勉：《府兵制度研究》，页55—56。
③ 旧作《〈唐六典〉中地理纪述志疑》一文，对《六典》修撰年代及材料运用有所论列，载《禹贡》半月刊第四卷第一期。

百九十三",《玉海》这种写法姑置不论,《通典》把折冲府数593附于天宝初改州为郡这一事实之下,这就揭示了593府的大致年代。同书卷一五《选举典》三:"按格令内外官万八千八十五员,而合入官者诸馆学生已降凡十二万余员。"注文为"诸折冲府……校尉三千五百六十四员",以每府校尉六人计算①,合594府。其年代可依正文"格令"予以确定。查《文献通考》卷四七《职官考》一所载:"开元二十五年刊定职次,著为格令。"下注:"永徽初已详定之,至开元二十五年再删定焉。"②再结合《通典》有关内容予以研究,知所据格令乃开元二十五年所详定者,正文所云内外官员18,085人,其年代顺序列在开元以后;而且显庆中内外官员仅13,465人,这里说18,085人,也绝不会是永徽格令。③故《通典》中593之说系指开元末天宝初这一阶段的折冲府总数,已可断言。岑先生认为594府之说,本于《唐六典》,自可成立。《唐六典》成书在开元二十七年,因而确定593府所属年代,亦不出开元末至天宝初这一阶段,这一阶段府数有一定稳定性,史书记载无复出入,也完全有此可能。④

---

① 按上府兵一千二百,校尉六人;中府兵一千,校尉五人;下府兵八百,校尉四人。一般以中府校尉五人作为每府校尉计算标准。《新唐书》和《通典》,均作六人,乃取上府校尉数为标准,应以五人为合理。

② 定格令的年代,不是永徽,便是开元。《通典》关于折冲府员数所依据的"格令",不会取其前者,因内外官员数不是永徽年间的,而据上下文时代顺序,也应指开元末,不会是永徽年间的事。

③ 《通典》卷一七《选举典》五载显庆初黄门侍郎刘祥道陈奏选举之弊,中有"今内外文武官一品以下、九品以上一万三千四百六十五员"之语。以后官员日增,《通典》卷一五所举,当为开元末年的数字。

④ 杜牧《原十六卫》中折冲府总数采取574之说,也可能是594之讹,姑置不论。但其全文两次提到"开元之末",显见杜牧所举折冲府总数,为开元末年的折冲府总数。

从开元初年的633府,减到开元末年的593,十余年中府兵有着激剧的变化。由兵额不足到无兵可交,原来想增加府数以支持局面的那些措施,已成泡影,被迫减少某些地区的府数,因而总数一度降到593,终于无法扭转整个局势。天宝八载停止上下鱼符,仍属不了了之的一道诏令,其效果只是为后来折冲府长时期的名存实亡伏下了一个注脚。

633府和593府,分别代表府兵衰败和崩溃期间的两个数字,既然明确了,这究竟能说明什么问题呢?

我们当然反对为考证而考证,其所以反复辨析,是为说明研究府兵的盛衰,不能单从府数的多少去判断;更重要的是从府数变化与府兵盛衰关系中探索府兵的发展规律。唐折冲府到衰败时期反而增加到633,是不是一种独特的现象呢?绝对不是。隋开皇十年罢山东、河南及北方缘边之地新置军府,而隋炀帝又增置军府,扫地为兵,实际上隋府兵到此时已衰败,但军府却在增加。北魏沿边的镇,到崩溃时期也是设置益多,而真正健全时期(孝文帝以前)镇数反而较少;北镇与折冲府的性质不同,这种倾向则是相似的。为什么会这样呢?剥削阶级的统治者穷兵黩武,"军队变成了国家的主要目的,变成了目的本身;人民之所以存在,只是为了当兵和养兵"[①],恩格斯这一名言,在这里也是适用的。隋的召募骁果、唐的组织武团骑兵以及其他扩大军队的措施,还不能适应统治阶级的需要,眼看到府兵的衰败和崩溃,仍然幻想着发挥其职能,或者使之苟延残喘,所以唐府兵虽然停止上下鱼符了,府名不废,官职犹存,好像它还可以为唐皇朝撑持门

---

① 恩格斯:《反杜林论》,人民出版社1970年12月版,页168。

面。封建统治者不愿意看到也不肯承认其行之已久的制度的衰败和崩溃的事实,最后结果,还是制度崩溃了,自身消灭了。唐自武则天以后,农民的逃亡与反抗纷起,特别反对兵役和兵调,当时有"山东人骄慢,乃谓国家怕其粗豪,不敢征发"的说法[1];又"关东富实,人尤上气",耻作府兵[2],玄宗仍于河北诸州"又置府兵",寄希望于绝望之中。少数有远见的封建统治者的某些政治、经济措施,也有比较客观的,如隋文帝罢山东、河南及北边新置军府,对府兵加以整顿,府数虽然减少了,府兵却进入强盛时期。至于唐折冲府由 633 减到 593 时期,唐皇朝未尝不想对府兵加以整顿,只是政治、经济等客观条件已不允许,府兵本身的积弊已难排除,唐皇朝有些大臣如张说等便另作打算,不致力于整顿府兵[3],这与隋文帝开皇十年的局面,迥不相同,毋庸去作机械的对比。我们只能说,府数由 633 降至 593,不过是表现了府兵衰败和崩溃期中统治者的犹疑不定,而不能简单地把府数的升降看作是府兵盛衰的征象。

折冲府的地区分布及其与军镇城戍的关系

折冲府分布范围很广,其在各道设置或多或少,极为不平衡。每一道内又分"有军府州"与"无军府州";即一州之内,也有"轻役"与"重役"的不同。根据现有资料,其分布情况大体上有如

---

[1] 见陈子昂《上军国机要事》,载《陈伯玉文集》卷八。
[2] 《玉海》卷一三八《兵制》引《邺侯家传》,已见上引。
[3] 开元十年张说奏请召募长从宿卫,在这以前,羽林飞骑自卫士中简补。唐皇朝对府兵的整顿,一向没有决心。

下表：

表1　唐十道折冲府府数比较表

道名	关内	河东	河南	河北	陇右	山南	剑南	淮南	岭南	江南	合计
军府数	288	164	74	46	37	14	13	10	6	5	657
占军府总数的百分比	43.9	24.9	11.2	7	5.6	2.13	1.98	1.52	0.91	0.76	100.0

表2　关内道折冲府数比较表

府州名	京兆府	同州	华州	凤翔府	鄜州	宁州	邠州	其他13个有军府州	合计
军府数	131	26	20	15	13	12	11	60	有军府州20，军府288
占军府总数的百分比	45.4	9	7	5.2	4.5	4.1	3.8	21	

表3　河东道折冲府数比较表

府州名	河中府	绛州	太原府	晋州	汾州	隰州	潞州	其他10个有军府州	合计
军府数	36	35	20	19	12	7	7	28	有军府州17，军府164
占军府总数的百分比	21.9	21.3	12.2	11.6	7.3	4.3	4.3	17.1	

从上面三表和下页附图可以看出，军府设置的方略，首先在于拱卫京城。

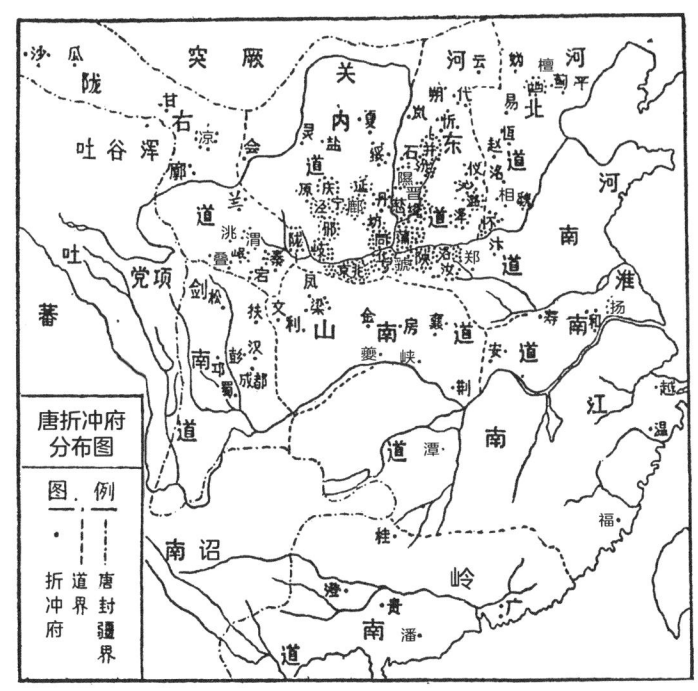

折冲府绝大多数分布于京城附近。关内、河东、河南三道,据计算数(尚非实际数)有526府,占计算数总额657府的80%;而京兆府就设置了131府,占计算数总额的20%弱。这是极为集中的折冲府,成为内围重兵。从地图上还可以看出,北面有檀、妫、云、朔、夏、灵等州,西面有沙、瓜、凉、廓、洮、叠等州,南面有邛、蜀、夔、峡、和、扬等州,东面有蓟、幽、洺、魏等州,绵延不绝地设置了折冲府,成为外围重兵。内围与外围拱卫线,即当时所谓"重首轻足"、"举关中之众以临四方"的方略。① 北周曾在京城附近筑城以置军

---

① 陆贽《陆宣公奏议》卷一一《论关中事宜状》:"太宗……列置府兵,分隶禁卫。大凡诸府八百余所,而在关中者殆五百焉。举天下不敌关中,则居重驭轻之意明矣!"唐人议论,大率如此。

人,又移并州军人四万户以实关中,关中向来是府兵集中地带。唐朝初建,即先在关中建十二军,是继承和发展了北周的这种方略。

重首轻足的方略,在唐代曾经是固定不变的。十二军创建于关中;到唐太宗贞观初年,关中、河东两道府额独多的形势已经确立;武则天以洛阳为东都,更于郑、汴、许、汝、卫等州分别增置特种折冲府,兵数比一般折冲府都多[①],目的在于增强对东都的拱卫。何以河东道的府额反而比河南道多出一倍以上?这又须结合边防情况来研究。河东道的太原一向为突厥骑兵入侵的要冲,河北道的幽州亦为东北边防重镇。孙逖《伯乐川记》说:"幽州、太原,襟带之地。自河以北,幽州制之;自河以东,太原制之。"[②]幽州、太原两相比较,太原靠近京城,属于府兵密集的内围;而蓟、幽、洺、魏等州的府兵属于外围。所谓"重首轻足"、"居重驭轻",主要是就皇朝的对内控制而谈的,当然不能完全撇开边防的因素。何况从唐朝内部来讲,"山东人物之所,河北蚕绵之乡"[③],内战多起自河北,农民起义也多发生于这一带,如刘黑闼在山东继续领导窦建德所部农民军,反抗初建的唐皇朝;建成、元吉与世民争雄,也凭借河北地方势力,这都是唐皇朝所最忌刻的。所以河东道的太原、河中等府州连接河南道的洛、陕等州,成为府兵在东北面的密集地带,大而言之控制山东,小而言之控制河北,"重首轻足"、"居重驭轻"的形势,十分明显。依此以论河北道军府少于河南道,即是"轻足"的具

---

① 《文苑英华》卷四六四《废潼关雍洛州置开郑汴许卫等州府制》:"郑州、汴州、许州可置八府,汝州可置二府,卫州可置五府,别兵皆千五百人。"按郑、汴等五州共设31府,每府兵额1500人,比一般上府多300人。
② 《唐文粹》卷七七。并州、幽州一般视为"襟带之地",唇齿相依。
③ 《通鉴考异》卷九引《太宗实录》。

体体现；陇右更少于河北，山南更少于陇右，既属"轻足"，又顾及边防轻重和边地、腹里缓急的因素。所以《会要》在"举关中之众以临四方"之后，补充"河东道府额亚于关中"一句，是注意其对内、对外任务的差异而又看到其联系的。陆贽说"举天下不敌关中，则居重驭轻之意明矣"①，这是符合于当日军事布置的情况的。唐初边防主要是防备突厥，其次是防备奚、契丹，奚、契丹与唐的冲突以高宗以后为多，而折冲府的分布网，在太宗、高宗时已基本形成，所以主要是防止突厥的内侵。张说在《幽州论戎事表》中说："九姓虽属并州节度，然共幽州密迩，脱有风尘，何所不至！"②张说所指出的正是唐前期北边具体情势，所以张说除重视河东道外，更多地注意河北道。河北增设兵府，与这一地方情势有关。当然，根据地方情势而部署的军事力量，尚有军、守捉、城、镇等地方性质的军队；从府兵本身来说，在于居重驭轻、重首轻足，控制整个军事局面，杜牧《原十六卫》所谓"柄统轻重，制障表里"，是以府兵为中心而又联系整个军事局面来谈的。他同时谈到府兵崩溃后的情况，认为"府兵内铲，边兵外作，戎臣兵伍，湍奔矢往，内无一人矣。……尾大中干，成燕偏重"，更可以阐明以府兵为中心的整个军事局面。总之，唐中外军以府兵为中心，府兵又以其在关中的为中心，这是从"居重驭轻"出发的全盘军事部署，也与地方情势特别是边防情势有关，军府是与边防的军、守捉、城、镇联系在一起的。

附带要提到的，是边防军的分布与府兵有其区别而又有其联系的问题。

---

① 《陆宣公奏议》卷一一《论关中事宜状》。
② 《张燕公集》卷九《幽州论戎事表》。

唐武德至天宝以前的边防军制，系分道置兵戍边，大的叫军，小的叫守捉、城、镇。根据《新唐书·兵志》所载，平卢道军1，守捉11；范阳道军16；河东道军4，守捉5；关内道军9，守捉1，城6；河西道军10，守捉14；北庭道军3，守捉10；安西道军1，守捉8；陇右道军18，守捉3；剑南道军10，守捉15，城32，镇38；岭南道军6；江南道军1；河南道军1，守捉2，镇1。这就是常年的和固定地区的边防军事布置，是唐代的外军主要组成部分。根据岑仲勉先生考证，这些边防军，在唐高宗以前设置而史籍有记载的只有八处。[①] 由于当时沿边要地设有都督府，都督府有常备兵；各州也有一定兵额；临时出征的行军元帅、行军总管又有召募兵，在太宗、高宗以前，这些军队的比重，可能比军、镇、守捉还大。[②] 此外又有蕃兵，随时随地权宜调遣，更不固定。因此这些地方军，有一部分是担任边防职守的，应当计算在内。研究府兵，结合这些边防兵、地方兵以至蕃兵来进行分析，就容易了解当时全盘军事布局，也易了解折冲府分布的军事、政治目的。

唐代卫府组织以及折冲府与州刺史的关系

唐因隋制，以卫统府。卫的组织、官号等虽然时有变动，究竟关系不大，这里主要是研究卫怎样统领府。

唐代统领府兵的有十二卫和六率，其名称、官号以及所领折冲府数等，根据《唐六典》和新旧《唐书》官志的记载，列表于下：

[①] 见岑仲勉《隋唐史》，页220—222。
[②] 唐初边地有州兵，有都督府兵，有镇戍军，临时征战召募的无定额。参阅《新唐书》卷四九下《百官志》。

卫或率	长官	职掌	所领府数	军号
左右卫	大将军各1人 将军各2人	掌宫禁宿卫,守正殿诸门及内厢宿卫,在皇城四面、宫城内外防守	武成、武安等50府	骁骑
左右骁卫	大将军各1人 将军各2人	掌同左右卫,凡分兵守门,在皇城四面、宫城内外与左右卫分知助铺	永固等49府	豹骑
左右武卫	大将军各1人 将军各2人	掌同左右卫,位次左右骁卫	凤亭等49府	熊渠
左右威卫	大将军各1人 将军各2人	掌同左右卫,位次左右武卫,凡分兵主守,知皇城东面助铺	宜阳等50府	羽林
左右领军卫	大将军各1人 将军各2人	掌同左右卫,位次左右威卫,凡分兵主守,知皇城西面助铺及京城、苑城诸门	万敌、万年等60府	射声
左右金吾卫	大将军各1人 将军各2人	掌宫中、京城巡警及烽候道路	同轨、宝图等50府	伙飞
左右卫率	率各1人 副率各2人	掌兵仗仪卫	广济等5府	超乘

续

卫或率	长官	职掌	所领府数	军号
左右司御率	率各1人 副率各2人	掌同左右卫率	郊城等3府	旅贲
左右清道率	率各1人 副率各2人	掌昼夜巡警	绛邑等3府	直荡

表中所领府数，从《唐六典》的记载，十二卫、六率所领共319府，与总府数最高额633府相距甚远；即与《唐六典》所举594之数比照，也少275府。按《新唐书·兵志》谓"左右卫皆领六十府，诸卫领五十至四十，其余以隶东宫六率"，依此计算，大体符合《新唐书·兵志》所载634府之数。因此《唐六典》所载各卫府数，应加倍计算，可是加倍计算后府数超过634。疑各卫所领府系举其成数而言，故与实际数字小有出入。

十二卫和东宫六率所领的折冲府，都不集中在一个地区，这是以卫统府的一个重要方略。由于资料缺略，根据折冲府所在地区和所隶卫、率的考证，仅左右卫尚可考出部分的分布情况。兹列表于下：

道名	州名及府数						总数
关内	京兆4	华州1	凤翔2	鄜州1	宁州1	邠州1	10
河东	绛州2	晋州2	隰州1	潞州1	朔州1		7
河南	河南3	陕州3					6
河北	幽州1	妫州1					2
陇右	凉州1						1
剑南	成都1	松州1					2

第五章 唐初府兵制的恢复及其全盛

此外如左右骁卫所领折冲府分属京兆、河东、河南、江南、山南诸道,左右武卫所领府分属京兆、河东、河南、山南诸道。① 一个卫所领折冲府分散在各地,军将不易专其兵,卫大将军名位虽崇,不过是"蓄养戎臣",平时尚统领所属上番卫士宿卫京师;战时受命出征,其军队系由朝廷临时从各卫及募兵中调遣,真是"将虽有名而权实去,兵将在内而京师实重"②,为高度中央集权的措施。同样,就一个道或一个州而言,折冲府虽多,所隶卫、率的系统不同,例如河南道 74 府,分别隶属于左右卫、左右武卫、左右威卫、左右领军卫、左右金吾卫等,平时上番宿卫事务与统领系统不同;战时受皇朝调遣接受行军元帅或行军总管的指挥,而所隶行军元帅或总管,往往不是本卫将军,这样就不易形成为割据势力。而且卫大将军和地方长官都无调遣军队之权③,平时"伍散田亩,力解势破"④,即使在教阅时集中起来,而统领系统不同,足以互相牵制,不易变成为一种私兵。所以折冲府虽分布各地,仍然为皇朝直辖的中军,绝不同于具有地方色彩的外军,又是高度中央集权的具体体现。

折冲府的组织,比之隋代变化不大,主要是官号和官品略有改变;府的等级、兵额,在唐代也作了规定。

折冲府的官号和官品虽略有改变,但从组织系统上讲,均为西

---

① 根据《唐折冲府考》、《唐折冲府考补》、《唐折冲府考校补》加以分类和综合,得出如上表及上述情况。(京兆为关内道治所。——编者注)

② 杜牧《樊川文集》卷五《原十六卫》、《玉海》卷一三八《兵制》均有此说法,盖当时舆论如此。

③ 唐府兵统归朝廷调遣,调遣时由兵部凭符契拨交临时任命的军将指挥,参阅《新唐书》卷四六《百官志》、卷五〇《兵志》。

④ 杜牧《樊川文集》卷五《原十六卫》。

魏、北周以来一线相承之发展,其相承与变化情况略如下表:

组织系统		府	团	旅	队	火
西魏北周		仪同将军九命 骠骑将军正八命 车骑将军	大都督八命	帅都督正七命	都督七命	子都督
隋	开皇	骠骑将军正四品 车骑将军正五品	大都督正六品	帅都督从六品	都督正七品	
	大业	鹰扬郎将正五品 鹰击郎将从五品 司马、兵曹、仓曹等	校尉正六品	旅帅	队正 副队正	
唐	武德	军头 府副				
		骠骑将军 车骑将军				
		统军 别将	校尉	旅帅		
	贞观	折冲都尉 上府正四品上 中府从四品下 下府正五品下	校尉从七品下	旅帅从八品上	队正正九品下 副队正从九品下	火长
		左右果毅都尉 上府从五品下 中府正六品上 下府正六品下				
		别将、长史、兵曹参军等				

第五章 唐初府兵制的恢复及其全盛

按唐制折冲上府和中府的折冲都尉,其品级基本上是恢复隋开皇之制,折冲下府的折冲都尉正五品下,则比开皇、大业之制都低。至于左右果毅都尉、校尉一般均比隋开皇、大业之制为低。在官号上,都尉比郎将略低,更比将军为低,其差异点在于尉与将的区别。所以从总的情况来看,唐制在官号、官品上继续予以调整、降低,折冲府数增多,权力减少,这反映了中央集权政治的发展。

唐代折冲府的组织和府兵的编制,完全制度化了,列成简表如下:

等第	府		团		旅		队		火		兵种
	兵数	团数	兵数	旅数	兵数	队数	兵数	火数	兵数		
上	1200人	6	200人	12	100人	24	50人	120	10人		越骑占十分之一,步兵占十分之九
中	1000人	5	200人	10	100人	20	50人	100	10人		
下	800人	4	200人	8	100人	16	50人	80	10人		
特	1500人	5	300人	15	100人	30	50人	150	10人		

各级折冲府所辖团、旅、队、火的兵额,一般是统一的,平时和战时都是每火十人,每队五十人;团、旅在战时虽有变化,仍就平时编制予以调度,如三旅为一统,即如三团编成二统,仍能适应战时编制。[①] 至于上府、中府、下府和特等府的区别,在于所辖团数多少不同;特等府以三百人为一团与一般府以二百人为一团[②],其间也存在较大差别,三百人为团相当于战时的统,原系武后在洛阳附近增

---

① 参阅《通典》卷一四八《兵典》一、卷一五七《兵典》一〇。
② 《唐律疏议》卷一六《擅兴律》:"每府管五校尉之处,亦有管四校尉、三校尉者。"按三百人为一团、二百人为一团,亦举其成数而言,小的出入总是不免的。例如京城附近的府,不满一千二百人的也视同上府,一般设校尉六人,每团不满二百人。

设军府的建制。由于团的人数可以有所变动,《新唐书》、《邺侯家传》和《通典》都说每团三百人,其实这是唐代团的另一种编制。比较普遍的是二百人为团,上府六团,中府五团,下府四团,分别有六、五、四个校尉,不足四团的府只有三个校尉。①

关于折冲府与地方行政的关系问题,历来为府兵研究中的一个争论问题,尚须加以考释。

折冲府不受地方长官的管辖,折冲府长官亦不得干预地方行政②,这是无可争辩的。凡折冲府的廪禄、器械、马畜、廨宇、田园、食料和卒伍籍帐、宿卫及征防、番第以至官吏考课、勋阶等有关事务,都直接上隶于卫;府兵的调遣、征发,掌握于兵部,但须皇帝下敕书,兵部尚书和卫大将军都不得专决,地方官更是无权过问,这在官制和兵制中规定得非常明白,亦即府兵不同于地方军的关键所在。然而折冲府分布在各地,必然要和地方官署发生许多联系,因而地方长官对折冲府负有一定的职责。

地方长官——主要指州刺史——对于折冲府负有的职责,经常有四个方面,一发兵,二练兵,三查阅军备,四点兵。"凡发府兵皆下符契,州刺史与折冲勘契乃发"③,符契即鱼符,放十人,发十马,军器出十以上,由尚书省的兵部奉敕颁发;十以下不待敕即可颁发。符契下达地方,勘契发兵,刺史与折冲都尉共同负责,而以刺

---

① 前引《唐律疏议》只说每府管五校尉、四校尉、三校尉,没有提到六校尉;而《新唐书·兵志》和《通典·职官典》明言每府置校尉六人,这是以二百人或三百人为团的计算法不同。

② 《唐律疏议》卷六《名例》六:"折冲府唯统摄身,不管家口。"府兵家口作为民户归地方官管辖,事属地方行政范围,折冲府无权干预。

③ 《新唐书》卷五〇《兵志》。《邺侯家传》所载略同:"每发皆下符契于本州及府,刺史与折冲勘契而发之。"明言分别下符契到州与府。

史为首。练兵分平时分散练习与冬季集中教阅两种方式,地方长官亦有检查督促之责,如"其艺非精,士不教习,则罪其折冲,甚则加罪州牧"。① 军备方面如马匹须淘汰、补充的,由刺史与折冲、果毅共同查阅;府兵出发征防时,由刺史与折冲共同发给"食券"。② 点兵以户籍中的丁口多少、贫富强弱、材力高下为依据,由县令负责,刺史自亦有责。③ 从这四方面来看,地方官得参预折冲府军事行政,规定得很清楚,特别是发兵涉及军事调遣权,必须州刺史与折冲都尉共同执行,一属行政系统,一属军事系统,可以互相监督,同样在皇朝之中,府兵的统领属于诸卫,府兵的调发属于尚书省兵部,并须奉敕颁发符契,更足说明中央集权政治在兵制上是体现得十分明显的。

折冲府长官对州刺史不是直接隶属关系,但按官品,上州刺史为从三品,高于上府折冲;中、下州刺史正四品下,略低于上府折冲而高于中、下府折冲,习惯上仍具有上下级关系。如武后时卢齐卿为幽州刺史,张守珪为幽州良社府果毅,史称"张守珪隶果毅",而卢齐卿礼遇之,说"岂得以寮属常礼相期"④,这大概是习惯上的上下级从属关系,不是法律上的上下级隶属关系。前面已经说明,隋唐军府长官的官号、官品趋向于降低,职权也减少,因之地位也较

---

① 见《玉海》卷一三八《兵制》引《邺侯家传》,《新唐书·兵志》不载。按《隋书·礼仪志》称北周府兵教阅时乡稍之官须率众庶参加,可见这是旧例。《资治通鉴》卷一九二载魏徵对唐太宗说,"陛下所与共治天下者,在于守宰,居常简阅,咸以委之",此为唐代地方长官参预府兵教阅的确证。
② 参见《新唐书》卷五〇《兵志》,《玉海》卷一三八《兵制》引《邺侯家传》。
③ 见《唐六典》卷三〇《州县官吏》。
④ 《新唐书》卷一〇六《卢承庆传佺齐卿附传》,《旧唐书》卷一〇三《张守珪传》。

低，对州刺史形成一种从属的习惯，自亦可以理解。而且府兵既有军籍，又属民户，家居时的府兵以至折冲都尉，仍然要受地方官管辖。太宗时刘仁轨为陈仓尉，"部人有折冲都尉鲁宁者，恃其高班，豪纵无礼，历政莫能禁止。仁轨特加诫喻，期不可再犯。宁又暴横尤甚，竟杖杀之"。太宗虽然发怒说："是何县尉，辄杀吾折冲！"然而法令规定如此，太宗无可责备，反过来认为刘仁轨"刚正"，升授栎阳县丞。① 唐代对武人控制比较严格，是隋代以军户编入户贯的继续发展。府兵不是地方军队，不受地方官统领、调遣，也不发生直接隶属关系。而折冲府有关发兵、练兵等事务，须受州刺史的监督检查或会同办理；其将校兵卒作为编户，须受地方官管辖。地方官虽不能干预兵权，但对军事行政有一定的监督检查权力。这样相互制约，地方权力乃能更有效地集中于皇朝。这一套制度是比较严密的，府兵制经过一百多年的发展演变，至此已臻于完整，从这些方面也不难窥见得到。

府兵的宿卫、征防及其与禁军、地方军的关系

府兵分番宿卫京城，叫作上番。上番是府兵经常性的任务，有一套固定的办法。

府兵的兵役负担，主要根据"番"的规定。究竟怎样分番，怎样上番？法令如何规定，实施情况又如何？乃是关系兵役轻重的中心问题。——不独宿卫依番而定，征戍镇防也要考虑番的多少；另外关于唐代府兵是否兵农合一的问题，又必须看番的计算与执行

---

① 见《旧唐书》卷八四《刘仁轨传》。

情况,所以对于番的研究,不能忽视。

关于番的规定,《新唐书·兵志》与《唐六典·尚书兵部》的记载略有不同,兹分录于下:

> 百里内(外?)五番,五百里外七番,一千里外八番,各一月上。二千里外九番,倍其月上。(《唐六典·兵部》)

> 凡当宿卫者,番上兵部以远近给番。五百里内为五番,千里七番,一千五百里八番,二千里十番,外为十二番,皆一月上。若简留直卫者,五百里为七番,千里八番,二千里十番,外为十二番,亦月上。(《新唐书·兵志》)

二者有相同的地方,即五百里内五番,五百里到千里是七番。千里到一千五百里是八番,基本上相同。其他地方何以发生差异,原因不详,暂不具论。① 研究府兵番第,一般以千里以内的规定作为基础。五番是指一个折冲府的兵分作五组,轮流上番;七番是分作七组,上番期限均为一个月。② 例如上府1200人,五番则每次派出240人,七番为171人,八番为150人。那么五百里内五番,据计算五年中有十一次承番,一年两次承番仍属不足。五百里到千里七番,据计算七年中有十二次承番,一年一次半承番仍属不足。至于八番则系两岁三番役。这个计算法,是否正确?根据《唐六典·水部式》之文:"都水监渔师二百五十人,其中长上十人,随驾东都;短番一百二十人出虢州,明资一百二十人出房州,各分为四番上下,

---

① 唐长孺《唐书兵志笺正》页22—23,以《唐六典》之说为正,理由尚充分。
② 一番一月役,此为一般规定。两月役以上者则为"并番"。

每番送三十人。"渔师 250 人分散在两个州,每州 120 人,分为四组,轮流上番,每番正好送 30 人。参证《新唐书·百官志》所载关于品官、杂户、上番的规定,对于番的解释和计算,完全符合①,可知上述计算法不误。至于所谓"一月上",指府兵一次在京城宿卫的实际日数,即基本的服役时间的单位为一月,也有一次两月的,即基本单位加一倍,都系在京城服役的实际日数,并不包括旅程往返时间在内。② 因此,五百里内五番,一年两次承番还不足,其在京城宿卫每年平均要有 66 个实际日数,加上两次承番旅程往返的日数,比 66 天就多得多了。例如一个距京城五百里的府,卫士往返和休息时间估计为 24 天,两次为 48 天,那么这一个府每个兵每年的兵役负担,应在 114 天左右,占了三个多月。一年暂作两次均分,即上半年和下半年都将有 57 天为服役时间。同样,千里内七番,每年平均宿卫日数约 52 天,两次旅程和休息时间至少 84 天③,每年共服役 136 天,占了四个多月。此外尚有冬季教阅,不服役而在府的兵都须参加,也占有一定时间,总天数无疑比上述数字为多。

府兵每年番上宿卫,距京城五百里内的其旅程往返时间约当宿卫时间的二分之一,千里的为一又三分之一左右。因此上番宿卫由于地区关系分别为两类,一类是亲身上番,这是主要的;一类

---

① 《新唐书》卷四六《百官志》:"官奴婢一免者,一岁三番役;再免为杂户,亦曰官户,二岁五番役。每番皆一月。"这是指每人在一年中服几个月的役而言。府兵是一种军事组织,服役须均匀,故当分组。

② 府兵以军府远近而定番第,即由于旅程不等的关系。每番一月役,专指宿卫而言,不包括旅程在内。

③ 旅程以一天五十里计算。《唐律疏议》卷三《名例》三:"行程依令:马日七十里,驴及步人五十里,车三十里。"一般只能以步行计算。

是纳资代番。据《唐六典·尚书兵部》所载:"凡诸卫及率府三卫,贯京兆、河南、蒲、同、华、岐、陕、怀、汝、郑等州,皆令番上,余州(应)纳资而已。"①上述诸州分属关内、河东、河南和河北四道,多数是距离长安较近的;远的如怀州,距长安969里,仍在七番之列,比远处广州的番禺府,不知道近多少,所以这一补充规定,照顾了路途遥远的实际困难。纳资代番,除三卫外,一般折冲府是少有的。纳资的办法,根据三卫违番之例,每番征资1500文,仍须陪番,这是就"违番"而说的②;若以资代番,其钱数已无可考,就一般资课等第言,有600文、1000文、1500文三种,按文武散官不上番,三品以上600、六品以下1000以及官奴不上番岁督丁资1500之例③,府兵以钱代番,大致是1000至1500文之间,与三卫违番的"征资"相近,只是不另"陪番"而已。由此可以知道,上番每年得用三个多月以至四个多月的时间,纳资得出2000到3000文。将钱折合米绢的话,米一石一般合100至200文,绢一匹一般合1000文,钱2000到3000文合米十至三十石、绢二至三匹。兵役负担之重,更可想见。

府兵的征防任务,征是临时派遣,防是固定上番,又都与番的规定有关。

防为固定上番,可按番的规定。至于征行差遣及规定外的镇守,事出临时,则按出征时日"免番",《唐六典·尚书兵部》谓:"若征行及使,经两番已上者免两番,两番已上者并二番,其不免番,还日即当番者,免上番。"又说:"若征行之镇守者,免番而遣之。"免番

---

① 这专指三卫而言。《旧唐书》卷四三《职官志》同。
② 参见《唐律疏议》卷七《卫禁律》上,《唐六典》卷五《尚书兵部》。
③ 见《新唐书》卷四六《百官志》。

最多的是三番,若"出征多不逾时,远不经岁",免一番到三番尚可勉强相抵,如果超过一年,便是额外负担了。武则天以后,士多长征不归,实际上打乱了番期,于是形成长期执役的职业兵,这种脱离番的规定的事实,即表示制度已被破坏。府兵中的番第,确是兵役轻重的关键所在。

距离京城远的折冲府,虽无宿卫任务,其番第适用于征行镇守,不必纳资代番。如果按米绢价格纳资,一般农民更负担不了。亲身赴役,则是徭役地租的一种变形,为应付眼前的沉重兵役,己身和家庭都要蒙受苦难;倘长征不归,农民不能忍受,必致起而反抗,制度本身自难维持下去。

府兵担负着宿卫的主要任务,这与禁兵的宿卫结合在一起,而又是相互区别的。

府兵本身,有内府、外府之分,相沿称为外军、内军。内府指五府三卫及东宫三府三卫,五府三卫为亲卫、勋卫、翊卫,而勋卫、翊卫又分别为一、二两府,东宫不分,故为三府三卫。[①] 内府的兵,纯属势官子孙,如二品、三品官子补亲卫,二品官曾孙、三品官孙、四品官子等补勋卫及东宫亲卫,唐初一个时期,"三卫非权势子弟辄退番",甚至"柱国子有白首不得进者"。三卫为士大夫进身阶梯,皇朝视为卫府中最亲信的,它可以宿卫内庑,称为内仗。[②] 至于外府,则三卫外所有折冲府均包括在内。其中左右卫领五府三卫,又最亲信,列于内仗。凡朝会、出行,三卫、左右卫、左右骁卫、左右武卫等兵交错立仗,取内府、外府相互结合又相互控制的办法。京城

[①] 折冲府分内府、外府,内府即五府三卫,此外均为外府。《新唐书》卷四九上《百官志》均以五府、外府并提。

[②] 见《新唐书》卷四九上《百官志》。

诸门及京城诸街,由十二卫负担宿卫,交错"助铺"或巡警,也很严密。① 三卫每月番上者数千人,诸卫番上者又数万人②,构成为宿卫中的一支主力。此外不领府兵的左右千牛卫,"以御刀升殿供奉",与隋制相同,在十六卫中属于皇帝亲军中的亲军,内中又有内。内外交错,极为复杂。

宿卫又有南衙、北衙之分,十六卫属南衙是为卫府之兵,另有禁兵属北衙。南衙相沿为宰相所掌,北衙相沿为皇帝亲信的中官所掌。而宿卫兵屯驻和宿直也有南北之别。南衙即诸卫之屯于宫南者,在长安太极宫前朱雀门内;北衙即禁兵之在禁苑内者。③ 有时亦就文武相区分,南衙以文臣主兵事,属宰相所领,可以奉敕调遣武臣和军队;北衙以武臣主兵事,宰相一般不参与,而由皇帝直辖。唐肃宗时李揆所谓"本朝置南北衙,文武区别,更相检伺"④,可资证明。北衙军队在唐代一开始就成立了,史言"南北禁军",即合卫府兵与禁兵而言,禁兵主要为羽林屯兵,屯于玄武门,又称北门屯兵。武德时建成以太子置"宫甲",分屯左右长林门,号长林兵,也属于禁兵之列。⑤ 北门屯兵又号"元从禁军",系从太原起兵而愿留宿卫的,约三万人,年代久远,以其子弟补入,又称"父子军",屯于北门专任宿卫,因得称为北门屯兵。贞观时择其中善射者,于北门长上叫百骑,又置北衙七营。百骑扩充之后,择其中骑

---

① 参见《新唐书》卷二三上《仪卫志》、卷四九上《百官志》。
② 《新唐书》卷四九上《百官志》:亲卫之府"每月番上数千人"。又《资治通鉴》卷二〇六则天后神功元年:"铸九鼎成……南北牙宿卫十余万人……共曳之。"从中可以估计上番的概数。
③ 见《玉海》卷一三八《兵制》。
④ 《新唐书》卷一五〇《李揆传》。
⑤ 见《旧唐书》卷六四《隐太子·建成传》。

射兼优者为飞骑。后来发展为千骑、万骑,成为左右龙武军,高宗时另有左右羽林军,唐肃宗又成立左右神武军,总称为北衙六军。唐初的禁兵,其规模不算很大。

南北衙宿卫,不独屯营与直宿互相交错,而且兵将也相互渗透,乃唐代南北禁军一个特点。左右羽林在大朝会时,执仗以卫阶陛,行幸则挟驰道为内仗,与卫府内仗交错在一起。至兵将渗透,如程知节以左屯卫大将军,检校北门屯兵;姜行本以右屯卫将军,主管飞骑;韦待价以右武卫将军,兼检校右羽林军事;张延师以左卫军将,典羽林屯兵前后达三十余年。① 禁兵与卫府兵其所以不同,是南衙不得干预,直隶皇帝或者由太子专统;到唐玄宗以后,禁兵归于宦官掌管,南北衙的区分更为明显,虽然这时候宦官主兵之制尚未形成,而南北禁军的区别,却始终存在。兵的渗透,更为特殊。薛仁贵以云泉府果毅,奉令北门长上;毛盛为游击将军、北门长上,领开福府果毅;马延徽为东京鹤台府右果毅,右羽林军长上;张希古为尚德府折冲,左龙武军宿卫:都是卫府之兵归北衙统领以司宿卫的例证。② 同样,北衙兵亦得隶南衙,凡飞骑番上,"有敕上南衙者,则大将军、将军承墨敕,白移于金吾,引驾仗官与监门奏复,降墨敕,然后乃得入"③。由于南北衙有地区的不同,所以北衙兵经过敕书也可宿直南衙。另有南北禁军兼籍的军将,如穆仙童为"飞骑定远将军、平原府左果毅长上",又是很突出的一个事例。④ 皇

---

① 见《旧唐书》卷五九《姜行本传》、卷六八《程知节传》、卷六九《李君羡传》、卷七七《韦待价传》、卷八三《张延师传》。
② 参阅旧作《唐折冲府考校补》。
③ 《唐六典》卷二五《诸卫府》左右羽林军条。
④ 见《文苑英华》卷六四七,张说《为河内郡王武懿宗平冀州贼契丹等露布》。

帝连亲军也不敢信赖,成为"独夫",只有靠"更相检伺"的一法。西魏北周以来内卫外卫、内府外府的变化,乃日趋于复杂以至于不易详其本末。

府兵的担任征防任务,它与地方兵或边防兵结合在一起,往往被视为中坚力量。

府兵担负边疆或内地特殊防务,有指定的折冲府分番服役。如王神庆在贞观十年以游击将军守左领军长春府别将,仍于永丰仓留守,在于专守仓库①;乙速孤行俨在仪凤二年以兴国府右果毅镇定州河阳桥,垂拱二年又以黄城府左果毅护浊河桥,专司护桥之责②,这些都是为防制人民的。又如李信在显庆年间为隆政府卫士,循例往朔州赴番,则为戍守边境③;往后又有如唐玄宗于河北诸州增置府兵番上以备两蕃,依照番第,担任戍边之责。凡守库、护桥虽为专责,但仍然会同地方兵驻屯境内;戍边则系配合边防兵,府兵人数不多,除非战争中临时从各地调遣而来,一般均以少数兵力担负着防戍的重要任务。

府兵在出征时偶尔单独作战。贞观七年,嘉、陵州僚族起兵反唐,邛江府统军牛进达领兵把僚族打败了④,这是小的战役,仅用一个府的兵力,此为府兵独立作战。至于一般情况,则往往与地方兵、边防兵、临时募兵以至蕃兵结合在一起,而作为中坚力量。贞观初,李靖袭击突厥于碛口,即以匡道府折冲苏定方的骑兵二百为

---

① 见《续古文苑》卷一七《王神庆碑铭》。
② 见《金石萃编》卷七五《乙速孤行俨碑》。
③ 见《法苑珠林》卷六五《眷属篇·离著部》引《冥报拾遗》。
④ 见《资治通鉴》卷一九四贞观七年。

前锋,获致战果①;贞观十五年,唐与吐谷浑发生战争,果毅都尉席君买以精骑百二十击败吐谷浑丞相所领军队②;贞观十九年唐太宗用兵高丽,有江、淮、岭、峡之兵四万,有临时召募的"义从",有营州都督等所部地方兵,又有新罗、百济和奚、契丹等蕃兵,其中折冲府兵最为活跃。辽东城之役,江夏王李道宗以骑兵四千对高丽步骑四万,果毅都尉马文举勇于冲击;新城之役,折冲都尉曹三良引十余骑直压城门。③ 此外如郭知运以秦州三度府果毅从郭虔瓘破突厥有功,都是以事迹突出见于史籍的。④ 府兵在各种战役中,所占比例并不太大,有记载可查的,如武则天初年姚州破设蒙俭的兵力,嶲州都督府长史所领"劲卒二千",而临源府果毅所领仅"精兵九百";其后幽州破契丹的兵力,合计地方兵、边防兵以及部族兵共四万三千人,只有三个由折冲、果毅所领的折冲府兵,不会超过三千人。⑤ 当然在府兵全盛时期,府兵兵员足额,战斗力较强,出征的较多,所占比例也较大,即如武则天时姚州破杨虔柳,见于文献的有八个折冲府的兵参加;武懿宗与契丹战,也有八个折冲府的兵参加。⑥ 这些府都是在战争中获有功赏的。大战役中出兵几万至几十万,折冲兵数虽不多,功赏往往居多,足见其一度成为战争中的中坚力量。《李靖兵法》(史称《李卫公兵法》)述及行军、下营、发

---

① 见《旧唐书》卷八三《苏定方传》。
② 见《资治通鉴》卷一九六贞观十五年。
③ 见《资治通鉴》卷一九七贞观十九年。
④ 见《新唐书》卷一三三《郭知运传》。
⑤ 见《文苑英华》卷六四七,骆宾王《兵部奏姚州破贼设蒙俭等露布》,张说《为河内郡王武懿宗平冀州贼契丹等露布》。
⑥ 见《文苑英华》卷六四七,骆宾王《兵部奏姚州破逆贼诺没弄杨虔柳露布》,张说《为河内郡王武懿宗平冀州贼契丹等露布》。

引以及烽候等法则时,折冲、果毅常被置于重要地位;李靖处在府兵全盛时期,其战术多以府兵的组织系统为依据并酌情变通,府兵在战争中具有其重要地位,于兵法中亦可见之。①

再从府兵数量上估计,按每府平均额千人计算,总数为四十余万到六十余万。以五番轮役,每番总人数至多八万到十二三万,而宿卫京城的经常需要好几万人,所以可资调遣出征或防守外地的人数不会很多,即使集中调遣,充其量也不能超过两番总数,除留供宿卫外,不可能多于十万人。府兵组织本为平时编制,虽然亦在战时发挥作用,却不能经常化。因而说,府兵以宿卫为主。但亦不可忽略,府兵在一定条件下,能适应战时调遣,番第制度规定征防可以免番,就包含了这一内容,特别是府兵作为核心力量使用,毕竟有其重要地位。

根据上面所说的府兵宿卫与征防任务以及其与禁兵、地方兵的错综复杂关系,可进一步研究府兵的集中和分散以至成败利钝问题。

府兵本身有内府、外府之分,担任宿卫的时候,内卫、外卫交错,又与禁军交错担任内仗宿卫;担任征防的时候,成为一种中坚力量,与地方兵、边防兵结合在一起,人数上府兵往往只占较小的比例。再结合卫府组织系统与军府地域分布的情况予以分析,封建皇朝把府兵作为统治的主要力量,却又忌刻这支力量。对整个的军队也如此,既依靠它,又害怕它,封建统治者便陷于一种不可自拔的矛盾之中。府兵比较集中于关中,其次是河东、河南,结集成为一个以两京为中心的军事分布网,而与其他地区的折冲府相

---

① 参见《通典》卷一四八至一六二《兵典》一至一五。

维系,这一方面是统一的、集中的。府兵以宿卫为主,是宿卫的主力,它与禁兵相互配合、相互牵制,形成中外宿卫的脉络分布,这一方面也是统一的、集中的。十二卫所属的府兵分散在各地,宿卫时分别集中于京城,征战时临时调遣,分属临时任命的军将指挥,它与禁兵、地方兵、边防兵各自成为系统而又可以配合,服从于平时规制与皇帝临时制敕,这方面又是统一的、集中的。然而中央集权政治达到高度,全部行政特别是军事行政大权,集中于皇朝和皇帝,又会走向它的反面——极端的分散。军府分布在各地,只是点兵、养兵、练兵的一种地团,不是掌管征防事务的军区,不独相互之间没有任何介于中间的联系,而且十二卫所领之府交错其间,各自直属于卫,所以六百多个折冲府,虽然统一听命于皇帝制敕或兵部鱼符,但是组织上却表现了分散和迟钝的弱点。唐太宗临死的时候,唐高宗随从在翠微宫,当时"以羽檄发六府甲士四千卫皇太子入于京师"①,就以召集皇帝亲、勋、翊卫三府和东宫亲、勋、翊卫三府的兵四千人而言,羽檄虽急,集中起来却颇费事,仍旧以飞骑及原有卫士随从,才能于四天之内返回京城,可见府兵分散的弱点,早已暴露出来。在唐皇朝全盛时期,统御尚灵,不曾发生大的问题,但制度本身既表现了高度的集中、统一,同时又出现了分散、迟钝的毛病,矛盾是存在着的。府兵在平时只是行政上同属于一个将军,有事时混合调遣。尚书兵部下符契发十人、十马以上,均得奉敕;卫大将军连此项权力也没有,出征一般以行军总管名义行使权力,即或以卫大将军的名义出现,也因另有制敕,并非其原来权力所具有。府兵本身的调遣是机械的、呆板的。至卫府对于地方

---

① 《新唐书》卷三《高宗本纪》。

兵、边防兵,则由于统领系统不同,性质又不同,更不易随宜调度。目前我们对府兵战时组合的情况,了解不多,尚无法作深入、具体的分析,即就已知的一些片断事实,已不难窥见出其中阻滞的某些因素。过去研究府兵制,往往更多地看到府兵的集中、统一的一面,过分强调了府兵的效能。当然,在唐皇朝全盛时期,府兵表现出来的某些战绩也确是可观的,其分散、迟钝以及所由产生的其他毛病不易全盘暴露出来,且史多缺文,客观上也给予研究者以莫大困难。而研究中倘若不是辩证地分析问题,对府兵制的成败利钝的考察,就不免陷于片面,也就无法对府兵制一些本质问题作深入探索。这些问题除有待于深入学习马克思主义军事理论另行作专题研究外,有些问题将在下面讨论府兵体现封建国家职能时综合加以说明。

府兵的训练及其与战术等的关系

府兵的拣点,注重兵的材力;入军后也注意经常的训练,折冲府的平时任务即在于练兵。

府兵平时在家,有练习武事的任务。《旧唐书·职官志》说,"居常则皆习射,唱大角歌",似乎这两种练习是最基本的。每年每次番上时还要集中教阅,《旧唐书·职官志》接着说,"番集之日,府官率而课试",这是考查平时练习的成绩,又是临时集中的一种训练。如果一年两番或一番,在京城至少尚有一次到两次的教练时期。[①]

[①] 西魏、北周府兵,十五日上则门栏陛戟,十五日下则教旗习战。宿卫上番,历来是训练的一种方式。

此外每年冬季还有一次试阅①，《新唐书·兵志》说："每岁季冬，折冲都尉率五校兵马之在府者，置左右二校尉，位相距百步，每校为步队十、骑队一，皆卷矟幡、展刃旗，散立以俟。角手吹大角一通，诸校皆敛人骑为队；二通偃旗矟、解幡；三通旗矟举。左右校击鼓，二校之人，合噪而进。右校击钲，队少却，左校进，逐至右校立所。左校击钲，队少却，右校进，逐至左校立所。右校复击钲，队还。左校复薄战，皆击钲，队各还。大角复鸣一通，皆卷幡、摄矢、弛弓、匣刃；二通旗矟举，队皆进；三通左右校皆引还。是日也，因纵猎，获各入其人。"这是冬季训练的基本情况。左右校的"薄战"，是较机械的；"纵猎"一部分，乃是较为灵活的。根据《通典·兵典》所引《李卫公兵法》而言，当时出征，队形占极重要的地位，左右校"薄战"虽较机械，而在行军作战中却须熟练队形，李靖教战陈法，繁简不同，大旨却相同。为熟练队形，另有教旗法，所谓"士卒目见旌旗，耳闻鼓角，心存号令"；"陈间容陈，队间容队，曲间容曲；以长参短，以短参长；回军转陈，以后为前，以前为后，进无奔进，退无趋走，以正合，以奇胜，听音睹麾，乍合乍离"②。由此可知阵形训练虽较机械，而随宜变化，就不是兵非素练者所可掌握得了的。兵士耳、目习于旗鼓以辨号令，心、耳、目并用，而口、耳又须习于歌曲③，大角一通、二通、三通皆有曲有词，不了解歌曲，即不易从角鼓中辨号令，更重要的是用以鼓舞士气，兵士唱歌与战阵中的鼓角，兵法中都很重视。所以说练习射与歌是府兵的基本训练，道理是易于

---

① 农隙教战，专指在府士兵的集中训练，所谓"一时讲武"即指冬季教阅而言，西魏、北周时已经是这样。
② 《通典》卷一四八至一六二《兵典》引《卫公兵法》。
③ 《隋书》卷一五《音乐志》：大角有七曲，"皆以三通为一曲"，曲各有词。

了解的。

府兵除在家习武、上番前课试、征战中教战、季冬集府教阅外,宿卫京城时尚有平时教射与冬春讲武之举。唐太宗引卫士亲自教射于殿廷,又尝"自临治兵"①,一种方式是大规模的讲武,或称校阅;另一种方式是大规模的狩猎,或称校猎。讲武或狩猎在太宗、高宗时几乎每年都进行。讲武有直、方、锐、曲、圆五阵,五挑而五变,在"两校薄战"基础之上而更复杂了。② 狩猎是较灵活的教练。唐太宗曾说:"上封事者皆言朕游猎太频。今天下无事,武备不可忘,朕时与左右猎于后苑,无一事烦民,夫亦何伤?"事实上他不时狩猎于骊山、洛阳苑等地,见围有断处,怪其不整,说"不刑则堕军法",这不是一般狩猎可比。③

卫府不啻是分散而又集中的军事学校。由于兵士的服役年限一般是从二十岁到六十岁,时间长,可能获得较好的训练。除技术的训练外,当时还以封建道义教育军将并灌输给士兵。唐太宗初即位时亲自教射殿廷,便宣扬一套封建道义,《资治通鉴》卷一九二记载其事如下:

> 上引诸卫将卒习射于显德殿廷,谕之曰:"戎狄侵盗,自古有之,患在边境少安,则人主逸游忘战,是以寇来莫之能御。今朕不使汝曹穿池筑苑,专习弓矢。居闲无事,则为汝师;突厥入寇,则为汝将,庶几中国之民可以少安乎!"于是日引数百

---

① 见《资治通鉴》卷一九二武德九年。(据中华书局校点本《资治通鉴》,"自临治兵"一语出自同书卷一九五贞观十四年。——编者注)
② 参见《唐会要》卷二六至二八,《新唐书》卷一六《礼乐志》六。
③ 见《资治通鉴》卷一九五至一九六。

人教射于殿廷。上亲临试,中多者赏以刀、弓、帛,其将帅亦加上考。群臣多谏曰:"于律,以兵刃至御在所者绞。今使卑碎之人张弓挟矢于轩陛之侧,陛下亲在其间,万一有狂夫窃发,出于不意,非所以重社稷也。"……上皆不听,曰:"王者视四海如一家,封域之内,皆朕赤子,朕一一推心置其腹中,奈何宿卫之士,亦加猜忌乎!"由是人思自励,数年之间,悉为精锐。

这时候因东突厥不断内侵,唐太宗积极进行反击的准备工作,加紧训练兵士,自然也忘记不了用忠君思想熏陶宿卫将士,使之成为专制君主的武装力量和主要支柱。贞观十六年唐太宗校猎于武功,校猎于岐阳,又猎于骊山,两个月当中三次讲武。登骊山望见围有断处,故意引马入谷,回避这件事,说是"见其不整而不刑,则堕军法;刑之,则是吾登高临下以求人之过也"①,无非借此以笼络人心,这比之于一般诏谕,影响尤深。卫府作为封建的军事政治学校②,较之其他地方兵、边防兵以及临时召募兵,在教育上原是更为重视的。

府兵的技艺方面,尚少材料可资直接说明。当时一般力士标准,头等的是力负六百三十斤、行五十步。③ 其次是引弓二百四十斤;弩射如臂张弩射及二百三十步,四发而二中;单弓弩射及一百六十步,四发而二中,才算及格。④ 另外是行军骁捷,薛楚玉率府

---

① 《资治通鉴》卷一九六贞观十六年。
② 恩格斯在《如何击败普军》中论普鲁士军队是半专制政府的武装力量和主要支柱时说:"为了达到这个目的,这个市民底军事学校必须成为一种对上级盲目服从的和有忠君精神的学校。但是这个只有由长期的兵役年限才能够达到。"见《恩格斯军事论文选集》第六分册《普法战争》,人民出版社1952年版,页182。
③ 见李筌《神机制敌太白阴经》卷二《选士篇》。
④ 见《新唐书》卷五〇《兵志》。

兵、地方兵与契丹兵交战,从军中挑选骁捷之士,"左赢粮,右持械,日越七百里",据说这样的人才一共得到八千人。① 由此推知,府兵要求一定的技艺。上述技艺标准,不能说是不高,在正常情况下,兵士服役年限长,训练机会多,是可以达到的。

唐初军队的组织形式及战术、阵形等法则,也都要求兵士有忠君精神和技艺素养。

本来军队的组织形式及战术、阵形法则,首先决定于当时所达到的物质生产力的水平,同时生产力和生产关系发展的变化,也由军队成员和装备的变化反映到军队里,这就使得进行战争的方法发生变化,而军队组织形式又常常适应于进行战争的方法。在封建社会中生产力和生产关系的量的变化原是很缓慢的,适应这一组织形式上的变化也较慢,然而仍有一定的变化。远的不谈,西魏、北周时期城堡坞垒很盛,大小豪强力图保持一个个的据点,这与弓箭的及远程度、交通的困难以及粮食供应的不足等都紧密相关。唐统一后,各种贵重的弩以及撞车、抛车、木幔、輣辒车等攻城器械革新和增多了。② 绞车弩可射七百步,攻城拔垒用之;臂张弩射三百步,步战用之;马弩射二百步,马战用之。③ 而飞云梯六轮,双辘轳;巢车八轮,上树高竿,竿上安辘轳,以绳挽板屋,运用灵活,能升高及远。且队有六驮,交通、粮食供应等情况都有改变。战争的方式在基本不变中寓有变的某些方面,不变的为方形阵,分为前、后、左、右、中军,或简单地分为左、右军。唐五行阵或方、圆、

---

① 见《文苑英华》卷六四七,樊衡《为幽州长史薛楚玉破契丹露布》。
② 参见《通典》卷一六〇《兵典》一三《攻城战具》,《旧唐书》卷六九《侯君集传》。
③ 见李筌《神机制敌太白阴经》卷六《教弩图篇》。

曲、直、锐阵形,尽管较前此各朝代已有发展①,仍然不出方形。隋也通行方阵②,隋文帝把方阵战法和军营图样,下到军府,令其教习③。隋炀帝进攻高丽,二十四军行军,也由于周法尚建议结为方阵,四面外拒,六宫及百官家口居中,与据城无异。④ 方阵就是恩格斯所指出的"旧的呆板的线式队形——它所保卫的专制主义在军事上的反映"⑤。变的方面,则有弩车等以作后盾和先驱,争城夺地的范围更广了,远征达几千里乃至几万里外。方阵之中有方、圆、曲、直、锐等更多的变化,有时在方阵为主体、为基础的前提下偶亦参用竖阵——纵队形式。《卫公兵法》中有竖阵之法⑥,当对方恃险因山布阵时,已军即不得横列,兵士分立,宜为竖阵,使弩手、弓手、战锋队相间,这在远征中常常用得上,虽非纯粹的纵队形式,却是从方阵中突出了竖阵。唐初总是以方阵为基础,而战锋队为构成方阵、竖阵同样重要的突击队,运用极广。战锋队是最机动最活跃的前驱队伍,它有时可以骁勇捷疾地打败对方几倍至几十倍于己的兵力。薛仁贵在安市城战役中,著白衣为先锋,大呼陷阵⑦;李靖以三千骑击东突厥颉利可汗,袭破定襄,颉利徙牙于碛口;苏定方又率二百骑为前锋,乘雾进袭颉利牙帐,颉利大败远遁⑧,这类事例很多。战锋队是更多地依靠兵士的忠君精神和个人技艺,而其基

---

① 参见《太平御览》卷三○一引《卫公兵法》,《玉海》卷一四三《唐五行阵、六花阵》。
② 见《隋书》卷八《礼仪志》三。
③ 见《北史》卷一一《隋本纪》开皇二年。
④ 见《隋书》卷六五《周法尚传》。
⑤ 恩格斯:《反杜林论》,人民出版社 1970 年 12 月版,页 169。
⑥ 见《太平御览》卷三○一引《卫公兵法》。
⑦ 见《新唐书》卷一一一《薛仁贵传》。
⑧ 参见《旧唐书》卷六七《李靖传》、卷八三《苏定方传》。

础仍为方阵。《卫公兵法》说:"凡以五十人为队,其队内兵士须结其心,每三人自相得意者结为一小队,又合三小队得意者结为一中队,又合五中队为一队。"①没有方阵为基础,战锋队是不易以少制多的,其力量也不可能组织得好。方阵之所以适应灵活的竖阵特别是战锋队的广泛运用,由于有适应这种战术的士兵。辽东城下,唐兵处于以一对十的绝对劣势下,而果毅都尉马文举得以鼓勇疾趋,以少胜多②,即可说明府兵素质和训练比较好。所以兵器和士兵有了一些改变,军队组织形式和战斗方式相应有了改变,而战斗方式的改变,又要求兵器和士兵的改变。在一定情况下,战斗方式改变更快,它比兵器的改变更快,就要求士兵的改变能适应这种更快的变化,唐贞观中"内以十六卫蓄养戎臣,外开折冲果毅府以储兵伍",极注重兵的训练,而且又极注重兵的素质。至于后来逐渐败坏,即唐初也不是所有府兵都勇敢善战,那涉及封建制度本质以及朝代盛衰等复杂问题,仍当论及。

当然士兵的改变,即在唐皇朝全盛时期,也有其一定限度,专制主义的封建国家本质规定了这种变化的限度。府兵中除军将以及少数士兵属于地主阶级外,多数士兵为受剥削受压迫的农民,他们被迫服役,官兵之间存在着阶级矛盾,强制性在府兵以及当时其他军队中都十分突出,例如三人自相得意结为小队,又合三小队得意者为中队,这种"得意"是在严刑前提下产生的,三人队失一人或九人队失小队二人,队头便要斩首。所以战法中总脱离不了方阵,而竖阵、战锋队就是在唐太宗亲临的战役中也不能发挥最大效能。

---

① 《通典》卷一四八《兵典》一引《卫公兵法》。
② 见《资治通鉴》卷一九七太宗贞观十九年。

安市城之役,唐军筑土山攻城,领兵屯山顶的果毅傅伏爱私离所部,土山失守,致使全军撤退①,这不独说明兵士的改变要受社会制度的制约,而战斗方式总还是要受兵器以及其他物质条件的制约。当唐代政治日趋腐败时,兵士的改变往往趋向于其反面,也不难由此获得说明。

府兵的拣点及其成分

唐府兵拣点,有资财、材力、丁口三项标准,在法令上最重资财的比较和选择。

内府三卫的卫士,均为品官子弟,《新唐书·百官志》所谓"武德、贞观,世重资荫",当时任三卫卫士的限于二品至五品官的子孙,甚至"非权势子弟辄退番,柱国子有白首不得进者",即一般二品官的子弟也不一定能够当上三卫卫士,只有品高而权势大的家族才能列名。可是也正由于如此,有些士大夫家又急于求得实惠,做一个流外官,不到几年可以得到俸禄,流外虽鄙,仍比三卫强,到后来"三卫益贱,人罕趋之",走向另一极端。这一事实,既说明三卫卫士非五品以上官子孙不能充当,其成分为地主官僚,是确定不移的;而又说明法令规定在执行上有变化,最初高品权势之家才能充当,以后不是那么严格了。

外府的拣点,据《旧唐书·职官志》,"皆取六品以下子孙及白丁无职役者点充"②,那么一般折冲府兵以六至九品官子孙及白丁

---

① 见《资治通鉴》卷一九八太宗贞观十九年。
② 《唐六典》卷五《尚书兵部》所载同。

无职役者点充,和三卫卫士以二至五品官子孙点充,正好衔接。六品以下子孙到白丁无职役者范围很广,既包括地主阶级,也包括农民及手工业者在内,具体拣点时又根据资财、材力、丁口三项标准而定,《唐律疏议》卷一六《擅兴律》:

> 诸拣点卫士(征人亦同),取舍不平者,一人杖七十,三人加一等,罪止徒三年。(不平,谓舍富取贫,舍强取弱,舍多丁而取少丁之类。)
>
> 疏议曰:"拣点之法,财均者取强,力均者取富,财力又均,先取多丁。"

根据这一法律条文,知道唐拣点府兵的标准,首先考虑资财,其次材力,再其次丁口,所谓"财均者取强,力均者取富",是先看资财的条件,资财相同的才论材力,材力相同的仍旧看资财,只有财、力相同的才考虑到丁口多少。因此所谓"六品以下子孙及白丁无职役者点充"的内容,就比较确定,唐皇朝是企图从品官富室中拣点卫士,而"不是普遍征兵"[①],岑仲勉先生这一论断,完全可以成立。

《唐律》对于资财标准并无明文规定,由于是就人户之间资财多少比较言之,也不可能作出具体规定。时间和地点不同,资财状况也不尽同,如果兵员额数很大,没有资财的也会被迫为兵,资财标准是相对的而非绝对的,伸缩性很大。为免于空泛论断起见,把府额最多的关内、河东两道,作出如下统计:

---

① 见岑仲勉《府兵制度研究》,页83。

唐关内道军府的分布与户口及面积关系表

州府	府数	户数	口数	面积	每府平均户数	每府平均口数	每府平均方里数	附注
京兆	131	362,909	1,960,188	145,700	2,770	14,963	1,112	1. 府数根据拙著《唐折冲府考校补》改正而成；京兆府"有府百三十一"，见《新唐书·地理志》。2. 户数和面积根据《元和郡县志》列出；陇州、商州、原州户数从《新唐书·地理志》，原州面积系估计数。3. 口数依照《新唐书·地理志》所载。4. 面积单位为方里。5. 户数总平均数系有军府州每府的平均户数。
华州	20	30,787	223,613	22,960	1,539	11,180	1,148	
凤翔	15	44,533	380,463	71,187	2,968	25,364	4,745	
鄜州	13	30,185	153,714	75,348	2,321	11,824	5,796	
宁州	12	30,226	224,837	111,024	2,518	18,736	9,252	
邠州	11	19,461	125,250	54,000	1,761	11,386	4,909	
延州	9	16,345	100,040	157,599	1,816	11,115	17,511	
庆州	8	17,981	124,236	118,954	2,247	15,529	14,869	
泾州	7	15,952	186,849	56,056	2,278	26,692	8,008	
陇州	6	24,652	100,148	99,000	4,108	16,674	16,500	
坊州	6	15,715	120,208	54,071	2,619	20,034	9,012	
丹州	6	12,422	87,625	34,427	2,070	14,604	5,738	
灵州	5	9,606	53,163	46,400	1,921	10,632	9,280	
绥州	5	8,715	89,112	69,642	1,743	19,822	13,928	
商州	2	8,926	53,080		4,463	26,540		
原州	2	7,349	33,146	64,800	3,674	16,573	32,400	
夏州	2	6,132	53,014	15,050	3,066	26,507	7,525	
会州	1	3,540	26,660	168,300	3,540	26,660	168,300	
盐州	1	3,025	16,665	65,960	3,025	16,665	65,960	
同州	26	56,509	408,750	26,320	2,173	15,721	1,012	
总数	288	724,970			52,620	287,389	387,005	
总平均数		2,517			2,631	14,369	20,368	

唐河东道军府的分布与户口及面积关系表

州府	府数	户数	口数	面积	每府平均户数	每府平均口数	每府平均方里数	附注
河中	36	70,207	469,213	36,285	1,950	13,033	1,007	1. 府数悉据拙著《唐折冲府考校补》。
绛州	35	81,988	517,331	110,595	2,342	14,780	3,159	2. 户数和面积根据《元和郡县志》;太原面积系估计数;隰州面积参照《太平寰宇记》,唐隰州辖境当较大。
太原	20	126,840	778,278	64,600	6,342	38,913	3,230	
晋州	19	60,853	429,221	81,000	3,203	22,590	4,263	
汾州	12	53,076	320,230	46,740	4,423	26,685	3,895	
隰州	7	18,583	124,420	28,812	2,655	17,774	4,116	
潞州	7	64,276	388,661	98,148	9,182	55,523	14,064	
泽州	6	22,235	157,090	43,500	3,705	26,181	7,250	
忻州	4	14,338	82,032	12,470	3,584	20,508	3,117	
慈州	3	11,275	62,486	112,812	3,758	20,828	37,604	
仪州	3	7,975	54,580	48,750	2,658	18,193	16,250	
代州	3	15,077	100,350	104,960	5,025	33,450	34,986	3. 口数根据《新唐书·地理志》。
沁州	2	6,580	34,963	39,600	3,290	17,481	19,800	
石州	2	9,262	66,935	62,700	4,631	33,467	31,350	
云州	2	3,169	7,930	87,730	1,584	3,965	43,865	4. 面积单位为方里。
朔州	2	6,020	24,533	46,560	3,010	12,266	23,280	
岚州	1	10,726	84,006	86,180	10,726	84,006	86,180	5. 户数总平均数系有军府州每府的平均户数。
总数	164	582,480			72,068	459,643	337,416	
总平均数		3,573			4,239	27,038	19,842	

从上面表中可以看出,关内道从 1539 户到 4463 户的不同户数中就有一府,按中府一千人计算,平均一户半到四户出一兵。河东道从

1584户到10,726户的不同户数中有一府,平均一户半到十户出一兵。再以两道的总平均户数来看,关内是2517户有一府,合二户半出一兵;河东道是3573户有一府,合三户半出一兵(关内的府,有的兵额不足,仍列为中、上府,此未计算在内)。就这两个道来说,个别地方可能一户一兵,根本没有什么拣点的余地,因为军府究竟不是按户口多少而设立的——虽然也不能不受户口多少的制约,所以资财标准是就折冲府这一地团范围内人户资财比较而言的,不可能有绝对标准。从而知道"六品以下子孙及白丁无职役者"必须去填补府兵员额;在府多的地方即贫下户也有被点为兵的可能,特别是户口中贫下户总是占绝对多数,二户、三户出一兵,其兵役多落在贫下户身上,又是可以断言的。

  唐初品官富室,尚有从军的风尚。一方面法令如此规定,在当时也还执行得通;另一方面,北魏以来的尚武风气尚遗存于唐初士大夫之间,就是像房玄龄、杜如晦、岑文本、李百药、韦挺这班文人,也都在军队中经历过一个时期①,府兵的点取品官富室,最初是有一定的社会基础的。关中一带在武德、贞观年间,富室之为卫士,确为较普遍现象,《旧唐书·戴胄传》:

> 比见关中河外,尽置军团;富室强丁,并从戎旅。重以九成作役,余丁向尽。……乱离甫尔,户口单弱,一人就役,举家便废。入军者督其戎仗,从役者责其糇粮,尽室经营,多不能济。

---

① 参见《旧唐书》各本传。

这是贞观五年戴胄谏表中的一段话。军团是军府的代名,当时"富室强丁,并从戎旅",在户口少、兵役重的情况下,也会是事实。只是这方面的具体史料太少,现在确切知道的,有河东道并州文水县李信,为隆政府卫士,他号为居士,属于地主阶级富室即白丁无职役者,乃毫无疑问。如果以募兵来说,唐初富室豪家子弟的应募从戎,事例很多。直到高宗仪凤三年诏募猛士以加强边防,监察御史娄师德还应募为猛士。① 唐兵制中有"兵募"和"义征"的规制,其"军行器物,皆于当州分给之,如不足则令自备,贫富必以均焉"②。兵募尚可强制,义征则多属自愿,而军资不足时须自备,没有资财的是不可能办到的。此外如飞骑的拣点,原来规定是取户二等以上③;就是唐玄宗时的彍骑,原来规定也取九等户或八等户,其本意在于高户,只是行不通,不得不勉强降低户等。户等的重视,可说是由来已久。

府兵制原意,在于拣点富室强丁,这与宇文泰的广募豪右和自六户中等以上家有三丁选材力一人为兵的立制大体相似。但是关中兵源不足,富室中也有人不愿当府兵的,贫下户总会在府兵中占居多数,因此唐高宗龙朔三年(663年)下令整顿一次,凡是"卫士八等以下,每年五十八,放令出军,仍免庸调"④。按原来规定二十一岁入军,六十岁出军,现在五十八岁出军,服役期缩短了二年,唐

---

① 见《旧唐书》卷九三《娄师德传》。又唐休璟、裴行俭、王晙均以明经擢第,累任卫大将军、将军或行军大总管;桓彦范曾调补右翊卫,崔敦礼曾为左卫郎将,均由文职转任武职,分见《旧唐书》各本传。
② 《旧唐书》卷四三《职官志》。
③ 《新唐书》卷五〇《兵志》:"飞骑,其法取户二等以上,长六尺阔壮者,试弓马四次上,翘关举五,负米五斛行三十步者。"
④ 《通典》卷六《食货典》六。卫士八等以下,缩短二年兵役,如果按照天宝时西州差科簿来看,八等以下户占卫士的绝大部分,颁行这个诏令,不是一件简单的事。

皇朝在日渐剧烈的阶级斗争形势下,对兵役分配作了某些形式上的改变,贫下户总的兵役负担仍然有增无已。

唐高宗显庆五年(660年)以后,在募兵中已有"其壮而富者行钱参逐,皆亡匿得免"①的事实,府兵拣点当亦不免。武则天当政以后,这种现象转趋严重,《邺侯家传》说:"时关东富实,人尤上气,乃耻之,至有熨手足以避府兵者,番上贫羸受雇而来,由是府兵始弱矣。"②这自然是一个重大变化。原来在贞观年间"自折身体,称为福手福足,以避征戍"的多为农民③,表示他们对兵役的反抗,一般富室尚乐于从军,现在富室耻于为卫士,只有贫弱被迫受雇代番,府兵制即已遭受破坏。当然府兵制实际上在遭受破坏,形式上仍然维持下来。关东那些富实雇人番上,因"军名先定",只能雇人"假名"上番④,法律尚存在着一定的约束作用,其被点为兵者,也还不可能都自熨手足以避兵役。就是天宝十载的户籍簿中,卫士以八等、九等户为最多,六等、七等户也有。唐代习惯一般以一品相当于一等户,二品相当于二等户,往下类推。其比拟不甚恰当,如果稍作变动,假定以六等、七等户相当于八品、九品之家,仍旧可以包括一些地主阶级的成分在内。⑤ 由此可知,法令原来要求府兵

---

① 《资治通鉴》卷二○一高宗麟德元年载刘仁轨表。稍后,仪凤二年诏"差点兵防,无钱则贫弱先行,行货则富强获免"亦足证明,见《唐大诏令集》卷八二《申理冤屈制》。两者都泛指兵防,必包括府兵在内。

② 《玉海》卷一三八《兵制》引《邺侯家传》。

③ 见《唐会要》卷三九《议刑轻重》。这原是隋末人民反抗兵役的一种方式,唐初"旧习未除",乃立"自害之人,据法加罪"的惩罚办法,以压制人民。

④ "军名"、"假名"均唐代法律名词,正式被点为府兵的即有军名,后来指雇人代替番上的为假名,假名仍须具有军名的真名。

⑤ 天宝户籍紊乱,九等户中好几户是地主、官僚之家,单纯谈户等,自然不能完全符合当时实际情况,这里只是概括而言。

多从富室强丁中拣点,而实行结果,一度是符合于这个要求,或在一定程度内符合这样要求,后来逐渐行不通了;然而即使行不通,法令仍具有一定的约束作用,直到府兵制崩溃前为止。

府兵三年一拣点,一有"军名",即为终身役。拣点是为了增加新的兵源,却不同于世兵制。

府兵三年一拣点这个办法,施行很久。《唐六典》说:"卫士皆取六品已下子孙及白丁无职役者点充,凡三年一简点。"[①]唐玄宗开元六年(718年)始改为六年一简点,这时府兵制已在破坏中,办法的改变自属无关紧要。三年一简点为何施行很久呢?这与唐初三年一定户有关。点兵总得根据户等,《唐六典》于县令的职掌中提到:"所管之户,量其资产,类其强弱,定为九等。其户皆三年一定,以入籍帐。若五九、三疾,及中丁多少、贫富强弱、虫霜旱涝、年收耗实、过貌形状及差科簿,皆亲自注定,务均齐焉。"[②]资财、材力、丁口的点兵标准,其根据在于户籍,而户籍的管理属于地方行政,点兵也属于地方行政,只有确定军名之后,才名隶军府,所以三年一定户籍与三年一简点是自然地配合了起来。同时三年一简点,只是补充旧额或增配新额,既然旧额仍在、新额不多,三年一次简点,即可适应这种情况。为什么说卫士是终身役呢?《唐六典》说:"凡三年一简点,成丁而入,六十而免。"[③]又开元八年敕谓:"役莫重于军府,一为卫士,六十乃免。"[④]府兵一般从二十一岁入军,六十岁出

[①] 《唐六典》卷五《尚书兵部》。
[②] 《唐六典》卷三〇《州县官吏》。
[③] 《唐六典》卷五《尚书兵部》。《唐会要》卷七二《府兵》:"初置以成丁而入,六十出役。"记载相同。
[④] 《资治通鉴》卷二一二玄宗开元八年。

军,"军名"既定,不可"假名",也不可逃亡,"若有军名而亡者",加一等治罪①,所以规定番第,也只有终身役才能整齐每人每年的役期。为什么说三年一简点是从合乎标准的民户中点充而不是从已有军名的民户中点充的呢？由于军名要经过简点才能确定,故须三年简点一次,并须根据资财、材力、丁口三项标准,如果只从原有军名中挑选,范围非常小,世袭就更没有简点的余地。而且依照世兵制拣补兵士,只须军将自行遴选部曲,地方行政官吏不会负点兵的主要职责。岑仲勉先生以为"府兵在原则上为世兵的征兵制",并将"元从禁军"的父子军与府兵混同起来②,其实府兵虽为禁卫军之一,但府兵之外,从来就另有禁军,读史者往往不察,名实混淆,前面已分别考释。至元从禁军有父子军,乃特殊编制下的特殊情况,否则,历史上为什么不以父子军或子弟兵称呼府兵而独以之称呼元从禁军呢？由于府兵从折冲府地团中拣补而来,难免有着宗族亲故的关系,但这主要是地域关系而非血缘关系。唐代的军府州与无军府州是对称名词,军府州指有折冲府的州而言,府兵从其地团中简点出来,而非"世户"(世役军户),从开皇十年军户编入民户后,世户即不存在,如果唐代又有世户,等于有军户之实而无军户之名,何以史籍中绝无此等世户的痕迹？王夫之"世著于伍"之说③,不知何所据而云然,根据现有史料分析,王氏所论,不足置信。

---

① 见《唐律疏议》卷二八《捕亡律》。
② 见岑仲勉《隋唐史》,页210—211。
③ 见王夫之《读通鉴论》卷二二,岑仲勉先生引据其说。

第五章　唐初府兵制的恢复及其全盛

府兵的自备资粮与封建剥削的特殊形式

府兵有自备的弓矢衣粮，不由封建国家供给。

折冲府常备有征行器仗和马匹等。府兵征行时，除重兵器与战马由封建国家供给外，其他均应自筹。重兵器一般为"禁兵器"，《唐律疏议·擅兴律》："禁兵器，谓甲、弩、矛、矟、具装等，依令，私家不合有"；"弓、箭、刀、楯、短矛者，此上五事，私家听有"。此条明言当时重兵器为禁兵器，不应私有，只是在征戍时得临时请受。《唐律疏议·杂律》又提到"请受军器，谓鍪、甲、矟、弩、弓、箭之类"。按一般征戍可领弓箭，府兵自备的当属例外，府兵请受鍪、甲、矟、弩可以援引这条规定。对于折冲府自备军用物资，《新唐书·兵志》记载颇详：

> 火备六驮马。凡火具乌布幕、铁马盂、布槽、锸、钁、凿、碓、筐、斧、钳、锯皆一，甲床二，镰二；队具火钻一，胸马绳一，首羁、足绊皆三；人具弓一，矢三十，胡禄、横刀、砺石、大觿、毡帽、毡装、行縢皆一，麦饭九斗，米二斗；皆自备，并其介胄、戎具藏于库。有所征行，则视其入而出给之。其番上宿卫者，惟给弓矢、横刀而已。

这一段记载，历来没有作过细致的分析，因而关于资粮自备的范围也很含糊。上述物资包括队与火自备部分和个人自备部分，其范围几乎包括全部军资用具，只是重兵器和战马不在其内。关于队、火所备马匹和布幕之类，多属军需用品，一般生活用品尚不在内，其中主要是马,马一匹官价为二万五千文,一队六驮,全府以中等府计算,就得一百匹,值二百五十万文,至于经常养马之费,另由官给田亩。① 按六驮原为八驮,隋炀帝末年"马少不充八驮,而许为六驮;又不足,听半以驴充"②。唐朝因袭其法,一律用六驮,六驮以马为主,偶亦用驴,或在六驮之外另增驴一头以供医疗之用,并见《李卫公兵法》中。③ 六驮用于运输,而战马供骑兵使用,二者截然不同,故六驮可以驴充数。六驮均自备,战马则官给,《唐律疏议》中引《厩牧令》,把"府内官马及传送马驴"区别开来,官马的淘汰增补,折冲须与州刺史共同检拣④,传送马驴便无此规定。六驮和幕、槽等物,费用很大,这笔购置费和临时保养维护费,来源如何?唐制折冲府有公廨田四百亩,或者公廨钱十万至二十万不等。根据《新唐书·食货志》所载,公廨钱作为官员俸料和食粟之用,那么军需费用无从拨充,疑所出分摊在兵校身上,正如军马的购买与补充,虽由官给每匹二万五千文,不足之数由"一府共足之",别无其他来源。《唐律疏议·擅兴律》乏军兴条:"不忧军事者杖一百";"随身七事及火幕行具细小之物,临军征讨有所阙乏,一事不充即杖一百"。火幕行具即指火具、乌幕布及其他行具,把火幕与个人随身七事自备之物合在一起,如有所缺,为"乏军兴",足以说明火幕行具都是出自私财的。

府兵个人自备的资财主要是随身七事及粮食。《通典》卷一四九《兵典》杂教令条引《李卫公兵法》称:"诸兵士随军被袋上,具注

---

① 担任运输的驴马,另给田亩以资饲养,见下文。
② 《隋书》卷二四《食货志》。
③ 见《通典》卷一五七《兵典》一〇。
④ 见《唐律疏议》卷一五《厩库律》。

衣服物数并衣资弓箭鞍辔器仗,并令具题本军营州县府卫及己姓名,仍令营官视检押署,营司抄取一本,立为文案。"七事应指服、被、资、物、弓箭、鞍辔、器仗等七件事物。又《唐律疏议·杂律》:"军防令,征行卫士以上身死,行军具录随身资财及尸,付本府人将还。"上引《李卫公兵法》:"官典取兵士十钱以上、绢一尺以上重罪。"可见府兵除自备被、服、弓箭、鞍辔、器仗等物外,随身资财包括钱、绢在内,这是一种活动资财,以供宿卫和征防之用。按卫士上番宿卫虽有定期,但可能被"简留直卫",征战更难固定,超过番期的可能性很大,因此兵士不能不多备资财。唐初募兵与镇戍兵也需自办资粮,募兵一般是"令备一年资装"①,一年资装的标准,在当时除粮食外,合绢六匹、布六匹共十二匹,不带绢则带钱②。府兵携带的当可少于此数。又《通考》卷一五一《兵考》三谓"山东戍卒,自赍缯帛自随,边将诱之,寄于府库",《邺侯家传》谓"关东之人西戍者,边将利其死而没入轻赍之资",钱与绢都属于"轻赍之资"。随身七事中钱、绢最为大宗,因为衣被、弓箭等物有一定的数量,而钱、绢则不那么固定。七事不可缺一;如有所缺,便被认为"乏军兴"或"不忧军事"而受到处分,这就成为府兵的一种沉重负担,是封建剥削与压迫的一种表现形式。

府兵的戎仗资粮不足时,封建国家是否会给予补助或周济呢?一般是不会的。长安中(701—704年)天旱,同州府兵当番上者,没有粮食无法上番,刺史苏瑰上书朝廷请求"月赐增半粮,俾相给

---

① 《资治通鉴》卷二○一高宗麟德元年。
② 李筌《神机制敌太白阴经》卷五《军资篇》谓"军士一年一人支绢布一十二匹",其中绢、布各半计算。按北魏"资粮之绢一十二匹",至唐代相沿不改。

足"，以免缺番①，这算是特例了。番上宿卫有所谓月赐粮，数目估计不多，主要是靠每个兵所纳麦饭九斗、米二斗来维持的。如果一年两番，就得自备麦饭十八斗、米四斗。以一番计算，麦饭和米共十一斗，每人每日食米二升②，可食用五十天左右，把在京宿卫和旅途往返、休息以至因故滞留等时间合计起来，每一番五十天左右粮是够吃的，上番有月赐，只是以所谓"恩赐"笼络人心，这也算是例外。至于征防由于路途遥远，可给程粮。依据《唐令》，"除程粮外，各唯役赍私粮"③。《唐六典》也说："卫士防人以上，征行若在镇及番还……并给身粮；诸官奴婢，皆给公粮。"④所以番期内无论是单番或并番，封建国家不给予补助，只有身粮或私粮由官府照收存数发给，官奴婢则发给公粮。倘若并番又过期，才由官府给予公粮。因此，官府对于兵士的身粮，平时征收入库，征行或上番时视其所入而给以"食券"，到所在地后凭食券换取粮食；而由"司仓及佐，捉搦兵士粮食，封署点检，勿令广费"。官府对兵士自备身粮的掌管很严格，就是由于只给身粮不给公粮并无周转余地的缘故。又依唐"军防令，防人在防，守固之外，唯得修理军器、城隍、公廨、屋宇；各量防人多少，于当处侧近，给空闲地，逐水陆所宜，斟酌营种，并杂菜蔬，以充粮贮，及充防人等食"⑤。防地营田，其收入主要作为公粮，以充粮贮，供防人食用只是附带的用途，可见唐代兵士除自

---

① 见《新唐书》卷一二五《苏瑰传》。
② 李筌《神机制敌太白阴经》卷五《人粮马料篇》："人日支米二升，一月六斗。……支粟，一人一日支粟三升三合三勺三抄三圭三粒，一月一石。"
③ 《唐令拾遗》卷二三《赋役令》。
④ 《唐六典》卷三《尚书户部》。这里区分身粮与公粮，身粮即私粮，府兵每番自备麦饭九斗、米二斗，交纳之后，由官府发给食券，到役兑换。
⑤ 《唐律疏议》卷一六《擅兴律》。

备的身粮外,很难获得补助的粮食。

《邺侯家传》与《通典》,计算唐开元以前边兵衣粮每年不过200万贯,天宝之后达到1200多万,增加到六倍。① 天宝之后,边兵49万,所费为1200多万,约计每人粮七石二斗、绢十二匹,那么卫士以60万计,其衣粮如统由封建国家支付,共需粮432万石、绢720万匹,所费当在1500万以上。可是唐初这笔巨大开支都落在府兵身上,这不是一个小的数字,只要看天宝以后唐皇朝为供应军事开支而造成财政上的莫大困难,便知道唐初府兵身上的负担是何等沉重!

唐代府兵成分,包括地主和农民。最初地主分子尚多,后来更多地出于贫下户的农民,就是地主分子充当府兵最盛时期,由于地主在人口总数中所占比例少,府兵的基本成分仍然是农民,这是无可置疑的。② 因而各种负担都直接、间接地加诸农民身上,研究府兵制即当重视这个问题并说明这种封建剥削的本质。

封建地主当兵,自备的戎仗资粮,系取之于地租剥削或高利贷剥削,其负担便转嫁到农民身上。他们从军,又往往多带钱绢,此风早已流行,不仅当府兵的如此。李渊起兵太原,突厥送马千匹为互市,李渊准备购买一半,应募的"义士请以私钱市其余"。③ 应募者以私财供军,这是地主阶级所谓"勤王"或"先国之急"的"义举",在个人说来又是升官发财的一个阶梯。后来军队中也有自蓄

---

① 见《通典》卷六《食货典》六。
② 关于府兵的阶级成分问题,旧作《三论西魏北周和隋唐间的府兵》(见本书第445—473页。——编者注),曾略予论列,载《科学与教学》1958年第1期,江西师范学院出版。
③ 见《资治通鉴》卷一八四隋恭帝义宁元年。

私马的习气，封常清在唐代将帅中是号称"勤俭"的，每出征或乘驿，私马不过两匹，便算是少有的事。① 由此可以推想地主分子充当府兵，其戎仗资粮一定很丰足，这些负担对于他们来说，不会有什么困难，因为一一都转嫁到农民身上了。

农民充当府兵，便要直接承受这种沉重的负担。按充当府兵者得免除租庸调，租庸调之数为租二石、调绢二丈绵三两、庸折绢六丈，合计租二石、绢二匹、绵三两。至于府兵一番役折合绢三匹二丈，身粮为谷二石二斗，两番役就更多了，比租庸调重得多。根据现在看到的唐代户籍残卷，考察几个卫士家庭的受田情况，一般距离均田制规定很远。如卫士常瞥才，应受田 131 亩，只受 18 亩；卫士杜怀奉（其侄崇真亦为卫士），应受田 405 亩，只受 78 亩②；卫士曹仁备，应受田 101 亩，只受 30 亩③。各户劳动力和人口多寡不同，不易比较，只是曹仁备在册籍上注明"计租二石、下中户、课户见不输"，该是标准的租庸调户（"课户见不输"），应交纳租庸调规定的租的标准数二石，而所受田 30 亩，不到均田标准数的 30%，由此更不难推知兵役负担的沉重。兵役对农民言，系封建剥削的另一种形式，封建国家直接以租庸调剥削农民，一部分人不负担租庸调而被点为府兵，其被剥削的程度，往往更为苛重，府兵制的封建剥削实质，于此暴露无遗。

---

① 见《旧唐书》卷一〇四《封常清传》。
② 见《唐户籍簿丛辑》，载《食货》半月刊第四卷第五期。
③ 北京历史博物馆陈列品。

第六章　府兵制与均田制及封建国家职能的关系

府兵制与均田制属于上层建筑与基础的关系。当时均田是封建占有的主要形式,究竟这种封建占有形式在府兵制中有何反映,尚有待于研究;同时府兵作为上层建筑的一个重要组成部分,如何反过来为基础服务,也还是一个新的课题。这里对这两个问题进行初步的探讨。

我们要求了解实行府兵制的经济条件,往往联想到均田,均田究竟能否构成为实行府兵制的经济条件,实行府兵制的经济条件究竟是哪一些等等问题,需要作一些具体分析。

本章仍以唐代有关史实为中心,一方面唐代史料较多,一方面讨论问题必须抓住重点。至于西魏、北周以至隋代的一些例证,将择要论述,或列入附注之中。

一、从均田制观察授勋授田以及府兵自备资粮的实质

唐均田制是维护地主占有的一种土地制度

唐代均田制规定丁男、中男受田百亩,20亩为永业田,80亩为

口分田。老男笃疾废疾者40亩,寡妻妾30亩;要是二者本户别无丁、中男而自己独立成户的,加20亩作为永业。一易之田加倍授予;狭乡人多田少,减半授予。工商在宽乡者减半授予,在狭乡者不给。凡迁徙及贫穷不能安葬的得卖永业田,自狭乡被允许迁入宽乡的得卖口分田,一般已卖田的依法不能再受田。妇女除寡妇废疾者外,通入本户丁、中男之内,不另授田;至于官贵家中拥有的奴婢,也不像北魏、北齐一样作为官贵可以多占田地的依据。官贵另有永业田、职分田、勋田等。官贵永业田为亲王10,000亩,正一品6000亩,从一品5000亩,正二品4000亩,从二品3500亩,正三品2500亩,从三品2000亩,正四品1400亩,从四品1000亩,正五品800亩,从五品500亩,六品、七品250亩,八品、九品200亩。内外官职分田为京官一品1200亩,二品1000亩,三品900亩,四品700亩,五品600亩,六品400亩,七品350亩,八品250亩,九品200亩;外官二品1200亩,三品1000亩,四品800亩,五品700亩,六品500亩,七品400亩,八品300亩,九品250亩。勋田为上柱国3000亩,柱国2500亩,上护军2000亩,护军1500亩,上轻车都尉1000亩,轻车都尉700亩,上骑都尉600亩,骑都尉400亩,骁骑尉、飞骑尉80亩,云骑尉、武骑尉60亩。此外尚有公廨田,上州3000亩,中州2000亩,下州1500亩,上县1000亩,中县800亩,下县400亩;如不给公廨田,则以公廨钱代替。

唐代继北魏、北齐、北周和隋代之后施行均田制度,办法和前代有所不同,施行过程中还颁布过一些补充修订的法令,出土的唐户籍残卷,所登记的人口、田业情况,基本上符合于唐均田制的规定。唐代根据民户田业及其他资财状况定出九个户等,按照户等分别征收租庸调,即所谓"九品混通"。均田制就其对田业登记与户等评定的关系来说,乃是租庸调的征收尺度与依据,它与租庸调这种赋役制同是实行了的,而且可以说二者基本上是同其始终的。

唐代均田显然是维护地主占有的一种封建田制。可是均田的实质,一向被封建史学家掩蔽掉了。有的一味强调丁、中男受田之制,不结合官贵永业田、职分田、勋田等予以解剖,自新旧《唐书》开其端,一般载籍因袭其说,无形中把均田制美化了,好像封建时代的地主与农民,同样有受田的权利,封建统治可以建立在"耕者有其田"的小农经济基础上,完全不符合事实。除了官贵永业田、职分田、勋田等很明显地表明地主得多占田地外,即丁、中男受田百亩的规定,也是基于地主占有土地的实际情况而来的。我们知道孟子所谓"八口之家","百亩之田"①,那时田亩小、产量低,故有可能。魏晋以来,田亩的面积大了,产量也不断提高,一夫治田 40 亩或者丁男课田 50 亩,已经是相当高的数额了。西晋时丁男课田 50 亩,丁女 20 亩,次丁男半之。北魏均田前,一度是"一夫制治田四十亩,中男二十亩",通行的标准丁男耕种 40 至 50 亩之间,北魏诏书说是"无令人有余力,地有遗利",是指一夫治田 40 亩而言的。②后来北魏均田,便以此数为准,规定男子年 15 以上受露田 40 亩,只是把受田数增加了,原来一夫治田 40 亩,包括女劳动力在内,北魏均田时规定妇人 20 亩,男夫立户另有桑田 20 亩,合计 80 亩,比一夫可能耕种数多一倍。按一夫治田 40 亩,在耕作上已是粗放而非精耕。秦汉以来的屯田,一般是一人耕种 10 多亩至 20 多亩,仍不

---

① 《孟子》卷一《梁惠王》上。
② 《魏书》卷七上《高祖纪》上太和元年诏:"一夫制治田四十亩,中男二十亩。无令人有余力,地有遗利。"这是一种通行的课田标准,下文意思已指明多于此数则力不能胜,少于此数则犹有余力,这点甚为重要。

免粗放①,曹魏初期课田"不务多其顷亩",可能仍接近这个数字;后期为提高剥削量,益增其顷亩之数。到西晋时丁男课田50亩,显然达到了最大限度。②北魏均田一夫一妇80亩,超过了一夫一妇的耕种能力,这和奴婢可以受田,同为维护封建剥削的一种规定。到唐代则一夫百亩,剥削量又有增加,奴婢不受田而代之以按官品、勋阶获得的永业田、职分田、勋田等,前者照顾一般地主的利益,后者特别照顾官僚贵族。而唐代的实际情况是,丁男一般不过受田30亩,唐太宗在灵口所见的就是如此(隋文帝时狭乡每丁才20亩)。③唐代后期,凡"田不及五十亩,即是穷人"④,有田五十亩以上便可跻于富人之列。由此可以推知,一丁能有百亩,已构成为一个小地主,一则自己耕种不了,二则超过一般田业平均数太多。试举唐代敦煌县户籍残卷所载两户,来证实这一说法。一户索思礼,应受田6153亩,已受田167亩,索思礼的儿子为四品职事官,家里二奴为之耕种,一家良奴共十口,这自然是地主家庭。一户程思楚,应受田3065亩,已受田79亩,丁男二人为卫士,一人为白丁,一家共十八口,按丁男平分已受田,每丁仅26亩强;而程思楚有三个妻室,两个弟弟各有两个妻室,显然又是一个地主家庭,否则兄弟三人不会都有几个妻子。⑤可见一丁百亩,不是指一般农民说的,

---

① 根据陈直《两汉经济史料论丛》(陕西人民出版社1958年版。——编者注)页51所引《流沙坠简考释》,张金所部兵平均每人种24亩多,梁襄所部兵26人平均每人种14亩多。

② 见《晋书》卷四七《傅玄传》。

③ 见《册府元龟》卷一○五《帝王部·惠民》,《通典》卷二《食货典》二《田制》。

④ 《新唐书》卷一二○《袁高传》。参看拙作《汉唐间"一丁百亩"的规定与封建占有制》,载《江西大学学报》第一期,1963年9月。

⑤ 见《敦煌掇琐》中集。

能够占有百亩的,起码是一个小地主身份。至于一般地主,就靠钻营得一个官衔或勋阶,或者勾通地方官,舞文弄法。敦煌出土的唐佃约残卷①,记载一个寡妇大阿龙,丈夫早死,儿子远戍,房屋卖了,只剩口分田20亩,交其兄怀义种。这20亩田,地权属于大阿龙,出佃收租。户籍簿中尽管不注明地主与佃农的关系,而土地与劳动力的分离情况,看来是十分严重的。一个九品官,官贵永业田200亩,本身口分田按百姓之半为40亩,本身永业田20亩,共有260亩田;家中丁、中男多的话,尚可增加。如果这个九品官,得到七八级勋阶,按"有官爵及勋者惟从多不并给"的规定,即可以拥有460—660亩田。我们把均田法令结合当时土地占有的实际情况来考察,对于唐代均田制的维护地主阶级利益的实质,便能获得明确、具体的了解。

讨论唐代均田制的实质及其实行情况,涉及范围很广,其中有待研究的问题也不少,这里只就一个主要问题略予说明,其余的不准备论列了。

唐均田制鼓励地主获取勋阶和官爵

依照均田法令,地主想多占土地,一是做官,一是在战争中获取勋阶。唐皇朝特别鼓励战功,勋田定级定额,凡是官品低的可以获取高勋而占有更多的永业田,如上府折冲正四品,可以有官贵永业田1400亩;一旦获得柱国勋,就可以有勋田2500亩。凡是没有官品的如卫士之类,想在百亩之外多占田地,获取官品、勋阶乃是

---

① 北京历史博物馆陈列品。

唯一门径,如卫士本身可受田 100 亩,一旦获得"骑都尉"勋就可以有勋田 400 亩,唐户籍中卫士为"柱国"、"上柱国"勋的不少,依据法令可以有勋田 2500 亩、3000 亩。所以这种土地制度本质上是维护地主的利益,特别是有官、勋的官僚地主的利益,均田制也可以说是"官勋格"。

唐均田制中关于军人授田有特殊规定。"诸因王事没落外蕃不还,有亲属同居,其身分之地六年乃追;身还之日,随便先给。即身死王事者,其子孙虽未成丁,身分地勿追;其因战伤及笃疾残废者亦不追减,听终其身也。"①在这一基础上更以勋阶和战时虏掠来招引地主和骗取农民充当府兵。唐初《氏族志》即以"仕唐官品高下为准,凡九等。于是士卒以军功致位五品,豫士流,时人谓之'勋格'"②。让府兵在作战时获致勋阶,提高社会地位,在经济上又可多占田地,这种办法确有很大诱惑力。所以历次募兵,也都是"虚立赏格"的。③ 只是由于以后授勋过多,"动盈万计。……据令乃与公卿齐班,论实在于胥吏之下,盖以其猥多又出自兵卒"④,所以表现在土地占有的实际情况中,勋田往往很少授与或根本未授。

北魏均田制规定奴婢可以受田,奴婢多自战争中掠夺而来,或为战时立功所赐予,从奴婢受田的作用来讲,它也是鼓励战功的一种措施。这样贵族官僚田地多了,一般农民的土地相应地少了。北齐按官品规定奴婢受田数,唐代按官品规定永业田数,都强调官

---

① 《通典》卷二《食货典》二《田制》。
② 《资治通鉴》卷二〇〇高宗显庆四年。
③ 《新唐书》卷一二二《魏元忠传》:"比日征行,虚立勋格,而无其实。……赏既不行,勋亦淹废,岁月纷淆,真伪相错。"可见由此而形成的"勋格"的混乱程度。
④ 《旧唐书》卷四二《职官志》。

品,唐代又突出勋阶,特点不同,而仍为一线相承的发展。

土地的等级所有,并依从于封建皇朝的官品或勋阶,这是封建占有的一种普遍形式。唐时勋田授与的规定,在于使中小地主服兵役,是与府兵制"六品已下子孙及白丁无职役者充任"的规定相吻合的。那些没有官爵或勋级低的卫士,可以多占田地,可以免除赋役,对于他们来说有大小不等的利益;对于封建皇朝来说,取得一些中小地主的支持,巩固了中央集权,维护了封建统治。这在封建社会中是较为普遍的制度,特别是由割据到统一过程中容易出现这种制度,官品、勋阶与田业的规定结合起来,相互为用,封建特权和秩序乃获得一度的重行确立和巩固。

均田与府兵自备资粮的关系

均田制的施行,从某种意义上说,是为府兵自备资粮提供经济条件。唐代简点府兵,资财为三项标准中的主要标准,前已具论。地主当兵,由于掌握大量田地,并可从高利贷以及其他封建剥削中取得自备资粮的经济条件,均田施行对于他们有利,这无需再行说明。

至于农民受田与当兵,其利害便根本不同了。根据前引《唐户籍簿丛辑》,卫士曹仁备,属于下中户,应受田101亩,仅受30亩;虽有上柱国勋,勋田完全未受。全家三口,只有曹仁备为丁男。30亩田地,本来具有一定经济条件,然而曹仁备身任卫士,番期频仍,从事农业生产的时间不多,又会与上番时间发生季节上的矛盾,所以30亩田的耕种大成问题。又册籍上注明"计租二石","课户见不输",在九品混通中,这一下中户的赋役负担正合乎租庸调的平均额数。当兵后被免去租二石、绢二丈、绵三两、力役二十天或庸绢六丈,所当支付的却是府兵的戎仗资粮等负担,大大超过租庸调的平均额数,其所受封建剥削,比一般民户为重。又如卫士赵玄表,应受田 100 亩,已受 14 亩,列于下下户,问题又在劳动力缺少,这 14 亩田怎样耕种?本人收入多少?究竟怎样负担府兵的一切费用?必然是困难重重的。又如卫士常罾才,本身已五十岁,尚存寡母,应受田 131 亩(包括园宅 1 亩),只受 18 亩,其情况与赵玄表基本相同。另外沙州敦煌县□□乡,卫士 57 人,计下上户 5 人、下中户 6 人、下下户 10 人,此外单身卫士不列户等的 36 人。其中下下户占了 10 人,而不能成家的更有 36 人之多,撇开下下户不谈,单身卫士即占卫士总数 63% 强,这也可以反映出卫士的实际经济情况。同县从化乡共卫士 8 人,属于中下户 1 人、下中户 1 人、下下户 3 人,单身卫士不列入户等的 3 人,情况是好一些,但卫士不能成家的仍占总数的 37.5%。以上材料表明:卫士有着少量田地,亦即具有一定的经济条件,问题在于府兵赴番占去劳动时间,就不能不加强劳动强度,以至将田地佃与他人耕种,这样总是不易维持的,这种极其微弱的经济状况是十分不稳定的。府兵兵役的加诸农民身上,封建剥削程度比租庸调更严重。因此,如果我们把均田看作府兵自备资粮的经济条件,应当区别地主与农民之间条件的悬殊和苦乐的悬殊,否则就容易混淆阶级界限,不仅是美化了均田制,同时是美化了府兵制。

在自然经济占着主导地位的封建社会中,完全以国家经费装备军队和供养军队,一般是困难的。隋朝运关东及汾晋之粟以给京城,遇到关中饥荒,隋文帝便成为"逐粮天子"。唐初关中地区仰给江淮之粟,水运常损十之七八,"斗钱运斗米",人力、物力消耗很

第六章　府兵制与均田制及封建国家职能的关系

大,而每岁不过 20 万石,单是养官吏,也感不足。从隋以至唐初处于四百年长期分裂之后,生产尚未完全恢复,货币流通不广,交通又不方便,物资集散没有商业都市广泛地作为转圜,军队全由官府给养,往往不易维持。因而就地筹粮与私装从军这种分裂割据期间的养兵法,稍予变通,转而为中央集权之用,确曾获得效果。

60 万府兵的装备给养,不是一个小问题。单就火备六驮来讲,府兵自备六驮,即每人买马费平均为一万五千文,值十匹绢。又一匹传送马可受田 20 亩,一匹战马便可以受田 40 亩,这些田是专供马的饲养用的。府兵中该有多少战马和传送马!就唐初情况看来,陇右牧马尚不蕃息,如果集中买、集中养就大有问题,这样分散买、分散养,勉强可以凑数。这从封建国家来说,也是最合算的事。一个兵的给养,据唐人孙樵估计,"率中户五仅能活一兵"①,那么 60 万卫士,就得 300 万户才能供养得了。贞观中有户 300 万②,如果以列入黄籍的全部户口 300 万来计算,也只能用以供养卫士,其他军队还不包括在内,至于官吏、宫廷以及其他开支,为数更大,何由取给?由此可见,府兵资粮自备,解决了唐初封建财政上一个关键问题,这是无可置疑的了。而就府兵来说,自备资粮出于其家,基本上是一户养一兵,这无异于原需 300 万户的负担,加于 60 万户的身上,封建国家养兵的负担,直接加于或转嫁于农民身上的,是何等沉重!

府兵自备资粮,反映了自然经济的经济形式;而其"食券"的发行,又反映了商业的进一步发展。这是长期分裂以后封建经济发

---

① 《唐文粹》卷二六下,孙樵《复佛寺奏》:"今天下常兵不下百万,皆衣食于平民。岁度其费,率中户五仅能活一兵。如此则编户不五百万,不足以给之。"
② 《通典》卷七《食货典》七《丁中》。

展中的一个过程,府兵制便是这个从长期分裂到复归统一的过渡时期的产物。同时,这种自然经济处于封建社会前后期交替之际,封建剥削关系正处在以实物地租为主而遗留有徭役地租的阶段,府兵制又体现了这两种剥削关系。所以当我们研究府兵自备资粮的经济条件时,一方面应该看到自然经济占着主导地位的封建经济的发展,另一方面又应该看到封建剥削的本质。

二、府兵制体现封建国家职能的两个方面

府兵制主要体现封建国家的内部职能

关于国家的职能,斯大林指出:"国家的活动表现为两种基本的职能:内部的(主要的)职能是约束多数被剥削者;外部的(非主要的)职能是靠侵略别国领土来扩大本国统治阶级的领土,或者是保护本国的领土不受别国的侵犯。从前的奴隶占有制度和封建制度下的情形就是这样。现在的资本主义制度下的情形也是这样。"[①]这说明国家是特殊的政治组织,它具有特殊的社会权力,以体现其内部的(主要的)和外部的(非主要的)职能。而国家实现其权力的工具,主要是军队、惩罚机关、侦查机关和监狱;军队是国家最重要的工具,在封建国家中,军队对内是为镇压国内农民、手工业者及其他一切被剥削者,对外是为防御战争或侵略战争服务

---

① 斯大林:《在党的第十八次代表大会上关于联共(布)中央工作的总结报告》,载《列宁主义问题》,人民出版社 1964 年 1 月版,页 703—704。

第六章 府兵制与均田制及封建国家职能的关系

的。府兵作为唐代中外军的重要组成部分,毫无疑问,它必然会全面地体现着封建国家的内外职能。

府兵的体现封建国家职能,不都是那么直接的,表现出比较复杂和曲折的情况。我们知道,军队仅是国家主要工具之一,不是其全部,特别是从国家的内部职能来讲,法庭、监狱比之军队更为直接些、明显些。府兵又仅是封建国家军队的主要组成部分,不是其全部,特别是从封建国家内部职能来讲,地方兵有时比之府兵更为直接些、明显些。正由于这个原故,研究府兵制所体现的国家职能问题,就必须重视其曲折、隐蔽的各个方面。

首先,府兵制的创始和发展,直接与专制主义的中央集权政治有关。西魏、北周广募豪右、籍民为兵,并逐步把乡兵纳入府兵组织系统。到隋代废除军户,又把统一前部分地区临时组成的乡兵纳入府兵组织,地方割据势力大大削弱了。唐初重行使兵士地著,恢复府兵。在折冲府地域分布上,较集中于关内及河东、河南三道,目的在于重首轻足,举关中之众以临四方。在折冲府与州郡关系上,折冲府不属于州郡直接管辖,而点兵、练兵、发兵以及军需建置等事务,州郡负有协同办理的责任,用意又在于限制地方的权力,使折冲府兵与州郡兵不易构成为一支反对皇朝的力量,而是互相牵制。在中外军关系上,中外军分别由皇朝直接调遣,相互间没有直接隶属和指挥关系,即卫大将军或地方将军统率中外混合军队出征,其名号为行军总管,因而其权力不由于原来职掌产生,统领军队与指挥军队,在权力上是分开的,这便使得将不专兵。诸如此类的措施,都直接表现为防制地方割据,中央集权达于高度,指挥军队的权力集中于皇帝,发十人十马以上,无皇帝制敕不得执行。至于皇帝专制的重要支柱的形成,又在于中外军的调遣与指挥,特别是府兵的调遣与指挥。府兵与封建专制主义的关系如此密切,究竟为的是什么?封建主义史学家只说是为维护封建帝王一姓的"家天下",资产阶级史学家则强调其对统一的作用,都掩蔽了封建皇朝作为封建国家权力所寄的阶级统治实质。一姓家天下与统一集权的巩固,意味着封建统治的巩固,也意味着封建国家机器的强化,最终目的是统治农民,维护其对农民的剥削、压迫,自不待言。

其次,府兵平时宿卫京师、防守要冲,任务是防止"盗贼"窃发。"盗贼"主要是指反抗封建统治的农民,所以府兵是封建国家防制农民"造反"的工具。唐代卫士除宿卫皇宫及京城外,亦守卫陵园,上番王府①;除戍守边疆外,亦防护仓库、关津、桥梁。《唐律》有所谓"十恶",一为"谋反"即"谋危社稷",二为"谋大逆"即"谋毁宗庙山陵及宫阙",三为"谋叛"即"谋背国从伪",三者乃十恶中最严重的,犯者不赦。"即虽谋反词理不能动众,威力不足以率人者,亦皆斩","亡命山泽,不从追唤者,以谋叛论"②,可见封建国家对农民暴动防范的严厉和议罪的苛酷。凡担任皇宫、陵园的宿卫和关津、仓库的守护,卫士和将帅不能有丝毫疏忽,大小过失都是法严令具。府兵职掌最重宿卫皇宫和京城,兼及防守陵园、关津、桥梁、仓库,无一不是体现封建国家内部职能的。

第三,府兵原来要求多从地主中简点,事实上多为稍有田产的农民。把折冲府当作其军事学校,在平时习射教阅,"父兄相言,不得业他"③;战时临之以纪律,一人失律,同队从坐,一队失律,同统相累,长期地加以控制和役使。同时又灌输忠君精神。《唐律》规

---

① 见《唐律疏议》卷七《卫禁律》,《旧唐书》卷八《玄宗本纪》。
② 《唐律疏议》卷一《名例》、卷一七《贼盗律》。
③ 杜牧《樊川文集》卷五《原十六卫》。

定有课役人逃亡者,一日笞三十;若有军名而亡者,罪加一等,教人以宿卫为重。诸宿卫人在直逃亡者,一日杖一百;若从驾行而亡者,罪加一等,教人以从驾为重。① 这些方面也积极体现了封建国家的内部职能。

第四,府兵地著,不得改籍;而一般人民原在"有军府州"者不得迁居"无军府州",限制了农民转徙。特别是由于军人地著后有室家之顾,便于防制兵卒的逃亡和反抗。《邺侯家传》谓:"戍卒自天宝后,回归者无一二。其虐如是,而不敢怨叛,以取之土著,恐累亲戚也。"隋文帝废止军户,唐高祖让兵士著籍关中,就是这个道理。历来法家主张农民地著,强化专制主义统治之说,这在隋唐府兵制度中具体化了,又是体现封建国家内部职能的一个方面。

府兵制的体现封建国家外部职能方面

府兵的体现封建国家外部职能,比较表面化,易于了解。隋唐用兵高丽、突厥,都调动府兵,而且作为主要的力量。唐太宗教卫士习射于殿廷,即以防御外来侵略为号召,事实上府兵也被用来开疆拓土,封建国家的外部职能,原是具有防止别国侵犯和侵略别国这两个方面的。

府兵所体现的封建国家的外部职能,是其内部职能的继续和引申。封建国家的外部职能及对外政策,是和它的内部职能及对内政策有机地联系着的,总的目的是维护封建地主阶级的利益。武则天当政时曾连年对外用兵,宰相狄仁杰上疏规谏说:

---

① 《唐律疏议》卷二八《捕亡律》。

> 近者国家频岁出师,所费滋广,西戍四镇,东戍安东,调发日加,百姓虚弊。今关东饥馑,蜀汉逃亡,江淮已南,征求不息,人不复业,相率为盗,本根一摇,忧患不浅。……窃谓宜立阿史那斛瑟罗为可汗,委之四镇,继高氏绝国,使守安东,省军费于远方,并甲兵于塞上,使夷狄无侵侮之患则可矣,何必穷其窟穴,与蝼蚁校长短哉!①

狄仁杰止兵之说,虽然没有被武则天采纳,却透露了封建统治者交互采取战争和羁縻这两种形式去实行对人民统治和对外斗争的真相。

府兵的体现封建国家外部职能,始终是次要的、间歇性的,而其体现内部职能则是主要的、根本性的。杜牧《原十六卫》说得最为露骨:

> 始自贞观中,既武遂文,内以十六卫蓄养戎臣,外开折冲果毅府五百七十四以储兵伍。或不幸方二三千里为寇土,数十百万人为寇兵,蛮夷戎狄,践踏四作,此时戎臣当提兵居外。至如天下平一,暴勃消削,单车一符,将命四走,莫不信顺,此时戎臣当提兵居内。当其居内也,官为将军,绶有朱紫……所部之兵,散舍诸府,上府不越一千二百人。三时耕稼,被襫耞耒;一时治武,骑剑兵矢,褝卫以课。父兄相言,不得业他。籍藏将府,伍散田亩,力解势破,人人自爱,虽有蚩尤为帅,雅亦不可使为乱耳!及其当居外也,缘部之兵,被檄乃来,受命于

---

① 《资治通鉴》卷二○六则天后神功元年。

第六章 府兵制与均田制及封建国家职能的关系

朝,不见妻子,斧钺在前,爵赏在后,以首争首,以力搏力,飘暴交捽,岂假异略?虽有蚩尤为帅,雅亦无能为叛也!

杜牧论述着重点,是封建国家内部职能中府兵所处的地位。他与狄仁杰同是从维护封建统治出发,接触到了封建国家内外职能的关系及其实质,我们研究府兵的职能问题时,值得加以注意。

三、封建生产关系与生产力水平在府兵制度中的反映

府兵制如何曲折地反映当时的封建生产关系

上层建筑反映经济基础,不都是那么直接的;而同一个社会制度下生产关系的变化,只是不同程度的量变,反映在上层建筑中更是间接的、曲折的,试图从这方面对府兵制度作出说明,不是容易的事。这里主要是提出问题,以备研究者共同讨论。

府兵由家兵部曲和军将自筹给养转变到军队皇朝直辖和兵士自备资粮,这是与当时的封建占有形式联系得比较密切的。家兵部曲从魏晋以来,原很盛行,北魏末年又复风起云涌。当时封建占有形式主要是豪强地主拥有营堡坞垒,役使奴客耕种土地。北魏孝文帝虽一度施行均田制,并不排斥奴隶主、封建主以奴客人口多占田地;北魏末年恢复了地主自营堡垫的局面,均田制徒成具文。大封建主、奴隶主利用地方、宗族势力和军队广占土地,有数量众多的家兵部曲世代为其耕战。这种分割的封建经济,经过农民阶级不断的斗争逐步削弱,隋、唐集权国家进一步实施均田制,保护

了贵族、官僚和中小地主的权益,也承认了自耕农的"合法"存在。在地广人稀的情况下,自耕农普遍增加,而被束缚于封建国家的直接剥削之下,家兵部曲的物质条件基本消失,于是有了实现军队皇朝直辖和兵士自备资粮的可能。府兵制从西魏、北周到隋、唐时期的发展演变,明显地反映了这种经济变化和过程。

这方面牵涉问题较多,作者限于水平不能作出更多的说明,而且非"考释"本身所包括得了的,只能留待以后去研究。

府兵制如何适应当时生产力水平

封建经济遭受长期战争破坏,到隋、唐统一获得恢复与发展。府兵在转变中有其一定的物质条件,然而毕竟受物质条件的限制,隋、唐统一之初,封建国家仍旧没有条件雇佣大批的军队,前面略经述及。

封建国家把几十万兵士的兵役和资粮负担,分散而直接地加诸农民身上,几户养一兵甚至二户、三户养一兵,农民在兵役以及各种封建剥削的重荷下,坚持了斗争,进行了生产,为全国统一创造了前提,并在统一后不断提高了生产力水平。

府兵的分散设置与集中调遣以及上番、远戍,得具备一定的交通条件,至少在一些主要干线上非有通畅的道路不可。隋、唐特别是唐代的水陆交通都比较发达,这也体现出较高的生产力水平。

在府兵制的较高阶段,货币流通亦较广泛。府兵自带资粮,其中有钱或绢,绢当作货币行使,比用其他实物仍然方便得多。特别是"食券"的出现,实为飞钱、便换的先驱,反映出封建经济的发展水平。"食券"首先在府兵里发展起来,是值得注意的事。

第六章 府兵制与均田制及封建国家职能的关系

兵器更直接地表现当时生产力水平。抛车、撞车、轒辒车、木幔和绞车弩、臂张弩等,其特点是攻坚及远。其中如绞车弩,可射七百步,以轮转弩,诸弩连发,尤为精工,官府中有专门工匠制造,技术相当高明。

轻兵器兵士自备,《木兰诗》"东市买骏马,西市买鞍鞯,南市买辔头,北市买长鞭",虽专指马上用具而言,应为有关自备军装、戎具的概括描述。因之当时大的城市中有这一类手工业作坊,分工比较细,制造技术也超过前代。

轻重兵器的进步,也要求府兵技艺的提高。故兵须素习,府兵服役年限原来规定为四十年,为使掌握渐趋复杂而精良的兵器,自然是个重要因素。

第七章　府兵制的破坏

　　唐代在弘道元年(683年)武则天当政以后,政局发生多次变化,从皇朝到地方整个地处于动荡不安状态,一直到开元元年(713年)才初步稳定下来。然而地方权力在北部沿边区域已逐渐增大,节度使名号在711、714年分别应用于凉州与并州。在皇朝本身,皇帝与宰相之间、宰相与边将之间也常有矛盾和冲突,开元号称"盛世",统治并不怎样稳定。政治、军事和经济的变化都较显著,均田制、租庸调制开始在破坏,科举制有着较大的一些改变,禁军和地方兵有所扩充,这一切反映出封建经济的进一步发展。江南一带农业生产上升较快,商品经济较为活跃,田地的强占与买卖表现得更为普遍、更为频繁,户税、地税以及和籴、和市等封建赋敛又加重了人民的负担,浮户、客户日增,府兵兵源补充也就发生了困难。封建经济的发展促使一些旧制度的改变,武则天当政以后的一个时期,正是政治、军事制度逐步有所变革的阶段。

　　唐初阶级矛盾有着暂时的相对的缓和,武则天当政以后农民暴动和少数部族的起义时有掀起,永徽四年(653年)睦州女子陈硕贞的起义,为唐代农民较大规模的反抗封建统治的先声。农民的反抗斗争也促成某些制度的更张。府兵为封建国家统治农民的重要工具,农民反抗兵役①,便促成府兵制的崩溃,导致募兵制的代兴。

府兵趋于破坏到最后崩溃有一个不算短暂的过程,从永淳二年(683年)到开元元年(713年)为第一阶段,这时形式上尚能维持,实质上已日益败坏。从开元元年到天宝八载(749年)为第二阶段,这时形式上的上番也很难维持,终于停止上下鱼符了。以后仍保留着折冲府的机构和官吏、兵额,名存实亡,又达三十多年之久。至于这一制度幽灵似的盘旋于一些封建政论家的甜蜜回忆中,缠绵一千年,直到封建主义全被埋葬为止。

一、府兵的日趋衰微

禁军地位的转趋重要

专制主义中央集权政治高度发展,统治权力日益集中于宫廷,集中于皇帝及其亲信。于是在军队方面,皇帝的亲军——禁军,在禁卫军中的地位便逐渐提高,人数也逐渐增加。唐太宗置百骑以及北衙七营,已有龙武军之名。唐高宗又从府兵中选取越骑、步射成立左右羽林军,皇帝认为它是一支最亲信的军队,朝夕不离左右,"大朝会则执仗以卫阶陛,行幸则夹驰道为内仗"②。内外宿卫

---

① 农民反抗府兵兵役,有熨手足和逃亡等方式。此外如唐太宗将巡游洛阳,行至温汤,卫士崔卿、刁文懿惮于行役,夜射行宫,矢及寝庭;又高宗在万年宫时,山水暴涨,冲入玄武门,宿卫皆散走,均属卫士反抗的一种表现。

② 《新唐书》卷五〇《兵志》。

中内宿卫转以禁军为重,实由来已久。

武则天时禁军"召入转多",因扩充百骑为千骑;睿宗又扩充千骑为万骑,分左右营,玄宗乃正式以万骑成立左右龙武军。武则天又置仗内六闲,其一曰飞龙,以中官为飞龙使,这是宦官掌握的禁军。禁军员额不断在扩充。而武则天光宅元年以后,杀了很多卫大将军、将军①;武则天废中宗,又以羽林将军程务挺、张虔勖勒兵入宫,羽林军的地位尤其重要了。在武则天和韦后当政时期,充任左、右羽林大将军的,如武攸宁、阎敬容、周仁轨、韦渭等,都是武、韦本家或亲信,一时羽林大将军的荣宠比十六卫大将军更为突出。此后,神龙元年张柬之等推翻武周政权,首先是说服左羽林大将军李多祚,并以桓彦范、敬辉任左、右羽林将军;武周方面也以武攸宜为左羽林大将军相对抗,争夺羽林军的权力;最后张柬之等还是以羽林军成功。景龙元年太子李重俊以左羽林军诛武三思,但由于未能掌握右羽林军,结果失败了。景云元年(710年)玄宗则率万骑兵入北军,废杀韦后。诸卫兵在这个时期已不甚重要。到开元年间,王君㚟、张廷珪等都以军功迁左、右羽林大将军,由是所有大将军的荣宠,以羽林为最。宫廷的权力,几乎取决于谁掌握了羽林军,然后才是诸卫以及州、郡、军、镇的兵,羽林军成为举足轻重的一支禁兵。

皇帝把羽林军看作最亲信的军队,同时把内侍视为最亲信的人物,内侍开始握有兵权。武则天以内侍为飞龙使,掌管内仗。韦后发动政变时,又曾以左监门大将军兼内侍薛思简将兵戍均州。②

---

① 武则天杀戮的卫大将军,有程务挺、黑齿常之、丘神勣、刘虔通、李孝逸等十人以上,见《新唐书》卷四本纪。

② 见《资治通鉴》卷二〇九睿宗景云元年。

宦官参预军事，就是由于皇帝要使军队真正成为皇帝的亲军，这种亲军往往在各种亲卫军队中选拔或由之扩充而来，也有在各种亲卫军队之外重新组织的；统领这种亲军的往往是宦官。在统治集团内部冲突急剧之际，这种事态很容易发展。到唐玄宗以后，禁军统帅以至中外军监军的职位都落在宦官手里①，正是军队皇朝直辖化、皇帝直辖化的畸形发展，府兵于是在军队中退居较次要的地位。

封建统治的不稳与府兵制的破坏

武则天当政以后这段时期，一般仍列入盛唐的历史阶段，容易忽视封建统治不稳这一事实，其实府兵制的破坏，就由此而来。

府兵制度，从其点兵标准、军府地域分布、番第规定以及内外宿卫的部署等方面看来，似乎是十分严密的。然而封建国家的任何制度，总是充满矛盾的，它本身包含着否定自己的因素，它的败坏是必然的。就府兵制度本身来讲，原来以官品、勋阶以及多占田地来吸引一般地主并欺骗农民当兵，可是授勋多了，官品与田地都要受到制约，勋阶的效用也大大降低了。《旧唐书·职官志》说："自是（咸亨五年，674 年）已后，战士授勋者，动盈万计。每年纳课，亦分番于兵部……身应役使，有类僮仆。据令乃与公卿齐班，论实在于胥吏之下，盖以其猥多，又出自兵卒，所以然也。"证之出土的唐户籍残卷，卫士受勋者很多，而且属于上柱国、柱国两级的

---

① 玄宗开元元年，以宦官高力士为右监门卫将军，知内侍省事，是后宦官除三品将军者浸多。至开元十二年宦官杨思勖为黔中招讨使，为宦官领外兵握有实权之始。分见《资治通鉴》卷二一〇、二一二。

不少,他们的勋田却很少授与,应授三千亩的只授几亩或者完全未授,其本人不免"身应役使,有类僮仆",其家庭还不免承担杂徭。武则天时所谓勋赏,或格而不行,或真伪混淆,其欺骗性已经暴露出来。《旧唐书》卷九二《魏元忠传》:

> 人间议者,皆言近日征行,虚有赏格而无其事。……黔首虽微,不可欺以得志;瞻望恩泽,必因事而生心。既有所因,须应之以实;岂得悬不信之令,设虚赏之科?比者师出无功,未必不由于此。……赏绝不行,勋仍淹滞,数年纷纭,真伪相杂,纵加沙汰,未至澄清。臣以吏不奉法,慢自京师;伪勋所由,主司之过。

魏元忠的话,指出当时勋赏不行和授勋流弊两点,虽与授勋多滥的毛病不同,却同是府兵制发展过程中矛盾现象的表露,并无二致。

随之而来的便是制度的破坏。《邺侯家传》说:

> 时承平既久,诸卫将军自武太后之代,多以外戚无能者及降虏处之。而卫佐之官,以为番上府兵有权,朝要子弟解褐及次任之美官,又多不旋踵而据要津,将军畏其父兄之势,恣其所为。自置府以其番上宿卫,礼之,谓之"侍官",言侍卫天子也。至是,卫佐悉以借姻戚之家为僮仆执役,京师人相诋訾者,即呼为"侍官"。时关东富实,人尤上气,乃耻之,至有熨手足以避府兵者;番上者贫赢受雇而来,由是府兵始弱矣。时人为谚曰"将军大矿骑,卫佐小郎官"是也,将率相固为卫佐下视矣。

一般地主、官僚轻视府兵，少数人却借府兵军职的权势作为进身阶梯，更增加多数人的轻视心理。上述《邺侯家传》内容，已指明府兵在破坏过程中的两个现象：一是富人规避兵役，一是权贵子弟势陵将军。富人规避兵役，简点标准即不能实行；府兵既有受雇而来的，即无异于变点兵为募兵。原来简点府兵，不独标准固定，而且在执行上，法令也规定得很严格，如"拣点卫士，取舍不平者，一人杖七十"；"诸诈疾病有所避者杖一百，若故自伤残者，徒一年半"；此外还有禁止逃亡、假名等条文。① 但无论怎样严格，而富人勾结官吏舞文玩法的结果，法令便成具文。拣点标准不能维持，兵员补充就发生困难；而且兵员成分改变，兵的给养、训练以及番第等都会连带地受到影响。这是府兵制破坏的一个重要标志，从武则天当政以后，富人规避当兵，雇人代番，正是府兵制不易维持的关键所在。至于权要子弟势陵将军，府兵组织因而遭受破坏，同样是地主阶级统治秩序日趋不稳的反映。府兵缺乏一定的组织性，原来要求府兵成为军队核心和军事学校的目的，都不可能实现。府兵制的破坏，其主要特征就集中表现在上述两个方面。

府兵成分的变化与农民的反抗兵役

关东富人规避充当府兵，而雇用贫弱代番，采用的是诡名替役的办法。根据唐代法律，富人具有军名、征名，若不自行赴番，而由贫弱假名代役，军名与兵役割裂，其结果是富人有军名而无军役，

---

① 参见《唐律疏议》卷一六《擅兴律》、卷一二《户婚律》、卷二五《诈伪律》、卷二八《捕亡律》。

贫人有军役而无军名,而且名为雇役,实际上是把兵役负担全都转移到农民身上去。

唐高宗显庆五年以后,发兵时已经是强制农民应役。《资治通鉴》卷二〇一载边帅刘仁轨上言:"州县每发百姓为兵,其壮而富者,行钱参逐,皆亡匿得免;贫者身虽老弱,被发即行。"按所谓发兵即募兵①,可见当时募兵已经具有极大的强制性,特别是加强了对农民的压迫。原来"天下诸州差兵募,取户殷、丁多、人材骁勇"②,也规定有资财、材力和丁口的三项标准,只是不像要求府兵那么严格而已。而刘仁轨"往在海西,见百姓人人应募,争欲从军,或请自办衣粮,谓之'义征'"③,可见对于一般地主、官僚来说,募兵本不带有什么强制性,他们期望在战争中获得官职、勋阶以及其他赏赐。可是显庆五年以后,情况变了,勋赏不行,或者夺赐破勋,以致应役者在军则"枷锁推禁",在家则时被"州县追呼,无以自存"④。富室不愿应募,州县即强制农民当兵,募兵的成分首先有所改变,影响渐及于府兵,由雇人代番,日益趋向于富人避役、贫人被迫应役,募兵的标准不能实行,简点府兵的标准,也归于名存实亡。

农民逃避兵役,在武则天当政以前已经发生,并且不仅是在府兵中,而是在一切军队中普遍发生;武则天当政以后,这种现象更趋严重。因为富人不愿当兵,一则前此豪富"争欲从军"的风

---

① 《通鉴》所谓"州县每发百姓为兵",《旧唐书·刘仁轨传》作"州县发遣兵募",故知为一回事。
② 《旧唐书》卷四三《职官志》。
③ 《资治通鉴》卷二〇一高宗麟德元年。
④ 同上。

气消失了,封建统治秩序也削弱了,不能不影响到农民的投募。二则兵役负担都落在农民身上,加重了农民的苦难,也加深了社会阶级矛盾。农民首先以逃亡方式反抗兵役,继而激起暴动;而农民的逃亡和暴动,又与富人的隐没丁口、田产交错在一起,使府兵的简点遭到破坏。《新唐书·李峤传》载神龙二年李峤上书称:

> 山东病水潦,江左困转输;国匮于上,人穷于下。如令边场少疏,恐逋亡遂多,盗贼群行,何财召募,何众闲遏乎?……又比缘征戍,巧诈百情,破役隐身,规脱租赋。今道人私度者几数十万,其中高户多丁、黠商大贾,诡作台符,羼名伪度。且国计军防,并仰丁口。今丁皆出家,兵悉入道,征行租赋,何以备之?又重赂贵近,补府若史,移没籍产,以州县甲等更为下户,当道城镇至无捉驿者,役逮小弱,即破其家。

从上述资料可知,富人逃避兵役、力役,有伪度僧道、窜名府史以及行钱参逐等方式。农民在兵役、力役日益加重的情况下,已经是到处逃亡和暴动。毫无疑问,府兵的兵额、轮换以至训练,都不能按照原来规制继续维持。

府兵制何以到武则天当政以后渐趋破坏?主要原因是地主阶级统治秩序日益不稳,集中表现为皇朝武、李两派之争,从而也加剧了阶级矛盾。

武则天当政以后,封建经济起了变化。在唐太宗、唐高宗时期,均田制获得一定程度的实施,但官僚和豪强强占和买卖土地的事实,自始就存在。此后土地兼并逐渐加剧,农民乃大批地被迫流亡。武则天时韦嗣立说："今天下户口,亡逃过半。"①这可能有些夸大。而据陈子昂估计,当时仅蓬、渠等州,就有逃户三万余②,数字已很惊人。流亡人数的激增,固然是土地占有发生变化的结果,而武、李两派长期纷争,政局动荡,封建内战加上对边疆部族战争,也激化了社会阶级矛盾。李峤说"卖舍贴田,以供王役",狄仁杰说"剔屋卖田,人不为售"③,都道出了社会矛盾的政治原因。

封建经济的发展变化是比较缓慢的,武、韦政变则都是突然的。统治集团的内部斗争,引起皇朝政治的混乱,整个封建统治不稳定,社会矛盾发展了,农民反抗斗争纷起,反过来又不断打击着唐皇朝的统治,同时也打击着象征兵役、力役的府兵制度。所以府兵制的趋于破坏,在武则天当政以后已较明显,这种兵制势难维持多久了。

二、折冲府的名存实亡与点兵和募兵制的代兴

封建赋敛的加重与开元"盛世"的实质

唐玄宗做了皇帝以后,对皇朝吏治加以整顿;削弱臣下权力,宰相一度增至十七人;勒令伪滥僧尼还俗;放免镇兵二十万归农;并曾重新颁布均田制,禁止违法强占和买卖土地,在一定程度上改革了政治,有利于封建经济的发展。从这方面来看,开元之治,是

---

① 《旧唐书》卷八八《韦思谦传附子嗣立传》。
② 见《陈伯玉文集》卷八《上蜀川安危事三条》。
③ 《旧唐书》卷九四《李峤传》、卷八九《狄仁杰传》。

实现了封建统治秩序的调整,政治局面也由混乱转入暂时的稳定状态。

唐朝从唐高祖到唐玄宗统治期间,历时将近一百年,社会物质财富有了很大的增长,从列于册籍的人口数字看,武德时仅200万户,贞观、永徽中最高户数为380万,中宗神龙元年(705年)达615万户,唐玄宗开元十四年(726年)已有700多万户,天宝十三载(754年)上升到9,069,000多户。① 总户数增加,课户课丁相应增加,皇朝集中了大量的财富,天宝年间的正税钱、粟、绢、绵、布约计为5220余万端、匹、屯、贯、石,其他诸色资课和额外勾剥尚不包括在内。《通典》说是:"其时钱谷之司,唯务割剥,回残剩利,名目万端,府藏虽丰,闾阎困矣!"②正是这一"盛世"的实质的写照。

唐皇朝搜括到大量物质财富,除对外征战频繁以外,对内则穷奢极欲,广费民力、民财。自武则天当政以来,广建宫殿、寺庙,唐玄宗则更进一步粉饰太平,例如封禅就是极端劳民伤财的举动。唐初边防军费只200万贯,天宝中为六倍多,其宫廷费用的倍数只有过之而无不及。唐初漕运租米入关中,每岁不过20万石,开元中便达250万石,增长了十多倍。③ 于是人民负担日增,除了直接承担封建财政的庞大开支外,还有伴随这些开支的种种勾剥,唐玄宗往往令民"大酺",严挺之说:"酺即过于往年。王公贵人各承微旨,州县坊曲竞为课税,吁嗟道路,贸易家产,损万人之力,营百戏

---

① 参见《通典》卷七《食货典》七《历代盛衰户口》,《唐会要》卷八四《户口数》,《旧唐书》卷八《玄宗本纪》。
② 《通典》卷六《食货典》六《赋税》。
③ 见《旧唐书》卷四九《食货志》。

之资。"①"大酺"以"与民同乐"为借口,实际上是额外向人民课税,供"王公贵人"享乐,而给人民以灾难。由此不难了解"开元全盛日"的真实情景。

唐皇朝集中大量的财富,用于征战和宫廷糜费,加深了社会阶级矛盾,导致了许多制度的废弛,府兵制就在这个时期趋于崩溃。这仍然表现出唐封建统治的不稳,虽然唐玄宗在即位之初企图有所调整和加强,那毕竟是暂时的、表面的。

折冲府的无兵可交与卫士的转为雇佣兵

唐玄宗屡次企图整顿府兵,由于积习难返,均告无效。

开元元年(713年),卫士的兵役年限缩短为十五年。原来规定二十一入幕、六十出军,这时改为二十五入幕、四十出军,如果"频经征镇"的,三十五岁即可出军。② 这当然是一个很大的变化,四十年的兵役年限,缩短为十五年以至十年,只是原来规定的37.5%以至25%。可是人民对于府兵,"既惮劬劳,咸欲避匿",已经成为积势;而且法令不能兑现,"虽有其言,而事不克行",卫士之家仍不免于杂徭,因而这项法令没有能挽救府兵制的破坏。开元八年(720年),虽又重申前令,说是:"役莫重于军府,一为卫士,六十乃免,宜促其岁限,使百姓更迭为之。"③仍不过是一道空文,无补

---

① 《旧唐书》卷九九《严挺之传》。
② 见《新唐书》卷五〇《兵志》。关于四十出军,系依《唐会要》卷七二《京城诸军》。按二十五入军,十五年放出,正为四十岁;《新唐书》说"五十而免",误。参阅《通典》卷二八《职官典》一〇《将军总叙》。
③ 《资治通鉴》卷二一二玄宗开元八年。

于实际。同时,府兵本来是三年一简点,在开元六年(718年)改为六年一简点①,原想简化一些手续,苟且维持,而事实上简点发生困难,所以六年一简点的法令,只是为地方官留一些转旋余地而已。

唐皇朝既不放松对府兵的役使,人民也不断进行反抗,终于使府兵制全部崩溃。

自从武则天当政以后,富人避役者益多,被点为府兵的多贫弱下户或受雇代役之辈,斗争乃集中表现为农民及手工业者对封建国家的兵役的反抗。唐玄宗虽然减缩兵役年限,然而从没有放松对府兵的役使,简点和上番仍旧进行,特别是派赴征镇,负担尤为沉重。人民在当时所采的斗争方式,最经常而最普遍的便是逃亡,使府兵制陷于瘫痪状态。开元六年以前,府兵由于负担太重,其家不免杂徭,已经"逐渐逃散,年月渐久,宿卫之数不给"②,唐皇朝因加紧对在籍卫士的役使,频经征镇而不能按照番第轮换的情况愈来愈严重。这样更迫使"番休者亡命略尽",每经一次役使之后,卫士的实际人数便减少一次;甚至在简点之前,丁壮早已逃亡或为僧寺所隐占,使简点无法足额。③ 据天宝十载户籍残卷,敦煌县从化乡见在140人,已有35人逃走;另一乡见在175人,已有9人逃走。按从化乡共有卫士8人,若包括翊卫在内为12人;而另一乡共有卫士44人,若包括翊卫在内为58人。④ 为什么从化乡的卫士比较少,可能是由于折冲地团大小不同,也可能与丁壮逃亡较多有关。

---

① 见《新唐书》卷五〇《兵志》。
② 《玉海》卷一三八《兵制》引《会要》。
③ 参见《资治通鉴》卷二一二玄宗开元十年,《旧唐书》卷九六《姚崇传》、卷一〇一《辛替否传》。
④ 此统计数字据《唐户籍簿丛辑》所载作出。

无论如何，敦煌本属有军府县，兵役包括当地军镇在内仍然是沉重的，丁籍逃亡为见在户的5%—20%，已属名为卫士而逃亡的尚不在内，由此可以推想关中、河东一带的逃亡情况也一定是严重的。当然，唐皇朝这时在表面上尚处于全盛时期，对农民的统治仍很严厉，曾屡次进行大规模的括户，农民以逃亡为主要形式的反抗斗争，是十分艰巨、十分激烈的，然而毕竟逐步陷府兵制于瘫痪状态。始而是"宿卫之数不给"，继而是"军容每阙"，再而是"无兵可交"，以至于"戎器、驮马、锅幕、糗粮并废"。① 这种抵制方式，不是消极的，在当时具体条件下，有着积极的意义。

富户的规避兵役，也使得府兵制日益废弛。

府兵自备资粮，必须具有一定经济条件，换句话说，府兵的施行，不能完全脱离其点兵的资财标准。但因均田制、租庸调制、户籍法等日益紊乱，府兵简点便失去原来意义，这突出地表现于户籍法的注拟失实上。从当日敦煌县从化乡和另一乡的情况来看，卫士出于中下户1人、下上户5人、下中户7人、下下户52人，即点兵集中在第九等户中，第八、第七、第六等户当府兵的很少，第五等和第五等以上的户就根本不在应征之列，也不列入丁籍之内。户籍法的紊乱情况，更表现在财产标准的悬殊和同一户等的财产悬殊以及户籍的官样文章等等方面。敦煌户籍中如户主程仁贞，妻2人，子女6人，有田31亩，列于下下户；户主赵大本，妻1人，子女6人，有田90亩，亦列于下下户。② 这两户田产相差三分之二，虽可有其他资财，但田产总是占着主要地位，为什么会悬殊很大？可能

---

① 参见《玉海》卷一三八《兵制》引《会要》及《邺侯家传》。
② 见前引《唐户籍簿丛辑》。

是地方官高下其手的关系。而且下下户中,尚有有田与无田之别,有田的10—100亩不等,无田的多单身卫士,根本没有室家。上述两个乡52名下下户卫士中,单身卫士就占了39名,而有一下下户杜怀奉,佺为卫士,有田78亩,就其中比较言之,相差也是很大的。看来当时有资财的人,均设法降低户等,韩琬说"往家藏镪积粟以相夸,今匿资示羸以相尚",这是一种情况;李峤说"移没籍产,以州县甲等更为下户",又是一种情况。① 户等失实,当亦由来已久,开元、天宝间更为严重而已。敦煌户籍中如曹思礼、程思楚、程什住、程大庆、程智慧等均列下中户,有田62—92亩,其中程什住妻妾3人,程思楚妻3人,两个弟弟妻各2人,除田产外,显然还会有其他资财,名列第八等户,实际上过着地主、官僚生活,都是降低户等而混在贫下户之内,可见同是贫下户中又是苦乐悬殊的。再举一个户等变化的例子,来看有钱有势的户主与地方官作奸舞弊的实际情况:索思礼在天宝十载时官为军典,列下上户;到大历四年官升至别将,子游鸾为折冲都尉,有田240亩、奴3人、婢1人,反列下下户。② 无论如何,有田240亩、奴婢4人,即使不将两个折冲府官享有的其他资财计算在内,列入第九等户是极不相称的。这就证明李峤所谓"以州县甲等更为下户"的说法,是有事实根据的。其结果是富户降低户等,混入贫下户之内,其兵役、力役和赋税负担,又都挤到真正贫弱户的身上,如李峤所说的"役逮小弱,即破其家"。府兵为什么以第九等户最多,而又以单身最多?这个问题也就不难回答。

---

① 《新唐书》卷一一二《韩琬传》、卷一二三《李峤传》。
② 见前引《唐户籍簿丛辑》。

府兵不具有一定资财,自备戎具、资粮便成问题。贫弱户愈多,折冲府的军需以及府兵个人资粮都将无法保证,这样,府兵便不仅寡弱,且又贫弱,张九龄所谓"军容每阙",一方面是说兵额不足,另一方面是说贫困不能成军。开元元年,唐玄宗原拟亲巡北边,西自河陇、东及燕蓟,选将练卒,并到处募兵,府兵已经不足备军容,故不得不另行征募。开元三年郭虔瓘经略四镇,请募关中兵万人,皆给公乘,并供熟食,如果不是由于府兵贫弱,就不需另行召募,也不需由官府供给递驮熟食。府兵自备资粮,愈益不可能。开元十二年"诏诸州府马阙,官私共补之;今兵贫难致,乃给以监牧马"①。负担最重的府马,已明令改由官给,然而驮马、戎具、资粮的问题并未解决。开元二十三年有一件地方官的告谕,充分反映了自备资粮的困难情况,《敦煌掇琐》中集卷七〇:

> 频遭凶年,人不堪命;今幸小稔,俗犹困穷,更属征差,何以供办!既闻顷年防者,必扰亲邻,或一室供办单衣,或数人共出袷服,此乃无中相恤,岂谓有而赖济?昨者长官见说资助及彼资丁,皆又人穷不堪其事,几欲判停此助,申减资钱。不奈旧例先成,众口难抑,以为防丁一役,不请官赐,只是转相资助,众以相怜,若或判停,交破旧法,已差者即须逃走,未差者不免祗承。……亦望百姓等体察至公之意,自开救恤之门……至本月二十日,大限令毕,辄违此约,或有严科。恐未周知,因此告谕。

---

① 《新唐书》卷五〇《兵志》。

这个文件说防人的资粮,例由邻里相助。由此推论府兵的资粮,如果后期也有邻里互助之例,亦会出现"人穷不堪其事"的情况,若不遵循这种习惯,必致"何以供办",结果是"已差者即须逃走,未差者不免祗承",以至于"无兵可交","戎器、驮马、锅幕、糗粮并废"。

府兵制原来规定着府兵自备资粮、戎具,也规定着简兵的一定资财标准。当富户尚乐于从军时,这个制度的施行比较顺利;当富户规避兵役时,负担便都落在农民身上或者更多地落在农民身上,农民负担不了,加紧反抗,简点之前流亡,被点以后逃走,便成为反抗的最普遍形式。所以说,府兵的贫弱,是府兵制崩溃的经济因素,它决定着府兵制度的命运。

卫士转为雇佣兵,加速了府兵制的破坏,这主要从开元时开始。

玄宗开元元年,令"羽林飞骑并以卫士简补",这是与卫士缩短兵役年限同时颁发的一项法令。卫士已经不能足额,更从卫士中简补羽林飞骑,府兵益弱而禁兵日重。开元十年张说建议"召募壮士充宿卫,不问色役,优为之制,逋逃者必争出应募";唐玄宗采纳了他的建议,旬日募得兵十三万。原来府兵"浸以贫弱,逃亡略尽",一部分逃亡的卫士,便转入雇佣性质的𬙊骑。开元十一年命尚书左丞萧嵩与京兆、蒲、同、岐、华州长官,选府兵及白丁十二万,谓之"长从宿卫",又是府兵转入𬙊骑。① 经过这样变动,"自是诸府士益多不补,折冲将又积岁不得迁,人耻为之"②。是为府兵的崩溃阶段。天宝八载(749年),停止折冲府上下鱼书,是法令上正式

---

① 见《资治通鉴》卷二一〇玄宗开元元年,卷二一二玄宗开元十年、十一年。
② 《新唐书》卷五〇《兵志》。

承认"无兵可交"、停止上番的事实,折冲府活动乃全部停止。

折冲府活动停止了,其兵额和官吏则保持一个较长时期,唐皇朝对府兵制仍恋恋不舍。

十二卫名号,在唐代一直没有废除。开元十年所召募的和开元十一年所选补的兵,原名长从宿卫,后改名彉骑,总共十二万人,分隶十二卫,每卫万人,分为六番,轮流上番服役,仍号卫士。平时近营为堋,教阅弓弩,皆免征镇赋役,资粮亦从官给。但自开元十六年彉骑弩手并入左右羽林军飞骑,只存步兵、骑兵的弓箭手,彉骑已渐失其重要地位。① 天宝以后,"彉骑之法又稍变废,士皆失拊循",彉骑之名,也罕见于史册。其时上番宿卫仍然维持,然"卫佐悉以假人为童奴","富者贩缯彩、食粱肉,壮者为角抵、拔河、翘木、扛铁之戏"②,多市人窜籍其间,不复都是"下户白丁、宗子、品子"和八等户子弟,更不复是强壮五尺七寸或五尺以上而稍闲技艺者。京师人以当卫士为耻辱,至于相骂辱时,必曰"侍官",视为一种卑贱的职务。天宝十一载诏改诸卫士为"武士"③,并不能扭转这个局势。此后宿卫职责,主要归于禁兵,十二卫除左右金吾卫、左右千牛卫,尚有其实职外,其他都是保留官职、机构,很少兵员。一直到唐僖宗时,宦官田令孜为"左右神策十军兼十二卫观军容使",昭

---

① 《资治通鉴》卷二一三玄宗开元十六年"改彉骑为左右羽林军飞骑",是误解了史料。按《玉海》引《会要》和《新唐书·兵志》,均言改彉骑弩手为左右羽林军飞骑,彉骑与羽林军飞骑均习弩射,此时彉骑弩手并入羽林,其步射部分仍然存在。《资治通鉴》卷二一四开元二十八年"吐蕃寇安戎城及维州,发关中彉骑救之",可证。

② 《新唐书》卷五〇《兵志》。

③ 此"侍官"、"武士",主要指彉骑而言。府兵已无兵可交,以至停止上下鱼符,所谓卫士即以彉骑为主,侍官也指这些彉骑。

宗时崔胤、朱全忠先后"判六军、十二卫军",尽管十二卫以至六军"名存而兵亡"①,仍保存其名号以养勋阶,保存其仪卫以崇威仪,府卫制度不可能再恢复,却仍利用其名号与形式而不肯废除,是官僚主义的一种表现。

同样,折冲府的机构、官吏、兵额,在名义上、形式上也维持了相当长的时期。天宝八载(749年)府兵停止上下鱼符,府兵的上番和发兵活动,在法令上即告终结。而天宝末年,折冲仍保有官吏,且保有兵额,只是"戎器、驮马、锅幕、糗粮并废"。如段秀实在天宝十二载(753年)由斥候府果毅改绥德府折冲,府兵军职仍为军将升转的一种依据;曲环在天宝中累别将、果毅,天宝末至至德中(756—758年)由左清道率转羽林将军,才脱离卫府军职;杨朝晟于天宝以后直到建中以前(780年前),任甘泉府果毅,建中初升骠骑大将军,才脱离卫府军职②;高庭晖在乾元二年(759年)仍任五台府果毅③;索游鸾在大历元年(766年)为通化府折冲④,这些都足以说明折冲府官职,是历久不废的。既有官职,也保留兵额,敦煌出土的唐户籍残卷,凡大历以前(766年)的都载明丁中和卫士及队副、折冲等身份或官职,不过空有其名而已,那些官吏和卫士并非担负原来职掌。⑤ 肃宗宝应元年(762年)明令畿县折冲府缺官,本县令摄判。⑥ 首先从畿县起,如折冲府缺官不必实授,由本

---

① 《新唐书》卷五〇《兵志》。
② 见《旧唐书》卷一二八《段秀实传》,卷一二二《曲环传》、《杨朝晟传》。
③ 见《资治通鉴》卷二二一肃宗乾元二年。
④ 见前引《唐户籍簿丛辑》。
⑤ 大历四年敦煌户簿载"索游鸾丹州通化府折冲、上柱国,大历元年授。甲头李季礼",仍然全部记载其官衔和授官年代等。
⑥ 见《玉海》卷一三八《兵制》引《会要》。

县令摄判,其与原来折冲府组织,也只是名称上、职位上的关系。如果要说有什么效果的话,那就是让某些官吏保留或获得一种武官官阶,作为升转途辙,自然也分沾一些物质利益。代宗永泰二年(766年),诏"诸州府县官及折冲府官职田据苗子多少,三分取一"①,有官有禄,多一些官僚机构来养一批官吏。因此折冲府在唐天宝以后尽管是徒具形式,却不曾有过废止的命令。贞元二年(786年),唐德宗与李泌商议恢复府兵;次年募戍卒屯田,原想逐步施行,不久也烟消云散,府兵卒不可复。②统治阶级中一部分人对府兵的憧憬,始终只是幻想而已。

三、府兵制破坏后唐中外兵制的更张

武则天当政以后新起的军队及其简发方式

武则天当政以后新起的军队,主要有彍骑、健儿和团结兵,这些是府兵制破坏过程中相应发展起来的不同类型的军队。

彍骑已如上述,它是直接代替府兵的,其主要任务是宿卫,所以最初有"长从宿卫"的名称。兵的来源,一部分出自召募,一部分出自简点;兵源范围以关内道特别是京城附近地区为主,也包括一

---

① 《旧唐书》卷一一《代宗本纪》。
② 见《玉海》卷一三八《兵制》引《邺侯家传》,《资治通鉴》卷二三二德宗贞元二年、贞元三年。

部分"潞州长从兵",乃河东道所属。① 入选的都是壮士,"不问色役";或者说"但取材力,不问所从来"。而官书仍说是"择下户白丁、宗丁、品子强壮五尺七寸以上,不足则兼以户八等五尺以上"②。"皆免征镇赋役",另有所谓"优为之制",大概官家还有一些赐与。每年宿卫两番,即两月役,把行程往返计算在内,要超过两月。平时近营为䎀,颇习弓弩。十人为火,五火为团。择材勇者为番头,率领习射和上番。𬩽骑从开元十年开始建立,到天宝以后,"又稍变废,士皆失拊循"。疑𬩽骑的待遇不怎样固定,既不像府兵那样自备资粮,又未能确立雇佣军的由国家供给衣粮的制度,此系过渡性的办法。唐皇朝要在𬩽骑中保持府兵制的某些因素,事实上不可能,因而𬩽骑的历史,只不过二十多年。

团结兵在唐代发生的年代、地点不详,武则天时开始广泛建立。万岁通天元年(696年)于山东近边诸州置"武骑团兵",圣历二年(699年)于河南、河北置"武骑团",三年之间武骑团兵由山东近边诸州扩展到河南、河北地区,即已包括河北、河南两个道的范围。③ 到开元八年又扩展到关内道,由皇朝派人于两京及诸州拣取十万兵,当时诏书说是"务求灼然骁勇,不须限以蕃汉,皆放番役差科,惟令团伍教练"。④ 这种团兵即"团结兵",或称"团练",有蠲免、优赏之制,也有定期训练、征集之法。"凡关内团结兵……选丁户殷赡、身材强壮者充之,免其征赋,仍许在家常习弓矢,每年差

---

① 参见《新唐书》卷五〇《兵志》,《资治通鉴》卷二一二玄宗开元十年、十一年。
② 《新唐书》卷五〇《兵志》。
③ 见《唐会要》卷七八《诸使杂录》。
④ 见《唐会要》卷二六《讲武》,《玉海》卷一三八《兵制》引《会要》。

使,依时就试。"①此外陇右、河东、山南诸道均有团兵。团兵隶属于沿边诸军,故史称"诸军团兵";开元十五年调陇右、河西、关中、朔方兵防秋,即包括"诸军团兵"在内。胡三省谓:"府兵废,行一切之法,团结民兵,谓之'团兵'。"②说明团兵与府兵有渊源关系。至代宗时"定诸州兵",明令规定:"差点土人,春夏归农,秋冬追集,给身粮、酱菜者,谓之'团结'。"③以别于长期服役、给家粮与春冬衣的"官健"。故知团兵系差点殷赡、强壮的土人充当,基本不离乡土,有时间从事生产,与府兵颇相类似;但团兵不需自备戎具、资粮,而是官给身粮、酱菜,则带雇佣性质,与府兵在负担上差别很大。这种团兵,后来被广泛运用,诸州因置有团练使、都团练使,由刺史、观察使兼领,以资掌管。④ 另有所谓"子弟军",有的性质近于团兵,如韩滉镇两浙,规定大州拣点一千人,小州八百,缓则归农,急则为兵,即其一例。⑤ 其不给身粮、酱菜者又有所谓"乡兵",为地方武装力量,名目繁多,形式也不尽同。唐朝统治阶级采取种种办法,以奴役和压迫人民,其中最普遍的莫如团兵。团兵企图利用府兵制度中不离乡土的优点,以扩充兵源,而雇佣制却没有能完全确立和固定下来,结果扩大了兵源,平添了无偿的徭役,给人民带来了沉重负担和无穷灾难。

① 《唐六典》卷五《尚书兵部》。
② 见《资治通鉴》卷二一三玄宗开元十五年胡三省注。
③ 《资治通鉴》卷二二五代宗大历十二年。按《唐会要》卷七八《诸使杂录》谓:"当上百姓,名曰'团练',春秋归,冬夏追集,日给一身粮及酱菜。"记载稍有出入。
④ 参见《通典》卷三二《职官典》一四《州郡》上,《文献通考》卷五九《职官考》一三《团练使》,《旧唐书》卷四四《职官志》。
⑤ 见《玉海》卷一三八《兵制》。

第七章 府兵制的破坏

健儿亦称官健,原为防人或戍卒。凡军、守捉、城镇、戍,都有定额的防人或戍卒。防人番役有定期,一般是三年一代,均须自备资粮。由于番期较长、番地较为固定,军镇所在,一般另置屯田,《新唐书·食货志》所谓"唐开军府以捍要冲,因隙地置营田",即指军镇而言,不是指折冲府。营田之外,还可以"各量防人多少,于当处侧近给空闲地,逐水陆所宜,斟酌营种,并杂蔬菜,以充粮贮,及充防人等食"①。开元十五年左右,防人之制逐步在变化。原来在防人中募能更住三年者,赐物二十段,性质上有类于召募的雇佣军。开元十五年乃确定"诸军镇量闲剧、利害,置兵防健儿,于诸色征行人内及客户中召募,取丁壮情愿充健儿长住边军者,每年加常例给赐,兼给永年优复,其家口情愿同去者,听至军州,各给田地屋宅"②。到后来所有军队中,都召募长征健儿,官给家粮、春冬衣,原防人自备资粮一变而为官给,故又称为官健。这种官健是长期从役的职业兵,故又称为"长从兵"或"长征健儿"。开元十六年又令长征兵分为五番,"岁遣一番还家洗沐"③。由于家口随营的不多,所以有五年轮流分休的办法。健儿与一般召募之士或征人以及所谓"义征"不同,一般召募来的均属临时役使,一次战争结束,任务即告中止。征人亦属临时拣点,征名随着征防期限而定,也不是长从兵。义征者系自愿从军,别为行伍,并不列入募人之营。官健则为长从兵,有固定驻防地,是分驻各地的一种常备兵。这种兵人数

---

① 《唐律疏议》卷一六《擅兴律》引《军防令》。
② 《唐六典》卷五《尚书兵部》。参阅《资治通鉴》卷二二四代宗大历三年"官健常虚费衣粮"句下胡三省注。此处年代据胡注,《唐六典》作开元二十五年。
③ 《资治通鉴》卷二一三玄宗开元十六年。

很多,平时任务并不繁重,当时的议论有"官健常虚费衣粮,无所事"①,即指其开支大、任务少而言。防人转变为官健,表明府兵制破坏,防人的兵源、衣粮及番期等同样发生问题,唐皇朝不得不采取召募的办法,以资补救。然而官健的开支很大,有关法令往往未能兑现。开元二十三年,有的防人均须自备资粮。一直到天宝年间,"关东之人西戍者,边将利其死而没入轻赍之资,故戍卒自天宝后回归者无一二"②,可见镇防健儿,真正获得常赐和优复以及家粮、田宅的,为数不多。今考天宝十载沙州敦煌县□□乡丁籍,其中有八十七名土镇兵,只有一名豆卢军健儿③,土镇兵即本地防人,豆卢军健儿才是长征兵。所以开元末年,全部官给的镇兵增加到四十九万;而不由官给的防人,其数目当远远超过此数。

如上所述,在府兵制破坏的过程中,出现了彍骑,同时团结兵日益推广,防人则演变为官健,三者都趋向于官给身粮、家粮或有其他赐与,而且都趋向于长期从军。至于兵士的简发,一般保留了府兵的简点方式。彍骑系简点与召募并行,团结兵系采取差点办法,官健则系召募。简点、差点都是带强制性的,这易于了解。其实召募也往往是差点的一种饰词,名为召募,实为差点;不过其中一部分人迫于生活不得不应募,其强制性更加隐蔽。

禁兵的日趋重要和中外军的重新组合

唐代后期,禁兵日趋重要,而极为腐败,兵权归宦官,助长皇朝

---

① 《资治通鉴》卷二二四代宗大历三年。
② 《玉海》卷一三八《兵制》引《邺侯家传》。
③ 见前引《唐户籍簿丛辑》。

第七章　府兵制的破坏

政局的纷歧错综情况,唐皇朝却终究依靠禁兵来维持残局。

禁兵为召募的雇佣军。唐皇朝掌握大量财富,特别是江淮财富,可以蓄养大批军队。禁兵如神策军的给养优厚;边兵衣粮不赡,一旦遥隶神策军,廪给即丰于往常三倍。禁兵由左右羽林、左右龙武、左右神武六军逐渐扩展到左右十军,即加上左右神策、左右神威组合而成。由于边兵遥隶神策,塞上军队往往称神策行营。神策军日盛,人数达到十五万;另外各军名籍,其总数当不少于四五万人。

唐皇朝越到后来越依靠禁兵维持皇权和封建统治,在安史之乱、李希烈之乱及吐蕃内扰时,都曾使用禁兵。宦官掌握了禁兵,也控制了唐皇朝的统治权力。唐皇朝就在这种局面之下苟延了一百五十年的统治。

唐后期禁兵的腐败程度是惊人的。神策兵"散处甸内,皆恃势凌暴,民间苦之"[1],而且虚籍多,实兵少,隶名禁军的多市井无赖、豪强、奸猾之徒,一般均不堪一战。其作用在于护卫京城、护卫皇帝,控制腹地,因而禁军始终是封建国家重要工具之一,府兵制破坏以后,这种作用乃更显著,其地位也日趋重要。

府兵制破坏后,中外军组合情况也发生变化,唐皇朝企图加强对中外军的控制,实际上则是日益趋于削弱。

当府兵制趋于破坏时,唐皇朝感到直接控制的兵力不足,影响着皇权和政权的稳定。武则天圣历元年屯兵都下,是把地方兵调集到京城来,由亲王武懿宗、武攸归直接统领;玄宗开元元年讲武

---

[1] 《新唐书》卷五〇《兵志》。

于骊山,所征兵二十万,也从地方调来①,这是中外军重新组合的一个开端。前此皇朝直接控制着几十万府兵,上番数不足时,尚可临时征集,不会有这种情况。这是一个变化。

同时,唐皇朝也感到地方兵力太分散,指挥调度不灵活,曾企图集中兵权。睿宗景云二年,拟设二十四都督府,分统诸州,这虽属行政上的区划,实包含军事统辖的部署在内。普设都督府之议未见诸事实,这种变化,表现为在边疆设置节度使,以后也逐渐设置于内地。景云元年始以皇朝所信任的大臣出任边防军使或节度大使,欲使地方军的指挥权力直属中央,这是中外军重新组合的转折点。以前的情势是"举关中之众以临四方",那时地方兵力分散,而府兵力量比较集中,皇朝易于控制兵权,便不会发生这样的问题。这又是一个大的变化。

安史之乱以后,出现了新的募兵,如郭子仪统辖的军队,驻屯泾州、原州等地,即属地方军队。② 这种军队愈来愈多,中央每每不易控制,形成一种尾大不掉之势。唐皇朝原来想利用这种军队维持中央集权,事实上却往往成为地方分权的一种凭借,这又是中外军重新组合下的结果。以前皇朝直接控制着几十万府兵,便不容易产生这种情况。

中外军重新组合,中军是削弱了,旷骑只是昙花一现,禁军既腐败又怯弱,就是在数量上包括虚籍在内也没有达到府兵最高数额。唐皇朝原想加强对外军的控制,在一定时间、一定条件下,不能说没有获得一些效果,总的趋势却是导致地方割据。节度使权

---

① 见《资治通鉴》卷二〇六则天后圣历元年、卷二一〇玄宗开元元年。
② 见《旧唐书》卷一二〇《郭子仪传》。

力大,可以维护皇权,也可以削弱皇权,一般则是离心力超过向心力,终于形成藩镇割据局面。

中外军重新组合之中,给养与军备成为兵制发展变化的关键。

在实行府兵制时期,不独府兵的军备、给养基本上是兵士自备,就是军、镇、守捉,也是防人自备资粮,其他军资多取给于屯田,唐皇朝每年支出不过200万贯。中外军给养以及部分军备,都直接分摊在兵士身上或屯田兵户身上,封建财政不负担庞大的军费开支,实际上也无法负担这笔庞大的军费开支。将庞大的军费开支,分散地加诸劳动者身上,这在本质上是一种力役地租的变形,正如佃农以自己的劳力和耕具去为地主种田,付出定期的无偿劳动,属于封建剥削比较原始的形态。至于地主服兵役,自备资粮、戎具,则是由封建武士的传统习惯而来,也基于其获致领邑或广占田地对封建国家负有一种义务而来,仍具有初期封建制度的特点。

府兵制破坏,军队的资粮、军备及兵士家属的部分口粮,全部由封建财政支付,其前提是封建国家集中了大量财富,能经常支付庞大军费。这样就必须在经济上社会生产比较发达,在政治上中央有控制地方的权力;同时还必须具备交通比较方便如江淮粮食可以供给西北的需要、货币流通较广、交换方便等条件。隋唐经过南北朝长期分裂之后,生产的恢复和发展较快,虽历受战争影响,但在劳动人民的辛勤劳动下,到唐玄宗时,封建经济有很大的发展。唐皇朝集中了大量财富,军费的粮绢支付,由200万贯累增到1200多万贯,增加了五倍多。因而官健全由官府供给衣粮及其家粮,团结兵也得以有部分贴补。雇佣性质的兵在军队中日益占据主要地位;禁军完全代替了府兵,也是与给养支付联系在一起的。农民以实物及货币地租形式缴纳其生产品于地主和封建皇朝,封建皇朝以赋税收入的粮绢和一部分钱币来支付军费,这样军费取给,不再是力役地租形态,而是实物地租结合货币地租的形态了。

封建社会的生产发展是曲折的,又是缓慢的,中央集权与地方分权是变易无常的。皇朝集中大量财富,供养大批军队,固然可以维护统一与集权;但财富一旦为地方掌握,即意味着地方拥有相当的军事力量,又会形成分裂状态。唐皇朝支付庞大军费,始终存在着很大困难,特别是关中地区的粮食供应时常发生恐慌,不能不依赖地方自筹。郭子仪镇守河中,军队自耕;令狐彰于京西防秋,自贲粮食;神策军在京畿划分屯区以至节度使辖区的确定,这些都与自筹给养有关,藩镇割据局面的形成,亦属势所必然。

由此可知,在均田制较为稳定,兵役负担与租庸调分别加给农民及一部分地主的情况下,府兵制可以行得通。而当生产逐渐发展,田地占有不能适应均田制规定,租庸调制也遭到破坏时,府兵制便行不通。府兵制与生产力和生产关系的关系,可以大致上作如此理解。这是最根本的也是决定性的因素,但并不是经常地在每一个环节上都影响着府兵制。府兵制虽然归根到底要受生产方式的制约,可是封建的政治对于它的影响是更直接、更明显的。

府兵制在禁兵、地方兵和官健、团结兵中的遗迹及影响

府兵制崩溃以后,它在唐代兵制中遗留下一些痕迹或影响。

禁军中的纳课户[①],直接来源于府兵的纳资代番。唐玄宗改万

---

① 《玉海》卷一三八《兵制》引《会要》谓龙武六军及威远营纳课户1800人,一说威远营纳课户1080人。

骑为左右龙武军,皆用功臣子弟,其良家子避征戍者,亦皆纳资隶军,分番更上。其后十军都有所谓纳课户,即在京畿之内,名籍禁军,身不宿卫,以钱代行。其与府兵纳资代番的区别:府兵若远道赴京宿卫有困难,得纳资代番,但征防事务仍须亲身赴番;禁军的纳课,纯粹是出钱代役,兵役变为兵赋,丧失了府兵纳资代番的原有意义。

禁军一度强制品子、富室从军①,为府兵制遗留下来的一种影响。唐德宗时白志贞为神策军京城召募使,募禁兵征讨李希烈,请令节度、观察、都团练诸使与曾任该官之家,皆以子弟率奴马、自备资粮从军。郭子仪的女婿吴仲孺,殖资累巨万,也不得不令其子率奴马助征。② 这与募豪右、籍富室以增军旅的做法,大体上是相似的。在这以前,杨国忠募兵击南诏,"时调兵既多,国忠奏先取高勋",一反"有勋者免征役"的旧制③,也基本上募取富室豪右当兵,勋名中虽有贫下户,究以地主为多。

官健中有着府兵制分番的遗痕,即分番酬勋法。开元十六年定制,长征兵分五番,岁遣一番还家,五年酬勋五转。这样官健不以家室自随,五年可回家一次,其办法虽与府兵的分番大不相同,而兵士不能完全离开其乡土,非袭用番休番役的方式不可。三国时有十二分休之制,府兵制则更完备,分番酬勋法是直接从府兵制演变而来。

团结兵基本上采用府兵制简点、训练以及分番应役等办法,所谓"府兵废,行一切之法,团结民兵,谓之'团兵'",它正是直接用

---

① 原来禁兵取户二等以上,见《新唐书》卷五〇《兵志》。
② 参见《旧唐书》卷一三五《白志贞传》、《新唐书》卷五〇《兵志》。
③ 见《资治通鉴》卷二一六玄宗天宝十载。

以替承府兵的部分任务而产生的一种兵制。

地方兵特别是藩镇兵,有的采用府兵的某些制度。泽潞步兵较为显著,《玉海》卷一三八《兵制》引《实录》(《资治通鉴》卷二二三所载略同):

> 代宗永泰元年正月戊申,加陈郑、泽潞节度使李抱玉凤翔、陇右节度使,以其从弟殿中少监抱真为泽潞副使。抱真以山东有变,上党为兵冲,而荒乱之余,土瘠民困,无以赡军,乃籍民,每三丁选一壮者,免其租徭,给弓矢,使农隙习射,岁暮都试,行其赏罚。比三年,得精兵二万。既不费廪给,府库充实,遂雄视山东。天下称泽潞步兵为诸夏最。

泽潞步兵之制,三丁选一壮者,农隙习射,岁暮都试,兵士得免除租徭,弓矢官给。故养兵不费廪给,府库由是充实。泽潞地区在荒乱之后,基本上实行府兵制中简点、训练、给养的一套办法而取得一定效果,这可以说是府兵制的一个缩影。封建社会的发展极为曲折缓慢,府兵制度中某些主要因素会反复出现,那是不难理解的。

在唐代企图恢复府兵制度的是德宗时的宰相李泌,德宗也完全同意。《资治通鉴》卷二三二综合记载其办法与效果如下:

> 上复问泌以复府兵之策。对曰:"今岁征关东卒戍京西者十七万人,计岁食粟二百四万斛。今粟斗直百五十,为钱三百六万缗。国家比遭饥乱,经费不充,就使有钱,亦无粟可籴,未暇议复府兵也。"上曰:"然则奈何?亟减戍卒归之,何如?"对曰:"陛下用臣之言,可以不减戍卒,不扰百姓,粮食皆足,粟麦

日贱,府兵亦成。"上曰:"苟能如是,何为不用!"对曰:"此须急为之,过旬日则不及矣。今吐蕃久居原、会之间,以牛运粮,粮尽,牛无所用;请发左藏恶缯染为彩缬,因党项以市之,每头不过二三匹,计十八万匹,可致六万余头。又命诸冶铸农器,籴麦种,分赐沿边军镇,募戍卒耕荒田而种之,约明年麦熟倍偿其种,其余据时价五分增一,官为籴之。来春种禾亦如之。关中土沃而久荒,所收必厚。戍卒获利,耕者浸多。边地居人至少,军士月食官粮,粟麦无所售,其价必贱,名为增价,实比今岁所减多矣。"上曰:"善!"即命行之。

泌又言:"边地官多阙,请募人入粟以补之,可足今岁之粮。"上亦从之,因问曰:"卿言府兵亦集,如何?"对曰:"戍卒因田致富,则安于其土,不复思归。旧制,戍卒三年而代,及其将满,下令有愿留者,即以所开田为永业。家人愿来者,本贯给长牒,续食而遣之,据应募之数,移报本道,虽河朔诸帅,可免更代之烦,亦喜闻矣。不过数番,则戍卒土著,乃悉以府兵之法理之,是变关中之疲弊为富强也。"上曰:"如此,天下无复事矣。"……既而戍卒应募,愿耕屯田者什五六。

李泌恢复府兵方略,主要是戍卒土著,充实关中和边疆地区,《邺侯家传》所谓"不二三更代,则关中已实不假征戍矣","有寇则以符契发付边将,无寇分番宿卫",中心仍在京城所在的关中。戍卒土著之法是,募戍卒耕屯田以为永业,官给耕牛、农具及农籽,使其因田致富。其效果据《邺侯家传》估计"每人所获不啻绢百匹",关中土沃而久荒,初次所收想必丰厚。这样,原是三年更代的戍卒,可成为著籍关中的新府兵,不离乡土,耕作一定数量的永业田,而负担兵役,并自备资粮、戎具。这在兵荒后的关中和战争频仍的边疆地区,条件具备时是可以行得通的。以后各朝有时也采用这种办法,这种办法确也包含着府兵制的某些因素在内。至于府兵制的全部内容或基本内容,当然不可能一一恢复。由于时间、地点和条件不同,即使向往于府兵制的封建政治家和政论家,也不过撷取其某一方面,如宋代宋祁讲求府兵制的驮幕法,希望"师行万里,无所缺乏"①;然而驮幕法基于府兵自备资粮、戎具,自有其团伍组织,实行起来并不简单。府兵制往往徒然成为封建政治家和政论家空谈或幻想的一种凭借,复古终究是不现实的。

---

① 《玉海》卷一三八《兵制》注。

附论一　东魏、北齐建置府兵问题商榷

关于东魏、北齐的府兵,不见于较早的历史记载。《玉海》、《会要》、《邺侯家传》等书只载西魏、北周和隋、唐的府兵;《文献通考》虽有"周、齐府兵"之文,但与该书所载北齐兵制内容不符,可能出于误解。① 其他史料涉及北齐府兵的只有两个墓志铭。② 因而整个问题成为历史研究中的一个疑议。近人著作中也有肯定北齐曾建置府兵的。③ 兹试就有关史料,提出己见,以资商榷。

一、问题的提出

系统叙述府兵的资料,以《邺侯家传》较为完整,成书又较早。它只谈西魏、北周的府兵,下面接叙隋、唐府兵,并认为北周之转弱为强,得力于府兵。通观《邺侯家传》全文,作者是确认东魏、北齐

---

① 《文献通考》卷一五一《兵考》三称:"隋兵制,大抵仍周、齐府兵之旧而加以润色。"而其上文所载北齐兵制,只是兵分内外和从军年龄两个内容。马端临所谓"府兵",可能泛指京畿大都督、领军大将军府及其他都督府的兵,在此处不作为专称使用。
② 见下文所引。
③ 见岑仲勉《府兵制度研究》,页24—27。作者在一些论文中,也曾认为北齐有府兵。

不曾设置府兵的。由于作者家世为西魏、北周以来府兵系统中的中坚分子之一，其所叙述的内容固然不无根据，却又易于受封建派系影响而产生偏见，甚至浮夸失实，这点不能不予以注意。加以《邺侯家传》成书在府兵破坏之后，距离府兵初建时期几及三百年①，其中不仅会存在偏见，还难免有缺略和传闻失实之处，我们不能单凭《邺侯家传》作出结论。

在出土的墓志铭中，《董荣墓志铭》说其祖董业为北齐长春府统军，《董师墓志铭》说其祖先董嵩在北齐为开方府鹰扬郎将。② 如果墓志铭的记载可信，那么北齐不独置有府兵，而且军府分别冠以地名，已粗具隋唐府兵制度的规模。但墓志铭为"谀墓"之文，常铺陈志主个人"勋德"和"家世冠冕"，我们必须慎重检核其真实情况，因此也不能根据这两个材料就下结论。

岑仲勉先生依据"府兵制源自鲜卑"的说法，考出东魏、北齐也有府兵，并谓东魏、北齐为军民分治、兵农分离，军队中以鲜卑为主、"华人"勇夫为辅，与西魏、北周之制不谋而合，故系同是"昉自拓跋魏"。③ 这样来论证东魏、北齐的府兵，涉及府兵制度的来源和特点两个重要问题，值得研究。

---

① 李繁撰《邺侯家传》，约在唐敬宗时（825—826 年），上距西魏大统八年（542 年）已二百八十多年。
② 见拙作《唐折冲府考校补》。又清劳经原《唐折冲府考》引杨炯《高君则神道碑》，"曾祖冲北齐鹰扬郎将、周右屯卫清宫府别将"，这又是北齐"鹰扬郎将"之名见于石刻者，而且既冠之以地名（清宫府），又系之以卫（右屯卫），前所未见，疑均不真实。
③ 见岑仲勉《府兵制度研究》，页 24—27。

二、东魏、北齐军队的组成、统率以及军将的兼理民政

东魏、北齐军队的来源有五：一是高欢从北镇带来的军队以及收编尔朱荣的一些军队，这些都以北镇的鲜卑人和汉人为主，估计达十万人。二是北魏遗留下来的军队，数目不少，原系京畿附近的羽林、虎贲及其他军队，以鲜卑为主体，也有汉族和其他各族人。[①] 在东、西魏分裂前夕，集中于河桥的便有十多万人，《隋书·食货志》称，"是时六坊之众，从武帝而西者不能万人，余皆北徙"，说明这十多万人大都跟高欢徙邺，西入关中的不到万人。三是继续招致为兵的北镇内徙人户[②]，《隋书·食货志》所谓"六镇扰乱，相率内徙，寓食于齐晋之郊，齐神武因之成大业"。这部分人户以鲜卑为主，其中也包括曾徙居北镇的中原强宗子弟和其他各族人。四是河北、河南各道"差选勇士"，或"简发勇士"，或"括民为兵"[③]，即《隋书·食货志》所谓："简华人之勇力绝伦者谓之勇夫，以备边要。"这部分人当然以汉人为主，不过一般勇士不免包括内徙的山胡、奚、契丹以及茹茹等人户在内。五是各地豪宗强族私家武装即

[①] 据《北史》卷三、五《魏本纪》，北魏孝文帝太和二十年，以代迁之士皆为羽林、虎贲。孝武帝永熙三年，置勋府庶子厢，厢别六百人；骑官厢，厢别二百人，都是鲜卑人为主体。又据《魏书》卷一〇《孝庄帝纪》，武泰元年大举募士，有私马仗从戎者优阶授官，就可以包括各族在内。

[②] 《北史》卷四八《尔朱兆传》："兆乃分三州六镇之人，令神武统领。"由此高欢兵力渐强。

[③] 《魏书》卷一二《孝静帝纪》：兴和元年，命司马子如和奚思业分别于山东、河南"差选勇士"、"简发勇士"。《北齐书》卷二四《孙搴传》："大括燕、恒、云、朔、显、蔚、二夏州、高平、平凉之民，以为军士。"

其"义众"、私兵或部曲之归附高欢的,也称"乡间"、"乡曲",有的豪强因而得到"立义大都督"、"静境大都督"等名号①,其情况和西魏相似,只是不像西魏那样众多和普遍,这些亦以"华人"为主,鲜卑和其他部族内徙者也不少。

高欢在从洛阳迁邺的初期,兵力已相当雄厚。534年估计可以调动的兵力有二十四万人;到536年西攻关中,战于沙苑,前线兵力达二十万人,这是西魏所不及的。②后来召募、简括并收集所谓"义众"、"乡曲",兵数更为增加。《邺侯家传》认为东魏比西魏富强,确系如此。所以东、西魏对峙时期,东魏西征的次数居多,在战役中获胜次数也较多。

东魏、北齐军队,自始分为京畿兵与州兵两大类。

京畿兵原有领军府的卫士,独自成为系统;而其他京畿兵又各另成系统,由京畿府统率。后来京畿府并入领军府③,于是领军府成为禁卫军的统率中心④。

州兵主要是幽州道和河阳道两地的兵。幽州道兵简称冀州兵或幽州兵,河阳道兵简称洛州兵,由这两道的行台仆射兼州刺史分

---

① 《汉魏南北朝墓志集释》图版402《赵韶墓志》谓"天平三年……官以靖境大都督",同书图版405《雍长墓志》谓雍长后为"静境大都督",《周书》卷三七《高宾传》谓高宾"仕东魏,历官至……立义都督"。这些人都拥有大批部曲。参阅《北齐书》卷一九《王怀传》,卷二一《高乾传》《高昂传》,卷二二《李密传》《卢文伟传》。

② 见《北齐书》卷二《神武帝纪》。北齐最高兵额现已无法计。《北齐书》卷一四《平秦王归彦传》说是"六军百万众",语极概括,可能有六七十万人。

③ 见《北齐书》卷六至八。京畿府于武平二年(571年)裁并,这是齐末的事,京畿府在北齐是维持了长久的时间的。

④ 《通典》卷二三《职官典》谓北齐有五兵尚书,其中"右中兵掌畿内丁帐事、诸兵力士","左外兵掌河南及潼关以东诸州丁帐及发召诸兵","右外兵掌河北及潼关以西诸州丁帐及发召诸兵"。即是右中兵管京畿兵,左、右外兵分管河北和河南两道兵。《通考》所谓"兵分内外",即指此而言。

别统率。其中包括镇戍兵,北齐镇戍很多,主要镇戍都固定地区,这是继承北镇的镇戍制度而来。

北齐军队主力为京畿大都督和领军大将军所统率的军队,这是皇朝直系军队,包括"六坊之众"、"百保鲜卑"在内,经常有几十万人。这种军队绝不轻易交付诸将带领出征,齐后主时司空赵彦深欲御陈兵,兵力不足,问计于秘书监源文宗,源文宗便说:"朝廷精兵,必不肯多付诸将;数千已下,适足为吴人之饵。"①北齐军主力集中于京城,直辖于皇朝,乃是高欢的一种建军方略。至于幽州兵、洛州兵每次可以调动三五万人或者更多一些②,但驻防地区分散,力量也较分散。

东魏、北齐的军将,主要有开府将军、仪同将军、大都督、正都督、子都督或副都督。军将名号继承北魏末年旧制,这与西魏大体相同;但始终没有把京畿兵和地方兵以及所谓义众、部曲等统一于一个军事组织系统之下,所以没有像西魏、北周那样的军、府组织形式。

地方性的私兵和部曲,始终保留着。如渤海州豪高昂一家,拥有本乡部曲;其弟季式"自领部曲千余人,马八百匹,戈甲器仗皆备",驻屯于濮阳、阳平,常率其部曲出征。有人对高季式说:"濮阳、阳平,乃是畿内。既不奉令,又不侵境,而有何急,遣私军远征?"高季式不听。③赵郡李愍有部曲数千,出任南荆州刺史、当州都督,仍领其部曲数千。渤海封隆之也拥有部曲,后其子封子绘为

---

① 《资治通鉴》卷一七一陈宣帝太建五年。
② 《北齐书》卷一五《潘乐传》载其子子晃于"武平末为幽州道行台右仆射、幽州刺史,周师将入邺,子晃率突骑数万赴援"。又卷四一《独孤永业传》载独孤永业于齐末"除河阳道行台仆射、洛州刺史……有甲士三万"。
③ 见《北齐书》卷二一《高乾传弟季式附传》。

渤海太守，"仍听收集部曲一千人"。北齐宗室清河王高岳，亦"家有私兵，并蓄戎器，储甲千余领"。① 军将拥有私兵部曲的习气，始终很盛，东魏、北齐都没有像西魏、北周那样建立一定的制度，把这些私兵部曲收归皇朝直辖，这就说明了东魏、北齐与西魏、北周兵制的不同，由此可以看出东魏、北齐是不曾设置府兵的。

东魏、北齐的军将，往往兼理民政。军将担任州刺史的，即为当州都督；或者都督几个州的军事而兼州的刺史；更有行台兼总民事，如辛术在武定八年（即天保元年，550年）为东南道行台尚书，"所统十余州地，诸有犯法者，刺史先启听报，以下先断后表闻"，史称"齐代行台兼总人事，自术始也"②。京畿府也得干预民政，至武平二年京畿府并入领军府，"事连百姓，皆归郡县"③，可见在这以前，凡军政事连百姓的，不归郡县而由京畿府处理。战乱之时，军将事权驾乎地方官事权之上，而军将往往将军政、民政总揽在手，这在北齐确是比较突出的。原来北齐地方行政机构有州、郡、县三级，如果加上京畿府和各道行台，等于四级了。北周却不是这样。地方官事权不同，也会形成兵制中的某些区别。

三、东魏、北齐兵的给养及训练

东魏的兵，原有"常廪"、"常赐"，常廪指每月粮膳而言，常赐指"春秋二时赐帛，以供衣服之费"而言。北齐初年取消军人常廪，

---

① 见《北齐书》卷二二《李元忠传》、卷二一《封隆之传》、卷一三《清河王岳传》。
② 《北齐书》卷三八《辛术传》。
③ 《北史》卷四七《祖珽传》。

边地多置营田,月粮借以供给。到天统中(565—569年)连"九州军人常赐"也取消了①,这是由于宫廷糜费太大,无法继续供给,转由地方支付。

地方负担着兵的给养,费用自然一律取之于民。当时除按九等纳户税并令"富人出钱,贫者出力"外,有临时军事责办,《北齐书》有如下一些记载:

> 阳平即是畿郡,军事责办,赋敛无准。又勋贵属请,朝夕征求。(《许惇传》)
>
> (杜)弼行颍州事摄行台左丞。时大军在境,调输多费。(《杜弼传》)
>
> 蚕月预下绵绢度样于部内,其兵赋次第,并立明式;至于调役,事必先办。(《苏琼传》)
>
> (张)纂为高祖行台右丞,从征玉壁。大军将还山东,行达晋州,士卒饥冻,至有死者。……分寄民家,给其火食,多所全济。(《张纂传》)
>
> 代、忻二牧,悉是细马,合数万匹。……送定州付民养饲。(《白建传》)
>
> 景安与诸军缘塞以备守。督领既多,且所部军人,富于财物,遂贿货公行。(《元景安传》)

从上面有关史料看来,地方上负担着各种"兵赋"、"调输"以及临时苛派,无论皇朝有无常廪、常赐,苛派总是不免。而军人却"富于

---

① 见《隋书》卷二四《食货志》。

财物",表明东魏、北齐是由皇朝或地方担负兵的给养,不是军将和士兵自行筹办资粮,军将反而因以致富。

东魏、北齐人民,除负担军队给养外,还随时要遭受军将的掠夺。《文献通考》卷一五一《兵考》三:

> 神武王(高欢)将出兵拒魏,行台郎中杜弼请先除内贼。欢问:"内贼为谁?"弼曰:"诸勋贵掠夺百姓者是也。"欢不应,使军士皆张弓注矢,举刀按稍,夹道罗列,命弼冒出其间。弼战栗流汗。欢乃徐谕之曰:"矢虽注不射,刀虽举不击,稍虽按不刺,尔犹亡魂失胆。诸勋人身犯锋镝,百死一生,虽或贪鄙,所取者大,岂可同之常人也!"弼乃顿首谢不及。
>
> 欢每号令军人,常令丞相属代郡张华原宣旨。其语鲜卑则曰:"汉民是汝奴,夫为汝耕,妇为汝织,输汝粟帛,令汝温饱,汝何为陵之?"其语华人则曰:"鲜卑是汝作客,得汝一斛粟、一匹绢,为汝击贼,令汝安宁,汝何为疾之?"

这段记载中"输汝粟帛"之语,明言高欢赋敛汉民以供鲜卑军人给养;至于得华人"一斛粟、一匹绢"的,那就不止是鲜卑军人,该包括其全部基本军队在内。东魏、北齐以赋调供军,这与西魏初期"六家共备"的方式有所不同。

兵士的训练与校阅,也不像北周那样要受农事和季节限制。东魏、北齐在一年十二个月当中,一般是月别三围或二围,以教习田猎,训练武事①,与西魏、北周冬季校阅之制不同。其所以不同,

---

① 见《北齐书》卷四〇《唐邕传》。又北齐皇帝校猎,有在四月、五月的,令众庶妇女赴观,见《北齐书》帝纪。

主要由于统率系统不同,整个兵制不那么整齐划一,训练、校阅也不例外。

四、北周、北齐兵制的比较

东魏、北齐军事组织始终分京畿兵和州兵两个系统,由领军或行台仆射或管辖几个州的大都督分别统领,没有专设的军府。军队给养由皇朝给予"常禀"、"常赐"演变为地方筹派,而西魏、北周则是由将士自筹走向皇朝支给。兵士的训练、校阅,也不像西魏、北周那样趋向于"一时讲武"。

东魏、北齐中央直辖军队庞大;私兵、部曲的潜在势力也很大,军纪不严,战斗力也弱。后来北周兵临城下,北齐京畿兵不能抵御,地方军队又不易集中,结果纷纷投降,十分狼狈,十分混乱。[①]就是在平时,其兵力分散情况亦极显著,如齐后主时斛律光率步骑五万往御周师,"还未至邺,敕令便放兵散"[②];齐文宣帝命仪同萧轨率高希光、东方老、裴英起、王敬宝统步骑数万伐陈,"五将名位相侔,英起以侍中为军司,萧轨与希光并为都督,军中抗礼,不相服御,竞说谋略,动必乖张"[③]。充分说明东魏、北齐境内的军队,分散性是严重的。如何把分散势力统一起来,在兵制上也没有能给

[①] 当时北齐抵御周师主力为领军府直辖的京畿兵,号令不统一;其河阳、河北两道兵还来不及集中,也是指挥不灵的原故。参阅《北齐书》卷一一《广宁王孝珩传》、卷四一《高保宁传》等。

[②] 《北齐书》卷一七《斛律光传》。

[③] 《北齐书》卷二一《高乾传高希光附传》。

予保证。

为什么东魏、北齐不能建立起一套整军经武的新制？论物质条件，最初东魏、北齐比西魏、北周还优越。魏徵总论《北齐书》帝纪曰："夫有齐全盛，控带遐阻，西苞汾晋，南极江淮，东尽海隅，北渐沙漠。六国之地，我获其五；九州之境，彼分其四。料甲兵之众寡，校帑藏之虚实，折冲千里之将，帷幄六奇之士，比二方之优劣，无等级以寄言。"[①]这段话是符合当时实际情况的。以后北齐日弱，这不能不归因于北齐政治的腐败。至于北周农隙教战，多少能照顾到农业生产，借以巩固其统治。北齐统治者对人民的剥削和压迫，远较北周为残酷。北齐军将和地方官从事聚敛，侵渔百姓，是普遍的现象。从上引杜弼弹劾勋贵掠夺百姓和高欢纵容贪鄙的事例，已可概见。又如孙腾与高岳、高隆之、司马子如号为"四贵"，专为聚敛，非法专恣，孙腾更甚，终不悛改；刘贵"凡所经历，莫不肆其威酷……非理杀害，视下如草芥"；陈元康"溺于财利，受纳金帛，不可胜纪。放债交易，遍于州郡"；任延敬除徐州刺史，"在州大有受纳"；其子任胄为东郡太守，"家本丰财，又多聚敛，动极豪华"。[②] 整个的皇朝政治，极为黑暗腐败。《北齐书·幼主纪》："赋敛日重，徭役日繁，人力既殚，帑藏空竭，乃赐诸佞幸卖官，或得郡两三，或得县六七，各分州郡。下逮乡官，亦多降中旨，故有敕用州主簿，敕用郡功曹。于是州县职司，多出富商大贾，竞为贪纵，人不聊生。爰自邺都，及诸州郡，所在征税，百端俱起。"在这样的残暴统治下，不可能期望在制度上有

[①] 《北齐书》卷八《后主、幼主纪》附论。
[②] 见《北齐书》卷一八《孙腾传》、卷一九《刘贵传》、卷二四《陈元康传》、卷一九《任延敬传》。以贪残出名的文官武将，见于《北齐书》列传的，就有三十人之多。

所改革。虽然武成帝在河清三年颁布过均田制,算是一项改革的措施,然而此时皇朝政治局面已每况愈下,均田制徒成具文,乃至"所在征税,百端俱起",谈不到减轻人民的负担。更早的一项改革,是文宣帝天保七年的并省州郡,用以抑制鲜卑勋贵和中原豪家大族的势力。可是文宣帝本人日趋荒淫残虐,其"酷滥不可胜纪,朝野憎憎,各怀怨毒";"又多所营缮,百役繁兴,举国骚扰,公私劳弊"①,自然无法真正有所更张。所以北齐政治远不及北周,北齐不能革新兵制,这是主要原因。其次,北齐原来的兵力较强,自始就有一支直辖的"六坊"兵,其后又有"百保鲜卑"、"百保军士",不像宇文泰那样专靠"招怀"、"召募"来充实军旅,双方军事力量的成长过程有所不同。再其次,东魏、北齐的军队,以鲜卑人为主体,汉人像高昂所部的战斗力能够与鲜卑兵抗衡的,是少有的,因此东魏、北齐保留鲜卑拓跋氏兵制因素较多。② 西魏、北周则不能不更多地依靠关陇豪右,有必要建立一些新的制度以笼络那些复杂的军队;东魏、北齐却因循北魏旧制,很少变革。最后,东魏、北齐督将的家属,多在关西,"人情去留未定",因之高欢对他们多所迁就③,而西投的军将和豪强确实不少,这也是北齐难于遽行改革兵制的一个原因。

---

① 《北齐书》卷四《文宣帝纪》。
② 《汉魏南北朝墓志集释》图版418《王荣暨妻刘氏墓志》:"齐天保已来,军汉司别,乃令皇宗武职,汉配文官。"这一记载是记实的,军中以鲜卑勋贵为主体——武职,配以汉族文官,有文武亦即主从之分。
③ 《北齐书》卷二四《杜弼传》载高欢谓杜弼曰:"天下浊乱,习俗已久。今督将家属多在关西,黑獭常相招诱,人情去留未定。……我若急作法网,不相饶借,恐督将尽投黑獭,士子悉奔萧衍……"可见高欢对整饬军纪是不无顾忌的。

五、北齐"军府"的性质与两个府名的疑问

北齐设有领军大将军、骠骑大将军、车骑大将军、大都督等高级军职，虽然都开府置僚属或设府置僚属，一般仍不以军府见称。只有一种边军的驻防所在，才特设有"军府"①，《北史》卷五五《唐邕传》：

> 河清元年(562年)突厥入寇，遣邕驿赴晋阳，纂集兵马。……奏河阳、晋州与周连境，请于河阳、怀州、永桥、义宁、乌藉，各徙六州军人并家，立军府安置，以备机急之用。(武成)帝并从之。

这是北齐、北周接境地区的一种特设军府，其具体情况已不可知，但可以肯定是与北魏中山八个军府相近的，所谓"以备机急之用"指用以防御北周的袭击。其军士从六州调来，疑六州为燕、恒、云、朔、显、蔚这六个北齐缘边要州。② 这些军士，家属自随，乃是"兵户"。这是小范围内的特设军府，不能据此认为北齐整个兵制有什么变化，事实上河阳、怀州等地的军府，史书很少记载，不见得有什么大的作用。因此我们对于这一以"军府"见称的军事机构，只能作为北齐边军中的特殊组织来看。

---

① 此"军府"仅见于《北史·唐邕传》，《北齐书·唐邕传》不载，其他史料也没有关于这种军府的记录。

② 《北齐书》卷二四《孙搴传》有"大括燕、恒、云、朔、显、蔚、二夏州、高平、平凉之民，以为军士"的记载。当时军将还有六州大都督的名号，如《北齐书》卷一七《斛律金传》谓斛律金"领恒、云、燕、朔、显、蔚六州大都督"，可见这六个州习称为"六州"。

唐代墓志铭载有北齐两个府名(已见上引),一是长春府,一是开方府。颇疑墓志铭的记载不实,其理由有三:

首先,北齐官制中不曾有鹰扬郎将或统军的官称。如果是一般杂号军衔,史籍可能有所省略或遗漏,可是府兵是一种新的兵制,倘北齐确有军府,有关史籍是不会漏列这种军将名号的。疑墓志铭为了夸耀志主,伪造官历,而采用了隋代的鹰扬郎将和唐初统军的官称。

其次,长春府在唐代属于关内道的同州,开方府属于河南道的虢州,都不在旧北齐境内,当周、齐对峙时均属北周。北齐不会在北周境内设立军府,或取北周的地名以名府。恐系撰铭者就所知唐代府名加以附会,只是谀墓之词,并无事实根据。

第三,军府冠以地名,是由于府数众多,便于辨别,府兵发展到一定阶段时才有之。隋初府兵有时尚标以数字,北齐即以地名冠于府名之上,事不可信。

当然,这两个墓志铭的有关记载,尚无确切材料证明其为伪冒,长春府统军、开方府鹰扬郎将也可能属于特种军职,目前自不能断然予以否定。然而不能凭这两个墓志铭来证实北齐也实行府兵制,那也是可以理解的。

至于府兵虽与北魏原来军制有关,却不能说它完全脱胎于鲜卑部族兵,这点已在正文中阐述。就其与北魏兵制相承而论,则制度是在变化中,自然不能因为西魏、北周府兵渊源于北魏,而据以推定东魏、北齐也有府兵,这也不待辩而自明。

从东魏、北齐兵制总的情况来分析,目前仍可肯定《邺侯家传》的记载较为可靠。其他史籍如《玉海》、《会要》、《通典》等都不曾涉及东魏、北齐的府兵问题,不会是没有根据的。东魏、北齐不曾建置府兵,可作为本文的结论,以待府兵研究者指正。

附论二 唐河北道折冲府的设置及其变化

一、问题的提出

唐代折冲府,分布在十个道,各道多寡不一。关内道有府二百多个,岭南、江南两道各五六个,相差几十倍之多。折冲府的设置,是逐步增加的,其中建置沿革,已不可考。由于封建政治、军事情势以及边疆部族盛衰强弱的变化等原因,折冲府在各道设置的情况,不可能一致,如果能逐一细究其建置始末,对唐史研究会是大有裨益的,只是史料缺乏,这项工作尚难全面进行。现在对于唐河北道折冲府的设置及其变化,作初步探索,最后结论,有待于新材料的发现和进一步的论证。

唐河北道折冲府(包括折冲府以前的军府),经考证出来的府名已有四十三个。但李繁《邺侯家传》和苏冕《会要》都提到河北不置府兵,疑问就产生了。究竟李、苏之说是否属实,其中有无文字上的讹误,抑或河北道所设折冲府在唐前期一百三十多年当中有变动,都是值得研究的问题。

解放前我写过一篇《安史乱前之河北道》的文章,文中涉及这个问题,认为河北道一度不曾设府。① 几年前陈寅恪先生在他的《论唐代之蕃将与府兵》一文中,对此也有所论证,认为河北道设府应在武后以后、玄宗以前的一段时间。② 两文结论不完全一致,问题仍未解决。以下就现存资料中所获得的一点新线索,再作一番考释。

二、《邺侯家传》和《会要》本身文字上的校订

研究府兵的一般都认为《邺侯家传》和《会要》的文字有讹误③,而诸家说法并不一致,尚须全面加以考释。兹先摘引《邺侯家传》和《会要》的原文,然后分别进行分析。

《玉海》卷一三八《兵制》引苏冕《会要》:

> 关内置府二百六十一,精兵士二十六万,举关中之众以临四方;又置折冲府二百八十,通给("给"字据王溥《唐会要》,应作"计")旧府六百三十三。河东道府额亚于关中;河北之地,人多壮勇,故不置府;其诸道亦置。

同书引李繁《邺侯家传》:

---

① 见《燕京学报》第十九期,1935 年版。文中观点是错误的,方法上也很片面,不足为据。
② 见《中山大学学报》(社会科学版)1957 年第 1 期。
③ 文字上的讹误,已不能单从校雠方面下手,因别无其他版本可资依据,所以问题比较难于解决;而有关史料又少,考证也是很困难的。诸家之说,均见下引。

> 玄宗时,奚、契丹两蕃强盛,数寇河北诸州,不置府兵番上,以备两蕃。诸道共六百三十府。上府管兵千二百,次千,下八百,通计约六十八万。

关于《会要》"故不置府"的"不"字,多同意为"又"字之讹。① 只有作为"又"字,上下文气才可以互相照应,即"又"字与下面的"亦"字贯串起来,说明各个道府额分布情况;否则会有行文奇离、不得其解的感觉。按"河北之地,人多壮勇",不独苏冕这样讲法,唐人诗文也多如此描述②,"人多壮勇"应为"置府"作注脚,不会落到"故不置府"的结语上去,这是无可置疑的。至于苏冕为什么在这里下一个"又"字呢？当结合《邺侯家传》之文,予以说明。

关于《邺侯家传》"不置府兵番上"一语,有着各种不同解释。岑仲勉先生以为河北诸州如果多置军府,兵士就须赴京师番上,会使当地兵源缺乏;唐长孺先生以为河北诸州府兵专门防备两蕃,故不番上。③《邺侯家传》全文很长,如果单就上引一段作出解释,便有断章取义之嫌。必须前后融通,再以其他史料参证,才有助于问题的解决。

---

① 岑仲勉《府兵制度研究》、唐长孺《唐书兵志笺正》,都认为"不"为"又"之讹。按唐人石刻中的"又"字,多作"㕢",取其笔划对称;而"不"字多作"𣎴",二者易于讹误。
② 杜牧《战论》:"夫河北者,俗俭风淳,淫巧不生,朴毅坚强,果于耕战。"狄仁杰《言河北人庶疏》:"山东雄猛,由来重气,一顾之势,至死不回。"此外如高适《蓟门五首》、《营州歌》等诗,都说河北人多壮勇。
③ 两说均见前引各书。

附论二　唐河北道折冲府的设置及其变化

按《邺侯家传》关于唐代府兵部分①,是从唐德宗询问李泌府兵"何因废之"开始,到李泌谈及彍骑、召募之兴和"府兵缺而不补"结束。内分五段②:第一段叙述唐太宗重视府兵及其有效措施,说明府兵之盛;第二段叙述高宗时府兵长征不归和武则天时卫佐被轻视等情况,说明府兵的趋于衰弱及其原因;第三段从玄宗时河北府兵和边防关系转到折冲府总数及组织制度,说明府兵至玄宗时进一步衰弱,然后回顾唐代府兵的部署、规模和制度,称道这个制度的优越;第四段叙述开元中府兵的寡弱和募兵的代兴;第五段叙述府兵破坏后军事上的积弊和危机,归咎于高宗以后宰相措置失当,结束了"何因废之"这一答问。上述引文,正是从玄宗时河北府兵和边防关系转到府兵的组织制度,而与下段关于开元中府兵崩溃的叙述相衔接。其第五段有如下几句结束语,对解释上述引文最关重要:

> 若使高宗以来,宰相得人,安不忘危,待府兵不失旧章,安有叛臣贼子哉!陛下谋及此,太平有日矣!

结束语中"待府兵不失旧章"一句,是指责高宗以后直到玄宗开元中召募彍骑、府兵缺而不补等一连串违反府兵制旧章的事实,其中

---

① 《邺侯家传》全文见《玉海》卷一三八《兵制》所引;又见劳经原《唐折冲府考》,载《鄦斋丛书》,及《二十五史补编》第六册,兹不附录原文。
② 内分五段,是出自个人的分析,原著并未分段,用特注明,以免引起误解。又这五段只是唐代府兵部分,有关西魏、北周和隋以及李泌议复府兵之策等内容,均与之息息相关,考订时应全面推究,才易了解全文中心内容及其行文布局、造句措词的全盘情况。

包括玄宗时对于河北道府兵处理不当在内,因此在"河北诸州又置府兵"之下,插入大半段关于府兵制"旧章"的叙述,下文便转述府兵寡弱、府兵缺而不补以及召募𬴃骑、健儿的经过,归结于府兵制由于有失"旧章"而致崩溃。全文明白畅达,结构亦完整,只是有些地方文字过于简略,后人难于了解其具体内容,成为这个史料的一个大缺憾。

《邺侯家传》关于唐代府兵的中心内容,既已疏理清楚,可进而研究上引这段叙述的内容和字句。

奚、契丹强盛及其"数寇河北诸州",直接与玄宗时河北道置府有关;"以备两蕃",就是这四句话的归宿。颇疑"不"字亦为"又"字之讹。玄宗时,因奚、契丹内侵,"又置府兵"轮番征戍,"以备两蕃"。"又置"即增置。增置的府兵,番上备两蕃,则有违旧章。河北道不同于河东、河南两道,该道距离京城较远,军府增多了会影响重首轻足的部署;专事防备两蕃,又与府兵宿卫、征防兼顾的定制不相符合。《邺侯家传》关于唐代府兵第五段的内容,着重追述"上失兵柄"、"自擅之兆生"等高宗以来一连串有违旧章的事实,这在上面已经伏下注脚,值得注意。至于唐代习惯,府兵宿卫称"番上",一般征戍差发称"番代",但有时亦通用。《邺侯家传》应用"番上"一词于防备两蕃,不算破例。《唐律疏议》有"分番上下"之文,上番、下番指番第的承直而言,如官人"分番上下",调习马人"分为五番上下"。① 故"番上"可适用于备蕃,不一定拘泥于宿卫。

依据上面考释,唐玄宗时(指开元初年),由于奚、契丹内侵,又

---

① 见《唐律疏议》卷九《职制律》、卷一五《厩库律》。

在河北道增置府兵,番上征防,以备两蕃。《邺侯家传》中的"不"字,为"又"字之讹。这样,玄宗开元初年在河北道增设折冲府的问题,可以初步获得解决。

三、河北道所设军府及其变化

隋代在河北设有军府。唐初除继续沿置外[1],还在河北新设军府。《范仁墓志铭》"祖师任安州义安府统军",以统军名官,其年代不出武德六年至贞观十年之外。[2] 军府的较早见于记载,证明唐初自始即在河北设置军府。

从唐高宗到唐玄宗初年,有关河北道折冲府的资料,转录如下:

> 麟德元年(664年),大陆、吴泽二府校尉周仁悊,大陆府队正上骑都尉周行密。(《金石续编·周村十八家造象塔记》)
>
> 永徽中(650—655年),丹水府折冲姚干。(《唐故记室参军乐恭墓志》)
>
> 永徽中,左迁龙庐府果毅。(《旧唐书·韦待价传》)
>
> 右玉钤卫幽州开福府折冲都尉。(《杨乾绪碑》)
>
> 周署潞城府折冲都尉。(《刘君墓志》)

---

[1] 唐初河北道的军府,沿袭隋置的如邺城府,韩通在隋为邺城府校尉,见前引《唐折冲府考补》;又如大陆府,李浑在仁寿初为象城府骠骑将军,象城、大陆是同地异名,在河北赵州,见拙著《唐折冲府考校补》。

[2] 按统军在武德六年由骠骑将军改称,到贞观十年又改称为折冲都尉。

>   天授元年(690年),加明威将军、守左玉钤卫翊善府折冲
> 都尉。(《梁公神道碑》)
>   圣历元年(698年),迁右武卫怀州武德府左果毅都尉。
> (《公孙思观墓志铭》)
>   应天神龙皇帝(中宗,705—707年),幢主昭武校尉、右屯
> 卫前檀州密云府右果毅都尉、上柱国孙义元。(《本愿寺僧庆
> 善等造幢题名》)
>   唐太极元年(712年)易州石亭府左果毅都尉蓟县田义。
> (石刻《田义起石浮图颂》)①

以上10个府名,合之高宗以前已知的1个府名,共为11府,占现知河北道府名总数43个的25%强。② 资料不齐,尚难直接证明玄宗时是否增设,但可肯定河北道在玄宗以前本有府兵,河北道"不置府兵"之说,不足为据。

再从河北道府兵在战争中的使用情况,来说明开元前后河北府兵的某些变化。武则天神功元年(697年)武懿宗将兵击契丹,张说《为河内郡王武懿宗平冀州贼契丹等露布》中提到八个折冲府兵,多属河东道,余属关内、河南、陇右,独没有河北道的府兵在内。玄宗开元十八至二十年间(730—732年),薛楚玉所率击破契丹的府兵,樊衡《为幽州长史薛楚玉破契丹露布》中提到四个府,都属河

---

① 上引资料分别见于《唐折冲府考》、《唐折冲府考补》、《唐折冲府考校补》。其中《杨乾绪碑》系玄宗先天元年(712年)十一月所立,右玉钤卫则于武则天光宅元年(684年)由右领军卫改称,中宗神龙元年(705年)复旧,故知杨乾绪为开福府折冲乃武则天时事。

② 现已考订出来的府名有46个,能确定的43府,故以43府作为基本数。

北道。① 按当时先后以亲王李浚、李祎为河东、河北行军元帅或副大总管,曾于关内、河东、河南北分道募勇士,这三年出兵的规模是不小的。薛楚玉虽为幽州长史,实为整个战役中的一员主将,而所统府兵都是河北道的,可能是因各地折冲府兵额已缺,河北道府兵却有增加的原故。武懿宗平契丹露布之所以不提河北府兵,可能由于当时河北道军府较少,能够集中的府兵也少,在战争中没有突出战绩,因而露布未予列举。这两个露布反映出河北府兵的一些变化,是应该重视的。

开元中河北道府兵发生另一变化,即折冲府与军、镇的结合更紧密。军将中如臧怀亮迁宁远将军、左领军卫怀州景福府折冲,仍长上充大武军游弈副使,桓善珍为平卢军副使、遂城府折冲②,杨元亨为经略军副使、政和府果毅,樊怀璧为清夷军子将、英乐府右果毅③,均以折冲府官兼任军、镇的职务。禁卫军与地方军镇原来系统分明,职掌也不同,现在由于军将职位的合一,就不能不在统领系统与职掌上交错起来了。在这样一个变化之下,"又置府兵番上,以备两蕃",即使府兵专事轮番征戍,是完全可能的。按平卢、恒阳、北平、唐兴、高阳、横海等军都在开元初年至开元十四年间增设④,唐朝一

---

① 这个露布载《文苑英华》卷六四七,惟薛楚玉与契丹作战的确切年月尚不可知。按开元十八年五月幽州长史为赵含章,史载二十年三月赵含章已为幽州节度使,他可能在更早一些时候升为节度使,薛楚玉系继赵含章为幽州长史。二十年六月赵含章坐赃流瀼州而死,薛楚玉即继任节度使。所以薛楚玉与契丹战及战胜后上露布应不出开元十八年五月到二十年六月这段时间内。参阅《资治通鉴》卷二一三。至于《旧唐书》卷八《玄宗本纪》谓开元二十年幽州长史仍为赵含章,这是错误的。

② 见《唐折冲府考补》。

③ 见《文苑英华》卷六四七,樊衡《为幽州长史薛楚玉破契丹露布》。

④ 见《资治通鉴》卷二一二开元六年、卷二一三开元十四年、卷二一三开元十八年正文及注。

方面增设军镇,另一方面还想运用府兵力量,形式上为二者结合,实际上是军镇兵日强、府兵日弱。薛楚玉破契丹时所领兵四万多人,其中部族军有二万多人,军镇兵有一万多人,府兵在数目上是很少的,而那些带领府兵的人又都是军镇的副使或子将,府兵不过徒拥虚名而已。这种情况,在陇右也同样存在。玄宗时一度企图在河北道加强府兵,结果仍然与愿望相违。河北道折冲府多于陇右,究亦无补于边防。

四、唐代河北道形势的发展变化

开元、天宝以后,出现了"河朔三镇"崛强的局面,河北道的政治、经济地位在唐代十道中具有其特点,河朔三镇崛强局面的形成,决不是偶然的。

河北历来为"蚕绵之乡","天府委输,待以成绩"[①];且"东威九夷北制胡"[②],在边防上又占有重要地位。但在唐高宗之前,皇朝集中主要力量于关内、河东、陇右诸道,在河北道很少新的设施。高宗以后,情况有些改变。高宗用兵高丽,以至设置安东都护府,使河北道的负担转趋沉重。武后当政时奚、契丹屡次入侵,河北边防骤然紧张,唐皇朝不能不认真对待,河北道的政治、经济地位才逐步加强。

---

① 唐太宗语,见《资治通鉴考异》卷九引《太宗实录》。参阅《张燕公集》卷九《请置屯田表》。
② 《全唐诗》卷二三五贾至《燕歌行》。参阅《唐文粹》卷七七孙逖《伯乐川记》,《张燕公集》卷九《幽州论戎事表》。

附论二　唐河北道折冲府的设置及其变化

就河北道属县的建置说,隋代在这一地区设有161县,唐贞观元年为160,贞观十七年为163。到高宗、武后时增加了7个县,合计170①;后来续有增加,天宝时总数是174。按隋代全国县的总数为1255,唐代为1573,河北道所属县的增设,无论从县总数或户口比例来看,原是合理的。

在水利建设方面,高宗永徽中沧州修了六个堤,洺州修了三个堤,赵州修了广润陂。显庆中沧州修了二个堤,冀州修了一个堤。武后仪凤中相州修了五个渠,赵州修了一个渠,赵州引河水灌溉城内,这一时期水利修建比较集中,也可以说明唐皇朝比较重视河北道。

军事上同样如此。武则天垂拱中设置清夷军,随后设置威武军,同时分置武骑团兵于各地。到玄宗开元十四年,所有平卢、恒阳、北平、高阳、唐兴、横海等军都已分别设置,兵数压倒其他各道,终于逐渐发展成为尾大不掉之势。

如果说《会要》"故不置府"和《邺侯家传》"不置府兵番上"的"不"字均为"又"字之讹,那么玄宗开元之初一度在河北道增设折冲府,从以上情况分析,这也是完全可能的。不过这时候府兵制已日趋破坏,增设府兵,并不能产生初置府兵时的那种重首轻足的作用,也不能视同军队核心力量来运用;它只能作为军镇的一个变形而附属于军镇,既不能解决边防问题,更不能阻止地方权力的发展。府兵已处于无足轻重的地位,当时的增设府兵,只是河北道形势在发展变化中的一种反映而已。

---

① 高宗乾封二年复置蓟州的无极县。武则天永昌元年复置魏州朝城县和镇州真定县;如意元年复置博州博平县,又于幽州置永清县、莫州置唐兴县;长安三年复置卫州清淇县。

附论三 城民与世兵

一、魏晋以来的城与军、镇、防、戍

魏晋以来,豪宗强族普遍修筑坞堡营垒,即所谓"自为营垒"、"所在屯聚"。他们"自号太守、刺史","各据一城","各为坞主"①,纷扰于极混乱的时期和地区当中。这在东、西魏分立之初,河东、河南一带仍然不少:韦祐与李延孙在伏流"并势立栅",以应西魏;阳猛当高欢进攻潼关时,"于善渚谷立栅,收集义众",据守善渚;裴文举于东魏西征时,"纠合乡人,分据险要以自固"。② 这些都是地主武装,凭借坞垒,进行封建内战,最后是直接用以压制农民。起义的农民,也往往首先是"屠陷坞壁"③。坞垒便成为阶级斗争与封建内乱的交汇点。

封建皇朝和地方政府,也纷纷筑城。据《魏书·地形志》所载,郡县的城池特别多,邺县有武城、牖里城、荡城,临漳县有肥乡城、

---

① 见《三国志》卷一一《王修传》、卷一六《杜畿传》,《晋书》卷九八《桓温传》、卷八一《刘遐传》、卷一〇〇《苏峻传》等。
② 见《周书》卷四三《李延孙传》、《韦祐传》,卷四四《阳猛传》,卷三七《裴文举传》。
③ 《周书》卷三六《段永传》。

邯郸城、斥丘城、列人城,一个大的县就有三四个城;边境一个小的县,如秀容县有秀容城、原平城、肆卢城,涿县有涿城、当平城、鸾城,其他有二至四个城的县很多①,可见魏晋以来筑城风气之盛。

筑城与增设郡县以及变动治所有关。封建政治中心所在的郡县,必然也是一个军事中心,郡县增设和治所变动时会多筑城隍,自无疑义。但这是筑城的一般原因。至于魏晋以来许多新城,纯粹由于军事上原因而修建的确乎日益增加起来,构成为这个时期筑城的特点。

城与坞垒在战乱时有时自相统属,有时又互相对抗。坞垒一般地以城为其中心,坞垒增加,城也增加,城之小者为坞,坞的扩大即成为城。后燕"令郡县聚民,千家为一堡,深沟高垒"②,乡村普遍设置堡垒,仍以城为其枢纽。张平"据新兴、雁门、西河、上党、太原、上郡之地,壁垒三百余"③,这三百多壁垒是以郡县的城为依据的。

北魏的城,更与军、镇、防、戍密切相关。汾州西河郡隰城县,太延中为什星军,有虞城和阳城,太和八年为县;五城郡的五城县,原名京军,平昌县原名刑军,应都与设军镇守有关。又如安远郡原是萧梁安远戍,北魏设郡,治安远城;汝北郡在孝昌三年治阳仁城,武定元年移治梁崔坞,后以战争失而复得,治杨志坞;常山郡的九门县,便有常山城、九门城,又有安乐垒、受阳垒,说明其防御守备

---

① 《魏书》卷一〇六《地形志》,详载城隍修建情况,其中郡县特别是在边境的,很少没有城垣,以二个、三个为较普遍。《魏书·地形志》的这个特点,读史者不当忽视。
② 《资治通鉴》卷一〇八晋孝武帝太元二十一年。
③ 《资治通鉴》卷一〇〇晋穆帝升平元年。

之地较多。① 北魏的镇，一般都有城隍，《魏书·官氏志》说："城隍仓库，皆镇将主之。"即如初置长蛇镇，陆真一到任就率众筑城，以资防御；薄骨律镇所绾河西边地，没有城隍，镇将刁雍即建言修筑刁公城，俾免平地积谷与军人散居的种种不便。又如六镇之北，高闾还想修建长城，"以罢游防之苦"；北方州镇之间，源贺建议增筑二城，配备重兵，并戍并耕，以免秋冬三道出军之劳；以后其子源怀"循行北边，乃筑城置戍，积粟劝农"。② 以上都说明筑城是与军、镇、防、戍密切相关的。

东、西魏分立以后，战争频繁，纯粹军事性质的城，更为普遍。当时战争中胜负无常，边境变化多，双方均筑城置戍，大的戍又叫作防。北齐除北边长城镇戍外，在河阳、轵关等地筑城，分置兵将，轵关以西又筑长城二百里，分置十三戍；此外如玉壁有华谷、龙门城，汾北有平陇、卫壁、统戎等镇戍十三所。③ 西魏、北周相应地有所建立，韦孝宽镇玉壁，筑城务农，在汾北险要处也分别筑城置兵粮，防戍遍地皆是④，大小城池跟着增加。兹以南阳郡为例，《周书》卷二八《权景宣传》：

> 除南阳郡守。郡临敌境，旧制发民防守三十五处，多废农桑，而奸宄犹作。景宣至，并除之，唯修起城楼，多备器械。

---

① 见《魏书》卷一〇六《地形志》。
② 参见《魏书》卷三〇《陆真传》、卷三八《刁雍传》、卷四一《源贺传》、卷五四《高闾传》。
③ 参见《北齐书》卷一七《斛律金传》、《斛律光传》、卷二七《破六韩常传》。
④ 参见《周书》卷二八《陆腾传》、卷二九《宇文盛传》、卷三一《韦孝宽传》。

其他各地莫不如此。洛阳附近的防戍就很多,《文苑英华·崔猷神道碑》称崔猷在北周为"使持节都督崇德、安义……凡十三防,熊和忠三州、黄芦、起谷……一十一戍诸军事、崇德防主"①,这些防戍地近洛阳,范围不大,然而竟有十三防、十一戍之多。《周书·李远传》称李远"都督义州、弘农等二十一防诸军事",《周书·尉迟运传》称同州、蒲津、潼关一带有六个防。② 后来北周在长安附近,专门筑城以处军人,系一种新的城隍,仍然是军事性质的。③

防有防主,戍有戍主。此外另有城主,即以驻防该城的军将兼任,韦孝宽镇玉壁,官为大都督、晋州刺史兼摄南汾州事,同时为玉壁城主。城主的名号,在东西魏、北齐、北周以至南朝,都极为普遍,而且都系军将兼领。由于这些城完全是军事性质的,不同于一般行政中心或工商业城市,也就不属地方行政长官管辖。

二、城与团、坊

纯粹属于军事性质的城,主要是安置军人和从属于军事的役徒、屯客及军人家室的,手工业和商业都不重要,即使有之,也居于从属的地位。战乱当中,一般镇戍所在的城,根本谈不上有什么工商业,即使能"且戍且耕",仍然是处在军事占领下自给自足的状态中。

---

① 《周书》卷三五《崔谦传弟猷附传》同。("崔猷",今中华书局点校本《周书》作"崔说"。——编者注)
② 北周的防,以潼关最为形胜,潼关一带六个防,便是著名的"六防"。
③ 北周武帝在天和元年筑武功、郿、斜谷、留谷、武都、津坑诸城以置军人,这是由于军人城居有着惯例,既利于防守,也便于家属从事生产的缘故。

原来有手工业作坊、商店和居民的较大城市,情况便不同。军人集中居住于某些坊,作坊、商店和居民住宅则较集中于另外一些坊,同类或相近的行业和有关居民,又往往集中在一个坊。① 军人坊居也是很自然的,魏末"六坊之众",即指坊居洛阳的羽林、虎贲,他们别称"六坊",大概是一种习惯的称谓。②

军人城居,多系家属自随。在一定条件下,军人亦可散居于乡村,或者从乡村补充兵源。北魏时薄骨律镇军人一部分散居,有些城镇的军人是春夏营农,秋冬入保,他们都是分散在乡村的。③ 又如岐州除城中军人外,近郊尚有"州夫"可以征召④;济州除城中军人外,可以召集"州郭之人"二千兵以上⑤。北齐时秦州也有"城人"与"州人"之分。⑥ 这些人都属于兵户,其地位、待遇不同于一般居民。

军人分散于乡村,属于兵户,如何统率与管理,史籍中未见可资说明的记载。疑北周的乡团和隋代的宗团,乃是军人散居的一种较为完备的组织形式。在府兵中发展为团主,犹如坊有坊主,以检查户口、劝课农桑,应亦由来已久,但因文献无征,只在这里作为一个研究问题提出。

---

① 北齐的邺,即有制造军器的甲坊。晋阳城内有上党坊,为上党人集中居住的地方。见《北齐书》卷一《神武帝纪》、卷三九《祖珽传》。
② 北魏洛阳有三百多坊,"六坊"在军队中成为专称,应指军人比较集中的六个坊而言,也不一定限于六个坊。
③ 见《魏书》卷三八《刁雍传》、卷五四《高闾传》。
④ 见《魏书》卷二一上《元谧传》。"州夫"又称"土人",是土著的兵户;"城人"与"土人"对称,指外来的兵户,以鲜卑兵为主。
⑤ 见《魏书》卷四三《房士达传》。
⑥ 见《北齐书》卷一五《韩轨传》。("秦州",今中华书局点校本《北齐书》作"泰州"。——编者注)

三、城民的身分及阶级地位

城民、城人与州民、州人 这些名称一般都指军户、镇户或军队将校而言,不是泛称城市居民或州郡居民,这不独是当时的一种习惯称谓,而且已成为法律上的名词。《魏书·肃宗纪》载正光五年诏,"诸州镇城人,本充爪牙,服勤征旅",明白指出城人是军人。同书《刘昞传》称其子字仲等兄弟三人并迁代京,"后分属诸州为城民"①,是由于北魏平定凉州,同被统治者迁徙,以供役使。其他如蒋少游、高聪被俘,徙入平城,后配云中为兵户,都不是一般民户。②再广泛一些,便称"州城之人",居于州治所在的城中,仍然是城人。

州人的指明为军户性质的,有如《北齐书·韩轨传》所载:"神武巡秦州,欲以轨还,仍赐城人户别绢布两匹。州人田昭等七千户皆辞不受,唯乞留轨。"这里"州人"的涵义同于"城人",但所指范围广得多,所以前后两句中使用不同的名词,前一句中"城人"泛指军户,后一句中"州人"乃兼指城内和其他地方的军户而言。单是秦州城本身容纳不了七千户,秦州是旧有城邑,城中尚住有一般民户,而当时的秦州,不可能为户近万家的城市。元谧在岐州,召集"州夫"以对付城人;房士达在济州,率领"州郭之人"替代州军战斗,他们都不是一般民户。由此可知,当时不独城民是一种特定名称,即州人一般也指军户、军人而言,只是不及城民这一名词的普遍

---

① 此为"城民"一名称的较早记载,证明它在法律上早已通用。
② 参见《魏书》卷九一《蒋少游传》、卷六八《高聪传》。

通用。军人以集中居住城坊为主,用城民泛指军人、军户,原很自然。

城人的职责 史籍中有关城人职责的记载,主要是征防,也从事从属于军事的其他役使。《北史·魏收传》说"州城之人,莫不劲勇","城人数当行阵,尽皆骁果",这是与正光五年诏书所谓"诸州镇城人,本充爪牙,服勤征旅"完全相同的说法。魏末崔秉在燕州,被流民起义首领杜洛周围困,坚守历年,最后率城民逃奔定州,随同坚守的即随同逃走的是城民。① 西魏时韦孝宽坚守玉壁,东魏祖孝征劝降不成,乃向城人诱降,称城人为军士。② 城民不属一般民户,其职责以服兵役为主,上述例证已足说明。

当然,城民中也有负担着从属于军事的其他任务的,如北魏徐纥"坐党徙枹罕,虽在徒役,志气不挠"③,就不一定是当兵;蒋少游、高聪虽为兵户,而在平城佣书为业。此外从属于州、镇、戍、防的尚有屯田兵、营户等,可以包括在镇民、镇人、镇户之内④,亦得泛称城人或州人。

一般城民的身分 城民起先称为兵户、镇户或府户,后来泛称为城民。兵户和镇民,有的出于罪隶流配边镇,北魏孝文帝时以罪隶配边作为一项充实边防的政策⑤;有的出于俘虏,军队攻占一城,即迁其民于内地,一部分当奴隶,一部分作为隶户或兵户,刘字仲兄弟、蒋少游等都是。有许多城民则是征发来的,由一般民户变为兵户,其身分因之也改变了。所以北魏正光五年改镇为州的时候,

---

① 见《魏书》卷四九《崔秉传》。
② 见《周书》卷三一《韦孝宽传》。
③ 《魏书》卷九三《徐纥传》。
④ 参见《魏书》卷二一上《咸阳王禧传》、卷六九《袁翻传》、卷三八《刁雍传》。
⑤ 参见《魏书》卷七《高祖纪》、卷四一《源贺传》。

只是"州镇军贯元非犯配者,悉免为民"①,可知犯配者的兵户身分仍然不变。但"悉免为民"并未全按诏令实行,故此后兵户仍极普遍,而且大多数不是犯配而来,魏子建就曾上言"诸城人本非罪坐而来者,悉求听免"②。免除兵户的毕竟是极少数,农民被军将强制为部曲,成为城民,数目是在逐渐增加。

城民的身分低于一般民户,到唐初仍然遗留这种痕迹,武德四年大赦诏云:"往者方隅未静,军吏献功,从恶之徒,入于罪隶,既已惩义,宜从洗涤,其蒲州城户及前所获东都俘囚配充城户者,并放为人('人'应作'民',唐代避李世民讳所改;同样,'城人'应作'城民')。"③蒲州城户,其身分同于城民,放免为民后,乃为一般民户。

城民中的统治阶级分子 北魏北镇从事征戍的城民,原是拓跋氏本族人和中原强宗子弟,直到孝文帝将要从平城迁都洛阳,犹"选良家酋帅,增戍朔垂"④,这些人作为北镇的镇将及其部属,属于统治阶级。迁都洛阳以后,北镇的防务逐渐不被重视,同时由于拓跋族封建化的加深,他们和在京任"上品通官"的同族相比,官阶不易提升,婚姻门第也显得低,甚至"号曰府户,役同厮养"⑤。然而其中的上层分子,并不是真正的府户,后来虽然统称为城民,其阶级区别依然存在。豫州有"城豪"胡丘生,又有所谓"城中大家"⑥,均为统治阶级分子或豪强地主。魏末岐州城民逼囚刺史魏兰根投降秦陇起义军,这些城民该是一般兵户;不久城民又杀害起

---

① 《魏书》卷九《肃宗纪》正光五年诏。
② 《北史》卷五六《魏收传》。
③ 《文馆词林》卷六六九《平王世充、窦建德大赦诏》。
④ 《魏书》卷九《肃宗纪》正光五年诏。
⑤ 《北齐书》卷二三《魏兰根传》。参阅《魏书》卷八《广阳王深(渊)传》。
⑥ 《魏书》卷一五《元祯传》。

义军任命的刺史,推魏兰根复任①,他们显然不是普通兵户,而为统治阶级中人,其身分恐属军将。这类事例颇多,不再列举。

城民起义与"帅强叛上" 六镇起义以后,城民起义的很多。如凉州城人万于菩提等囚刺史宋颖响应莫折念生;岐州城人开门迎莫折念生的军队入城;秦州城民薛珍、刘庆、杜超等,因"刑政过猛,为下所怨"的刺史李彦,共推莫折大提为帅,都是城民反抗北魏统治的起义。一直到北周时,鄢城民王道骨起义,袭据州城,也属于城民起义的性质。②

其属于统治阶级内部斗争的,也常常发生。北魏宗室元熙起兵讨元乂,其长史柳元章等率诸城人反叛,便与一般城民无关。济州城民赵洛周等逐刺史萧赞,以房士达"乡情所归",推为刺史,也是统治阶级的内部斗争。③ 北周末年,尉迟迥的部将攻陷潞州,署城民郭子胜为刺史,郭子胜自亦不是一般兵户。④

二者有时不易区别。北镇起义时,有的军将或强宗豪族也投身起义,甚至一度充任首领,所部主力仍为一般兵户,自可列于起义之内。

四、城民与世兵

城民都系世兵性质,其特点是家属随军城居,列为军户,具有

---

① 见《北齐书》卷二三《魏兰根传》。
② 参见《魏书》卷一〇一《吐谷浑传》、卷一四《元志传》、卷三九《李彦传》,《周书》卷二九《伊娄穆传》。
③ 见《魏书》卷一九下《元熙传》、卷四三《房士达传》。
④ 见《周书》卷二一《尉迟迥传》。

军贯。正光五年诏书谓"此等世习干戈,率多劲勇"①,显然属于世兵性质。改镇为州之后,兵户仍须"三五简发",充任兵役,在这以前就必须是壮者为兵。兵户是不易改变其身分的,魏子建请免二秦州城民,须皇朝批准;刘侯仁"操行"好,有司请免其府籍,也得皇朝"诏可"才行。② 其家室即使不随军居住,仍旧具有军贯,不得改任他业。北周"河阳镇防,悉是关东鲜卑。……河阳城内旧有鲜卑八百人,家并在邺"③,当东、西魏分立之际,军人与家室分处两个皇朝疆域之中,这些在邺的鲜卑人户,虽然不是西魏或北周的军户,却属于东魏或北齐的军贯,因其部族军的某些特点仍旧保存,职业为兵,不可能相同于一般民户。当时战争频仍,军人常要出征,与其家属天各一方,也是常见的事,而军户的性质并不会因之获得改变。

城民家属随军居住,这与部曲、家兵以及部族军都有关系。河阳镇防的鲜卑兵,与其室家分离,这是东、西魏分立中的特殊现象;一般是室家不离军人,而且具有同部族人结合在一起的特点。魏子建在二秦州时,其城民以氏族为主,父兄子弟并在城中,这是一种情况。另有一种情况,如魏末侯渊率部曲攻克高阳,置部曲家属于城中,亲率轻骑赴青州,游掠于外,其部曲又包括乡里、宗党的关系在内,为封建私兵性质。④ 即如北周的梁士彦,以大将军、晋州刺史衔守晋阳城,遭北齐军围攻,乃令妻子及军人子女昼夜修城⑤,这

---

① 《魏书》卷九《肃宗纪》。
② 见《北史》卷五六《魏收传》、卷八五《刘侯仁传》。
③ 《周书》卷三一《韦孝宽传》。
④ 见《魏书》卷八〇《侯渊传》。
⑤ 见《周书》卷三一《梁士彦传》。

种军人子女，不完全是部曲性质，但仍然是军户，具有军贯，由部曲变化而来，因而也是世兵。

总之，军户不能不是世兵，必须是兵户编入民户，除其军贯，世兵性质才有可能改变，这是魏晋以至隋唐封建兵制发展变化中的一个中心问题，不可忽视。

附论四 "良家子"与私装从军

封建社会初期的武士,属于贵族的身分。武士自备甲胄戈矛从军,成为他们应尽的封建职责,这是封建军制的一种特征,在西周时期便极为明显。① 秦、汉以来,这种特征反映在所谓"良家子"的充当骑士和吏士以外的私装从军两个方面。良家子从军,一度盛行于西汉,在东汉和西晋时就不那么重要了,十六国至北魏初期"良家子"又被重视,发展到北周的"广募豪右"、"籍六户中等以上家有材力者为府兵",名称不同,实际上还是属于所谓"良家子"的范畴。西魏、北周以至隋、唐,又一度盛行私装从军,这与秦汉军制仍是一脉相承的。论源流变化,府兵制的户等规定与自备资粮,主要应从"良家子"和私装从军的长期发展过程中予以探讨。

一、"良家子"为兵

西汉时重视所谓"良家子"尤其是"六郡良家"从军;东汉时稍衰,而羽林郎仍"常选汉阳、陇西、安定、北地、上郡、西河凡六郡良

---

① 封建骑士原由封建主充当,农民只能作为骑士的佣仆。其后步兵日益成为军队的主力,封建统治者除了鼓励封建主从军外,大量征募农民当兵,一般采取给养制或雇佣制的办法,并严其什伍之法,使农民在政治上受压迫、在经济上受剥削。

家补"①,特不如西汉那么广泛使用而已。西汉时"良家子"在军队中有着特殊地位,汉简中关于边防将士的记载,分别在姓名之前标明"良家子"、"募士"、"卒"、"徒"等字样,表示不同的社会地位。②良家子是身分最高的③,不独本人必须属于地主阶级,而且其家庭门第比较高,凡是父兄犯罪或者家世微贱,就不能居于良家子之列④。秦、汉以来,在婚姻、仕宦以及从军各个方面,都以此作为准则,不曾有所改变。

两汉都以良家子选充羽林郎。羽林属于禁军,在军队中具有特殊地位,当时名将又多从羽林出身,《汉书·地理志》所谓"汉兴,六郡良家子选给羽林、期门,以材力为官,名将多出焉",《通典·兵典》又谓"五营骑士,六郡良家",六郡良家名盛一时,即由于良家子籍隶禁军和名将辈出的原故。最著名的如赵充国、甘延寿等"以六郡良家子善骑射补羽林",其战绩和职位超出一般将士之上,无形中抬高了良家子的声价。⑤ 论他们原来的家世门第并不太高,像赵

---

① 《后汉书》卷三五《百官志》羽林郎条。
② 参阅陈直《两汉经济史料论丛》,页6—8。
③ 《史记》卷一〇九《李将军列传》"良家子"下《索隐》引如淳云:"非巫医商贾百工也。"这个解释尚不全面,只是良家子一个方面的内容,详下文。
④ 《后汉书》卷九七《岑晊传》称晊父豫为南郡太守,以贪叨诛死,晊即被视为非良家子。《周书》卷九《宣帝朱皇后传》称其家坐事没入东宫,也被视为非良家子。又《资治通鉴》卷一九五唐贞观十三年载:"自今后宫及东宫内职有阙,皆选良家有才行者充,以礼聘纳;其没官口及素微贱之人,皆不得补用。"同书卷一九七唐贞观十七年载:"敕选良家女以实东宫……上曰:'吾不欲使子孙生于微贱……'"所谓"素微贱之人",固然不算良家子女;就是世家子弟,倘其家坐事犯罪或本身没官,虽不一定排斥于地主阶级之外,论门第则非所谓"清流"。所以良家子的标准很高,特别是在门阀势力鼎盛时期,要求更加苛刻。
⑤ 参阅《汉书》卷六六《公孙贺传》、卷六九《赵充国传》、卷七〇《甘延寿传》、卷七九《冯奉世传》,《史记》卷一〇九《李将军列传》。

充国在补羽林之前只是个普通骑士,其军职所以提升得快,固然由于战功,但最基本的一个条件,在于具有良家子的资格,否则是难于受到统治者那样的信任和付托的。

不仅禁军,其他军队也以良家子为骨干。李广"以良家子从军击胡"、公孙贺等"少为骑士",都不限于禁军;班固谓"徙六郡良家材力之士驰射上林,讲习战阵"①,也不限于禁军。《流沙坠简》有"良家子三十二人士,四人物故"的记载②,边防戍兵中也有良家子。由此可知,良家子分布在军队中,其范围比较普遍。

良家子从军以六郡为中心,这是由于六郡之士善于骑射之故。良家子的从军,除家世这一基本条件外,尚有材力标准,材力即包括骑射的技能在内。六郡之外,合乎条件的仍可视同良家子,冯奉世本上党郡人,家徙杜陵属三辅,无论其原籍或新籍均非六郡,《汉书》本传称其"以良家子选为郎"。六郡良家既是六郡良家子的一种专门名称,而习惯上又用以代表所有从军的良家子,汉简泛言"良家子三十二人",更知其不限于六郡。

东汉除以六郡良家选补羽林郎外,另有迹射士(或作积射士),马防、邓晨、刘尚等均曾将迹射士征羌,有的来自三辅,有的来自八郡③,地域范围仍以六郡为中心,其成分似亦以良家子为主。按"迹射"具有寻迹而射的意思④,《居延汉简》:"燧长常以令秋射,发矢迹以六为程,过六赐劳,矢十五日。"一般秋射发十二矢,以中六为

---

① 《汉书》卷九四下《匈奴传赞》。
② 《流沙坠简考释》成役类第六简。
③ 《后汉书》卷一一七《西羌传》、卷一一九《南匈奴传》、卷四五《邓晨传》、卷五四《马防传》,有"诸郡积射士"、"郡国积射士"、"三辅积射"等名目("积"本作"迹");又有"八郡积射"之名,参阅《东汉会要》卷三三《兵·郡国兵》。
④ 《后汉书》卷四五《邓晨传》李贤注:"积与迹同,古字通用,谓寻迹而射之。"

程,所谓"发矢迹以六为程",即知迹为中程,寻迹而射,射而中程,挚乳为"能手"、"素习"等义。① 东汉征羌军队以迹射士为骨干,迹射士又以北边郡国为主要兵源,知为继承西汉良家子的传统,但又不直接指明良家,容可包括良家以外的士卒。当时善骑射者往往兼有家世渊源和资财条件,迹射士的成分仍以六郡良家子为主,似属可能。

三国时蜀国诸葛亮有子弟兵三千余人,也属良家子性质。② 十六国时前秦苻坚征发年二十以下有材勇的良家子,以为羽林郎,所谓材勇指"武艺骁勇、富室材雄",即包括材力与户等在内,而加上年龄条件,比汉代的制度,规定得更为严格和具体。③

北魏皇始中(396—397年),开始简选鲜卑贵族移防北镇,《魏书·广阳王深传》:

> 昔皇始以移防为重,盛简亲贤,拥麾作镇,配以高门子弟,以死防遏。

太和中(477—499年)定都平城,又大发中原强宗豪族与鲜卑贵族镇守北方,《魏书·肃宗纪》载正光五年诏:

---

① 《居延汉简释文》卷三:"建平三年,以令秋射试,发矢十二,中帣矢□□"(页73);"甘露元年秋,以令射,发矢十二,中帣矢十"(页73);"□汉燧长,当以令秋试射,发矢十二,以六为程,过六□"(页74)。这里根据陈直《两汉经济史料论丛》所引。

② 《三国会要》卷一七《兵·杂录》:"太平二年科子弟年十八以下、十五以上,得三千余人,选大将子弟年少有勇力者为之将帅。"这是地主子弟兵,其将帅则为大将子弟。

③ 参见《晋书》卷一一四《苻坚载记》、《资治通鉴》卷一〇五晋孝武帝太元八年,《晋书》记载较详。

> 显祖献文皇帝，自北被南，淮海思乂，使差割强族，分卫方镇。高祖孝文皇帝，远遵盘庚，将迁嵩洛，规遏北疆，荡辟南境，选良家酋帅①，增戍垂朔。

按这种移防作镇的人，也属于良家子性质。《周书·贺拔胜传》："其先与魏氏同出阴山……祖尔头骁勇绝伦，以良家子镇武川，因家焉。"同书《寇洛传》："累世为将吏。父延寿，和平中以良家子镇武川，因家焉。"这些记载均可资印证。至于北魏后来不重镇人之选，镇人亦以作镇为耻辱，"号曰府户，役同厮养"，那是镇兵制度发展中的变态，并非原来移防作镇、特高其选的本意，应该予以区别。

北周广募关陇豪右以增军旅，豪右范围比良家子为广，要求也不那么严格。后来籍民六户中等以上家为府兵，规定丁口、资财、材力等标准，便与苻坚征集良家子为羽林郎的办法不谋而合，可以说是良家子为兵这一制度的延续和发展。②

隋代仍重视良家子，《隋书·食货志》所谓"每年兴发，比屋良家之子，多赴于边陲"。良家子这一概念，在隋、唐时代仍然沿袭秦、汉以来的内涵，从来不随便应用③，由此进而理解府兵制度中户等规定的本来意图，也就易于接近事实。

---

① 关于"良家酋帅"的身分，《北齐书》卷二三《魏兰根传》云："缘边诸镇，控摄长远，昔时初置，地广人稀，或差发中原强宗子弟，或国之肺腑，寄以爪牙。"这些人基本上属于良家子范围。

② 《隋书》卷五〇《庞晃传》："晃少以良家子，刺史杜达召补州都督。周太祖既有关中，署晃大都督。"可见北周皇朝是重视所谓良家子的。此外北周另有公卿子弟军，系良家子组成。

③ 参见前引《资治通鉴》卷一九五、一九七，《旧唐书》卷七二《李玄道传》。

在封建社会初期或者说整个封建社会前期，武士为军队组成的核心，良家子为兵即由此演变而来。但由于封建主到后来多不愿意当兵，良家子的征集困难，特别是从步兵扩充之后，兵源不能单靠封建主补充，因之征发贾人、役徒、罪谪、奴隶等的事实越来越多，封建主也逐渐轻视、鄙视当兵，良家子为兵这一制度难于维持，即使施行也往往不易完全实现。它在东汉以至南朝，即处于若存若亡或名存实亡的状态，南朝称服兵役和徭役的为役门，而为名门所不齿①，即可见之。在北方由于边疆部族内徙，奴隶主、封建主在战争中尚保持着尚武风气，良家子从军又风行一时，府兵立制本意，即肇端于此。变化之迹，虽属曲折、隐晦，然而仔细考察，仍可知其大略。

二、私装从军

私装从军在汉代也屡见不鲜。所谓"私从"兼指兵士己身服役和自备军马私装，其册籍不在正规军籍之内，资装也不由公家发给。《汉书》和汉简有如下的一些记载：

> 赦囚徒，捍寇盗，发恶少年及边骑，岁余而出敦煌六万人——负私从者不与，牛十万、马三万匹、驴橐驼以万数。（《汉书·李广利传》）

---

① 参见《宋书》卷六《孝武帝纪》、卷四五《刘粹传》、卷八三《黄回传》，《南史》卷四〇《宗越传》。

乃粟马,发十万骑,私负从马凡十四万匹,粮重不与焉。(《汉书·匈奴传》)

愿罢骑兵,留弛刑、应募及淮阳、汝南步兵与吏士私从者,合凡万二百八十一人。(《汉书·赵充国传》)

两军之出塞,塞阅官及私马凡十四万匹,而后入塞者不满三万匹。(《汉书·霍去病传》)

出麦七石八斗,以食吏私从者二人,六月尽八月。(《居延汉简释文》二)

出茭六斤,食候长候史私马六匹,十一日食。(《居延汉简释文》二)

上引私装从军的资料,都是属于汉代全盛时期的。汉军事力量强盛时期,皇朝以武功爵及战争虏掠来鼓励地主、贾人从军,故私从在军队中占有相当数量。

私从在汉末三国以至两晋南北朝,转变为部曲形式。封建统一与封建割据的条件不同,私兵在封建割据下也就包含私从的内容,私从这一名称反而被淹没。

东、西魏分裂之际,宇文泰在关西努力建立中央集权的封建皇朝,一方面鼓励私装从军,另一方面又竭力使私兵纳入皇朝直辖系统,因而逐步形成府兵制度中的部分资粮由兵士自备,另一部分则由皇朝支给。

当然,府兵的自备资粮,追溯其源流,并不是单从私装从军而来。封建初期的武士,负有供应军赋的职责,武士占有田或邑,以其剥削收入的一部分供军赋,包括车乘、甲胄等在内;到汉代的骑士,马由口赋、马口钱中支给,皇朝有时令封君以下至三百石吏以上差出牡马，甚至令民共出马①，把军赋直接加于人民身上，与过去转嫁于人民者，方式上有所不同，本质上却无区别。至于鲜卑兵制，部落首领和成员自携资粮或在行军中虏掠，同为奴隶制、封建制下兵制的一种发展过程，汉胡合流有互相影响之处，自应估计进去。

封建兵制中始终保持着军资自备的一些因素。在自然经济占主要地位的条件下，封建皇朝不可能长期负担庞大的军费；货币和交通的不太发展，也影响军需的支付和转输，无论采取屯田、征调或自备资装等方式，都只能部分地解决军事供应问题，而且这些方式在一定条件下可以行之有效，那就是封建统治比较稳定而国力比较强盛的时候，一般是难于行得通或行之久远。

西魏、北周和隋、唐府兵的自备资粮，是和私装从军并行的。西魏所谓"义众"、唐代所谓"义征"，相同于西汉的"私从"，在封建兵制中比较具有自愿性质，不是经常可以行得通。至于府兵自备资粮，则强制性的成分居多，其源流虽出于私装从军，在兵制发展过程中却已产生重大的变化。

兵士地著与自备资粮，本不待于鲜卑拓跋氏的规制。刘宋的何承天就曾经有过类似的拟议，《通典》卷一九六《边防典·拓跋氏》：

> 宋文帝元嘉中，每岁为后魏侵境，敕朝臣博议。何承天论曰："……浚复城隍，以增岨防。古之城池，处处皆有；今虽颓毁，犹可修理。粗计户数，量其所容，新徙之家，悉著城内，假

---

① 参见《汉书》卷六《武帝纪》、卷七《昭帝纪》、卷八九《黄霸传》。

其经用,为之间伍,纳稼筑场,还在一处,妇子守家,长吏为帅,丁夫四归,春夏佃牧。寇至之时,一城千室,堪战之士,不下二千。……计千家之资,不下五百耦牛,为车五百两,参合钩连,以卫其众。……计丁课仗,勿使有阙。千家之邑,战士二千,随其便能,各自有仗,素所服习,铦利由己,还保输之武库,出行请以自卫。弓骱利铁,人不办得者,官以给之,数年之内,军用粗备矣。……今移人实内,浚理城隍,族居聚处,村里比次,课其骑射,通其风俗,长吏简试,差品能否。……车牛之赋,课役之宜,攻守所资,军国之要,今因人所利,导而率之。耕农之器,为府库之宝;田蚕之民,兼捍城之用;千室之宰,总倍旅之兵;万户之都,具全军之众;兵强而敌不戒,国富而民不劳,比于优复队伍,坐食廪粮者,不可同年而校矣!……"

何承天加强边防的方案,和府兵制中的一些办法颇相类似,可知府兵制和传统的封建兵制是一脉相承的。鲜卑兵制对于府兵制固然有所影响,要是说府兵制主要地脱胎于鲜卑兵制,那就不见得恰当了。

府兵纪事年表

说明

1. 本表材料来自《资治通鉴》和《周书》、《隋书》、《北史》、《旧唐书》、《新唐书》等史书，一般不另注明出处，其有异同者在备注中略予说明。

2. 与府兵有关重要史实，择要附录，均低二格排列，以资区别。

年代	纪事	备注
542年 西魏文帝 大统八年	初置六军，下分左右十二军，是为二十四军。 大会诸军于马牧。狩于华阴，大飨将士。 　司马裔率其"义众"入朝，其乡旧河内四千余家随后归附。 　是岁高欢围玉壁。	《玉海》一三七 《周书·司马裔传》
543年 大统九年	广募关陇豪右，以增军旅。大阅于栎阳。 　是岁宇文泰大败于邙山，宜阳、洛州皆入于东魏，崤东"立义"者咸怀异望。陈忻率"义徒"还关南镇抚。	《周书·陈忻传》

续

年代	纪事	备注
544年 大统十年	大阅于白水。 　　损益所颁律令三十条为五卷,行之;并依新制简拔牧守令长。	
545年 大统十一年	大阅于白水,西狩于岐阳。	
546年 大统十二年	初选当州"首望"统领乡兵。郭彦除帅都督,领乡兵。 令狐整为瓜州"义首"、大都督,率乡亲二千人入朝。大会诸军于咸阳。 　　是岁前凉州刺史宇文仲和起兵,瓜州民张保聚众响应。东魏攻襄州、玉壁。	《周书·郭彦传》 《周书·令狐整传》
547年 大统十三年	帅都督陈忻死,其子万敌领其部曲。宇文泰从文帝西狩岐阳。 　　是岁茹茹入侵。东魏高欢死。河南大行台侯景归附,又降梁。	《周书·陈忻传》
548年 大统十四年	李弼、独孤信任柱国大将军。置当州乡帅,领本乡兵。苏椿以帅都督领乡兵,破槃头氏。宇文泰奉太子巡抚西境,历北长城,大狩。 　　是岁宇文泰任太师。东魏军围攻王思政于颍川。	《周书》各本传
549年 大统十五年	于谨、李虎、赵贵、侯莫陈崇任柱国大将军。立赏以待山东"立义"诸将能率众入关者,司马裔领户千室先至。仪同泉仲遵率乡兵从开府杨忠击柳仲礼。 　　是岁诏太和中代人改姓者皆复其旧。颍川失守。	《周书》各本传

续

年代	纪事	备注
550年 大统十六年	籍民之有材力者为府兵,取六户中等以上家有材力者为之。大将军尉迟迥督开府元珍、乙弗亚等六军甲士伐蜀。 于翼为大都督,领宇文泰帐下左右,禁中宿卫。 是岁东魏丞相高洋称帝,国号齐,东魏亡。宇文泰东征不利,河南自洛阳、河北自平阳以东皆入于齐。	《玉海》一三七 《周书》各本传
551年 大统十七年	宇文泰杀害文帝,以冢宰总百揆。	
553年 废帝二年	柳敏以帅都督领本乡兵。王悦以仪同领兵还乡里。 宇文泰去丞相、大行台、都督中外诸军事名号。杀尚书元烈。	《周书》各本传 保留太师、大冢宰名号,《周书》、《北史》均有误。
554年 恭帝元年	以诸将功高者为三十六国后,次功者为九十九姓后,所统军人,亦改从其姓。 初建六官;颁布田里、功赋、力役之政令,至三年全部施行。 宇文泰以诸婿为武卫将军,分掌禁兵。	《隋书·食货志》 《周书·于翼传》
555年 恭帝二年	李晖从宇文泰西巡,率公卿子弟别为一军。尉迟纲任大将军兼领军将军、中领军、总宿卫。	《周书》各本传

290

续

年代	纪事	备注
556年 恭帝三年	令二十四军举贤良堪治民者,军列九人。宇文贵、李远、达奚武、豆卢宁、贺兰祥、尉迟迥、宇文毓、侯莫陈顺等为柱国。 是岁宇文泰死,子觉受禅为天王,国号周,宇文护总军国事,西魏亡。	
557年 北周明帝元年	田式以都督领乡兵。尉迟纲、宇文邕为柱国。宇文护专权,杀柱国赵贵、独孤信、李远,又废杀天王宇文觉,立明帝。	《隋书·田式传》
558年 明帝二年	杨忠、王雄为柱国。诏三十六国、九十九姓皆称京兆人。 封元罗为韩国公,以笼络拓跋氏。	
560年 明帝武成二年	左右十二军皆受宇文护处分。	《周书·宇文护传》
561年 武帝保定元年	狩于岐阳。 改八丁兵为十二丁兵,岁率一月役。宇文护为都督中外诸军事,置中外府。	《隋书·食货志》
562年 保定二年	柱国以下帅都督以上母妻授太夫人、夫人、郡君、县君各有差。诸柱国各给邑户。宇文贞为绛州刺史龙头城开府仪同三司丰利公。讲武于少陵原。	《檀泉寺造像记》
563年 保定三年	诏魏大统九年以前,都督以上身亡而子孙未齿叙者,节级授官。 于翼为大将军,总中外宿卫兵事,为宇文护所排斥。	《周书·于翼传》

续

年代	纪事	备注
564年 保定四年	段永为持节大将军、都督,治左八军,总管军事。 李穆、韦孝宽、长孙俭、陆通、宇文盛、宇文广并为柱国。宇文护征二十四军及左右厢散隶秦陇巴蜀之兵共二十万人伐齐,杨㯹、司马裔率"义兵"出轵关,大败。	《文苑英华》九〇 《周书》各本传
565年 保定五年	王谦为柱国。 　　改函谷关城为通洛防。左右武伯各置中大夫一人。	
566年 武帝天和元年	筑武功、郿、斜谷、武都、留谷、津坑诸城,以置军人。巡行武功等新城。辛威为柱国。	
567年 天和二年	宇文纯、宇文俭并为柱国。 　　总管宇文直伐陈失利,大将军元定所部步骑数千没于江南。	
568年 天和三年	武帝亲率六军讲武于城南。	
569年 天和四年	段永为大将军、右二军总管,率兵北道讲武。筑原州及泾州东城,又于宜阳筑崇德等城。宇文护历巡北边城镇。	《周书·段永传》
570年 天和五年	初令宿卫官住关外者将家累入京,不乐者解宿卫。省帅都督官。	
571年 天和六年	王杰、宇文会、田弘、李晖等二十五人并为柱国。率六军讲武于城南。 　　是岁击退齐师,取其汾北五城、宜阳九城。	

续

年代	纪事	备注
572年 建德元年	改置宿卫官员。宇文述、宇文迥并为柱国。率六军讲武于城南,在羌桥、斜谷分别集京东西诸军都督以上,颁赐有差。 是岁宇文护被诛,罢中外府。	
573年 建德二年	复置帅都督官。若干凤、赫连达并为柱国。大选诸军将帅;集诸军将,勖以戎事。率六军讲武于城东;集诸军都督以上五十人于道会苑大射,大备军容。诏诸军人之间,年多耆耋,可分别颁授老职,使荣沾邑里。	
574年 建德三年	享二十四军督将,试以军旅之法;大阅于同州城东;又集诸军讲武于临皋;集诸军将,教以战阵之法。大会卫官及军人以上。令所在军民以时嫁娶。改诸军军人并名侍官,募百姓充之,除其县籍。 诏襄、荆、安、延、夏五州总管内,有能率其从军者,授官有差,其贫下户给复三年。李询拜司卫上士。	《北史·周本纪》 《隋书·食货志》 《隋书·李询传》
575年 建德四年	改置宿卫官员(其司武、司卫之属,系后来增改)。置上柱国、上大将军;改开府仪同三司为开府仪同大将军,仪同三司为仪同大将军;又置上开府、上仪同。杨素以车骑将军仪同三司率其父杨敷麾下兵伐齐。 是岁初置营军器监。六军东出,攻齐河阴,不克。	《隋书·杨素传》

293

续

年代	纪事	备注
576年 建德五年	集关中河东诸军,校猎于涑川。 六军伐齐,克晋州,下并州,攻邺。宇文敱募三辅豪侠少年数百人为别队,攻晋州。	《隋书·宇文敱传》
577年 建德六年	移并州军人四万户于关中。 杨雄累迁右司卫上大夫。初行《刑书要制》,正、长隐五户及十丁以上、隐地三顷以上,皆至死刑。是岁平齐,统一北方。	《隋书·杨雄传》
578年 宣政元年	讲武于道会苑。 总戎北伐,发关中公私驴马悉从军。免京师见徒,并令从军,准备南伐。尉迟运为司武上大夫,总宿卫军事;宇文孝伯为司卫上大夫,总宿卫兵马事。	《周书》各本传
579年 静帝大象元年	令授总管、刺史及行兵者加持节,余悉罢之。 宇文猛为武候府上大夫,伊娄谦为次大夫。发山东诸州兵,增一月功为四十五日役,修洛阳宫。	《续高僧传·释法藏》 《隋书·食货志》
580年 大象二年	范安贵为丞相府掾,治右十二府长史。张𧫣以大都督领乡兵。诏诸改姓者悉宜复旧。 杨坚为大丞相、大冢宰、都督内外诸军事。	《范安贵墓志》 《隋书·张𧫣传》

续

年代	纪事	备注
581年 隋文帝 开皇元年	置左右卫、左右武卫、左右武候、左右领、左右监门、左右领军,凡十二府,亦称十二军。东宫置十府或率。左右卫、左右武卫、左右武候、左右领军及东宫领兵的率、府皆置骠骑府;左右卫、左右武卫、左右武候及东宫领兵的率、府皆置车骑府。置都督以上至上柱国凡十一等,以酬勋劳。杨惠为左卫大将军,伊娄谦、窦荣定为左右武候大将军。来护儿以大都督领本乡兵,樊子盖以仪同领乡兵。诏以前赐姓,皆复其旧。 是岁杨坚为皇帝,国号隋。北周亡。	《隋书·百官志》 《隋书》各本传
582年 开皇二年	为方阵战法,并制军营图样下诸军府,以备突厥。讲武于后园。杨广、杨俊为左右卫大将军,窦荣定为左武候大将军。 杨勇、虞庆则屯兵于咸阳、弘化,以备突厥。制人年六十以上免课。	
583年 开皇三年	左武卫大将军李礼成为右武卫大将军。范安贵为右领军右二骠骑将军。令民二十一成丁,减役者每岁十二番为二十日役,不役者收庸。 城榆关。	
584年 开皇四年	制官人非战功,不授上柱国以下戎官。 总管、刺史父母及子年十五以上,不得将之官。	

续

年代	纪事	备注
585年 开皇五年	高颎、宇文忻为左右领军大将军。 令诸州百姓及军人劝课当社,共立"义仓"。大索貌阅,为输籍之法。	《隋书·食货志》
586年 开皇六年	刘权以车骑将军领乡曲兵。 修长城;于朔方以东缘边险要筑数十城。	《隋书·刘权传》
587年 开皇七年	修筑长城。	
588年 开皇八年	大举伐陈。	
589年 开皇九年	诏戎旅军器,皆宜停罢;禁卫及镇守四方之兵除外。虞庆则由右卫大将军转右武候大将军。李安由右领军将军迁领军大将军。以左卫大将军杨雄得众心,改授司空,不使其典兵马。 是岁平陈,南北统一。	《隋书》各本传
590年 开皇十年	诏军人悉属州县,垦田籍帐,一与民同。罢山东、河南及北方缘边之地新置军府。陈稜以开府领乡兵。 制民年五十,免役收庸。江南土豪起兵反隋。	《隋书·陈稜传》
591年 开皇十一年	元旻迁任左卫大将军。	
592年 开皇十二年	制宿卫者不得辄离所守。杨秀为右领军大将军,杨谅为右卫大将军。 是岁发使四出,均天下之田。	

续

年代	纪事	备注
593年 开皇十三年	贺娄子干为左卫大将军、云州总管。	
594年 开皇十四年	外官九品以上父母及子年十五,不得将之官。	
595年 开皇十五年	禁私藏、私造兵器,关中、缘边除外;禁河以东,无得乘马。	
597年 开皇十七年	颁铜虎兽于骠骑、车骑府。右武候大将军虞庆则为桂州道行军总管,统兵镇压人民起义。	
598年 开皇十八年	置备身府。 　　禁江南造大船;客舍无公验者坐及刺史、县令。	
599年 开皇十九年	大射武德殿。 　　筑大利城,处启民可汗部落。	
601年 仁寿元年	刘德检校泾州右武卫三骠骑事。 　　诏战亡之徒,宜入墓域。	《刘德墓志》
603年 仁寿三年	姚辩为左武候大将军。	
604年 仁寿四年	任命卫大将军,崔彭为左领军、来护儿为右骁卫、李景为右武卫、周罗睺为右武候大将军。 　　是岁隋文帝死,炀帝继位。男子改以二十二岁成丁。	

续

年代	纪事	备注
605年 隋炀帝 大业元年	增置军府,扫地为兵。出巡江都,十二卫将士随行,以左、右武候大将军为前军、后军。郭衍为左武卫、宇文述为左卫、于文仲为右卫大将军。 　　除妇人及奴婢部曲之课。开运河,建东都,役丁数百万,死者十四五。	
606年 大业二年	张寿为右御卫大将军。 　　置都尉官。	《张寿墓志》
607年 大业三年	增改左右翊卫、左右御卫等十二卫,合左右备身、左右监门府,为十六府。改骠骑府为鹰扬府。罢都督以上至上柱国十一等勋号。姚辩为左屯卫大将军,范安贵为右候卫大将军。 左翊卫大将军宇文述领鹰扬郎将梁元礼、张峻、崔师等击败吐谷浑。 　　出塞耀兵,甲士五十余万,马十万匹。发丁男百余万筑长城,死者十五六。	《隋书·炀帝纪》 《范安贵墓志》 《隋书·宇文述传》
608年 大业四年	大射于允武殿。卫玄为右候卫大将军。 　　发河北诸郡男女百余万凿永济渠。	
609年 大业五年	西巡河右,陈兵讲武,大猎。右屯卫大将军张定和、右翊卫大将军李琼从征吐谷浑,战死。李百药为鲁郡临泗府校尉,充成会稽。 　　诏天下均田;貌阅人户,许相纠告;是岁户八百九十万有奇,为隋极盛时期。击破吐谷浑,士卒十死二三,马驴十失八九。	《隋书·食货志》

298

续

年代	纪事	备注
610年 大业六年	点兵具器仗,皆令精新。有人自称弥勒佛,夺卫士仗,连坐者千余家。武贲郎将陈稜击流求。鹰扬杨伯泉镇压雁门尉文通起义。史祥为右骁卫大将军。 　　令富人量资出市武马;诏山东置府,养马供军。	《隋书·食货志》
611年 大业七年	吐万绪为左屯卫大将军。 　　是岁农民纷纷起义,令都尉、鹰扬与郡县相知镇压。	
612年 大业八年	段文振为左候卫大将军。卫大将军、将军出征者凡九人。 　　是岁大举进攻高丽,右屯卫大将军麦铁杖、右屯卫将军辛世雄等战死。	
613年 大业九年	李浑为右骁卫大将军。屈突通、范安贵先后为左候卫大将军,郭荣为右候卫大将军,张寿为右翊卫大将军。马少不充八驮,许为六驮;不足,听半以驴充。尚义府鹰扬郎将领亡身子弟骁果等从军击高丽。武贲郎将费青领兵镇压吕明星起义军;右候卫将军冯孝慈领兵镇压张金称起义军,兵败身死。 　　募民为骁果,蠲免赋役,隶备身府,设官统领。课富人计资出驴运粮。	《隋书·食货志》 《邓□墓志》 《隋书·百官志》 《隋书·食货志》

299

续

年代	纪事	备注
615年 大业十一年	武贲郎将高建毗领兵镇压颜宣政起义军。 益募骁果,以充旧数。令民悉城居,郡县、驿、亭、村、坞皆筑城。	
616年 大业十二年	皇甫无逸为右御卫大将军。右御卫将军陈稜领兵进攻杜伏威起义军。移箕山、公路二府于洛口仓,仍令筑城。	
617年 大业十三年 (隋恭帝义宁元年)	李密、翟让为首的瓦岗军攻下兴洛仓,大败武贲郎将刘长恭;张子路、李通德等起义军牵制右御卫将军陈稜、左屯卫将军张镇州的兵力。马邑校尉刘武周、朔方鹰扬郎将梁师都、左翊卫郭子和、武威鹰扬司马李轨、淮安鹰扬校尉杨士林、巴陵校尉董景珍等起兵。左勋卫长孙顺德,右勋侍刘弘基,左亲卫窦琮,鹰扬府司马许世绪、刘政会及鹰扬郎将姜宝谊、王长谐、阳屯等归附李渊。 是岁李渊起兵于太原;进克长安,军头雷永吉先锋登城。	

续

年代	纪事	备注
618年 唐高祖武德元年 （隋恭帝义宁二年）	改隋鹰扬郎将为军头、鹰击郎将为军副，旋改军头为骠骑将军、军副为车骑将军。任李神通为右翊卫大将军、窦抗为左武候大将军、王伯当为左武卫大将军。教阅诸军。史万宝以右翊卫将军镇熊州，刘感以骠骑将军镇泾州。 　　是岁隋右屯卫将军宇文化及、武贲郎将司马德戡、武勇郎将赵行枢、鹰扬郎将孟秉等以骁果发动兵变，杀炀帝于江都。李渊称皇帝，建立唐朝。	
619年 武德二年	初置十二军，分辖关内诸府，以骠骑、车骑府统之，每军将、副各一人，以督耕战。车骑军府旋隶骠骑府。右武卫大将军姜宝谊、右骁卫大将军刘弘基率兵征战；右卫将军宇文歆助守晋阳；骠骑将军张孝珉攻汜水城；车骑将军张达降刘武周。猎于渭滨（以后每年都举行）。 　　是岁初立租庸调法。置元从禁军。	《唐会要·京城诸军》 《玉海》一四四引《实录》
620年 武德三年	是岁瓜州刺史贺拔威执骠骑将军达奚暠，起兵反唐。皇太子屯兵蒲州，以备突厥。	
621年 武德四年	车骑将军董阿兴反于陇州。刘黑闼起义，大败屯卫将军王行敏、左武候将军李世勣。突厥入并州，执左骁卫大将军长孙顺德等。猎于渭滨、九嵕、仲山、清水谷。	

续

年代	纪事	备注
622年 武德五年	改左右翊卫为左右卫府,左右骁骑卫为左右骁骑府,左右屯卫为左右威卫,左右御卫为领军府,左右备身府为左右府,唯左右武卫府、左右监门府、左右候卫,仍旧名。李世民领左右十二卫大将军。元吉为领军大将军、并州大总管。领军将军安兴贵、左武卫将军段德操、骠骑将军魏道仁、车骑将军元韶等将兵拒突厥。在宜州简阅将士。 　是岁突厥、吐谷浑屡次犯边。	《新唐书·百官志》
623年 武德六年	废十二军。左武候大将军李高迁助守马邑,骠骑将军卫彦镇压寓州人王摩娑起义。右虞候率杜士远反于朔州。 　令天下户量其资产定为三等,三年一造户籍。李建成、李世民屯兵北边,以备突厥。	
624年 武德七年	改骠骑为统军;车骑为别将,或称副军。 　初定均田、租庸调法。男子以十六为中、二十为丁、六十为老。	《新唐书·兵志》 《唐会要·府兵》
625年 武德八年	复置十二军,简练士马,议大举击突厥。讲武于同官。	

续

年代	纪事	备注
626年 武德九年	平道军将柴绍将兵击吐谷浑与党项。唐太宗引诸卫骑兵统将等习射于显德殿,于是日引数百人于殿前教射,中多者赏以弓刀布帛。遣使点兵。 令九等定户。州县修城隍以备突厥。	
627年 唐太宗 贞观元年	始置百骑,由元从禁军中善射者选充;又置北牙七营。 关内人户丁壮悉入军府,不听移转。	《新唐书·兵志》 《册府元龟》四八六
629年 贞观三年	以并州都督李世勣等为行军总管,分道出击突厥。	
630年 贞观四年	以突厥酋长阿史那思摩为右武候大将军,其余酋长至者皆为将军、中郎将,布列朝廷。校猎于贵泉谷、鱼龙川、鹿苑。 是岁俘突厥颉利可汗,东突厥亡。边疆各族尊唐太宗为天可汗。	
631年 贞观五年	猎于骊山,昆明池。 关中河外,尽置军团;富室强丁,并从戎旅。	《玉海》一四四引《会要》 《旧唐书·戴胄传》
632年 贞观六年	颉利为右卫大将军,契苾何力为左领军将军。右武卫将军李子和击静州獠人。	
633年 贞观七年	右屯卫大将军张士贵击东西洞獠,邗江府统军牛进达击嘉、陵州獠。猎于少陵原。	

续

年代	纪事	备注
634年 贞观八年	左骁卫大将军段志玄、将军樊兴为行军总管，将兵击吐谷浑。阅武于城西。 　是岁吐谷浑扰边，李靖为行军大总管，督诸军大举出击。	
635年 贞观九年	天下户置为九等。	
636年 贞观十年	更名统军为折冲都尉，别将为果毅都尉，诸府总曰折冲府。又置折冲府。阿史那社尔为左骁卫大将军。	《邠侯家传》
637年 贞观十一年	猎于鹿台岭、广成泽、济源麦山。 　是岁更定律令成，除古死刑大半，变重为轻者甚多。	
638年 贞观十二年	左武候大将军上官怀仁击壁州山僚。猎于河滨、始平。 　初置左右屯营飞骑于玄武门；又简飞骑中才力骁健、善骑射者，号百骑。	
639年 贞观十三年	猎于咸阳。	
640年 贞观十四年	高昌王麴智盛降唐，为左武卫将军。因治兵时部阵不整，杖中郎将等。猎于尧山、樊川。	
641年 贞观十五年	卫士崔卿、刁文懿等夜射行宫。右卫大将军李大亮、右屯卫大将军张士贵等将兵击薛延陀。校猎于伊阙。	

续

年代	纪事	备注
642年 贞观十六年	括浮游无籍者。禁"福手福足"旧习,有自伤残者,据法加罪。校猎于武功、岐阳、骊山。 募戍西州,前犯流死亡匿者,听自首应募。	
643年 贞观十七年	程知节为左屯卫大将军、检校北门屯兵。诏太子兼统禁兵,知左右屯营兵马事,大将军以下悉受处分。	《旧唐书·程知节传》 《唐会要·储君杂录》
644年 贞观十八年	发天下甲士,召募十万,以张亮、李世勣为行军大总管,大举进攻高丽。猎于天池。	
645年 贞观十九年	右领军大将军执失思力大败薛延陀于夏州以北。射虎于武德山北。	
646年 贞观二十年	是岁薛延陀降唐,铁勒诸部相率归附。	
647年 贞观二十一年	左武卫大将军牛进达等击高丽。左骁卫大将军阿史那社尔、右骁卫大将军契苾何力击龟兹。 西北各族请于回纥以南、突厥以北开辟"参天可汗道",置驿六十八,加强和内地的联系。	
648年 贞观二十二年	右武候将军梁建方破松外"蛮",因通西洱道。左武卫大将军薛万彻击高丽。蒐于华原。	

续

年代	纪事	备注
649年 贞观二十三年	右骁卫郎将高侃击突厥车鼻可汗。唐太宗死,以羽檄发六府甲士四千翼从太子入京,遣旧将统飞骑劲兵先行。	《旧唐书·太宗本纪》、《新唐书·高宗本纪》
650年 唐高宗 永徽元年	张延师为左卫大将军,典羽林屯兵。 西突厥阿史那贺鲁拥众西走,自号沙钵罗可汗,西域诸国多附之。	
651年 永徽二年	左武候大将军梁建方、右骁卫大将军契苾何力击西突厥沙钵罗可汗。右领军将军赵孝祖击白水"蛮"。	
653年 永徽四年	是岁睦州女子陈硕贞起义,称文佳皇帝。	
654年 永徽五年	山水冲玄武门,宿卫士皆散走。水溺麟游县居民及当番卫士,死者三千多人。 敕二年一定户。	
655年 永徽六年	昭陵宿卫将军、郎将进爵一级。因新罗为高丽、百济所侵,遣左卫中郎将苏定方等击高丽。右屯卫大将军程知节击西突厥沙钵罗可汗。	
656年 显庆元年	左屯卫大将军杨胄击龟兹叛将。居士李信为并州隆政府卫士,随例往朔州赴番。	《冥报拾遗》
657年 显庆二年	左屯卫将军苏定方击西突厥,俘沙钵罗可汗。讲武于许郑之郊。猎于滍南。	

续

年代	纪事	备注
659年 显庆四年	左骁卫大将军契苾何力往辽东经略。左骁卫大将军苏定方击沙钵罗余部。 是岁西突厥亡。	
660年 显庆五年	改左府为左右千牛府。左武卫大将军苏定方击百济,左武卫大将军郑仁泰击铁勒思结等部,左骁卫大将军契苾何力等击高丽。讲武于并州,左卫大将军张延师为左军,领左右骁武等六卫,左羽林骑士属之;左武候大将军梁建方为右军,领左右威卫等六卫,右羽林骑士属之。校猎于许州。	《唐会要·讲武》
661年 龙朔元年	左骁卫大将军契苾何力、左武卫大将军苏定方击高丽,左武卫大将军郑仁泰、左骁卫大将军阿史那忠击铁勒。猎于陆浑、非山。 是岁于西突厥故地分置羁縻州、县及军府,并隶安西都护府。	
662年 龙朔二年	改百官名。十六卫皆去"府"字,改左右威卫为左右武威卫,左右领军卫为左右戎卫,左右候卫为左右金吾卫,左右监门府为左右监门卫,左右千牛府为左右奉宸卫(旋又改为左右千牛卫),凡十六卫。始取府兵越骑置左右羽林。	《新唐书·百官志》 《玉海》一三八
663年 龙朔三年	制卫士八等以下,每年五十八放令出军,仍免庸调。左武卫大将军郑仁泰击铁勒余部。	《通典》六

续

年代	纪事	备注
665年 麟德二年	讲武邙山之阳。	
666年 乾封元年	高丽莫离支泉男生为弟所逐,遣右骁卫大将军契苾何力等将兵援之。	
668年 总章元年	自显庆五年以来,勋赏淹废,至是仍虚立赏格而无其实。 　　是岁置安东都护府。	《新唐书·魏元忠传》
669年 总章二年	大蒐于岐山。	《玉海》一四四引《实录》
670年 咸亨元年	改左右戎卫为左右领军卫。右威卫大将军薛仁贵等击吐蕃,左监门大将军高侃、右领军卫大将军李谨行击高丽。	《新唐书·百官志》
671年 咸亨二年	巡行许、汝,校猎于叶县。	
672年 咸亨三年	于合璧宫水南教旗。左监门大将军高侃败新罗于横水。	
674年 上元元年	狩于华山之曲武原。 　　以北衙军使卫伯玉为神策军节度使,镇陕州。	《新唐书·兵志》
676年 仪凤元年	检校左卫大将军刘审礼等击吐蕃。	

续

年代	纪事	备注
677年 仪凤二年	吐谷浑部落内附,于延州增置羌部落、合门府。韦待价为右武卫将军、检校右羽林军事。募关内、河东猛士。	《新唐书·地理志》 《旧唐书·韦待价传》
678年 仪凤三年	其时差点兵防,贫弱无钱先行,富强行货获免。募河南、河北猛士。	《唐大诏令集》八二
680年 永隆元年	左武卫将军黑齿常之击却吐蕃于河源。右领军中郎将程务挺破突厥余众于云州。	
682年 永淳元年	关内诸府兵因饥馑就食于邓、绥等州。	
683年 弘道元年	右武卫将军程务挺招讨突厥骨咄禄。左威卫将军王果、左监门将军令狐智通、右金吾将军杨玄俭、右千牛将军郭齐宋分往并、益、荆、扬四大都督府,与府司相知镇守。	
684年 武则天 光宅元年	改左右骁卫为左右武威卫,左右武卫为左右鹰扬卫,左右威卫为左右豹韬卫,左右领军卫为左右玉钤卫。左玉钤大将军李孝逸、左鹰扬大将军黑齿常之讨徐敬业。杀左威卫大将军程务挺。	《新唐书·百官志》
685年 垂拱元年	左玉钤卫中郎将淳于处平击突厥。 置左右羽林军。	《唐会要·京城诸军》
687年 垂拱三年	左鹰扬大将军黑齿常之、李多祚大破突厥于朔州;右监门卫中郎将爨宝璧出塞追击,全军覆没。	

309

续

年代	纪事	备注
688年 垂拱四年	左金吾大将军丘神勣、左豹韬大将军麴崇裕等讨越王李贞等,事平,将士于豫州暴掠。	
689年 永昌元年	右武卫大将军黑齿常之下狱自杀。 　改羽林百骑为千骑。	《唐会要·京城诸军》
690年 天授元年	郑州、汴州、许州各置折冲府八,汝州二、卫州五,别兵皆千五百人。	《文苑英华》四六四
691年 天授二年	杀左金吾大将军丘神勣、右玉钤卫大将军张虔勖、左鹰扬将军刘虔通、右卫将军李安静。 　改左右羽林军为左右羽林卫,以武攸宁为左羽林大将军。	《唐会要·京城诸军》
692年 长寿元年	缢杀左卫大将军泉献诚。	
694年 长寿三年	右鹰扬卫大将军李多祚败突厥默啜可汗于灵州。	
696年 万岁通天元年	右金吾卫大将军张玄遇等击契丹,中伏大败。右武威卫大将军武攸宜击契丹。 　初令山东近边诸州置武骑团兵。	
697年 神功元年	右金吾卫大将军武懿宗、右豹韬卫将军何迦密、右武威将军沙吒忠义等将兵击契丹。 　铸成九鼎,令南北牙宿卫兵十余万人共曳之。	
698年 圣历元年	右武卫将军沙吒忠义、左羽林卫大将军李多祚、右羽林卫大将军阎敬容等击突厥默啜可汗。都下屯兵,命武懿宗、武攸归领之。	

续

年代	纪事	备注
699年 圣历二年	河南、北置武骑团,以备突厥。	
701年 长安元年	相王李旦知左右羽林卫大将军事。	
702年 长安二年	初设武举。李迥秀安置山东军马,检校武骑兵。	
703年 长安三年	岁旱,同州请月赐增半粮以给卫士,俾不缺番。	《新唐书·苏瓌传》
705年 唐中宗 神龙元年	左右千牛卫各置大将军一员,相王李旦为左右千牛卫大将军。卫王李重俊为左卫大将军,遥领扬州大都督;温王李重茂为右卫大将军,遥领并州大都督。左骁卫大将军裴思谅备突厥。猎于新安。 　　改左右羽林卫为左右羽林军。百姓年二十三成丁,五十九免役。	
707年 景龙元年	左屯卫大将军兼检校潞州长史张仁亶备突厥。 　　制募猛士武艺超绝者,令各自举。改左右羽林千骑为万骑。	

311

续

年代	纪事	备注
710年 唐睿宗 景云元年	韦后征诸府兵五万屯京城,列为左右营,以韦氏子弟领之。左监门大将军、内侍薛思简将兵戍均州。宋王李成器为左卫大将军,衡阳王李成义为右卫大将军。 　　置龙武将军。以巴陵王李隆范、彭城王李隆业为左右羽林大将军。以幽州镇守经略节度大使薛讷为左武卫大将军兼幽州都督,节度使之名自此始。	《旧唐书·职官志》
711年 景云二年	改左右屯卫为左右威卫。令天下百姓二十五入军,五十五免。	《旧唐书·睿宗本纪》
712年 唐玄宗 先天元年	猎于骊山。 　　巡行边境,西自河陇,东及燕蓟,选将练卒。	
713年 开元元年	令卫士自二十五入军,五十免;羽林飞骑并以卫士简补。讲武于骊山,征兵二十万。猎于渭川。 　　敕江北诸州团结兵马皆令本州刺史押掌。	
715年 开元三年	右羽林大将军薛讷、左卫大将军郭虔瓘备突厥。右骁卫将军李玄道击巂州"蛮"。大蒐于凤泉汤。 　　以军器使为军器监,置官员。	
718年 开元六年	折冲府兵每六岁一简。	《新唐书·兵志》

续

年代	纪事	备注
720年 开元八年	敕以役莫重于军府,一为卫士,六十乃免,宜促其岁限,使百姓更迭为之。东都暴雨,谷水涨溢,许卫等州掌闲番兵溺者千余人。猎于下邽。遣使于两京诸州教练。	
721年 开元九年	遣使括逃户及籍外田。	
722年 开元十年	因府兵多逃亡,召募壮士充宿卫,不问色役,优为之制,分隶诸卫,分番上下。以秦州都督张守洁等为诸卫将军。畋猎于土宜川。	《唐会要·府兵》作十一年事。
723年 开元十一年	命尚书左丞萧嵩与京兆、蒲、同、岐、华州长官选府兵及白丁十二万,谓之"长从宿卫",一年两番,州县毋得杂役使。 敕同、华两州精兵所出,不合外支,吏不得取两州兵防。	《通典》二八
724年 开元十二年	左右羽林军飞骑缺,取京旁州府士,以户部印印其臂,为二籍,羽林、兵部分掌之。监门卫大将军、内侍杨思勖为招讨使,击溪州"蛮"。	《新唐书·兵志》
725年 开元十三年	更名长从宿卫之士曰"彍骑",分隶十二卫,总十二万人,为六番上下。 是岁封泰山、禅社首,扈从士卒但加勋而无赐物。	
726年 开元十四年	猎于方秀川。	

续

年代	纪事	备注
727年 开元十五年	猎于城南,校猎于义成。 令陇右、河西及诸军团兵防秋。	《玉海》一四四引《会要》
728年 开元十六年	长征兵分五番,岁遣一番回家,五年酬勋五转。改圹骑弩手为左右羽林军飞骑。	
729年 开元十七年	校猎渭滨。奉先县三府兵马宿卫桥陵。	
732年 开元二十年	渤海靺鞨杀登州刺史,左领军将军葛福顺发兵击之。校猎于太原。	
734年 开元二十二年	左金吾将军李佺与吐蕃于赤岭分界立碑。	
736年 开元二十四年	敕逃户限今年内自首,限外不首,散配诸军。	
737年 开元二十五年	重颁均田制。量诸军镇闲剧利害定额于诸色征人及客户中召募丁壮,长充边军,增给田宅。	
738年 开元二十六年	分左右羽林置龙武军,以万骑营隶之。又置神武军,寻废。	《唐会要·京城诸军》
740年 开元二十八年	吐蕃扰安戎城及维州,发关中圹骑救之。	
741年 开元二十九年	敕京畿采访使、御史中丞张倚简三卫圹骑,今后亦当令一中丞相知勾当。	《唐会要·府兵》
742年 天宝元年	是后易州遂城府、坊州安义府别将果毅之类,每一制同授千余人。	《通典》一四八注

续

年代	纪事	备注
744年 天宝三载	令百姓十八为中,二十三成丁。	
745年 天宝四载	段秀实迁陇州大堆府果毅。 戍卒身死不报,悉征其租庸,有并征三十年者。	《新唐书·段秀实传》
748年 天宝七载	左监门大将军知内侍省事高力士加骠骑大将军。 左右羽林飞骑,一万五千人为定额,六番上下。	《唐会要·京城诸军》
749年 天宝八载	折冲府无兵可交,停上下鱼符。至天宝末年,徒存兵额官吏,其军士、戎器、驮马、锅幕、糗粮并废。 停南衙立仗马,省进马官。禁民间挟兵器。	《唐会要·府兵》
751年 天宝十载	大募两京及河南北兵,分道捕人,并先取高勋。	
752年 天宝十一载	改卫士为武士。 许官将累计勋荫占田。	《册府元龟》四九五
753年 天宝十二载	段秀实以击大勃律有功,由斥候府果毅升任绥德府折冲都尉。	《旧唐书·段秀实传》
754年 天宝十三载	索思礼授灵州武略府别将。 初置神策军于洮阳、洮河二郡。是岁户9,069,154,口52,880,488,为唐代户口极盛时期。	《唐户籍簿丛辑》

续

年代	纪事	备注
755年 天宝十四载	是岁平卢、范阳、河东节度使安禄山反于范阳,河北郡县多望风迎降。仓卒遣人赴河东、东京募兵。	
756年 唐肃宗 至德元载	张巡在河南拒安禄山兵有功,节度使虢王李巨唯与折冲、果毅告身三十通,不与赐物。 肃宗在彭原募士得数百人,至平凉又募得五百余人。	
757年 至德二载	诸将出征,皆给空名告身;凡应募入军,一切衣金紫。 置左右神武军,合左右龙武、神策为六军;另有左右英武军,以元从子弟充。	《新唐书·百官志》 《旧唐书·职官志》
758年 乾元元年	敕左右羽林、左右龙武、左右神武军文武官,并升同金吾四卫。	《唐会要·京城诸军》
759年 乾元二年	五台府果毅都尉高庭晖,升任右武卫大将军。	
760年 上元元年	以荆州为江陵府,仍置永平军团练兵三千人。	
762年 宝应元年	畿县折冲府缺官,以本县令摄判。 遂城府果毅刘昌助宋州刺史拒史朝义。 台州人袁晁起义,破浙东诸州,民疲于赋敛者多归之,众二十万。	《唐会要·府兵》

续

年代	纪事	备注
763年 唐代宗 广德元年	是岁史朝义自杀,"安史之乱"平;安史旧将李怀仙等为节度使。宦官鱼朝恩为天下观军容宣慰处置使,总禁兵。男子二十成丁,五十入老。	
764年 广德二年	是岁户二百九十余万,口一千六百九十余万。	
765年 永泰元年	神策军盛,势居北军之右。 李抱真为泽潞副使,籍民三丁取一壮者,免租徭,给弓矢,农隙习射,岁暮都试,兵为天下最。	《新唐书·兵志》 《玉海》一三八引《实录》
766年 大历元年	折冲府官职田,据苗子多少,三分取一。 索游鸾授丹州通化府折冲都尉。	《唐户籍簿丛辑》
767—785年 大历二年至 唐德宗贞 元元年		府兵制破坏日久,无事可记。
786年 贞元二年	议复府兵。十六卫各置上将军,以宠功臣。 神策军置大将军、将军。	《新唐书·百官志》
787年 贞元三年	又议复府兵:募成卒耕荒田,听其长住,以田为永业,家属愿来者,州县给长牒续食。因战乱不果行。	《邺侯家传》

付印附记

　　本书是作者在去年一年中工作之余陆续写成的，前后文照应不周，疏漏在所难免，深望读者和史学家给予指正。其中一部分资料，仅赖手抄笔录，未及逐一稽考，颇多讹误，承上海人民出版社编辑同志代为改正，谨此致谢。

谷霁光

一九六二年六月

相关研究补编

补魏书兵志

魏当神元皇帝时,控弦之士有二十余万,平文皇帝时将百万,其军制不可得而详。(《序纪》)太祖登国元年,置都统长及幢将。其都统长领殿内之兵,直王宫。幢将员六人,主三郎卫士。(北魏有羽林幢将、虎贲幢将、内都幢将,亦称三郎幢将,后废。)直宿禁中者,自侍中已下、中散已上皆统之,(《官氏志》)是为有宿卫兵官爵名号之始。其后,置卫将军及左右卫、前左右后武卫等将军,入则宿卫京师,(《平季传》:"转前军将军、中给事中,时四方多事,太后每令季出使于外。"《于忠传》:"除卫尉卿、左卫将军、恒州大中正,密遣中使诏曰:'股肱褫落,心膂无寄,方任虽重,比此为轻。故辍兹外任,委以内务。'"《豆代田传》:"加散骑常侍、右卫将军,领内都幢将。"《王仲兴传》:"自拜武卫及受封之日,车驾每临,飨其宅,世宗游幸,仲兴常侍从,不离左右。"《侯刚传》:"稍迁奉车都尉、右中郎将,领刀剑左右,加游击将军、城门校尉,迁武卫将军,领典御。"《寇猛传》:"世宗即位,复叙用,爱其膂力,置之左右,为千牛备身,历转遂至武卫将军,出入禁中,无所顾忌。"《册府元龟》三四〇:"左右卫府将军各一人,掌左右厢,所主朱华阁已外。武卫将军二人,二人皆有司马、功曹、主簿、录事,厘其府事。"均典卫之证。参阅《隋书·百官志》、《唐六典》)出则专守方面。(《韩显宗传》:"车驾南伐,为右军府长史。"《刘季友传》:"南青州左军府录事参军。"《姜漾传》:"幽州有左将军府。"《崔武传》:"怀州有卫军府。"《贾智传》:"武卫将军镇徐州。"是皆开府专征之军将。)又置领军,典掌宿卫。(侍臣兼领者称中领军,加将军者去中字,品秩高于领军。《册府元龟》:"领军府将军一人,掌宿卫宫掖、朱华阁外舆驾出入,督摄杖卫,中领军亦同。有长史、司马、功曹、五官、主簿、录事,厘其府事。")内直禁中之羽林、虎贲等兵,皆领之。(《于烈传》:"咸阳王禧为宰辅,权重当时,曾遣家僮传言于烈曰:'须旧羽林虎贲执仗出入,领军可为差遣。'烈曰:'天子谅暗,事归宰辅,领军但知典掌宿卫,有诏不敢违,理无私给。'"按《宋弁传》云"领军者二卫之假摄",领军品秩本高于二卫,太和末定为平列,又领军加号将军,则品秩与权力均高。)羽林虎贲(《高阳王雍传》:"武人本挽上格者为羽林,次格者为虎贲,下格者为直从。"是又有直从之名。)本幢将分统,太和二年废。二部内都(《官氏志》,都作部误。《豆代田传》可证。)幢将、羽林监及虎贲中郎将,实掌其职。又置殿中尚书,统殿中武士及殿中虎贲。(《汝阴王天赐传》:"殿中尚书胡莫寒简西部敕勒豪富兼丁者为殿中武士。"《彭城王勰传》:"左卫元珍率武士就杀之。"《世祖纪》下:"诏安西将军、建兴公古弼督陇右诸军及殿中虎贲。")其职殆如旧日之都统长,主直宿王宫。(废都统长年月不详,《官氏志》已无此名。殿中尚书之职掌应与都统长同。《南齐书·魏虏传》:"殿中尚书知殿内兵马仓库。"《刘尼传》:"拜羽林中郎将。时尼与殿中尚书源贺俱典兵宿卫。"《伊馛传》:"转殿中尚书,常典宿卫。"《和其奴传》:"殿中尚书元郁率殿中宿卫士。"是皆亲自统兵。)羽林虎贲与殿内之兵虽为京城禁旅,亦常割配诸军,出任征伐。(《奚康生传》:"授武卫将军持节,假平南将军为别将,领羽林三千人,骑步甲士随便割配。"《傅竖眼传》:"给羽林虎贲三百人,进号冠军将军。"《崔孝直传》:"假征房将军、别将,总羽林二千骑。"《宇文福传》:"领高车羽林五百骑。"《卢昶传》:"遣冀、定、瀛、相四州中品羽林虎贲四千人赴之。"《和其奴传》:"皇兴元年,长安镇将东平王道符反。诏其奴领征西大将军,率殿中精甲万骑以讨之。")时当开拓,而中军强劲,(《高祖纪》:"诏选天下勇士十五万人为羽林虎贲。"又上引《汝阴王天赐传》:"简西部敕勒为殿中武士。"宜其精悍。)非惟用之征讨,且以镇戍边陲。(《任城王澄传》:"羽林虎贲有事暂可赴战,常戍宜遣蕃兵代之。"又《卢昶传》有冀、定、瀛、相四州中品羽林虎贲。《李奖传》有徐州羽林之名。)又有五校,即射声、越骑、屯骑、步兵、长水是也,亦典宿卫禁旅。(《奚斤传》:"皇始初,拜越骑校尉,典宿卫禁旅。"此亦禁中之兵,应隶领军者。)后渐变为冗职。正始四年始制员各二十人。(《官氏志》)有左右郎将,(《官氏志》)千牛备身,(《奚康生传》)备身左右,(《宣武皇后胡氏传》)刀剑左右,(《侯刚传》)其制不详。有宗子羽林,后改为宗士,(《官氏志》)亦谓之宗子军。(《彭城王勰传》:"车驾南伐,以勰行抚军将军,领宗子军,宿卫左右。")复增置勋府、庶子、望士、骑官等厢,名号不一。(见《出帝纪》及《官氏志》。又按:左右郎将及宗子军等,均应隶殿中尚书,为宿卫王宫者。可参阅《于忠传》及《唐六典》。)此外东宫屯卫、(《世祖纪》:"东宫屯卫,三分西宫之一。")太子左右卫率及太子三校统之,而均为城内之禁卫军护军。(亦称中护军,为侍臣兼任。《洛阳伽蓝记》:"护军府在闾阖门御道东。")则领城外之兵,四中郎将属之。世宗永平中,四中郎将权隶领军。武定七年复旧。(《官氏志》)四中郎将兵数寡弱,任城王澄奏云:"宜以东中(郎将)带荥阳郡,南中带鲁阳郡,西中带恒农郡,北中带河内郡,选二品、三品亲贤兼称者居之,省非急之作,配以强兵。如此,则深根固本、强干弱枝之义也。"又奏云:"固本宜强,防微在豫。故虽有文事,不忘武功。况今南蛮仍犷,北妖频结,来事难图,势同往变,脱暴勃忽起,震动关畿,四府羸卒何以防拟?平康之世,可以寄安,遗之久长,恐非善策。如臣愚见,郎将领兵,兼总民职,省官实禄,于是乎在。求还依前增兵益号。将位既重,则念报亦深;军郡相依,则表里俱济。朝廷无四顾之忧,奸宄绝窥觊之望矣!"(《任城王澄传》)卒不纳。然自高祖时,宿卫内直者渐已亵狎,嬉游不习弓矢。(《韩显宗传》:"诸宿卫内直者,宜令武官习弓矢,文官讽书传。而今给其蒲博之具,以成褰裼之容,长矜争之心,恣喧嚣之慢,徒损朝仪,无益事实,如此之类,一宜禁止。"可见禁旅已趋于腐化一途。)迨羽林跋扈,(《张彝传》:"羽林虎贲几将千人,相率至尚书省诟骂,以瓦石击打公门,造张彝第,焚其屋宇,投其子始均于烟火中,彝重伤至死。"又《李奖传》:"徐州羽林及城人害奖。")六镇叛逆,京城防卫益寡弱不足恃,而方镇之兵得以挟持皇室,逐鹿中原,元澄所言固不为无见。北魏一代,中军之大略如此。(《张济传》:"杨佺期曰:'魏国被甲戎马可有几匹?'张济答曰:'中军精骑十有余万,外军无数。'"此中外军之分,而亦开国时中军之概数。《李孝伯传》:"中军四十余万。"则合步骑言之。)外军则大将军领之,而分属于诸征镇将军。(大将军不常置,有征镇等将军领兵,将军加大者则权位更隆,亦置大司马掌军事,后又置都督。)神麚元年,始令诸征镇大将依品开府。(《官氏志》)四年(《北史》作三年)又令诸征镇仗节边远者开府辟召。(《世祖纪》)诸将受命征伐或总方任者,诏发州郡之兵随宜割配归其统率。(《世祖纪》:"太平真君十一年,发州郡兵五万分给诸军。"《高祖纪》:"太和二十一年,发冀、定、瀛、相、济五州卒二十万将以南讨。"又"二十二年发州郡兵二十万人,限八月中旬集悬瓠"。此均简选人民之应充兵役者。)不足,则召募以充选。(《孔伯恭传》:"遣将孔太恒等领募骑一千,南讨淮阳。"《杨椿传》:"驰驿诣并肆,赍绢三万匹,募召恒、朔流民,拣充军士。"《高祖纪》:"诏京师及诸州从戎者,赐爵一级,应募者加二级,主将加三级。")更有义从,为自愿执兵役者应之。(《程哲墓志铭》:"祖芒。大魏明元皇帝大驾亲戎,诏访英彦。芒时应命为望义从,西征有功。"《刁雍传》:"别立义军,招集义众得五千人。"《司马灵寿传》:"招引义士,得二千余人。")平时无事,州有都尉、郡有都护、镇有镇都大将以领兵。(《官氏志》)而镇将戍守沿边要隘,其制度尤为一代宏规。废置得失,亦有可得言者。军镇之制备于北魏。北魏以前有屯戍之兵,(战国时,齐戍葵丘。秦北地有屯戍以防匈奴。汉有渔阳营。至晋孝武太元十一年,置湖陕二戍。[《通鉴纲目》]晋末,有潞川戍。[见《张整墓志铭》]后魏立戍亦其遗制。而均属州镇统辖。)性质与镇不同。至晋太元十四年,氐王分诸氐羌为二十部。都护各为镇戍,不置郡县。(见《氐杨难敌传》。都护始于汉之西域都护,与此略异。都护之职掌,《唐六典》云:"抚慰诸蕃,辑宁外寇,觇候奸谲,征讨携离,长史、司马贰焉,诸曹如州府之职。"后魏则有护军。[秦有护军都尉,汉亦有之。梁有镇蛮护军、安远护军。]太安三年,以诸部护军各为太守,二者恐属有别。)都护殆刺史、太守任也,始具镇之雏形,时犹未以镇名。皇始中,拓殖边隅,以移防为重。(《广阳王深传》)当日北地土广人稀,控摄长远,或征发中原强宗子弟,或国之肺腑,寄以爪牙,拥麾作镇。(《北齐书·魏兰根传》)世祖时,屡征蠕蠕,虏其人民,置于漠南。高车降民,亦分屯边境。及于显祖、高祖,均锐意南拓,故差割强族,分卫方镇,精选良家酋帅,规遏北疆。(《刁雍传》)而镇戍亦遍于淮海。北方则六镇为尤重,盖欲制蠕蠕之南寇,而抚慰入化之新民也。时缘边诸地,所在立镇。其后内地亦置之。(《王慧龙传》:"拜洛城镇将,配兵三千人镇金墉。")镇有镇将,(都大将、都将、大将、将等级不同如此。)统兵备御与刺史同,城隍仓库皆镇将主之,有副将为之贰。又置长史、别将军、主城、主录事等,分理众务,监军督察之,其员多至八百余人。(《源怀传》:"沃野一镇,自将以下八百余人。")籍隶边镇者,初为国之肺腑,或中原强宗子弟,后则流进之人,(《高祖纪》)死罪之囚为多,(《高祖纪》及《源贺传》)谓之兵户,(《高聪传》)亦号府户。(《北齐书·魏兰根传》)世执兵役,非中旨特许,不得请免府籍。(《肃宗纪》:"诏云:'镇改为州,依旧立称,此等世习干戈,率多劲勇。'"《刘侯仁传》:"有司奏其操行,请免府籍,叙一小县。诏可。")高车降民亦隶诸镇执役,(《江阳王继传》:"继表:'高车顽党,不识威宪,轻相合集,背役逃归,计其凶戾,事合穷极,若悉追戮,恐遂扰乱,若悔悟从役者,即令赴军。'诏从之。"此为军役无疑。)殆与营户、牧户相等,非如附籍之镇兵。(《高祖纪》:"延兴元年,徙敕勒于冀、定、相三州为营户。真君五年,以北部民徙相、冀、定三州为营户。"《孝庄纪》:"诏纪业募新免牧户,有投名效力者,授九品官。")镇有游军,防戍边围。(《高祖纪》:"北镇游军大破蠕蠕。")又有虞候白直觇候奸谲。(《广阳王深传》)平居则督课诸屯筑城置戍。(《刁雍传》:"为薄骨律镇将至镇,上表曰:'臣蒙宠出镇,奉辞西藩,总统诸军,户口殷广。又总勒戎马,以防不虞,督课诸屯,以为储积,夙夜惟忧,不遑宁处。'又奏云:'臣镇所绾河西,爰在边表,常惧不虞,平地积谷实难守护,兵人散居,无所依恃,脱有妖奸,必致狼狈,虽欲自固,无以得全。今求造城储谷,置兵镇守,镇自建立,更不烦官。'"《袁翻传》:"凡诸州镇应徙之兵,随宜割配,且田且戍。"《世宗纪》:"治缘淮南北所在镇戍,皆令及秋播麦,春种粟稻,随其土宜,水陆兼用,必使地无遗利,兵无余力,比及来稔,公私俱济也。")有事则分番出戍,或割配从征。(《皮豹子传》:"其统万、安定二镇之众,从戎以来,经三四岁。长安之兵,役过期月,未有代期。"《田益宗传》:"于时番兵交换,不生猜疑。"《卢昶传》:"其在徐州,戍兵疾,亲自检恤,至番兵年满不归,容充后役。")从征之兵,资绢自随,不入公库,任其私用。大抵资粮之绢,人十二匹。所经州县及屯戍所在,官亦不给衣粮。(《薛虎子传》:"窃惟在镇之兵不减数万,资粮之绢人十二匹,即自随身,用度无准,未及代下,不免饥寒。论之于公,无丝毫之润;语其私利,则横费不足。非所谓纳民轨度,公私相益也。"《元平原传》:"北州戍卒一千余人,还者皆给路粮,百姓咸称咏之。"是给粮固为例外。)然镇兵且田且戍,不闲武艺。(《咸阳王禧传》:"州镇兵人或有雄勇,不闲武艺,今取岁暮之暇,番上之日,训其兵法、弓矢、干稍,三分并教,使人闲其能,临事无阙。诏曰:'虽云教武,未练其方,既逼北行,复闻教武,脱生群惑,且可待之。'")外患滋生,戎事日隳。(《源怀传》:"自皇魏统极,都于平城,威震天下,德笼宇宙。今定鼎成周,去北遥远,代表诸蕃北固,高车外叛,寻遭旱俭,戎马甲兵,十分阙八。去岁复镇阴山,庶事荡尽。")镇兵之在边者,既有空存名籍,身居他处。(《蒋少游传》:"慕容白曜之平东阳,见俘入于平城,充平齐民。后配云中为兵,遂留寄平城,以佣写书为业,而名犹在镇。")复多逃亡,不乐北土。(《崔挺传》:"时以犯罪配边者多有逃越,遂立重制,一人犯罪逋亡,合门充役。"《广阳王深传》同。)兵役过期,不免饥寒迫身。(《皮豹子传》:"长安之兵,役过期月,未有代期,衣粮俱尽,形颜枯悴,窘切恋家,逃亡不已。")主将亦有利其资绢,残害士卒者。(《宋弁传》:"弟鸿贵,定州平北府参军,送兵荆州,坐取兵绢四百匹,兵欲告之,乃斩十人。")又加治城葺缮,力役不一。(《源贺传》)而家中徭役、租赋,仍属难于供亿,兵役日重,生计日蹙。(《裴宣传》:"符出兵之乡,其家有死戎事者,复其年租调,伤痍者免其兵役。"《源贺传》:"请募诸州镇有武健者三万人,复其徭赋,厚其赈恤。"《高祖纪》:"诏复军士从驾渡淮者租赋三年。"《肃宗纪》:"诏兵士征硖石者复租赋一年。")袁翻奏云:"自比缘边州郡,官至便登;疆场统戎,阶当即用。或值秽德凡人,或遇贪家恶子,不识字民温恤之方,唯知重役残忍之法,广开戍逻,多置帅领,或用其左右姻亲,或受人货财请属,皆无防敌御贼之心,唯有通商聚敛之意。其勇力之兵,驱令抄掠,若值强敌,即为奴虏,如有执获,夺为己富。其羸弱老小之辈,微解金铁之工,少闲草木之作,无不搜营穷垒,苦役百端。自余或伐木深山,或耘草平陆,贩卖往还,相望道路。此等禄既不多,资亦有限,皆收其实绢,给其虚粟,穷其力,薄其衣,用其工,节其食,绵冬历夏,加之疾苦,死于沟渎者常十七八焉。"(《袁翻传》)源怀亦云:"自景明以来,北蕃连年灾旱,高原陆野,不任营殖,唯有水田,少可蓄亩。然主将参僚专擅腴美,瘠土荒畴给百姓,因此困敝,日月滋甚。"又云:"北镇边藩事异诸夏,往日置官,全不差别。沃野一镇,自将以下八百余人,黎庶嗟怨,金日烦猥。边隅事鲜,实少畿服,请主帅吏佐三分减二。"(《源怀传》)所言均切中时弊。军镇制度之基础,至此已破坏无余矣。为主将参僚者,一旦列名兵籍,便隔清流。士人自非得罪,不乐为镇。(《薛虎子传》:"文明太后临朝,出虎子为枋头镇将。虎子素刚简,为近臣所疾,因小过出为镇门士。及显祖南巡,次于山阳。虎子拜诉于路。")朝廷亦轻其选,不以清流目之。(《任城王澄传》:"澄以北边镇将,选举弥轻,恐贼虏窥边,山陵危迫。奏求重镇之选,修警备之严。诏不从。"《孙绍传》:"今二虢京门,了无严防,南北二中,复阙固守。长安、邺城,股肱之寄;穰城、上党,腹背所凭。四军五校之轨,领护分事之式,征兵储粟之要,舟车水陆之资,山河要害之权,缓急去来之用,持平赴救之方,节用应时之法,特宜修置,以固堂堂之基。持盈之体,何得而忽?居安之辰,故应危惧矣。且法开清浊,而清浊不平,申滞理望,而卑寒亦免,士庶同悲,兵徒怀怨。中正卖望于下里,主案舞笔于上台,真伪混淆,知而不纠,得者不欣,失者倍怨,使门齐身等而泾渭奄殊,类应同役而苦乐悬异。士人居职,不以为荣,兵士役苦,心不忘乱。故有竞弃本生,飘藏他土;或诡名托养,散在人间;或亡命山薮,渔猎为命;或投仗强豪,寄命衣食。又应迁之户,逐乐诸州,应留之徒,避寒归暖。[中略]今强敌窥时,边黎伺隙,内民不平,久成怀怨。战国之势,窃谓危矣。必造祸源者,北边镇戍之人也。")正光末,李崇奉命讨蠕蠕。魏兰根说崇曰:"缘边诸镇,控摄长远。昔时初置,地广人稀,或征发中原强宗子弟,或国之肺腑寄以爪牙。中年以来,有司乖实,号曰府户,役同厮养,官婚班齿,致失清流,而本宗旧类,各各显荣,顾瞻彼此,理同愤怨。更张琴瑟,今也其时。静境宁边,事之大者,宜改镇立州,分置郡县。凡是府户,悉免为民。入仕次序,一准其旧。"(《北齐书·魏兰根传》)崇以奏闻,事寝不报。及北镇变起,缘边诸州亦多响应。诏广阳王深为北道大都督讨之。深上书曰:"昔皇始以移防为重,盛简亲贤,拥麾作镇,配以高门子弟,以死防遏,不但不废仕宦,至乃偏得复除,当时人物欣慕为之。及太和在历,仆射李冲当官任事。凉州土人悉免厮役,丰沛旧门仍防边戍。自非得罪当世,莫肯与之为伍。征镇驱使,但为虞候白直,一生推迁,不过军主。然其往世房分留居京者,得上品通官。在镇者便为清途所隔,或投彼有北,以御魑魅,多复逃胡乡。乃峻边兵之格,镇人浮游在外,皆听流外捉之。于是少年不得从师,长者不得游宦,独为匪人,言者流涕。自定鼎伊洛,边任益轻,唯底滞凡才出为镇将,转相模习,专事聚敛。或有诸方奸吏犯罪配边,为之指踪,过弄官府,政以贿立,莫能自改。咸言奸吏为此,无不切齿憎怒。及阿那瓌背恩,纵掠窃奔。命师追之,十五万众度沙漠,不日而还。边人见此援师,便自意轻中国。尚书令臣崇时即申闻,求改镇为州,将允其愿,抑亦先觉。朝廷未许。而高阙戍主率下失和,拔陵杀之,为逆命,攻城掠地,所见必诛,王师屡北,贼党日盛,此段之举指望销平,其崔暹只轮不返。臣崇与臣叡巡复路,今者相与还,次云中,马首是瞻,未便西迈。将士之情,莫不解体,今日所虑,非止西北,将恐诸镇寻亦如此。天下之事,何易可量。"(《广阳王深传》)时亦不纳。由此北镇之祸蔓延日广。正光五年诏曰:"诸州镇城人本充爪牙,服勤征旅,契阔行间,备尝劳剧。逮显祖献文皇帝自北被南,淮海思义,便差割强族,分卫方镇。高祖孝文皇帝远遵盘庚,将迁嵩洛,规遏北疆,荡辟南境。选良家酋帅,增成朔垂,戎捍所寄,实惟斯等。先帝以其诚效既亮,方加酬锡。会宛、郢驰烽,朐、泗告警,军旗频动,兵连积岁,兹恩仍寝,用迄于今,怨叛之兴,颇由于此。

朕叨承乾历，抚驭宇宙，调风布政，思广惠液，宜追前恩，敷兹后施。诸州镇军贯原非犯配者，悉免为民，镇改为州，依旧立称。"（《肃宗纪》）乃使郦道元持节兼黄门侍郎与都督李崇筹宜置立，裁减去留。而北镇扰乱，久乃施行。自此以后，军镇之制，名存实废，而镇戍士卒，尽入私门，天下混乱，征发不行，于是尽为召募。孝昌三年，诏直寝纪业持节募新免牧户，有投名效力者，授九品官。又诏诸有私马仗从戎者，职人优两大阶，亦授实官。白民出身外优两阶，亦授实官。同年，又召募侨居流民渡河，随便为栅，准望台军。永安三年，以高乾为侍中、河北大使，招集骁勇。（《庄帝纪》）建明元年，诏贺拔胜募伎作及杂户从征者，正入出身皆授实官。私马者优一大阶。（《前废帝纪》）来源杂滥，至不可校。常景奏云："顷来差兵不尽强壮，今之三长皆是豪门多丁，今求权发为兵。"肃宗从之。（《常景传》）三长已不免于兵役，复又以奴客任役，私窃官勋。故杨机奏云："诸守帅或非其才，多遣亲者，妄称入募，别倩他人引弓格，虚受征官，身不赴阵，惟遣奴客充数而已。"（《杨机传》）兵役繁兴，而赋税之征取日重。（《元孝友传》："略计见管之户应二万余族，一岁出资绢二十四万匹。十五丁出一番兵，计得一万六千兵。"是不征兵而征绢之证。）民多流亡，祸乱益促。高欢、宇文泰卒以之篡魏，而魏以亡。

（原载《二十五史补编》第四册，上海开明书店1936—1937年版）

唐折冲府考校补

曩劳笙士（经原）作《唐折冲府考》，载《鄦斋丛书》内。罗叔言（振玉）继是为《唐折冲府考补》及《拾遗》，见《辽居杂著》乙编及丙编，关于府名之收搜及考订，均极精详。近阅唐人墓志及文集，又得前人不曾著录之兵府约三十条，因重加校订以补前书之缺。其于地名及建置沿革可增补者增补之，其不获考订者亦存疑，以资参考。总目有三：曰折冲府府数商榷，曰折冲府考增补，曰折冲府志略。

一、折冲府府数商榷

记述折冲府数目者，言人人殊。《新唐书·百官志》及《会要》（《玉海》一三八《兵制》三引）作六百三十三，《新唐书·兵志》及《地理志》作六百三十四，《邠侯家传》（《玉海》一三八《兵制》三引）作六百三十，《唐六典》作五百九十四，《理道要诀》（《玉海》一三八《兵制》三引）作五百九十三，《通典》及杜牧《原十六卫》均作五百七十四（《杜樊川集》），陆贽奏疏则作八百（《陆宣公奏议》）。如是，府数相差多至二百二十六，少亦四十。

陆贽所述，大致兼龙朔元年安西都护府新置兵府而言。（龙朔元年新置兵府，见《旧唐书·地理志》及《法苑珠林·感通篇》。）故府数多，然其关内有府五百之说，仍无旁证可辨其不谬。陆氏语焉不详，无足多论。其他各种记载所根据之材料固属不同，但亦非毫无根据，如《邺侯家传》作者，其家世与府兵之创设及扩充有密切关系，杜牧之《原十六卫》对于府兵制度言之亦极精详，其说必有所本。

兵府之数，何以言人人殊，揆其原因，在于各人所根据之材料或记录有时代先后之差异，兵府制度本无日不在变化中，即以名称、地域与数目言，亦时在更改。（滨口重国作《从府兵制度至新兵制》一文亦经提示此点，见《史学杂志》四一卷一一期。）数目之变动，记载上似仅见增加之府名而无减少之痕迹，故述唐兵府之数，其根据时代较早之记载，新置兵府当未列入，因之府数往往少于时代较晚之记载，此可于《会要》及《邺侯家传》（均《玉海》一三八《兵制》三引）得一暗示。

《会要》：

> 关内置府二百六十一，精兵士二十六万，举关中之众以临四方。又置折冲府二百八十，通给（计）旧府六百三十三，河东道府额亚于关中。河北之地，人多壮勇，故不置府，其他诸道亦置。

《会要》所载，殊为隐晦，所谓新置折冲府不知在何代何年（按府名折冲在贞观十年，疑即指此），而二百八十府之数，不知为一次建置抑为逐渐设立。又所举总数六百三十三府，似为唐代兵府最盛时期之数目，全文虽连属于武德三年诏书之下，但绝非一事。参阅王溥《唐会要》可知。

又《邺侯家传》：

> 玄宗时，奚、契丹两蕃强盛，数寇河北诸州，不置府兵番上以备两蕃。诸道共六百三十府。

上引一段，事实多不可通解，如"不置府兵以备两蕃"一句，语意不相属，既谓之不置兵府，何云番上，更何云备蕃，此其一；两蕃入寇与不置府兵，文义亦自相违，此其二；末又指出兵府总数，不记年代，易于混乱，此其三。综观全传，不应致此。余疑"不"字乃为"又"字之误，如将"不置府兵"易为"又置府兵"，则文义连属，于史实亦不背谬。

一字增改，于全文关系既大，自不容臆说而妄言之，然合观《会要》及《邺侯家传》二段，此点殊易明了，而设府之事亦可互相证明。《会要》所谓"河北之地，人多壮勇，故不置府"，此当为贞观时事，合之《邺侯家传》，则两蕃入寇时，必增置兵府以备敌。否则，苏冕之说，不惟与《邺侯家传》所言不符，于后来建置情形亦不相合，故河北道在初本不置府，与玄宗时之大规模增设事为可能，而《邺侯家传》"不"字为"又"字之误，亦似无疑义。《玉海》错字极多，非详加考证，殊易误解。

从兵府数目计算，大致相符。《唐六典》府数为五百九十四，而河北道现存府名为四十六（见第三节折冲府志略），如河北道兵府设置，以开元时为最多，则亦与《新唐书·地理志》六百三十四之说相近。按《唐六典》书成奏上，在开元二十七年，其修撰则以开元十三年至十四年所成为多，故其记载亦以开元十四年以前为较精详。据此则《六典》所举兵府总数犹未列入新增之府，殊为可能。

王溥著《唐会要》已不知河北道置府之由来，故将《会要》中"河北之地，人多壮勇，故不置府"一段易为"河北之地，人逐渐逃散，年月渐久，逃死者不补"。王溥知河北道置有兵府，而不知河北在初为无兵府之道。至《会要》作者苏冕则知河北道在初本无兵府，但又举出兵府总数。各人所见材料不同，记载亦异，两两比较，亦觉有趣。

河北道置府之关键既已明了，可更进一步讨论各种记载之同异及其关系。记载中之数目，约可分为二组，一为六百三十左右者，一为五百七十至五百九十四之间者。前者之差异为一府，如兵府有增无减之假定为可信，则当以《新唐书·地理志》及《兵志》之六百三十四为兵府最后之总数，但亦难免例外。至《邺侯家传》为记载君臣问答之词，故举整数，不可拘于六百三十数字之表面，是与《地理志》、《兵志》所言，亦不冲突。

后者又可自成两组，《通典》与《原十六卫》数目尽同，《六典》与《理道要诀》亦只一府之差，《六典》成书年代较早，所根据府数或为河北未增置兵府以前，已如前论。《通典》作者杜佑（七三四—八一二）与《原十六卫》作者杜牧（　—八五二）所处时代较晚，其根据材料现已无从考证，但《理道要诀》作者亦为杜佑，杜佑两著作中正记载两时期中之府数。可见唐人之记述府数纷歧不一，殊无足怪。

府数逐渐增加，其详情及时代多已无由考证。依《会要》记述，最初应为三百五十三。依上面推论结果，最后应为六百三十四，中经大规模设置，则玄宗开元中及武后天授中两次（《文苑英华》四六四天授二年制）。至安西设府，与本文无关，故不论及。

二、折冲府考增补

真化府　京兆府

《祖夫人墓志铭》:隋有真化府鹰扬,是府亦承隋旧置。(北平图书馆藏拓)《常何墓志》:除真化府折冲都尉,公所任之府即在京邑。(巴黎图书馆藏拓)

匡道府　右领军卫　京兆府

《白知礼墓志》:子万浞为右领军卫京兆府匡道府别将。(北平图书馆藏拓)

相原府　京兆府

《八琼室金石补正》三一:"□州□□□相原府校尉。"注云:"州上字缺当是华字,斯因上刘氏作幸,审之似乘。"《新唐书·地志》亦作华州,劳氏据《长安志》属之京兆府,疑《金石补正》所云"审之似乘",乘字或为雍字。

宣化府　京兆府

《樊庭观墓志》:授京兆府宣化府折冲,摄右卫郎将横野军副使。(北平图书馆藏拓)

新城府　京兆府

《张翼墓志》:授新城府别将。(北平图书馆藏拓)

太清府　京兆府

《元景墓志》:父叔朗为太清府统军。《元振墓志》:祖叔朗为太清府统军。(均北平图书馆藏拓)

灌钟府　京兆府

《元和郡县志》：钟官故城一名灌钟城，在鄠县东北二十五里。是府因故城得名。石刻《寂照和尚碑铭》，父诠，灌钟府折冲，镇于咸阳跑马泉精祠。疑系临时镇守，故特指名其驻地。

望苑府　京兆府

《赵越宝墓志》：秩满，授东宫左司御卫率府录事参军，下云"望苑之中，亲从鹤龠，摇山之下，虔奉龙楼"。此府当在长安。

平乡府　右卫　京兆府

《赵洁墓志》：授右卫京兆府平乡府折冲都尉。《金义墓志》：祖师在隋为平乡府校尉。是亦承隋之旧。（均北平图书馆藏拓）按《唐志》，京兆府有平香府，香即乡字之误。

义阳府　京兆府

《和守阳墓志》：景龙之初，授义阳别将。（北平图书馆藏拓）

甘泉府　京兆府

《元和郡县志》：云阳县有甘泉山，一名磨石岭，在县西北九十里，县有云阳宫，即秦之林光宫、汉之甘泉宫，在县西北八十里。甘泉山上周回十余里，去长安三百里，望见长安城。

频阳府　左清道率　京兆府

《元和郡县志》：频阳故城在美原县西南三里，又美原县秦汉频阳之地，以县西北十一里有频山。秦厉公于山南立县，故曰频阳。后魏别置土门县。按《新唐书·地理志》，美原以故土门县置。此府当在美原境。《括地志》，频阳故城在雍州同官县界。（《史记正义》引）又，频阳故城在宜州土门县南三里。与此合，惟省西字。

龙栖府　右武卫　京兆府

《元振墓志》：授京兆府龙栖府别将。（北平图书馆藏拓）《骆宾

王文集》有右武卫龙西府,应是一府。(参看《郼斋丛书》卷四页四四)

武亭府　左卫　京兆府

《崔智墓志》:授京兆府武亭府折冲。(北平图书馆藏拓)《长安志》:武功县有武亭川。府因川得名,当在武功县境。

白渠府　左卫　京兆府

《孟贞墓志》:迁雍州白渠府左果毅。(北平图书馆藏拓)《新唐书·地理志》:高陵县有古白渠。《元丰九域志》同。此府当因渠而名。按泾阳县亦有太白渠、中白渠、南白渠,疑非属泾阳。

崇节府　京兆府

《李夫人墓志》:卒于雍州始平县崇节府官舍。(北平图书馆藏拓)

寿城府　京兆府

《元振墓志》:迁西畿寿城府别将。(北平图书馆藏拓)应属京兆府。

渭南府　京兆府

《潘卿墓志》:父富周,任华州渭南府果毅。(北平图书馆藏拓)按《新唐书·地理志》,京兆府有渭南县,武德元年隶华州,五年还隶雍州。疑渭南府以地得名,当属京兆府。又潘卿卒于永徽二年,则潘富周为渭南府折冲时,或在武德元年至武德五年之间,故云华州渭南府。

勋一府　右卫　京兆府

《房仁恕墓志铭》,有右卫勋一府及左翊勋二府。按《唐书·兵志》,勋一府、勋二府、翊一府、翊二府及亲卫府合为五府。疑不为折冲府,姑志于此。其府所在地,当在长安城。

勋二府　左卫　京兆府

《房仁愍墓志铭》，有左翊勋二府及右卫勋一府。《范仁峤墓志》：嗣子游说任左卫勋二府队正长上。（均北平图书馆藏拓）

翊一府　左卫　京兆府

《萧贞亮墓志铭》：起家授上药奉御，转迁左卫翊一府翊卫、游击将军。又，子元珪为左卫翊一府翊卫。（清华图书馆藏拓）《白知礼墓志》：起家为左卫翊一府亲卫，直殿中省。《江璀墓志》：调授左卫翊一府队正长上。（均北平图书馆藏拓）

翊二府　右卫　京兆府

《许琮妻李氏墓志铭》：子惟忠，为右卫翊二府翊卫。《宁思真墓铭》：起家任右卫翊二府翊卫。（均清华图书馆藏拓）

乐游府　京兆府

《金石萃编》四五《段志玄碑》：以功授乐游府骠骑将军。《玉海》一三六注：段志玄，以功授乐游府车骑将军。《长安志》：乐游原居城之最高。又杜牧诗"乐游原上望昭陵"，是乐游在京兆府内。《张说之集·诏宴乐游园诗》："乐游形胜地，表里望郊宫。"

九嵕府　右武卫　京兆府

《古志石华》、《李汪墓志》，有右武卫九嵕府别将。《唐六典》，关内道名山曰九嵕。《新唐书·地理志》：京兆府醴泉县有九嵕山。是府必因山得名，当属京兆府。

神和府　京兆府

《于履楫墓志》：京兆神和原。和不作禾，疑神和、神禾通用。此府应属京兆府。（北京大学图书馆藏拓）

水衡府　京兆府

《唐会要》七〇：武德三年置东泉州，移云阳于县南十五里水衡城。

永乐府　京兆府

《资暇集》中永乐坊内古冢,韦氏《两京新记》云未知姓名。是府亦在长安城。

龙原府　京兆府

《唐会要》七〇:美原县有龙原乡。劳说是。

普乐府　华州

《孟贞墓志》:迁华州普乐府折冲。(北平图书馆藏拓)

清义府　华州

《常何墓志》:授清义府骠骑将军。(巴黎图书馆藏拓)

定城府　华州

《齐子墓志》:迁华州定城府左果毅都尉。(北平图书馆藏拓)

郑邑府　华州

《括地志》:郑故城在华州郑县西北三里。又,桓公友之邑,秦县之。(《玉海》引)此府当在郑县境。又,《元和郡县志》,古郑城在县理西北三里,兴元元年新筑罗城及古郑城,并在罗城内。

怀德府　左鹰扬卫　华州

《杨思玄墓志》:授游击将军左鹰扬卫怀德府左果毅都尉。(北平图书馆藏拓)《括地志》:怀德故城在同州朝邑县西南四十三里。(《史记正义》引)疑此府应属同州。又《太平寰宇记》,怀德故城在今富平县西南十一里。

济北府　同州

《元和郡县志》:济水在河南府济源县西北三里。此府以在济水之北得名。

秦城府　同州

《王□墓志铭》：为同州秦城府果毅。是秦城不作泰城。（北平图书馆藏拓）

兴德府　右骁卫　同州

《李献墓志》：致果校尉行右骁卫冯翊郡兴德府别将。（北平图书馆藏拓）《新唐书·地理志》：冯翊县有兴德宫在志武里。

温阳府　左武卫　同州

北平图书馆藏《李璿墓志铭》：为温阳府长上折冲。按京兆府已有温汤府。《唐志》同州亦有温汤府。疑同州温汤府乃为温阳府之误。《元和郡县志》：河南府有济源县，济水在县西北三里，而同州有济北府。又河南府有温县，故此又有温阳府。隋虎符有右屯卫温阳府。知此亦承隋之旧。

安远府　同州

《太平寰宇记》：河中尹浑瑊奏，于古安远府城内置河西县，理县东西十四里。按《新唐书·地理志》，河中府河西县析河东置，寻省。乾元三年更同州之朝邑曰河西，来属。大历五年复还同州，析朝邑河东别置。是安远府属同州，非复在其故城。古字乃故字之误。

瀵阳府　同州

《水经注》：郃阳城南有瀵水，东流注于河，即郃水也。按《新唐书·地理志》，同州有郃阳县。瀵阳府，应在郃阳境内。

长春府　左领军卫　同州

《董荣墓志》：祖业为北齐长春府统军。是府乃承齐旧。（北平图书馆藏拓）

华池府　同州

《李琦墓志》:补同州华池府别将。(北平图书馆藏拓)

岐山府　凤翔府

《安思节墓志》:授岐州岐山府果毅。《张知感墓志》:加游击将军,迁岐州岐山府折冲都尉。(均北平图书馆藏拓)《括地志》:岐山在岐州岐山县东北十里。(《史记·夏本纪》正义引)

雍北府　凤翔府

《魏书·地形志》:岐州治雍城镇。《新唐书·地理志》:天兴县本雍县。《太平寰宇记》:雍水在天兴县东一百步。

洛邑府　凤翔府

《元和郡县志》:虢县本为洛邑县,隋改名虢县,贞观八年废,天授二年再置。

岐阳府　凤翔府

《朱知感墓志》:加游击将军,迁岐州岐阳府折冲。(北平图书馆藏拓)

文城府　凤翔府

《太平寰宇记》:普润县有文王故城。疑即省略之名。

邲邑府　凤翔府

邲与岐通用,此府应在岐山县。

三交府　凤翔府

《元和郡县志》,三交城在宝鸡县西十六里。《太平寰宇记》作四十六里。

邵吉府　凤翔府

《程□墓志铭》:祖满为岐州邵吉府折冲。(清华图书馆藏拓)《敦煌名族志》残卷,有岐州邵吉府别将。《欧阳裴氏墓志》,天兴

县有邵吉原,是府必在天兴县。(北平图书馆藏拓)

积善府　右卫　凤翔府

《李怀墓志》:任右卫扶风郡积善府左果毅,仍留长上。(北平图书馆藏拓)

杜阳府　左卫　凤翔府

《文苑英华》:吉义福为左卫杜阳府左果毅都尉。《元和郡县志》:麟游县本汉杜阳县地,隋于此置西麟州,营仁寿宫,义宁元年唐高祖辅政废宫,是年获白麟于宫所,因置县。

三交府　左玉钤卫　凤翔府

《王建墓志》:任左玉钤卫三交府折冲都尉。(北京大学图书馆藏拓)

杜阳府　凤翔府

《资治通鉴》:武德七年,柴绍破突厥于杜阳谷。注云:杜阳山北有杜阳谷。

公刘府　左卫　邠州

《索夫人门氏墓志》:子□为左卫公刘府长上折冲。《朱知感墓志》:累迁游击将军、邠州公刘府左果毅。(均北平图书馆藏拓)

大堆府　邠州

《旧唐书》一二八《段秀实传》:授斥候府果毅。而《新唐书》一五三作陇州大堆府果毅。

龙盘府　陇州

《高如诠墓志》:解褐授陇州龙监府别将。疑监字误。(北平图书馆藏拓)

开川府　陇州

《太平寰宇记》:吴山在吴山县西南五十里。郭璞曰:吴山别名开山,山下石穴广四尺,高七尺,水溢石空,悬波侧注,潾渊震荡,发源成川,北流注于汧。

斥候府　陇州

《旧唐书》一二八《段秀实传》:授斥候府果毅。《新唐书》一五三作陇州大堆府果毅。以事实考之,斥候府疑亦陇州军府之一,《古志石华茹守福墓志》,陇州有大候府或即斥候府之讹。姑志之,以待考证。

源汧府　左金吾卫　陇州

《敦煌名族志》残卷,有左金吾卫陇州源汧府左果毅都尉。《括地志》:汧山在陇州汧源县西六十里,其山东邻岐岫,西接陇冈,汧水出焉。(《史记·夏本纪》正义)源汧府当另为一府。

泾阳府　泾州

《石崇俊墓志铭》,有泾州阳府左果毅,疑阳字上脱泾字。(北平图书馆藏拓)按京兆府有泾阳县,泾阳汉属安定郡。又泾州临泾县,兼有汉安武、安定、彭阳、抚夷四县之地。

彭阳府　原州

《白知礼墓志》:为原州彭阳府左果毅都尉。(北平图书馆藏拓)《元和郡县志》:临泾县有彭阳川,去彭阳县一百步,县界兼有汉安武、安定、彭阳、抚夷四县之地。又,彭阳故城在泾州,临泾宁州丰义县界。

高望府　右屯卫　宁州

《□敬墓志》:授上柱国右屯卫高望府左果毅。(北平图书馆藏拓)

天固府　宁州

《太平寰宇记》:天固堡,隋置在彭原县南,甚险固。

大延府　宁州

《太平寰宇记》：襄乐县有大延水，县南有于延城。

三会府　宁州

《元和郡县志》：邠州三水县，本汉旧县，以县界有罗川谷三泉并流，故以为名。三会或即三泉合流之地。

罗川府　宁州

《刘龙树墓志》：任宁州罗川府折冲。（北平图书馆藏拓）《新唐书·地理志》：真宁本罗川。《元和郡县志》：真宁县本汉阳县，地属上郡，隋开皇十八年改为罗川，因县南罗水为名。

交水府　庆州

《樊庭观墓志》：授汝州交水府别将。（北平图书馆藏拓）《唐志》属庆州，与此异。

蟠交府　庆州

《元和郡县志》：武德六年分合水县置蟠交县，以城临大小乐蟠二水交口，因以为名。

乐蟠府　庆州

《元和郡县志》：乐蟠县本汉略畔道，今县理北五里，略畔故城是也。义宁元年分合水县置乐蟠县，取乐蟠城为名。

龙交府　左卫　鄜州

《董怀义墓志》：任游击将军左卫龙交府右果毅。《高德墓志》：转鄜州之龙交、岐州之杜阳两府果毅。《李冲墓志》：历洛交郡杏林、龙交，弘农郡开方三府果毅。（均北平图书馆藏拓）

苇川府　鄜州

《太平寰宇记》：三川县有苇川。

五交府　鄜州

《太平寰宇记》：五交城即今州理。

大同府　左武卫　鄜州

《公孙孝迁墓志》：转左武卫鄜州大同府折冲。（北平图书馆藏拓）

洛安府　鄜州

《董怀义墓志》：转洛安府折冲。（北平图书馆藏拓）

杏林府　鄜州

《李冲墓志》：历洛交郡杏林、龙交，弘农郡开方三府果毅。（北平图书馆藏拓）

杏城府　坊州

《元和郡县志》：杏城在中部县西南五里。又，汉雕阴在今洛交县北三十里，雕阴故城是也。苻姚置杏城镇。又，刘石苻姚时于今坊州理西七里，置杏城镇，常以兵守之。可见此府位置亦重要。

因城府　延州

延州有敷政县，本隋因城县。新旧《唐书》与《隋书》作固城。《元和郡县志》、《太平寰宇记》、《舆地广记》均作因城。

河间府　灵州

《太平寰宇记》：大石山，《水经注》云河水至此，两山相对，水出其间，即上河峡也，俗号青山。

义合府　绥州

《齐子墓志》：子景金任上郡义合府别将。（北平图书馆藏拓）

万古府　绥州

按《隋书·地理志》，大业初，废安宁、吉万二县入上县。不知万古是否吉万之误，上县在唐为龙泉县。

洛汭府　左威卫　河南府

《王韬墓志铭》：父义为洛汭府校尉。《金义墓志铭》：父杰先为洛汭府校尉。《董轴墓志铭》：为洛汭府队正。（均清华图书馆藏拓）《李怀墓志》：改左威卫河南府洛汭府折冲。（北平图书馆藏拓）《太平寰宇记》：洛汭，洛水入河之处，在巩县。

阳樊府　河南府

《太平寰宇记》：皮城在济源城东三十八里，即春秋时阳樊邑。

永嘉府　左骁卫　河南府

《张羊墓志铭》，有永嘉府队副及永嘉府羽林。《杨思玄墓志》：祖威任通议大夫、永嘉府鹰扬郎将、河阳关留守。《格善妻斛斯氏墓志》，有永嘉府司仓参军事。（均北平图书馆藏拓）

邵南府　河南府

《新唐书·地理志》：王屋，武德元年，更名邵伯，隶邵州。《太平寰宇记》：王屋县有邵原。又西济亦有邵原县，后省。

巩洛府　河南府

《崔智墓志》：授河南府巩洛府折冲，加游击游骑将军。（北平图书馆藏拓）《太平寰宇记》：巩县本与成皋中分洛水，西则巩，东则成皋，后魏始并焉。又引京相璠语，巩县有巩洛渡，是此府在洛水之西，与巩洛渡相近。

怀音府　右武卫　河南府

《程硕墓志铭》：子世基为右武卫怀音府队正。《刘庭训墓志》：任河南府怀音府长上折冲、上柱国。《樊庭观墓志》：授河南府怀音府右果毅都尉。（均北平图书馆藏拓）

轵城府　河南府

《李涣墓志》：任河南府轵城府别将。（北平图书馆藏拓）《元和郡县志》：济源县，古轵邑。《太平寰宇记》：轵县故城在济源县东南十三里。《括地志》：故轵城在怀州济源县东南一十三里。(《史记正义》引)

郏鄏府　左威卫　河南府

《杜才墓志铭》：为郏鄏府司马。又《梁方墓志铭》亦有郏鄏府。(北平图书馆藏拓)《括地志》：故王城一名河南城，本郏鄏，周公所筑，在洛州洛南县北郏山名鄏城。(《史记正义》引)《太平寰宇记》：河南县西南之地谓之郏鄏。

伊川府　河南府

《冯安墓志铭》，有伊川府。《贾德茂墓志铭》，隋仁寿中有伊川府校尉与长史。(均北平图书馆藏拓)伊川亦承隋旧。

颍源府　河南府

《括地志》：颍水源出洛州嵩阳县东南三十里阳乾山，今俗名颍山。此府当在嵩阳县境内。

金谷府　左翊卫　河南府

《权开善墓志铭》：为金谷府司马。《王崇礼墓志》：授左领军卫河南府金谷府折冲都尉。《赵洁墓志》：授左领军卫河南府金谷府右果毅都尉。(均北平图书馆藏拓)《太平寰宇记》引郭缘生《述征记》：金谷，谷也，地有金水出太白原。是此府亦在河南县境。

王屋府　河南府

《齐子墓志》：子景珍任河南府王屋府别将。(北平图书馆藏拓)

原邑府　河南府

《太平寰宇记》：济源故城在济源县西北九里。《史记》谓晋文伐原是也。按济源县，显庆二年割属河南府，会昌三年属孟州。

原城府　河南府

《水经注》：济水东源出原城东北。《括地志》：故原城在怀州济源县西北二里。

鹤台府　河南府

《马延徽墓志》：迁东京鹤台府右果毅都尉、右羽林军长上。此府必在东京城中。（北平图书馆藏拓）

函谷府　左金吾卫　河南府

《元和郡县志》：函谷故城在灵宝县南十里。此府属河南府，必以近函谷得名。

同轨府　河南府

《刘景嗣墓志》：曾祖朴任游击将军、同轨府折冲。（北平图书馆藏拓）

温城府　河南府

《贾元恭墓志》：次子福祚为河南府温城府别将。（北平图书馆藏拓）《太平寰宇记》：古温城在温县西南三十里。《括地志》，西南作西。《新唐书·地理志》：温县，会昌三年后属孟州。

具茨府　河南府

《元和郡县志》：大騩山在密县东南五十里，本具茨山。

宝图府　左右金吾卫　河南府

《崔智墓志》：拜河南府宝图府果毅。《赵洁墓志》：授右金吾卫河南府宝图府折冲。（均北平图书馆藏拓）

承云府　河南府

《和守阳墓志》：为承云府果毅都尉。（北平图书馆藏拓）

辕辕府　河南府

《樊庭观墓志》：授辕辕府折冲都尉。（北平图书馆藏拓）

临济府　河南府

《李涣墓志》:调授汝州龙兴潞府铜鞮、河南、临济三府果毅都尉。按《唐志》,河南府有饯济府,临济因水得名,非饯济之误。(北平图书馆藏拓)

中川府　河南府

《冯安墓志铭》,有中川府校尉。(北平图书馆藏拓)《隋书·地理志》:河南郡嵩阳县本旧东魏中川郡,后周废。唐改嵩阳为登封。(神龙二年)是府应属河南府。

溴梁府　河南府

《李涣墓志》:累迁河南府溴梁府折冲。(北平图书馆藏拓)《旧唐书·地理志》:武德二年,西济州又分置溴阳、蒸川、邵原三县。四年,废济州及邵原、蒸川、溴阳三县,入济源。《元丰九域志》,济源县有溴水,是府当在济源境内。

柏林府　河南府

《王师感墓志铭》:父安,柏林府上仪同。(北平图书馆藏拓)《元和郡县志》:函谷故城在灵宝县南十里。又引《西征记》,函谷关绝岸壁立崖上,柏林荫谷中殆不见日,疑函谷、柏林二府均因此得名。

严邑府　河南府

《括地志》:洛州汜水县,古东虢国,亦郑之制邑,汉之成皋。(《史记正义》引)按《左传》云:制,严邑也。严邑府当在汜水县。

王城府　河南府

崔日知《谢洛州长史表》云:王城严门,洛师殷杂。是王城属河南府。

宝图府　河南府

《资治通鉴》垂拱四年,更命宝为天授,圣图洛水为永昌洛水,名图所出曰圣图泉,泉侧置永昌县,疑此在河南县。

龙兴府　汝州

《李涣墓志》:调授汝州龙兴、潞府铜鞮、河南临济三府果毅都尉。(北平图书馆藏拓)

鲁阳府　汝州

《河南图书馆藏石目》有《唐汝州鲁阳府别将胡明期母曹夫人墓志铭》。

鲁山府　汝州

《□金志墓志》:曾王父为汝州鲁山府别将。(北平图书馆藏拓)《元和郡县志》:鲁山县本汉鲁阳县,鲁山在县东北十里。按汝州又有鲁阳府,应均在鲁山县内。

期城府　汝州

《郑仁颖墓志》:转白涧府别将,加上柱国期城、上党二府果毅。(北平图书馆藏拓)《新唐书·地理志》:武德元年,以襄城置汝州,并置汝坟、期城二县。贞观元年,州废,省汝坟、期城。按魏置期城郡,隋省入郏城,故郏城、期城二府均应属汝州。

崇乐府　陕州

按绛州有崇乐府,见《唐志》及《贾元恭墓志》,疑崇乐府本属绛州,《唐志》误入陕州。又陕州有古亭府,绛州亦有古亭府。(并见《墓志》)恐同为误载。

桃林府　陕州

《崔湛墓志铭》:制授陕州桃林府果毅,充两蕃参谟子将。(北平图书馆藏拓)

万岁府　陕州

《高德墓志》:迁陕州之万岁,绛州之长平、正平,怀州之怀仁,同州之洪泉等五府折冲。

河北府　陕州

《崔夫人墓志》：父仁意，定远将军行陕郡河北府果毅都尉。（北平图书馆藏拓）

忠孝府　陕州

《齐子墓志》：迁陕郡忠孝府折冲。（北平图书馆藏拓）

上阳府　右领军卫　陕州

《齐子墓志》：迁游击将军、陕郡上阳府折冲，赐紫金鱼袋。（北平图书馆藏拓）《元和郡县志》：下阳故城在平陆县东北。《新唐书·地理志》：虢州湖城有故上阳宫。

全节府　虢州

《元和郡县志》，阌乡县有全鸠水，一名全节水。

金门府　虢州

《太平寰宇记》，陕州陕县有金门，当在两县界。

开方府　虢州

《董师墓志铭》，董嵩在北齐为开方府鹰扬郎将，是府乃承北齐之旧。《李冲墓志》：历洛交郡杏林、龙交，弘农郡开方三府果毅。（均北平图书馆藏拓）

鼎湖府　虢州

《通典》：鼎湖在湖城县。李白《送鲁郡刘长史迁弘农长史诗》"闻君向西迁，地即鼎湖邻"，此府应在湖城县内。

溱州府　郑州

《资治通鉴》一八八注引《九域志》，郑州古迹有溱水，当置溱州于此，疑溱应作溱。

临泗府

《八琼室金石补正》四〇《张文珪造象碑铭》,隋有泗水县鹰扬府司马,此又有隋置临泗府,不知唐仍否设府。

围谷府　汴州

劳氏、罗氏均补有围谷府,但未知何属。按《隋书·地理志》,梁郡围城旧曰围,后齐废。开皇六年,复置围城,有谷水,此府当属汴州。

霍山府　河中府

霍山在晋州霍邑县,本属河东郡,唐初置霍山郡,武德元年置吕州,贞观十七年州废,县入晋州。此府应属晋州。

陶城府　河中府

《元和郡县志》:陶城在河东县北四十里。

濮水府　河中府

《太平寰宇记》:濮水源出虞乡县西三十八里,又河东县北五十三里有朔坂即濮水,所经西南入河。是濮水府,本因濮水得名。劳氏以为濮水府即潼水府之误,非是。

宝鼎府　河中府

《邓宾墓志》:任蒲州宝鼎府左果毅。(北平图书馆藏拓)

大阳府　河中府

《括地志》:大阳,今陕州河北县。(《史记正义》引)按《新唐书·地理志》,平陆县本河北县,原隶蒲州,贞观元年改属陕州,疑大阳府亦应属陕州。又陕州陕县有大阳关,又有大阳津。

奉信府　河中府

《马延徽墓志》:转河东郡奉信府左果毅都尉、右羽林军长上。(北平图书馆藏拓)

汾阴府　河中府

按宝鼎县本汾阴县,开元十年改名,则宝鼎府当为汾阴府改名,或开元十年另置。

甘泉府　河中府

《王景曜墓志》:授甘泉府果毅。(北平图书馆藏拓)

石门府　河中府

《元和郡县志》:解县有通路,自县东南逾中条山,出白径趋陕州之道也,山岭参天,左右壁立,间不容轨,谓之石门。

桑泉府　河中府

《太平寰宇记》:临晋县有桑泉,故城在县东一十三里。

朔陂府　河中府

罗补有朔陂府,未知何属,按《太平寰宇记》,河东县北五十三里,有朔坂,即潢水所经,疑陂与坂有一为误字。

潼水府　河中府

《新唐书·宗室世系表》,有蒲州潼水府折冲陈留郡公怀仁。

安远府

《太平寰宇记》之"古安远府城",古字当系故字之误。又安远府当属同州,说已见前。

神山府　左卫　晋州

《张氏吉金贞石录》唐石幢二,有左卫神山府果毅。按神山本名浮山,武德三年改名,疑神山府在武德三年前亦名浮山府。

白涧府　晋州

《太平寰宇记》:岳阳县有涧水,一名通军水。

羊邑府　晋州

《齐子墓志》:授晋州羊邑府左果毅都尉,赐绯鱼袋。(北平图书馆藏拓)《太平寰宇记》：洪洞县本汉杨县,即春秋杨侯国也。《晋地道记》云：杨,故杨侯国,晋灭之以赐大夫羊舌肸,汉以为县。

德仁府　晋州

《李琦墓志》：父敬忠为游击将军,历晋州德仁府果毅。《唐志》作仁德,未知孰是。(清华图书馆藏拓)

新田府　绛州

《臧晔墓志》：祖怀义为绛州朔田府折冲都尉。朔字疑误。(北平图书馆藏拓)《太平寰宇记》：绛邑故城,汉绛县,本春秋晋都新田也,在曲沃县南二里。

武城府　绛州

《豆善富墓志》：授绛州武城府左果毅都尉。(北平图书馆藏拓)

垣城府　绛州

《括地志》：故垣城,汉县治,本魏王垣也,在绛州垣县西北二十里。(《史记正义》引)

涑川府　绛州

《水经注》：涑水出河东闻喜县界黍葭谷。

绛川府　绛州

《太平寰宇记》：绛县有绛水。

盖松府　绛州

《马延徽墓志》：父建为盖松府右果毅都尉。(北平图书馆藏拓)

平原府　绛州

《逯君墓志》：授绛州平原府果毅。(北平图书馆藏拓)

景山府　绛州

《元和郡县志》：景山在闻喜县东南十八里。

崇乐府　绛州

《贾元恭墓志》：季子福祥为绛州崇乐府右果毅。（北平图书馆藏拓）

蒲邑府　绛州

《括地志》：蒲邑故城在隰州隰川县北四十五里。府属绛州，或系县地迁析之故，慈州之仵城亦然。

长祚府　绛州

《薛义墓志铭》：授绛郡长祚府左果毅。（清华图书馆藏拓）《白知礼墓志》：嗣子如玉为绛州长祚府别将。（北平图书馆藏拓）

隰川府　左卫　隰州

《陈智墓志》：授左卫隰川府左果毅都尉。（北平图书馆藏拓）按《冥报拾遗》作右卫。

大义府　隰州

《李君彦墓志铭》：从兄为忠武将军行大义府折冲都尉。（北平图书馆藏拓）

双池府　隰州

《逯君墓志》：授隰州双池府折冲。（北平图书馆藏拓）

静智府　太原府

《张威墓志铭》：父训为并州静智府别将。（北平图书馆藏拓）

太原府　右武卫　并州

《李璿墓志》，李璿在武后朝为右武卫太原府长上左果毅。（北平图书馆藏拓）《刘龙树墓志》：曾彦并州太原府队正。（同上）《陶斋藏石记》二〇《梁夫人李氏墓志》，有隋并州太原府果毅都尉，是太原府亦承隋旧置立者。

交城府　太原府

《全唐文》三六三林谔《石壁寺弥勒像颂》:石壁寺者,晋之西,旧号石壁谷,隋隶西寿阳县,唐改寿阳为文水,先朝分置交城而立寺焉。疑《唐六典》之郊城府即交城之讹。

六壁府　汾州

《齐子墓志》:子景俊任西河郡陆壁府别将。(北平图书馆藏拓)《唐志》陆作六,同。

崇儒府　汾州

《八琼室金石补正》四一《三门主刘承恩等题名》,有汾州崇儒府左果毅。《郑仁颖墓志》:为汾州崇儒府折冲都尉。(北平图书馆藏拓)《儒字唐碑》作儒或作儒,《唐志》之崇德乃崇儒之误。

延隽俯　右威卫　沁州

《魏仲连墓志铭》,有右威卫沁州延隽府别将。(北平图书馆藏拓)《魏叔文墓志》:授右威卫沁州延隽府折冲都尉,员外同正员,上柱国。(均北平图书馆藏拓)(罗补右作左)沁州有延隽府,亦作俊,《唐志》误为延双。罗说是。

辽城府　仪州

《程□墓志》:授仪州辽城府别将。(清华图书馆藏拓)《太平寰宇记》:辽山县有古辽阳城。

岚山府　岚州

《梁令直墓志》:授楼烦郡岚山府右果毅。(北平图书馆藏拓)

漳源府　忻州

漳源府,《唐志》属之忻州,权德舆《张公遗爱碑》则属潞州。按漳水源出潞州长子县西黄山。(见《括地志》)漳源府应在潞州,疑《唐志》误。

雁门府　代州

《崔智墓志》：父武，雁门府折冲。（北平图书馆藏拓）

清凉府　代州

《元和郡县志》：五台山在县东北百四十里。《道经》以为紫府山，《内经》以为清凉山，《法苑珠林》所云，清凉峰上有清凉府，疑非折冲府。

恒安府　云州

《资治通鉴》一九二注：隋朔州云内县之恒安镇，即后魏所都之平城也。唐置云州及云中县，此府疑属云州。

尚德府　朔州

《张希古墓志铭》：为游击将军，守马邑郡尚德府折冲都尉。（清华图书馆藏拓）

戡黎府　潞州

《括地志》：故黎城，黎侯国也，在潞州黎城县东北十八里。《尚书》曰"西伯既戡黎"是。（《史记正义》引）

礼会府　潞州

《赵南山墓志》：父德为潞州礼会府折冲。《王□墓志》：为潞州礼会府果毅。（均北平图书馆藏拓）

潞川府　潞州

《陶斋藏石记》二一《安令节墓志》，有左卫潞川府左果毅。《士如珪墓志》：转潞州潞川府别将。（北平图书馆藏拓）《水经注》有潞县，亦有潞川。《诸道山河略》残卷，潞府有浊漳水，一名潞水。

上党府　潞州

《任夫人墓志》：父昭守故潞府上党府折冲。《陈思恭墓志》：曾祖邻为上党府折冲都尉。《郑仁颖墓志》：转白涧府别将，加上柱国期城、上党二府果毅。(均北平图书馆藏拓)《董冬墓志》:任上党府主帅。(清华图书馆藏拓)《新唐书·地理志》,潞州有上党县。

铜鞮府　潞州

《李涣墓志》:调授汝州龙兴、潞府铜鞮、河南临济三府果毅都尉。(北平图书馆藏拓)《新唐书·地理志》,潞州有铜鞮县。

八谏府　潞州

《张说之集》卷二《奉和赐崔日知往潞州》云"川横八谏阔,山带五龙长",此府当在潞州。

安平府　泽州

《括地志》:泽州高平县,本汉安平县。(《史记正义》引)

沁水府　右骁卫　泽州

《齐子墓志》:子景之任右骁卫高平郡沁水府别将。(北平图书馆藏拓)

白涧府

《郑仁颖墓志》:转白涧府别将。(北平图书馆藏拓)《太平寰宇记》:马邑城置在山上沁水县东二十里,白起与赵括相战于长平,时筑此城养马,其处峻险,南临小涧,北拒大川。白涧疑即其处。

高平府　右骁卫　泽州

《新唐书·地理志》,泽州有高平县。

怀仁府　怀州

《高德墓志》:嗣子前怀州怀仁府别将,又迁陕州之万岁,绛州之长平、正平,怀州之怀仁等五府折冲。(北平图书馆藏拓)《乐恭墓志》:永徽中为丹水府折冲。(北平图书馆藏拓)按开元十一年,更丹水为怀水,丹水府为怀仁府,此在其前。

南阳府　怀州

《括地志》：怀州获嘉县，即古之南阳。

宜阳府　怀州

《孟贞墓志》：迁怀州宜阳府右果毅。（北平图书馆藏拓）

塬下府

劳补有塬下府，属怀州，其实塬下折冲者，犹言州治所在之折冲。如《唐会要》七〇，以零口置鸿州，以庆山渭西县十二乡于塬下置鸿门县是也。

大陆府　赵州

《唐志》：昭庆，本大陆，武德四年曰象城。此府疑在赵州。《册府元龟》三五七：李浑仁寿初为象城府骠骑将军，唐时置府又易其名。

晏城府

隋分鹿城置晏城，置府于此，属冀州，不审唐时设置否？

邺城府　相州

《韩通墓志》：迁邺城府校尉。（清华图书馆藏拓）《元和郡县志》：故邺城在相州邺县东五十步。按东魏孝静帝都邺城，高齐受禅始改名魏尹，此府应在相州。

妫泉府　左卫　妫州

《陈秀墓志》：加定远将军，俄迁左卫妫泉府右果毅都尉。（北平图书馆藏拓）此府疑属妫州。

安义府　易州

《处士□本墓志》：长子思义，易州安义府别将。（北平图书馆藏拓）

新安府　易州

《梁令直墓志》：授上谷郡新安府左果毅都尉。（北平图书馆藏拓）

长乐府　易州

《高如诠墓志》：再任易州长乐府折冲。（北平图书馆藏拓）

龙水府　易州

《段师墓志》：隋任龙水府副郎将。（北平图书馆藏拓）

涿城府　幽州

《八琼室金石补正》三九《庞德相为父造金刚经颂》，有涿城府队正。

德闻府　右卫　幽州

《高捧墓志铭》：授右卫德润府都尉。罗补有德闻府，应即一府。又按劳补有润德府，而石拓又见德润及德闻之名，疑德闻即德闻之误，而润德乃字误倒，姑志于此。

良乡府　幽州

《处士□本墓志》：子思俭为良乡府队正。（北平图书馆藏拓）

开福府　右领军卫　幽州

《毛盛墓志》：迁游击将军北门长上，领开福府果毅。（北平图书馆藏拓）

白檀府　檀州

《旧唐书·地理志》：檀州燕乐县，治白檀故城。又《隋书·地理志》：安乐郡密云县，后魏治领白檀、要阳、密云三县，后齐废郡及二县入密云。是白檀本属檀州，劳说是。

临渠府　蓟州

《士如珪墓志》：授幽州临渠府别将。（此当在开元十八年以前，

故临渠仍属幽州。)《梁令直墓志》：擢渔阳郡临渠府折冲。(均北平图书馆藏拓)

罗含府　江陵府

《太平寰宇记》，江陵县城有罗含宅，是府必因此得名。

夷陵府　峡州

《新唐书·地理志》，峡州有夷陵县，县有下牢镇。

东阳府　夔州

《刘智才墓志》：增级拜宁远将军，后贬云安郡东阳府折冲。(北平图书馆藏拓)

汉津府　襄州

《王夫人墓志》：马慎言为汉津府长史。(北平图书馆藏拓)

邓城府　襄州

《段师墓志》，有邓城府鹰扬。(北平图书馆藏拓)《新唐书·地理志》，襄州有邓城县，注天宝元年曰临汉，贞元二十一年更名。又按《晋书·地理志》，襄阳郡有邓城县，是邓城亦古地名，疑邓城府属襄州。

至成府　房州

《文林郎夫人张氏墓志》：祖□，任房州至成府果毅。(北平图书馆藏拓)罗说至当。

嘉川府　利州

《金石苑·唐利州刺史毕公柏堂菩提瑞象颂》，碑侧有嘉川府右果毅李善达等，及队副贾昭道宗等名。又碑侧有嘉川县丞□□□名，是嘉川府因县得名。《新唐书·地理志》，嘉川县属利州。

□平府　文州

《敦煌名族志》残卷，有文州平府别将，疑平字上有脱字，文州本阴平郡,或即阴平府。

万年府　渭州

《太平寰宇记》:鄣县南有万年川。

行成府　洮州

《逯君□墓志》:父烈为洮州行成府果毅。(北平图书馆藏拓)洮字磨泐,几不可辨。

祐川府　岷州

《纥干承基墓志》:授祐川府折冲都尉、上柱国、平棘县开国公,食邑一千户。与《资治通鉴·唐纪》一三所载同,惟祐作祜,当系误字。《资治通鉴》释文:岷州有府曰祐川府。

甘松府　芳州

《高捧墓志》:授甘松府果毅,勋加柱国。(北平图书馆藏拓)《资治通鉴》释文:松州,高祖置,以地产甘松为名。

洪池府　凉州

《王承裕墓志》:王嵩为明威将军、武威郡洪池府果毅。(北平图书馆藏拓)

龙勒府　右领军卫　沙州

《张方墓志》:迁右领军卫沙州龙勒府果毅都尉。(北平图书馆藏拓)

效谷府　左玉钤卫　沙州

《唐文拾遗》六三引《西域水道记》,《李君莫高窟□龛碑》有李达为右玉钤卫效谷府旅帅上护军。《沙州图经》:古效谷城,汉渔泽都尉教人力田,以勤效得谷,因立以为县名。

甘峻府　甘州

《敦煌名族志》残卷,有甘州甘峻府。《旧唐书·地理志》,甘州取州东甘峻山为名。

合黎府　甘州

《金石萃编》八三《田琬德政碑》,田琬以功授合黎府别将,历果毅转折冲。《括地志》:兰门山一名合黎,一名穷石山,在甘州删丹县南七里。(《史记·夏本纪》正义引)《新唐书·地理志》,甘州张掖县,有祁连合黎山。

连园府　廓州

《逯君□墓志》:授上柱国游击将军廓州连园府果毅。(北平图书馆藏拓)

建安府　廓州

《徐买墓志铭》:父徐大为廓州建安府左果毅都尉。(北平图书馆藏拓)

新林府　左金吾卫　扬州

《史陀墓志》,有新林府果毅。(北平图书馆藏拓)《八琼室金石补正》四六《本愿寺幢主题名》,有左金吾卫扬州新林府果毅。

方山府　右骁卫　扬州

《公孙孝迁墓志》:授右骁卫扬州方山府果毅。(北平图书馆藏拓)《隋书·地理志》:六合,旧有方山县,开皇四年省入焉。方山府当在六合境。

邗江府　扬州

《太平寰宇记》,江都县有邗江,亦曰邗沟。按《隋书·地理志》,江都郡江阳县旧名邗江。(大业初改名江阳,唐之江阳,则又析江都而置)

和川府　和州

《孟师墓志铭》,有隋和川长史,疑和川府亦承隋旧。

香林府　左威卫　和州

《张云墓志铭》：任和州香林府长史。《陶英夫人张氏墓志铭》，有左威卫和州香林府折冲都尉。（北平图书馆藏拓）

义安府　安州

《薄仁墓志》：祖师任安州义安府统军。（北平图书馆藏拓）

宝城府　安州

《郭夫氏杨氏墓志》：父任安陆郡宝城府鹰扬郎将。（北平图书馆藏拓）

金山府　润州

按《元和郡县志》云，隋置，不知唐仍否设府，待考。

浦阳府　越州

《元和郡县志》：浦阳江在余姚县南十五里。

长沙府　潭州

《八琼室金石补正》七一《长沙高士墓志》云："子孙播迁至十八代孙，皇朝为长□□□□□，自后子孙遂居长沙，便为郡人也。果毅生……"知长字下当为"沙府□果毅"数字。

永泰府　吉州

《冯安墓志》：其父任永泰府果毅。（北平图书馆藏拓）《元丰九域志》，清江县有永泰镇。《新唐书·地理志》，福州有永泰县。但永泰县为永泰年间分置，以年号名县，疑永泰府属吉州。

唐兴府　右武卫　彭州

《程璬墓志》：授彭州唐兴府左果毅。（北平图书馆藏拓）

唐隆府　蜀州

《新唐书·地理志》，唐安本名唐隆，广隆府，广字当为唐字之误。

交川府　右卫　松州

《金石萃编》五七《李孝同碑》：授右卫交川府右果毅都尉。《新唐书·地理志》，松州有交川县，交川本属会州，武德元年析置松州。

番禺府　广州

《纥干承基墓志》：永徽之初，授广州番禺府折冲都尉。（北平图书馆藏拓）

上林府　澄州

《金石续编》二五《周村十八家造像记》，有上林府。《新唐书·地理志》，澄州有上林县。《旧唐书·地理志》，上林，州所治。

潘水府　潘州

《唐文拾遗》一二《太武皇帝供养石像碑》，有潘水府果毅。《新唐书·地理志》，潘州有潘水县。

附未知隶何府州诸府：

弘仁府　左金吾卫

《安思节墓志》：祖遮，左金吾卫弘仁府折冲。（北平图书馆藏拓）按《新唐书·宰相世系表》，有宏江府，《元和姓纂》作引仁，《通志·氏族略》作洪仁，当以弘仁为是。

右师府

《陈伯玉集》三五《唐故循州司马申国公高君墓志》：迁游击将军右师府郎将。

金吾府

《颜鲁公集·郭公庙碑铭》，有游击将军申王府典军金吾府折冲兼左卫长上，金吾府疑属左卫。

神鼎府

《八琼室金石补正》五七《大奉国寺守忠凫记》,有神鼎府左果毅。

行成府

《逯□墓志》:父烈为□州行成府果毅。(北平图书馆藏拓)州上一字磨泐不易辨。

显国府

《董希令墓志》:父彻,任显国府统军。(北京大学图书馆藏拓)

贵安府

《王建墓志》:任左鹰扬卫贵安府折冲都尉。(北京大学图书馆藏拓)

三、折冲府志略

折冲府之考订,其要点有三:(一)所属府州;(二)所在地域;(三)建置沿革。基于材料之缺乏,三者往往难于具备,甚至知其府名而不知其属于何州,设于何地,建于何时,亦有府名俱逸者,详为考订事实难能。曩劳、罗二氏均有精确记注,府志已具端倪,兹又广为疏证,并辑为志略,以供参考。

1. 关内道

《新唐书·兵志》,言关内道有府二百六十一,而《地理志》,关内道载有府名二百七十五,两志记载已自相违,考《会要》云(《玉海》引)"关内置府二百六十一,精兵士二十六万,举关中之众以临四方。又置折冲府二百八十,通给(计)旧府六百三十三",是知二百六十一府之外,新有设置。《兵志》所言,乃唐初始立之数;《地志》所载,则兼述新旧,时代有先后耳。又兵府在隋为鹰扬府,贞观十年始定名折冲府,《会要》所云,或指贞观十年则关内有府二百六十一,应为贞观十年前之府数。两志记载相违,非得《会要》所述为之补充,正误殊未可辨。

京兆府 府六十一 《唐志》载有府百三十一,止存十一府,余皆逸

真化 隋置,在长安朱雀街第三街延福坊。 萨宝 在长安朱雀街第三街布政坊,有胡祆祠。 宣平 在长安朱雀街第三街延福坊。 乐口 隋置,在长安朱雀街东第二街靖安坊。 匡道 在长安朱雀街西第四街西南隅,即汉思后园。 义阳 在长安朱雀街第四街宣平坊。 望苑 在长安城。 寿城 在长安西畿。 永乐 在长安城永乐坊内。 神和 在长安县,县有神和原。 ※乐游 在长安县,县有乐游原。 安业 安业乡,在咸阳县北。 咸阳 在咸阳县,县有咸阳原。 崇节 在始平县。 槐里 在兴平县,县有槐里故城。 仲山 在云阳县,县西北四十里。 水衡 在云阳县西南三里。 甘泉 在云阳县,县有云阳宫,即甘泉宫,有甘泉山。 渭南 在渭南县,武德元年,县隶华州,五年还属雍州。 白渠 在高陵县,县有古白渠。 天藏 在蓝田县,县有库谷,地名天藏。 灌钟 在鄠县,县有灌钟城,为钟官故城。 ※骊山 隋置,在昭应县。 周城 在武功县,县有周城,一名美阳城。 武亭 在武功县,县有武亭川。 ※九嵕 在醴泉县,县有九嵕山。 ※频阳 在美原县,县有频阳故城。 龙原 在美原县,县有龙原乡。 温汤 在奉先县,县本名蒲城,开元四年更名,隶京兆府。 宣化 在奉先县,县有宣化乡。 怀仁 在奉先县,有怀仁乡。 相原 孝德 新城 窦泉 善信 凤神 平乡 隋置。 太清 利仁 丰崇 通乐 兴国 励行 丰澜 崇仁 义丰 天齐 王保 怀

信　隋置。　长丰　怀旧　隋置。　恒王　丰安　龙栖　长道　※杜城　※普济　※清宫　※良将　※黄城　※善化

（凡府名侧有※者，系所属府州未能十分确定，下仿此）

华州　府十五　《唐志》府二十

罗文　在郑县，县有罗文渠。　郑邑　在郑县，县有古郑城，为郑桓公友之邑。义津　在下邽县，县有义津乡。　普乐　丰原　义全　清义　万福　修仁　神水　常兴　定城　延寿　宣义　怀德

同州　府二十七　《唐志》府二十六

济北　济水源出河南府，济源县西北。　兴德　在冯翊县，县南三十二里有兴德宫，在志武里。　伏龙　在冯翊县，县西北四十里有伏龙祠。　长春　北齐置，在朝邑县，县有长春宫。　华池　在韩城县，县西南七十里有华池。　瀵阳　在郃阳县，县南有瀵水，即郿水。　唐安　秦城　太州　东河　连邑　温阳　隋置。　业善　南乡　临高　襄城　崇道　浙谷　吉安　永大　洪泉　善福　司御　效诚　隆安　安远　在河西县，原属河中府，后改属同州。　大亭

商州　府二　《唐志》府二

洵水　玉京

凤翔府　府十五　《唐志》府十三

雍北　在天兴县，县本名雍，永泰元年更名。　邵吉　在天兴县，县有邵吉原。　岐山　在岐山县，县有岐山。　岐阳　在岐山县，贞观七年，析扶风岐山，置岐阳县，后省。　杜阳　在麟游县，县本汉杜阳地。　文城　在普润县，县有文王故城。　三交　在宝鸡县，县西四十里有三交故城。　洛邑　在虢县，县本故洛邑县。　凤泉　在郿县，隋置凤泉县，贞观八年省，县有凤泉汤。　道清　留谷　郊邑　望云　山泉　积善

邠州 府十一 《唐志》府十

公刘 在三水县,县西南三十里,有古豳城,盖古公刘邑。 宜禄 在宜禄县,县有宜禄川,一名芮水。 嘉阳 良社 蜂川 胡陵 万敌 金池 舜城 宜山 ※邠州

陇州 府六 《唐志》府四

源汧 在汧源县,县西六十里有汧山,汧水出焉。 临汧 在临汧县,县有临汧城。 开川 在吴山县,县有吴山,别名开山,有水发源吴山注于汧。 龙盘 在吴山县,县东南七里有龙盘山。 大堆 ※大候

泾州 府七 《唐志》府六

泾阳 在临泾县。 四门 兴教 纯德 肃清 仁贤 ※临泾

原州 府二 《唐志》府二

彭阳 彭阳故城在泾州临泾县界。 安善

宁州 府十二 《唐志》府十一

罗川 在真宁县,县本名罗川,开皇十八年改。 大延 在襄乐县,县南有于延城,有大延水。 彭池 在彭原县,县有彭原,因彭池得名。 天固 在彭原县,县南有天固堡。 高望 骕宝 蒲川 东原 三会 和泉 永宁 静难

庆州 府八 《唐志》府八

蟠交 在合水县,武德元年置蟠交县,县城临大小乐蟠二水交口,天宝元年更名合水。 交水 在合水县。 乐蟠 在乐蟠县,有乐蟠城、乐蟠水。 同川 在同川县,县有同川城。 龙息 永清 永业 永安

鄜州 府十三 《唐志》府十一

五交 在五交城州所治。 ※洛交 在洛交县。 苇川 在三川县,县有苇川。 洛昌 龙交 大同 安光 洛安 银方 杏林 修武 安吉 安昌 隋置。

坊州 府六 《唐志》府五

　　杏城　在中部县,县西南五里有杏城。　仁里　思臣　永平　安台　隋置。　嘉禾

丹州 府六 《唐志》府五

　　丹阳　在义川县,县有丹阳川。　长松　在咸宁县,县有长松川。　宜城　通天　同化　通化

延州 府九 《唐志》府七

　　延安　在延长县,县本名延安,广德二年更名。　金明　在金明县。　羌部落　在金明县西境。　延川　在延川县,县有吐延川。　因城　在敷政县,县旧名因城。　塞门　在延昌县,县西北二十里有塞门镇。　敦化　宁戎　合门

灵州 府五 《唐志》府五

　　河间　在回乐县,县有上河峡,俗名青山。　武略　万春　静城　在鸣沙县,县在武德二年属会州,贞观六年属环州,九年隶灵州。　鸣沙　在鸣沙县。

会州 府一 《唐志》无

　　黄石

盐州 府一 《唐志》府一

　　盐川　在五原县,县有盐川,胡人谓之霞没城。

夏州 府二 《唐志》府二

　　宁朔　在宁朔县。　顺化

绥州 府五 《唐志》府四

　　大斌　在大斌县。　伏洛　义合　万古　※绥德　在绥德县。

2. 河南道

武后天授二年,《废潼关雍洛州置开郑汴许卫等州府制》云

(《文苑英华》):郑州、汴州、许州可置八府,汝州可置二府,卫州可置五府,别兵皆一千五百人。今郑州、汴州各具一府之名,许州无此,或因州有省废,兵府亦随之更改,亦或为兵府均逸其名,容待日后考证。

河南府　府四十七　《唐志》府三十九

　　郏鄏　隋置,在河南县,县西南之地谓之郏鄏。郏,山名,鄏,城名。一曰王城。　※王城　在河南县郏城,一名王城。　※金谷　在河南县,县有金谷,有金水出太白原。　※金墉　在河南县,县有金墉故城。　宝图　在河南县。　鹤台　在洛阳。　巩洛　在巩县,县在洛水之西,有巩洛渡。　箕山　隋置,在巩县洛口仓内。　公路　隋置,在巩县洛口仓内。　洛汭　在巩县洛汭,为洛水入河之处。　通谷　在缑氏县,县治于通谷北。　轘辕　在缑氏县,县东南四十六里有轘辕山。又有轘辕故关。　康城　在阳城县,武德三年置康城县,贞观三年省。　颍源　在登封县,有颍水,源出阳乾山,一名颍山。　※中川　在登封县,县本东魏中川郡。　伊阳　在伊阳县。　伊川　隋置,在伊阙县,县有伊川。　千秋　在渑池县,县东二十里,有千秋亭,又有千秋涧。　宜阳　在福昌县,县本名宜阳,武德二年更名。　同轨　在永宁县,县治同轨城。　具茨　在密县,县东南五十里,有大騩山,本具茨山。　承云　在密县,县有承云水,出承云山。　邵南　在王屋县,县有邵原。　王屋　在王屋县,县有王屋山。　严邑　在汜水县,县,古制邑。　成皋　在汜水县,本汉成皋县地,武德元年析置成皋县,贞观元年省,东南有成皋故关。　钧台　在阳翟县,县南十五里有钧台。　阳樊　在济源县,县有皮城,即古阳樊邑。　轵城　在济源县,县东南十三里有故轵城。　原邑　在济源县。　原城　在济源县,县西北二里,有故原城。　溴梁　在济源县,武德二年析置溴梁县。寻省,有溴水。　温城　在温县,县西三十里,有古温城。　柏林　隋置,近陕州灵宝县境。　函谷　近陕州灵宝县境。　武定　复梁　王阳　永嘉　慕善　政教　怀音　洛泉　夏邑　钱济　临济　大梁

汝州　府六　《唐志》府四

郏城　在郏城县。　鲁阳　在鲁山县,县本汉鲁阳故地。　鲁山　在鲁山县,县东北十里有鲁山。　期城　在襄城县,武德二年析置汝坟、期城二县,贞观元年省。　龙兴　在龙兴县。　梁川

陕州　府十四　《唐志》府十五

曹阳　在陕县,县西南七里有曹阳墟,俗名七里涧。　底柱　在峡石县,县有底柱山,俗名三门山。　桃林　在灵宝县,县本名桃林,天宝元年更名。　夏台　在夏县,县西北十五里,有夏禹台。　华望　在芮城县,县北有中条山,高八里,南望太华,北瞻壶口。　河北　在平陆县,县本河北县地。　上阳　在平陆县,近虢州湖城县境。　安城　万岁　安戎　忠孝　夏川　望陕　崇乐

虢州　府四　《唐志》府四

鼎湖　在湖城县,县有鼎湖。　全节　在阌乡县,县有全鸠水,一名全节水。　金门　开方　北齐置。

郑州　府一　《唐志》无

溱州　在新郑县。

汴州　府一　《唐志》无

※圉谷　在雍丘县,武德四年,以圉城等县置杞州,贞观元年省,有谷水。

3. 河东道

河东道府额亚于关中。太原,为唐高祖起兵之地,又为北都所在。唐初,河北诸州本不置兵府,则河东道多置府额,亦国防上势

所必然。

河中府 府三十六 《唐志》府三十三

陶城 在河东县,县北四十里有陶城。 首阳 在河东县,县有首阳山。 虞城 在河东县,县有虞城。 ※朔陂 在河东县。 桑泉 在临晋县,县东十三里有桑泉故城。 石门 在解县,县有通路出陕州,谓之石门。 潢水 在虞乡县,潢水源出县西三十八里。 绥化 在虞乡县,县西北三十里有绥化故城。 坛道 在虞乡里,县西南十三里有坛道山。 兴乐 在安邑县,武德三年析置兴乐县,贞观元年省。 清源 在安邑县,县北五十里有清原。 安邑 在安邑县。 宝鼎 在宝鼎县,本汾阴县,天宝十年更名宝鼎。 汾阴 在宝鼎县。 德义 胡壁 龙亭 永和 霍山 寿贵 归仁 长渠 通闻 盐海 归淳 大阳 永安 奉信 永兴 右威 甘泉 平川 安保 崇义 六军 潼水

晋州 府十九 《唐志》府十五

平阳 在临汾县,本汉平阳县。 临汾 在临汾县。 羊邑 在洪洞县。 神山 在神山县,本名浮山,武德四年更名。 白涧 在岳阳县,县有涧水,一名通军水。 丰宁 冀城 安信 万安 益昌 英台 岳阳 在岳阳县。 仁寿 高阳 晋安 高华 仁德 平宁 ※交城 在文水县。

绛州 府三十五 《唐志》府三十三

正平 在正平县。 太平 在太平县,县有太平故关。 新田 在曲沃县绛邑故城,本古新田,在县南二里。 桐乡 在曲沃县,县西南有桐乡城。 绛邑 在曲沃县,县南二里有绛邑城。 翼城 在翼城县。 绛川 在绛县,县有绛水。 董泽 在闻喜县,县东北十四里有董泽,一名董池陂。 景山 在闻喜县,县东南十八里有景山。 周

阳　在闻喜县,县东二十九里有周阳故城。　垣城　在垣县,县西北二十里有故垣城,本魏王垣。　平原　在夏县,县有平原。　高凉　在稷山县,县本北魏高凉县,本属绛州,唐末隶河中府。　万泉　在万泉县,县本隶泰州,州废隶绛州,唐末复属河中府。　皮氏　在龙门县。　武城　大乡　涑川　盖松　凤亭　延光　神泉　零原　石池　延福　永康　夏台　古亭　崇乐　长平　武阳　蒲邑　长祚　冯翊　西河

慈州　府三　《唐志》府三

仵城　在仵城县。　吉昌　在吉昌县。　平昌　在吕香县,县本名平昌。

隰州　府七　《唐志》府六

隰川　在隰川县。　大义　在大宁县。　孝敬　修善　玉城　屈产　在石楼县,县有屈产泉。　双池

太原府　府二十　《唐志》府十八

兴政　复化　宁静　洞涡　五泉　昌宁　志节　汾阳　在阳县,县本名汾阳。　静智　信童　晋原　开阳　清定　丰川　竹马　在并州城中。　攘胡　西胡　文谷　在文水县,县有文谷水。　白马　在盂县,县东北六十里有白马山,又有白马故关。　太原　隋置。

汾州　府十二　《唐志》府十二

嘉善　六壁　崇儒　华夏　灵扶　五柳　京陵　在平遥县。　介休　在介休县　贾胡　在灵石县,县南三十五里有贾胡堡。　宁固　开远　清胜

沁州　府二　《唐志》府二

延僑　安乐

仪州　府三　《唐志》府三

辽城　在辽山县,县有古辽阳城。　清谷　在辽山县,县有清谷

水。　龙城

岚州　府一　《唐志》府一

　　岚山　在宜芳县,县有岢岚山,在县北九十八里。

石州　府二　《唐志》府二

　　离石　在离石县。　昌化　在离石县,北周为昌化郡。

忻州　府三　《唐志》府四

　　秀容　在秀容县。　高城　定襄　在定襄县。

代州　府三　《唐志》府三

　　五台　在五台县,县有五台山。　东冶　雁门　在雁门县。

云州　府二　《唐志》无

　　金河　在青台方山北五里。　云中　在云中县。　※恒安　在云中县。

朔州　府二　《唐志》无

　　尚德　石井

潞州　府七　《唐志》府一

　　戡黎　在黎城县,县东北十八里有故黎城。　礼会　※潞川　在潞县,县有潞川,一名浊漳水。　上党　在上党县。　铜鞮　在铜鞮县。　八谏　※漳源

泽州　府六　《唐志》府五

　　丹川　在晋城县,县本名丹川。　永固　安平　在高平县,县本汉安平县。　沁水　在沁水县。　白涧　在沁水县。　※高平　在高平县。

4. 河北道

河北道增置兵府在玄宗时代。玄宗时代奚、契丹为患,几无日无之,其最严重者,始于开元十八年,奚、契丹并西降突厥。于是二十一年有郭英杰之败,继之又有安禄山之败,迄无宁岁,置府防边,

或即开元十八年事，史无明文，姑志此，以待考证。

怀州 府八 《唐志》府二

  怀水　本名丹水，在河内县，开元十一年更名。　※河内　在河内县。　南阳　在获嘉县，县即古之南阳。　吴泽　在修武县，县有吴泽陂。　翊善　宣阳　景福　武德

魏州 府一 《唐志》无

  ※元城　在元城县。

赵州 府一 《唐志》无

  ※大陆　在昭庆县。

相州 府二 《唐志》无

  ※邺城　在邺县，县东五十步有故邺城。　※临漳

洺州 府一 《唐志》无

  ※肥乡　在肥乡县。

恒州 府一 《唐志》无

  ※恒山　在真定县，武德六年析真定置恒山县，贞观元年省。

易州 府九 《唐志》府九

  遂城　在遂城县。　安义　修政　德行　新安　石亭　武遂　长乐　龙水　隋置。

幽州 府十七 《唐志》府十四

  吕平　良乡　在良乡县。　涿城　潞城　乐上　清化　洪源　开福　政和　停骖　柘河　良杜　咸宁　游徽　德润　英乐

妫州 府一 《唐志》府二

  ※妫泉

平州 府一 《唐志》府一

  卢龙　在卢龙县。

檀州 府二 《唐志》无

　　密云　在密云县。　　白檀　在燕乐县,县治白檀故城。

蓟州 府二 《唐志》府二

　　渔阳　在渔阳县。　　临渠

5. 山南道

江陵府 府一 《唐志》府一

　　罗含　在江陵县,城有罗含宅。

峡州 府一 《唐志》无

　　夷陵　在夷陵县,县有下牢镇。

夔州 府一 《唐志》府一

　　东阳　隋置。

襄州 府二 《唐志》府一

　　汉津　※邓城　在邓城县。

房州 府一 《唐志》府一

　　至成

金州 府一 《唐志》府一

　　洪义

梁州 府四 《唐志》府一

　　光义　在南郑县,县本名光义。　　丽水　廉让　※汉中

利州 府一 《唐志》无

　　嘉川　在嘉川县。

凤州 府一 《唐志》府一

　　归昌

文州 府一 《唐志》无

　　□平

6. 陇右道

秦州 府六 《唐志》府六

　　成纪　在成纪县。　修德　清德　清水　在清水县。　三度　长川　在陇城县，贞观三年置长川县，六年省入陇城。

渭州 府五 《唐志》府四

　　渭源　在渭源县。　平乐　临源　万年　在鄣县，县南有万年川。　※渭川

兰州 府二 《唐志》府二

　　金城　在金城县。　广武　在金城县，县本名广武。

洮州 府一 《唐志》府一

　　安西　在临潭县东四十里。

岷州 府三 《唐志》府三

　　临洮　在溢乐县，县本名临洮。　祐川　在祐川县。　和政　在和政县。

廓州 府二 《唐志》无

　　连园　建安

叠州 府三 《唐志》府一

　　长利　甘松　在常芬县城内。　扶松

宕州 府二 《唐志》府二

　　同归　常吉

凉州 府七 《唐志》府六

　　姑臧　在姑臧县。　明威　在姑臧县，县北八十里有明威戍。　武安　在姑臧县，县西北六十里有武安戍。　丽水　在昌松县城中。　番禾　在天宝县，县本汉番县地。　洪池　显美

沙州 府三 《唐志》府三

龙勒　在寿昌县,县有龙勒山。　效谷　在敦煌县,县有古效谷城。　悬泉　在敦煌县,县东百三十里有悬泉水。

瓜州　府一　《唐志》府一

大黄　隋置。

甘州　府二　《唐志》无

甘峻　在张掖县,县东北四十五里有甘峻山。　合黎　在删丹县,县南七里有兰门山,一名合黎山。

7. 淮南道

《玉海》云,唐府兵六百三十余所,江淮两道不过八九。考之《新唐书·地理志》,江淮两道共有府八。是《玉海》所根据材料恐同《唐志》,今得府十五,可证《玉海》之说不确。

扬州　府四　《唐志》府四

邗江　在江都县,县有邗江,亦曰邗沟。　方山　在六合县,旧有方山县,隋开皇四年省入焉。　江平　新林

和州　府三　《唐志》府一

新川　和川　香林

寿州　府一　《唐志》无

安城　隋置,在安丰县白雀驿。

安州　府二　《唐志》府一

义安　宝城

8. 江南道

越州　府一　《唐志》府一

浦阳　在余姚县,县南十五里有浦阳江。

温州　府一　《唐志》无

三州　在乐城县,江有三洲,因以为名。

福州　府一　《唐志》无
　　泉山

潭州　府一　《唐志》府一
　　长沙　在长沙县。

吉州　府一　《唐志》无
　　永泰　在清江县,县有永泰镇。

9. 剑南道

成都府　府三　《唐志》府三
　　威远　归德　二江

彭州　府二　《唐志》府二
　　天水　唐兴

蜀州　府三　《唐志》府三
　　金堰　唐隆　在唐安县,县本名唐隆。　灌口

汉州　府一　《唐志》府一
　　玉津

邛州　府一　《唐志》府一
　　兴化

松州　府一　《唐志》无
　　※交川　在交川县。

扶州　府二　《唐志》无
　　安川　会川

10. 岭南道

广州　府二　《唐志》府二
　　绥南　番禺　在番禺县。

贵州　府一　《唐志》府一

龙山

桂州　府一　《唐志》无

　　淮南

澄州　府一　《唐志》无

　　※上林　在上林县。

潘州　府一　《唐志》无

　　※潘水　在潘水县。

附未知隶何府州诸府　四十九

　　大顺　嘉山　从善　居义　邑阳　疑山　隆化　归政　金花　崇信　弘济　临高　道渠　崇先　容山　沙代　大明　隆政　积福　凤鸣　弱水　丰浩　鹿陵　让贤　候神城　柔远　宜昌　静福　卫尉　信义　灵池　宏仁　善训　云泉　广济　武成　神鼎　金吾　右师　定功　白润　斥候　海盐　□通　□少　中□　行成　显国　贵安

附折冲府分布状况

道	《唐志》载府数	今得府数
关内	二七五	二一四
河东	一四一	一六三
河南	六二	七三
河北	三〇	四六
陇右	二九	三七
山南	一〇	一四
剑南	一〇	一三

淮南	六	一〇
岭南	三	六
江南	二	五

各道府名，共得五八一，合之未知何属诸府四九，共得六三〇。此府名收搜已大致完备。又关内道，如依《唐志》二七五之数，则诸道合为六四一，数目亦甚接近。府名以关内道京兆府遗逸为多，华州次之，将来续有增补。除上述一府一州外，其他诸州恐亦无大出入耳。

(原载《二十五史补编》第六册，上海开明书店1936—1937年版)

西魏北周和隋唐间的府兵

府兵制度实行期间逾二百年(542—749年),范围由小而大,规制由疏而密,其中详细因革,虽难考订,而各期发展,仍可于现存史料中得其梗概。记载府兵最详的文字,要算《邺侯家传》和《新唐书·兵志》,此外《唐六典》、《唐会要》也有简略的述说。综合上列几种史籍,再参照唐代其他有关府兵材料,对府兵制度本身的研究,已不致离题过远。日人滨口重国氏曾经做过一篇《从府兵制到新兵制》,载《史学杂志》第四一编第一一及一二号,叙述详明,且参证以"日本法令",借补"唐令"之不足,诚为研究府兵者辟一新途径,望读者检阅。兹另为文,总述府兵的源流变化及其背景,尤注意于府兵成立意义及制度设施等问题,借以明了中国中古兵制变化与政治社会关系及相互影响。文虽通论,对于一事一物,不厌精详考证,务期至确。材料方面,收辑亦多,但为行文便利,及免除冗烦起见,于考证本末,载籍原文,多未列举,仅注史料出处,读者检阅原书,不难窥其全豹。

一、府兵制度之起源与其成立背景

府兵制度的起源,可追溯至北魏道武帝(377—408年)时代之军府制度。《魏书》载魏皇始二年(397年),道武平定中山,多设军府,以相威摄。凡有八军,每军配兵五千,食禄主帅各四十六人。当时军府的规制,已不可考,但从实际情形推测,军府必为一种特殊兵制,与通常所谓"将军开府"之军府,迥不相同。① 此种制度,或即府兵起源之第一着,源流变化,颇值我们注意。

北魏军府制度,我在《镇戍与防府》一文中,已略提到,无容再为详述。② 现在所要讨论的是北魏的军镇和隋代都尉。一方面,史籍中关于这两种制度的记载,比较详晰,无容再事推测与假定。另一方面,这两种制度之成立,很足以昭示当日兵制变化的一种趋势。换言之,明了军镇与都尉的内容,便易于了解府兵成立的背景与其要义,兹分述于次:

(甲)北魏军镇　北魏设置镇兵,开始于皇始年间(396—397年),与上述军府的设立,约为同时。最初限于北边一带,后来普遍到关洛和江淮,但重要的镇,仍在北方,用以防遏高车和柔然的内扰,这就是史籍上常常提到的"北镇",和北镇中最扼要的"六镇"。军镇制度的要点,是州镇不相统摄,镇有固定的地域,直辖于中央政府,其地位与州相近。镇有镇将,下置属员,统兵御侮,与刺史同,城隍仓库,都归镇将主持,又兼治民——府户,故地位尤重于刺史。③ 镇将与府户,多为鲜卑豪族及中原强宗子弟,世执兵役,非中

---

① 军府可作将军开府的简称,但北魏在道武帝时代,似无将军开府的事,神䴥元年(428年),始令诸征镇大将,依品开府。四年又令诸征镇仗节边远者,开府辟召。可见道武所置军府,为一特殊制度。依《魏书·杨椿传》记载,此种军府,到公元500年左右,仍然存在,大概是近于军镇的一种制度,所以并存不废。

② 《禹贡》半月刊第三卷第十二期。

③ 参阅《魏书·官氏志》及《源怀传》。按镇将等级不一,有镇将,有镇大将、镇都大将,《官氏志》不列品位,其品位殆视其所兼将军之号而定,可高于州刺史,亦可低于州刺史。

旨特许,不得请免府籍。镇领民户,田守兼重,在这种情形之下,兵农未尝分离,国家可免大批养兵之费,而得着边防巩固的实效。故北魏军镇,可云一代宏规,而军镇之兵民不分与兵民合治,在兵制沿革史中,尤当特别注意。①

(乙)隋代都尉　秦时每郡各置守、尉、监,尉即军事长官,汉景帝更名都尉。武帝时又有农都尉,主屯田殖谷;属国都尉,主蛮降附。至东汉建武七年省诸郡都尉,并职太守,唯边郡往往置都尉及属国都尉,稍复分县治民,比于郡守。此点颇与军镇相似,大都根源于边疆特殊情形而产生的。隋代都尉,略有不同。都尉领兵,与郡不相知,重要地域,且设都尉府以掌兵政。又都尉品级为正四品,而上郡太守仅为从四品,非复都尉附于郡守之旧制。② 故此时之都尉与郡不相摄,已完全走上兵民分治之另一阶段。

关于上述两种制度,其趋势可概括为二:(一)兵士土著,担负一方面的防务,而不劳国家特殊供养,这就是边防军队生产化的办法;(二)将不专兵,平时各理防务,有事指配各军,朝廷可以指挥如意,这又是地方军队中央化的办法。然而军镇与都尉,仍各有缺点:军镇为兵民合一,但非兵民分治;都尉为兵民分治,而非兵民合一。府兵制度,便为补救此弊,而求到达兵农不分,兵民分治,而将不专兵以及其他种种目的。

府兵制度成立以前及其同时兵制的趋势,已如上述,继此可以

---

① 关于军镇制度,可参阅谷霁光《镇戍与防府》(《禹贡》第三卷第十二期)、周一良《北魏镇戍制度考》及《续考》(《禹贡》第三卷第九期及第四卷第五期)。关于军镇之破坏,可参阅谷霁光《补魏书兵志》(《二十五史补编》)、滨口重国《正光四五年间后魏兵制考》(《东洋学报》第二十二卷第二号)。

② 《隋书》卷二八《百官志》下及二九至三一《地理志》。

讨论府兵成立经过及其演变。府兵设立,始于西魏大统八年(542年),《玉海》卷一三七引《后魏书》云:

> 西魏大统八年,宇文泰仿周典置六军,合为百府……十六年,籍民之有材力者为府兵。

由此知府兵制度之健全,在于大统十六年(550年)。此九年中,宇文泰对于兵制改革的特别努力,也有其内在原因,《玉海》卷一三八引《邺侯家传》①:

> 初置府兵于西魏大统中,周文帝(宇文泰)与度支尚书苏绰之谋也。自三代之后,无与为比,虽战国之教士、卒武、技击皆不及。时西魏之境,自陕而有关中及陇右、河西而已;东魏河北、河南三道,殷实富强;而自襄邓蜀汉,皆属于梁……。共有众不满五万。初置府兵而东魏霸相高欢大举来伐,周太祖时为大丞相,总百揆太师冢宰,奉魏帝扫境内以敌之,除守御之师,共有众三万,战于沙苑……欢大败,遂取东魏河东汾绛之地……

宇文泰当后魏大乱之后,军人专横②,非兵民分治,即不能达到政

---

① 《邺侯家传》系李泌之子李繁所作。原书失传,惟《玉海》所引较详,且较正确,今从之,下同此。
② 北魏自六镇叛变以后,军人势力有加无已。魏分东西,即为军人互争之结果。然宇文泰当政初年,西魏状态,仍未稍变。例如魏恭帝"以诸将功高者为三十六国后,次功者为九十九姓后,所统军人,亦改从其姓",是军将可私有其兵之明证。

权集中和政治清明的目的,亦即不能恢复关中一带之繁荣。更进一步言之,西魏境内的政治经济不得解决,即无法抵抗富强的东魏。故宇文泰对兵制改革:第一,在兵农合一。其后北周又屡次使兵地著,并渐次增加服兵的员数与时间。① 第二,在系统分明,使兵与将的关系,公而非私。此时兵的训练,归之郡守,似未能采取兵民分治的方式②,然统帅与训练不属一人,当可免去许多弊病。

北周承袭西魏旧业,府兵制度,大致无甚变更。但继国东魏的北齐,《邺侯家传》中不曾提到设置府兵事,然从出土墓志,确发见北齐一些兵府名号和长官姓名③,大概是李氏家世与北齐政治无关,因而遗漏了罢!隋继北周,其一统武功,全借助于府兵,所以府兵到隋代统一以后,范围便更加扩大。山东河南及北方缘边之地,有新置军府,中间虽经开皇十年诏令废除,但炀帝伐高丽,再度增加,致有"扫地为兵"之现象,全国府额,想非复西魏时旧有数目矣。④

李唐起兵太原,平定区宇,府兵之制,最初亦承隋旧。武德元年(618年)改隋府官号——鹰扬郎将为军头,再改为骠骑将军,武德二年七月,又重加整理,《资治通鉴》卷一八七:

---

① 《周书》本纪保定元年,改八丁兵为十二丁兵,率岁一月役。建德六年移并州军人四万户于关中。又宣政四年,免京师见徒,并令从军。然而兵士数目,仍不太多。保定四年伐齐,征二十四军及秦陇巴蜀诸蕃之兵亦不过二十万人。

② 郡守农隙教试,见《邺侯家传》,此仍承袭汉代旧法。

③ 罗振玉《唐折冲府考补》及《唐折冲府考续补》(《二十五史补编》),谷霁光《唐折冲府考拾补》(《禹贡》半月刊)。

④ 《资治通鉴》卷一七七,开皇十年,诏罢山东河南及北方沿边之地新置军府。又《册府元龟》卷四八四,炀帝时将事辽东,增置军府,扫地为兵,自是租税益减。

> 初置十二军,分关内诸府以隶焉,以车骑府统之。每军将副各一人,取威名素重者为之,督以耕战之务,由是士马精强,所向无敌。

《新唐书》卷五〇《兵志》:

> (武德)六年,以天下既定,遂废十二军,改骠骑曰统军,车骑曰别将。居岁余,十二军复,而军置将军一人,军有坊,置主一人,以检察户口,劝课农桑。①

此唐代初期府兵设置情形。其中心地点仍在关中,其主要意义在督耕战,卒能收到很好的效果,自是府兵成为唐初军队中的主要部队。

二、府兵制度之演变

设置府兵的用意,各朝大抵相同,制度方面,则变化甚大。大都由疏而密,由简而繁,形成极灵活而周详的组织。其演变情形,可分类言之。

(甲)兵府名称　西魏仅以府名,不曾冠以特殊称号,至隋始曰鹰扬府,唐改曰折冲府。每府又各因地立名,西魏时大抵已如此,北魏军镇早为因地立称,兵府自亦相同,因统辖既多,非如此不足以资分辨,惟设置地带,各朝不同,且一朝之中,又时有变易,府名

---

① 按武德八年复十二军,以击突厥,见《资治通鉴》卷一九一。

考证,实极困难,兹以无关重要,故略不论。

(乙)兵府之地域分布　兵府所在地,称为"团",亦曰"乡团",又曰"地团"。府兵集中地域,称为"坊",亦曰"军坊"。[①] 各有领域,不相混淆。领域之大小不一,完全看各地兵府的疏密而定,这是我们注意兵府之地域分布的第一个原因。领域大小,与户口多少也有关系,所以人民兵役的轻重,也视兵府疏密而定,这是我们注意兵府地域分布的第二个原因。再则兵府分布的疏密,可以看出当日军事布置的大概情形。换言之,当日政府统治方略,很可以从兵府的地域分布上寻到一些线索。如果我们注意于研究府兵设置的意义,那么兵府的地域分布的推求,比校量兵府的领域大小、户口多少,尤为重要。

兵府最多的地方,是在首都附近,也就是所谓"重首轻足"的策略,各朝情形,大略相同。西魏和北周,自然以关中为兵府中心。隋代仍然如此,山东河南以及北方缘边一带和江淮地方,只不过因事设立,从府兵发展史看来,反而是一种变态。此点到唐代更为明显,武德时十二军的兵卒,都出关中诸府,目的在训练关中军民,向四方开拓。贞观时,全国共府六百余,关中占二百六十一,精兵士二十六万,目的也在"举关中之众以临四方"。[②] 天授时,都洛阳,郑、汴、许、汝、怀、卫、泽、潞等州,成为王畿,如是汝、卫等州又增置兵府[③],以资镇摄,可见置府的传统政策,历久未变。不过唐代后来情形,也仿佛与隋相似,就是河北和安西一带,因情势需要,分别设

---

① 《唐律疏议》卷九,"折冲有地团",《唐六典》卷二五隋有军坊乡团,又《新唐书》卷五〇《兵志》,隋唐均置有坊主团主。
② 《玉海》卷一三八引苏冕《会要》。
③ 《文苑英华》卷四六四《废潼关雍洛州置开郑汴许卫等州府制》:"郑州、汴州、许州可置八府,汝州可置二府,卫州可置五府,别兵皆千五百人。"

置或增加。河北道兵府,是玄宗防御奚、契丹增加的,据现在考据所得,至少有了四十六府。① 安西都护府设置兵府,在龙朔元年,共府一百二十六,是高宗为开拓西土而施行的。② 这两次的办法,都非正常,其结果也是无益。

地团大小、户口多少,与兵府分布疏密,有着重要关系,前面已经说过。现在根据几张图表,说明兵府地域分布之种种关系。

1. 唐十道折冲府府数比较表(见表一)。

2. 唐折冲府分布图(见下图),由这两图表,可以看出设府的条件,不独是注重政治中心地带,而且是按着地方形势来定府额多寡的,此点涉及军事地理,非片言可以说明,只能从略,惟大致情形,仍可于图中得之。

3. 唐关内道兵府之分布与户口及州域面积关系表(见表二)。

4. 唐河东道兵府之分布与户口及州域面积关系表(见表三)。

表一 唐十道折冲府数比较表*

道名	关内	河东	河南	河北	陇右	山南	剑南	淮南	岭南	江南
府数	288	163	74	46	37	14	13	10	6	5
百分数	43.9	24.8	11.2	7	5.6	2.13	1.98	1.52	0.91	0.76

* 此表根据《新唐书·兵志》及近人《折冲府考》合编而成。其中数目与拙著《唐折冲府考校补》所载略异,此系各道折冲府实数,不限已知府名之部。又总数为656,必非当日确数,各道府额,亦必略有出入,此时无法补正,姑志于此。

---

① 《玉海》卷一三八引《邺侯家传》,及谷霁光《唐折冲府考校补》附折冲府分布情况。

② 《旧唐书·地理志》、《法苑珠林·感通篇·述异部》、《唐会要》及《太平寰宇记》或劳经原《唐折冲府考》卷四《安西都护府》下。

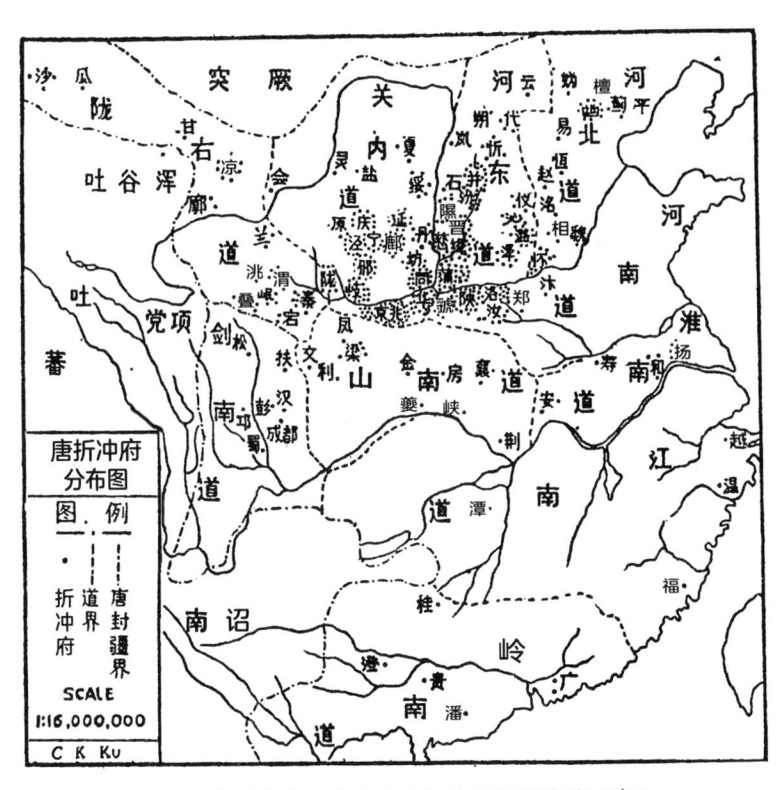

表二　唐关内道兵府之分布与户口及州境关系表*

州府	府数	户数	口数	州境	一府之平均户数	一府之平均口数	一府之平均方里数
京兆	131	362,909	1,960,188	145,700	2,770	14,963	1,112
同州	26	56,509	408,750	26,320	2,173	15,721	1,012
华州	20	30,787	223,613	22,960	1,539	11,180	1,148
凤翔	15	44,533	380,463	71,187	2,968	25,364	4,745
鄜州	13	30,185	153,714	75,348	2,321	11,824	5,796
宁州	12	30,226	224,837	111,024	2,518	18,736	9,252
邠州	11	19,461	125,250	54,000	1,761	11,386	4,909

续

州府	府数	户数	口数	州境	一府之平均户数	一府之平均口数	一府之平均方里数
延州	9	16,345	100,040	157,599	1,816	11,115	17,511
庆州	8	17,981	124,236	118,954	2,247	15,529	14,869
泾州	7	15,952	186,849	56,056	2,278	26,692	8,008
陇州	6	24,652	100,148	99,000	4,108	16,674	16,500
坊州	6	15,715	120,208	54,071	2,619	20,034	9,012
丹州	6	12,422	87,625	34,427	2,070	14,604	5,738
灵州	5	9,606	53,163	46,400	1,921	10,632	9,280
绥州	5	8,715	89,112	69,642	1,743	19,822	13,928
商州	2	8,926	53,080		4,463	26,540	
原州	2	7,349	33,146	64,800	3,674	16,573	32,400
夏州	2	6,132	53,014	15,050	3,066	26,507	7,525
会州	1	3,540	26,660	168,300	3,540	26,660	168,300
盐州	1	3,025	16,665	65,960	3,025	16,665	65,960
(总数)	288	724,970			52,620		
(总平均数)		2,517			2,631		

*1. 府数系根据拙著《唐折冲府考校补》(《二十五史补编》)改正而成,京兆府一百一十三之数,为《唐志》所载。

2. 户数及州境,系根据《元和郡县志》作成。陇州、商州、原州户数,以《新唐书·地理志》补;原州州境系估计。

3. 口数,依照《新唐书·地理志》。

4. 州境,单位为方里。户数之总平均数,系关内道(有府诸州)每一府之平均户数。

表三　唐河东道兵府之分布与户口及州境关系表*

州府	府数	户数	口数	州境	一府之平均户数	一府之平均口数	一府之平均方里数
河中	36	70,207	469,213	36,285	1,950	13,033	1,007
绛州	35	81,988	517,331	110,595	2,342	14,780	3,159
太原	20	126,840	778,278	64,600	6,342	38,913	3,230
晋州	19	60,853	429,221	81,000	3,203	22,590	4,263
汾州	12	53,076	320,230	46,740	4,423	26,685	3,895
隰州	7	18,583	124,420	28,812	2,655	17,774	4,116
潞州	7	64,276	388,661	98,448	9,182	55,523	14,064
泽州	6	22,235	157,090	43,500	3,705	26,181	7,250
忻州	4	14,338	82,032	12,470	3,584	20,508	3,117
慈州	3	11,275	62,486	112,812	3,758	20,828	37,604
仪州	3	7,975	54,580	48,750	2,658	18,193	16,250
代州	3	15,077	100,350	104,960	5,025	33,450	34,986
沁州	2	6,580	34,963	39,600	3,290	17,481	19,800
石州	2	9,262	66,935	62,700	4,631	33,467	31,350
云州	2	3,169	7,930	87,730	1,584	3,965	43,865
朔州	2	6,020	24,533	46,560	3,010	12,266	23,280
岚州	1	10,726	84,006	86,180	10,726	84,006	86,180
(总数)	163	582,480			72,068		
(总平均数)		3,573			4,239		

*1. 府数根据拙著《唐折冲府考校补》。

2. 户数州境,根据《元和郡县志》。太原州境,系估计。隰州州境,参照《太平寰宇记》,唐之隰州,地域当较大。

3. 口数根据《新唐书·地理志》。

4. 州境系方里为单位,户数总平均数,系河东道(有府诸州)每一府之平均户数。

由这两张表，可以看出当日置府的目标，不独是注重地方形势，而且是顾到户口的多少。关内和河东，是当日府额最多的两区，此两区的兵府分布，最足以表示最初设计的方针（尤其是关内道），所以单就这两道计算。至于僻远的道，置府极少，当不能相提并论。我们问到关内道每州要有多少户才设一府，确是个极饶兴味而极有意义的问题。据第二表计算，大致为1500—4500户之间的许多不同数目，而以二千余户设一府的平均数为最多，精确一点地计算，关内道二十州的平均数目系2517，我们不妨说关内道兵府的分布，大致为2517户中有一折冲府。无疑地，这种数字，不能十分可靠，不过借此说明大概情形，且以避免一种完全空泛的论断而已。河东道设府的平均户数为3573，而其最低与最高数目，又为1584至10726，差数已经大得多。推而至于河南、河北等道，参差更甚，无法估量。此外人口与兵府比例，情形大致与户相似，无须重述。惟府数与州境比较，关内道的差数，亦极悬殊，其他更不必论，这是由于人口分布不均的关系，自非设府时所能顾虑到的问题。

　　（丙）兵府系统　　西魏与北周的府兵最高统帅为"柱国"，凡柱国六人；每柱国领二大将军，凡大将军十二人；每大将军领开府将军二人，凡二十四将军，是为二十四军。每军所辖乡团，有仪同二人，督率诸府，每府则有郎将主之。仪同似为四十八员，郎将似为九十六员，是否如此，尚待考证。① 其统辖系统，略如下表：

---

① 参阅《邺侯家传》、《北史》卷六〇传论，及《北史》卷三〇《卢辩传》。

西魏北周和隋唐间的府兵

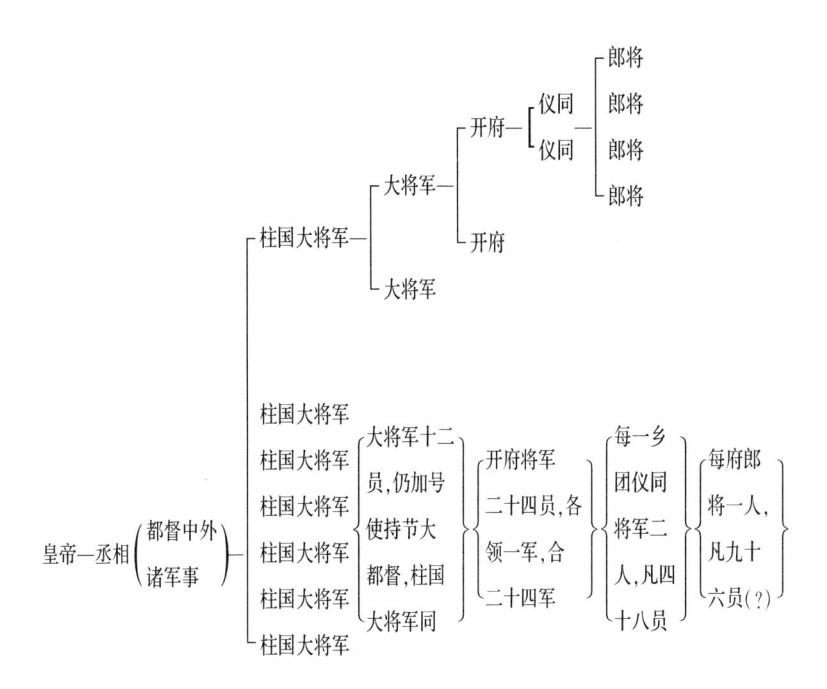

```
                                        ┌─ 郎将
                            ┌─ 仪同 ─┤
                            │        └─ 郎将
              ┌─ 大将军 ──┤
              │            │        ┌─ 郎将
柱国大将军 ─┤            └─ 仪同 ─┤
              │                     └─ 郎将
              │            ┌─ 开府
              └─ 大将军 ──┤
                            └─ 开府
```

皇帝—丞相（都督中外诸军事）
{
柱国大将军
柱国大将军
柱国大将军
柱国大将军
柱国大将军
柱国大将军
}
— 大将军十二员，仍加号使持节大都督，柱国大将军同 — 开府将军二十四员，各领一军，合二十四军 — { 每一乡团仪同将军二人，凡四十八员 } — { 每府郎将一人，凡九十六员(？) }

六柱国为李虎、李弼、赵贵、独孤信、于谨、侯莫陈崇，六家分主诸府，仍含宇文氏旧时部落意味。①

兵府系统，到隋代大有变更，把所有鹰扬府，分隶十二卫及东宫六率府，唐代仍然如此②，其异同如次：

---

① 《周书》卷二《文帝纪》："魏氏之初，统国三十六，大姓九十九，后多绝灭。至是以诸将功高者为三十六国后，次功者为九十九姓后，所统军人，亦改从其姓。"故六柱国亦均有本姓，有赐姓。

② 唐折冲府分隶十二卫及东宫率府，十二卫为左右卫、左右骁卫、左右武卫、左右威卫、左右领军卫、左右金吾卫，与隋异名，又均去府字，但称卫。

表四　隋唐卫率组织表*

	卫或率	长官	职掌	所领兵府	兵名
隋	左右卫	各大将军1人 将军2人	掌宫掖禁御,督摄仗卫	(不详)	骁骑
唐	左右卫	各大将军1人 将军2人	掌统领宫廷警卫之法令,以督其属之队仗	武成、武安等50府	骁骑
隋	左右骁卫	各大将军1人 将军2人		(不详)	豹骑
唐	左右骁卫	各大将军1人 将军2人	掌如左右卫,位次左右卫,与左右卫分知皇城助铺	永固等49府	豹骑
隋	左右武卫	各大将军1人 将军2人		(不详)	熊渠
唐	左右武卫	各大将军1人 将军2人	掌如左右卫,位次骁骑	凤亭等49府	熊渠
隋	左右屯卫	各大将军1人 将军2人		(不详)	羽林
唐	左右威卫	各大将军1人 将军2人	掌如左右卫,位次武卫,知皇城东面助铺	宜阳等50府	羽林
隋	左右御卫	各大将军1人 将军2人		(不详)	射声
唐	左右领军卫	各大将军1人 将军2人	掌如左右卫,位次威卫,知皇城西面助铺	万敌、万年等60府	射声

续

	卫或率	长官	职掌	所领兵府	兵名
隋	左右候卫	各大将军1人 将军2人	掌车驾出,先驱后殿,昼夜巡察,执捕奸非	(不详)	佽飞
唐	左右金吾卫	各大将军1人 将军2人	掌宫中及京城昼夜巡警之法	同轨、宝图等50府	佽飞
隋	左右卫率 (左右侍率)	各置率1人 副率2人	掌东宫禁卫	(不详)	(不详)
唐	左右卫率	各置率1人 副率2人	掌东宫兵仗羽卫之政令	广济等5府	超乘
隋	左右宗卫率 (左右武侍率)	各置率1人 副率2人	掌领宗人侍卫	(不详)	(不详)
唐	左右司御率	各置率1人 副率2人		郊城等3府	旅贲
隋	左右虞候开府 (左右虞候率)	各置率1人 副率2人	掌斥候伺非	(不详)	(不详)
唐	左右清道率	各置率1人 副率2人	掌东宫内外昼夜巡警之法	绛邑等3府	直荡

*1. 此表参照《隋书·百官志》、《唐六典》、《新唐书·百官志》、《旧唐书·职官志》编成。

2.《唐六典》载十二卫及东宫六率府所领府数,共仅319(《旧唐书·职官志》略同),疑后来增加之府未列入。《新唐书·兵志》云:"左右卫皆领六十府,诸卫领五十至四十,其余以隶东宫六率。"与此异,或即增加后之总数。

上表诸卫将军等,均为内官,平时分番宿卫,有事受命出征,史籍中均详述宿卫职掌及其方式。① 可见当日军备中——至少府兵一项——最重宿卫一点。(卫士简取及分番办法详见《唐六典》卷五《兵部》,兹不述。)

卫府系统,最重要在统辖上的区分。每卫统辖一定数目的府和一定区域的府;要使每卫将军的势力,不致有特殊发展,同时每卫的兵,不致形成一割据形势,就应当在数目和区域上着手——相互平衡、相互掣制的办法。也就是说,不使一卫所辖的府过多,更不使一卫所辖,集在一处。上面已经见到唐代卫府数目,与隋系大致相近——60 至 40 之间——其次卫府之地域区分,亦可略如下表所示:

表五 唐左右卫所领兵府之地域分布*

道	州名及府数												总数
关内	京兆	4	华州	1	凤翔	2	鄜州	1	宁州	1	邠州	1	10
河东	绛州	2	晋州	2	隰州	1	潞州	1	朔州	1			7
河南	河南	3	陕州	3									6
河北	幽州	1	妫州	1									2
陇右	凉州	1											1
山南													0
剑南	成都	1	松州	1									2
淮南													0

---

① 《唐六典》卷三《户部尚书》下。

续

道	州名及府数								总数
岭南									0
江南									0

*1. 其他各卫所领兵府,也都分属各道。因现存府名,能考出其属于其他诸卫者,较左右卫为尤少,故仅以左右卫为代表。

2. 此表系根据劳经原《唐折冲府考》、罗振玉《唐折冲府考补》、谷霁光《唐折冲府考校补》编成,罗振玉有续补,因手中无书,未列入,今得28府,将及半数。

3. 左右卫各有所领,因分列太烦,故略。

(丁)兵府组织 西魏至唐,兵府组织,亦有更改,但以名号为多。因沿损益,叙述难于明晰,兹列两表于下,读者当可一目了然,考证之点,略见附注。

表六 兵府职官表*

		第一级	第二级	第三级	第四级	第五级
西魏及北周		府——郎将1人(正八命) 副郎将1人	大都督1人 (八命)	帅都督1人 (正七命)	都督1人 (七命)	(未详)
隋	仁寿	府——骠骑将军1人 车骑将军1人	大都督1人	帅都督1人	都督1人	(未详)
	大业	府——鹰扬郎将(正五品) 鹰击郎将(从五品) 司马 兵曹,仓曹 察非掾	校尉1人 (正六品)	旅帅1人	队正1人 副队正1人	(未详)

续

		第一级	第二级	第三级	第四级	第五级
唐	武德	1. 府——军头1人 府副1人 2. 府——骠骑将军1人 车骑将军1人 3. 府——统军1人 别将1人	校尉1人	旅帅1人	（未详）	（未详）
	贞观	府——折冲都尉1人(上府正四品上,中府从四品下,下府正五品下) 左右果毅都尉各1人(上府从五品下,中府正六品上,下府正六品下) 别将 长史 兵曹参军	团——校尉1人 (从七品下)	旅——旅帅1人 (从八品上)	队——队正1人 (正九品下) 副队正1人 (从九品下)	火——火长1人

*1. 此表根据《后魏书》(《玉海》引)、《邺侯家传》(《玉海》引)、《周书·卢辩传》、《隋书·百官志》、《新唐书·百官志》及《兵志》、《旧唐书·职官志》等书编成。官制源流,系统明晰。

2. 旅较团低一级,通常均略去,然考之官志,并追溯源流,知有此一级,毫无疑义。

表七　隋唐兵府等级类别及员数表*

	第一级			第二级		第三级		第四级		第五级	
	等级	员数	类别	等级	员数	类别	等级	员数	类别	等级	员数	类别
隋		（未详）	1.越骑 2.步兵	（未详）		（未详）		（未详）		（未详）	
唐	特	每府 1500人	1.越骑 2.步兵	每团辖二旅 旅100人 共200人		越骑约占十之一，步兵十之九	每旅辖二队 队50人 共100人		每队辖五火 火10人 共50人		每火 10人	
	上	每府六团 团200人 共1200人										
	中	五团共 1000人										
	下	四团共 800人										

＊1．此表根据《隋书·百官志》、《新唐书·兵志》及《百官志》编成。

2．武后时于郑、许等州设府，每府千五百人，见《文苑英华》四六四。

3．每团二百人，《新唐书》及《邺侯家传》、《通典》等均作三百人，当为误字，滨口氏已言及之；不另述。

4．武后时定制，千二百人为上府，千人为中府，八百人为下府，在赤县为赤府，畿县为畿府。但据《通典·职官》载：两京城内不满千二百人亦同上府，两畿及岐、同、华、怀、陕等五州所管府，虽不满千人亦同中府。可见京畿等处人数，仍有变通之例。

（戊）兵府经用　兵府经用两种：一为公费，一为军需。唐代公费有公廨田，其办法为：

> 凡天下诸州公廨田……折冲府各四顷……上府折冲都尉各六顷，中府下府以五十亩为差。郎将各五顷，上府果毅都尉四顷，中府下府以五十亩为差。上府长史别将各三顷，中府下府各二顷五十亩……诸军上折冲府兵曹各二顷，中府下府各一顷五十亩。其外军校尉一顷二十亩，旅帅一顷，队正副各八十亩。①

公廨田之外，复有公廨本钱，《新唐书》卷五五《食货志》：

> 天下置公廨本钱，以典史主之，收赢十之七，以供佐史以下不赋粟者常食，余为百官俸料……折冲上府二十万，中府减四之一，下府十万。

折冲府官又有仗身，以供驱使，同书云：

> 职事官又有防阁、庶仆……折冲府官则有仗身，上府折冲都尉六人，果毅四人，长史、别将三人，兵曹二人。中、下府各减一人，皆十五日而代。

仗身亦可收钱，其数亦有规定，这也算兵府收入的一种。②

---

① 《新唐书》卷五五《食货志》，及《唐会要》卷九一《内外官料钱》上。
② 同上。

军需分马匹、军械、器具、粮食、衣资等类,有由国库支给,有由府兵私备,有由兵府公备,依照各类性质而定。府马规定,为每火备六驮马,无马之乡,准用骡驴及牛代替,这可由府兵自备的。至于宿卫有"承直马",征防也有战马,不能用骡驴代替,则由官给其值,每匹钱二万五千。凡此官马,仍归刺史和折冲保管,如有损耗,又由府兵补足,也偶有由官私公给,或竟由政府再给监牧马的,但为例外。① 军械分两种:一种是重兵器,如甲弩之类,民家不得私有,必须出发征战才可向政府领用;宿卫只备弓刀。② 一种是轻兵器,如弓箭之类,归府兵自备,并且随时在家练习,不能短缺。除此之外,粮食衣服等物,也归府兵自行负担,再加被、服、资、物、弓箭、鞍辔、器仗七事③,几无一非府兵预为筹办,《新唐书·兵志》云:

> 火备六驮马。凡火具乌布幕、铁马盂、布槽、锸、䦆、凿、碓、筐、斧、钳、锯皆一,甲床二,镰二。队具火钻一,胸马绳一,首羁、足绊皆三。人具弓一,矢三十,胡禄、横刀、砺石、大觿、毡帽、毡装、行縢皆一,麦饭九斗,米二斗,皆自备,并其介胄、戎具藏于库。有所征行,则视其入而出给之。其番上宿卫者,惟给弓矢、横刀而已。

---

① 《新唐书》卷五〇《兵志》,及《唐六典》卷五《兵部尚书》。
② 《唐律疏议》卷一六《擅兴》:"私有禁兵器,谓甲弩矛矟具装等,依令私家不合有。弓箭刀楯短矛者,此上五事,私家听有。"又卷二七《杂律》"请受军器,谓鍪甲稍弩弓箭之类"。大抵重兵器,可以临时请领。
③ 《唐律疏议》卷一六《擅兴》:行军有"随身七事及火幕行具细小之物"。所谓七事,或为《通典》(卷一四九《杂教令》附)所指被、服、资、物、弓箭、鞍辔、器仗七类。

又《通典》卷一四九《杂教令》条：

> 诸兵士随军被袋,上具衣服物数,并衣资、弓箭、鞍辔、器仗,并令具题本军营、州县府卫及己姓名。

由上所述,可以知道器物一项,有由府兵公备,有由私人独备,完全看器物之性质而定,可惜详情已不可得而考了。

资粮为自备之一种,据《兵志》说,每人"麦饭九斗,米二斗,皆自备,并其介胄、戎具藏于库。有所征行,则视其入而出给之"。此种办法,实行上当有困难,因米麦不是随身可以多携之物,必不能人人雇役转运,补救之策,大致为量给"食券",《邺侯家传》云：

> 每发皆下符契于本州及府,刺史与折冲勘契而发之,而给其食券。

"食券"为量其所入而给其相当之值,但征行过远,时限过久,衣食均有不足,必须预筹资物,以供应用。再不足则随地营种①,更不足则请求赐给②,大抵依法公家不为供给食料的③。

---

① 《唐律疏议》卷一六《擅兴》："依《军防令》,防人在防,守固之外,唯得修理军器、城隍、公廨、屋宇。各量防人多少,于当处侧近,给空闲地,逐水陆所宜,斟酌营种,并杂菜蔬,以充粮贮,及充防人等食。"又《新唐书》卷五三《食货志》："唐开军府以捍要冲,因隙地置营田。"

② 《新唐书》卷一二五《苏瓌传》"(长安中)岁旱,兵当番上者不能赴,(时徙同州刺史)瓌奏:宿卫不可阙,宜月赐增半粮,俾相给足,则不阙番"。

③ 《唐六典》卷三《户部》："卫士、防人以上,征行若在镇,及番还,并在外诸监关津番官士人任者,若尉史,并给身粮,诸官奴婢,皆给公粮。"所谓"身粮"或指"食券"兑现,如能赐给身粮,则与本页注①所引冲突。

府兵的负担既重,一人之力当不能办①,于是邻里资助,便成为一种通行的惯例。照西魏设置府兵最初的意思,是六家共出一兵②,既然如此,邻里自有帮助义务,所以这种惯例,一向未能打破,《敦煌掇琐》中集琐七〇③,载有一篇地方官吏告谕:

> 频遭凶年,人不堪命,今幸小稔,俗犹困穷,更属征差,何以供办?既闻顷年防者,必扰亲邻,或一室供办单衣,或数人共出裕服,此乃无中相恤,岂谓有而赖济?昨者长官见说资助及彼资丁,皆又人穷不堪其事,几欲判停此助,申减资钱。不奈旧例先成,众口难抑,以为防丁一役,不请官赐,只是转相资助,众以相怜。若或判停,交破旧法,已差者即须逃走,未差者不免只承。……亦望百姓等体察至公之意,自开救恤之门。……至本月二十日,大限令毕,辄违此约,或有严科,恐未周知,因此告谕!

邻里资助,此专指防丁而言,而习俗相沿,府兵恐难例外。此种资助,虽非明文规定,但律有"乏军兴"之条(上述严科或即指此),人民固亦不敢违背④,如是习俗相沿,也就成为固定的制度。

---

① 按《邺侯家传》载,府兵自西魏时即定为免其身租庸调。然长征不归,则资粮器械,亦无由自给,所免少而支多。
② 据《邺侯家传》西魏时"府兵皆于六户中等以上家有三丁者选材力一人,免其身租庸调,郡守农隙教试,阅兵仗。衣驮牛驴粮糗粮旨蓄,六家共备,抚养训导,有如子弟"。可见一家出兵,六家共有责任。
③ 据《敦煌掇琐》载,此为开元二十三年事,人民为资助资粮,发生争执,官吏颁布的一张告示。此材料极为珍贵,可见因兵府引起的问题甚多。内中错字已依意改正,原系抄本,字迹不工,故错误多。
④ 《唐律疏议》卷一六《擅兴》:"诸乏军兴者斩,故失等。谓临军征讨,有所调发而稽废者。"

三、府兵之征集训练与调遣

上面已经提示府兵兵役的烦重,接着便要研究这些担负烦重的人,是怎样简点的呢?这里面当然包含简点的标准、简点的方式和兵役的年限等问题。每一问题,均与府兵制度整体有着重大关系,故愿详为说明。

府兵简点的标准,是根据材力、财富、丁口三项而定。其原则又是先富后贫,先强后弱,先多丁后少丁,原则上好似是公平极了。这种标准与原则,在西魏时已经适用——籍六户中等以上家及民之有材力者。唐时更详细规定,载在法典,不妨引出作为参考。《唐律疏议》卷一六《擅兴律》:

> 诸拣点卫士(征人亦同),取舍不平,失一人杖七十,三人加一等,罪止徒三年。
>
> 不平谓舍富取贫,舍强取弱,舍多丁而取少丁之类。
>
> 财均者取强,力均者取富,财力又均,先取多丁。

凡有军府的州,人民便有充当府兵的义务,也便是人人有充当府兵的可能,只看官吏的定夺如何罢了。凡有军府的州,称为"军府州","军府州"都有"军府籍"和"卫士帐",前者系后备兵役的名册,后者是现任兵役分番宿卫的名册,都由州刺史、折冲和县令按照九等户和特殊情形分别差定[①],县令尤为重要,《唐六典》卷三〇:

---

① 《唐会要》卷八五"武德六年三月,令天下户量其资产,定为三等。至九年三月十四日,诏天下户,三等未尽升降,改为九等"。

> 京畿及天下诸县令之职，皆掌导扬风化，抚字黎氓，敦四人之业，崇五土之祠，养鳏寡，恤孤穷，审察冤屈，躬亲狱讼，务知百姓之疾苦。所管之户，量其资产，类其强弱，定有九等。其户皆三年一定，以入籍帐。若五九三疾，及中丁多少，贫富强弱，虫霜旱涝，年收耗实，过貌形状，及差科簿，皆亲自注定，务均齐焉。

三年一定户，与府兵有莫大关系。府兵的简点，也是三年一次①，其上帐当然依照九等之户来定夺的。州刺史和折冲，根据县令户籍，点选府兵，上奏兵部，如是军籍的法定手续便算完成。上名军籍的，便算是现役府兵，也就是身负"军名"，不能逃避兵役的一切责任。②府兵三年简点的意义，不是全数更换，而是缺额的递补。所谓缺额，是由于疾病死亡和优免或退休而发生。关于优免，多为法律所规定。③ 关于退休，照府兵服役的期限，是成丁至老免中间的时日，成丁与老免，各时代规定均有不同。武德六年（623年），定为二十一成丁，六十为老。神龙元年（705年）制二十二成丁，五十九免役。景云元年（710年）复旧。天宝三载，定二十三成丁。④ 因为丁老的规定不一，府兵服役的年限也有差别，此经常办法如此。例外的增加或优免，仍然可以见到，如武德九年（626年）太宗欲点选

---

① 《唐六典》卷五《兵部》。至开元六年，始令六年一简点。
② 《唐律疏议》卷一六。
③ 苏瓌《刑部散颁格》残卷中，有"卫士免军，百姓免简点役"之条。又《唐六典》卷五《兵部》，有"征行番上，父兄子弟，不并遣之"、"家长病老，无兼丁，得免役"之条文。
④ 《唐会要》卷八五。

年未十八年的民充兵，显然是未成丁已被兵役。先天二年（713年）玄宗又令卫士取二十五以上五十而免，自然是缩短年限不少。①所以府兵服役年限，都由这种种条件裁定，老休病死，便可在三年简点中补足，且至可以增加或减汰。

府兵训练，也是一个重要问题，可惜材料太少，不能知其详情。据史籍记载，在府兵马以每年的冬季教练军阵斗战之法，由折冲统率校尉，齐集举行，《新唐书·兵志》略志其事：

> 每岁季冬，折冲都尉率五校兵马之在府者，置左右二校尉，位相距百步，每校为步队十，骑队一，皆卷稍幡展刃旗散立。以俟角手吹大角一通，诸校皆敛人骑为队。二通偃旗稍解幡，三通旗稍举。左右校击鼓，二校之人合噪而进。右校击钲，队少却，左校进逐，至右校立所。左校击钲，少却，右校进逐至左校立所。右校复击钲，队还，左校复薄战，皆击钲，队各还。大角复鸣一通，皆卷幡摄矢弛弓匣刃。二通旗稍举皆进，三通左右校皆引还。是日也，因纵猎，获各入其人。

阵战之法，另有教法簿籍，居常亦习射唱大角歌②，此不过记载形式上之操练而已。折冲训练士卒，州刺史亦有辅导之责，如果兵被征发，验其艺技不精，士不教习，州刺史也会被谴责的③，这也是相互监责的一种方法。

府兵任务，在于宿卫及征防。宿卫当以京城为本，但也有专供

---

① 《资治通鉴》卷一九二，及《新唐书·兵志》。
② 《旧唐书·职官志》折冲府条注文，《唐六典》卷五《兵部》。
③ 《邺侯家传》。

护卫园陵的。① 征防当以就近为便,但多有调至远道的②,所以府兵调度方式,也有说明之必要。

征发府兵的手续,由皇朝下符契到州刺史,刺史与折冲勘契乃发。如果全府尽征,则折冲都尉以下员均行;不尽,则果毅都尉行;少,则别将行。③ 平时宿卫,番第为固定,《新唐书·兵志》云:

> 凡当宿卫者,番上兵部,以远近给番。五百里为五番,千里七番,一千五百里八番,二千里十番,外为十二番,皆一月上。若简留直卫者,五百里为七番,千里八番,二千里十番,外为十二番,亦月上。

简留直卫之番第,以《唐六典》所载为确:

> 百里内五番,五百里外七番,一千里外八番,各一月上。二千里外九番,倍其月上。若征行之镇守者,免番而遣之。

有事征行,也依番第征发,诸卫主之,其情形当不若宿卫上番之合乎常规。《唐六典·兵部》条本文及注:

> 凡卫士各立名簿,具三年已来征防,若差遣,仍定优劣为三等,每年正月十日送本府,印讫仍录一通送本卫,若有差行

---

① 《旧唐书·玄宗纪》:"制奉先县同赤县,以所管万三百户供陵寝,三府兵马供宿卫。"
② 《旧唐书》卷八四《刘仁轨传》,《全唐文·姚州奏破西蕃露布》。
③ 《新唐书》卷五〇《兵志》。

上番,折冲府据簿而发之。

若征行及使,经两番已上者免两番,两番已上(疑为下字)者并二番。其不免番,还日即当番者,免上番。

以上是简点、训练、调遣的通常方式。

法制树立,亦不免发生流弊,必须有种种消极的规定,来制裁和防闲。府兵制度,当亦如此。例如府兵训练一项,技艺不精,折冲须受谴责,所以府兵在农隙,都有练习骑射的任务,并不限于冬试的检阅而已。① 简点与调度,尤为烦琐,重要的几个规制,略举于下:

(甲)户籍 兵府分布,极不平均,前节已经说过。兵府既有疏密,人民兵役负担,亦有轻重,高下悬殊,免不了任意迁徙之弊。② 为免除此种问题发生,曾有定规,《唐六典》卷三《户部》条正文及注:

凡户之两贯者,先从边州为定,次从关内,次从军府州。若住者,各从其先贯焉。乐住之制,居狭乡者听其从宽,居远者听其从近,居轻役之地者听其从重。

畿内诸州,不得乐住畿外,其关内诸州,不得住余州,其京城县不得住余县,有军府州不得住无军府州。

这是对住居迁徙的一些规定,人民不能自由迁徙,如果无力应役,

---

① 《新唐书》,及《唐六典》卷五《兵部》。
② 不使百姓避重就轻,但人口与土地之分配,便生问题。例如"太宗贞观元年,朝议户数之处,听徙宽乡,陕州刺史崔善为上表曰:畿内之民,是谓户殷,丁壮之人,悉入军府,若听移转,便出关外,此则虚近实远……"(《册府元龟》卷四八六)而李峤表奏又云:"今之议者,或不达于变通,以为军府之地,户不可移,关辅之民,贯不可改,而越关继踵,背府相寻,是开其逃亡,而禁其割隶也。"

那只有逃亡一途。

九等之户,核定亦有困难。兵役既以户为征取单位,则户之大小,财产厚薄,人口多少,膂力强弱,其中亦有较大伸缩性,所以也需要一种法律规定,《唐律疏议》卷一二《户婚》上:

> 诸祖父母父母在,而子孙别籍异财者徒三年。
> 别籍异财不相须,或籍别财同,或户同财异者,各徒三年。

又《唐律疏议》卷二五《诈伪》:

> 诸诈疾病有所避者,杖一百,故自伤残者,徒一年半。

以禁止故意析户与诈病及自残之弊。

(乙)逃亡　政府既不让人民自由迁徙,又不让人民自由析户,那些无力应役和不愿应役的不免逃亡。但逃亡也有禁例,已有"军名"而逃亡,罪更重大,《唐律疏议》卷二八《捕亡》:

> 即人有课役全户亡者,亦如此。(一日笞三十)若有军名而亡者,加一等。
> 诸征名已定,及从军征讨而亡者,一日徒一年,一日加一等,十五日绞。

(丙)假名　"军名"既定,不能让人民自由请代,以防富室行钱逐免的流弊,更防兵卒成分不良的恶果。其规定征行,有如《唐律疏议》卷一六《擅兴》所载:

> 介胄之士，有进无退，征名既定，不可假名。

其宿卫规定更严，同书卷七《禁卫》上：

> 诸宿卫者，以非应卫人冒名自代之者，入宫内流三千里，殿内绞，主司不觉减二等，知而听行与同罪。

(丁)违番　违番的规定，《唐律疏议》卷七《禁卫》上云：

> 诸宿卫人应上番不到，及因假而违者，一日笞四十，三日加一等，过杖一百，五日加一等，罪止徒二年。

又《唐六典》卷五《兵部》注：

> 三卫违番者，征资一千五百文，仍勒陪番，有故者免征资。三番不到，注里毁夺告身，有故者亦陪番。

但特殊情形，亦可免番：(一)父兄子弟不并差遣，(二)家长老病而家无兼丁，(三)道远。此三种均可邀免或稽迟，但后者仍须纳资，当时规定，似应通为一千五百文。①

---

① 纳资之例，据《唐六典》载，凡诸卫及军府三卫贯京北河南蒲同华岐陕怀汝郑等州，皆令番上，余州应纳资课而已。似只限于三卫。但《大唐诏令集》卷四《改天宝三年为载制》："其丁户口仍须按实，不得取虚挂之名，使亲邻代纳受其奸弊。……诸色当番人，应送资课者，宜当郡县具申，尚书省勾复。如身至上处，勿更抑令纳资，致使往来辛苦。"疑以后推及诸卫。又纳资代番，各色行役均有之，当另论。

强迫兵役的严格规定,可算周密之至。人民既有当兵之必然责任,那么当兵的百姓,有无一点特殊权利呢?当日被简点的丁壮,虽也受到一点优待,若将义务与权利衡其轻重,则所得实在太少。兵役年限中,可免租庸调,到龙朔三年特许缩短年限①,并优免庸调。但兵卒所免,在平时或可济办,一遇征伐,长役不归,仍感穷困。更是不能遭遇灾患,若灾患受损,资物不足,便有"乏军兴"或违番的可能。②

府兵的另一种希望,便是受赏或加勋,但这也是非常的而非必然。受赏与加勋都在立功之后,立功回营,大致都可以颁赐物品。而加勋则为特恩,故受勋希望,又是非常而非常的事情。③ 此外则宿卫与征行,在役身死,官府也料理后事④,但无抚恤,仍为当日兵卒身后的重大问题。

四、府兵制度之利弊

论制度的好坏,或制度的利弊,须视当日政情而定。府兵制

---

① 《通典》卷六《赋税》下"卫士八等以下,每年五十八,放令出军,并免庸调"。照例五十八未到老免时期,庸调依旧交纳,此为特许。
② 《资治通鉴》卷二〇七刘仁轨奏。
③ 《邺侯家传》及《资治通鉴》卷二〇七。又《唐会要》卷八一《勋》,"贞观十九军四月九日,太宗欲重征辽之赏,因下制授以勋级"。
④ 《唐律疏议》卷二六《杂律》:"《军防令》:征行卫士以上,身死行军,具录随身资财及尸,付本府人将还,无本府人者,付随近州县递送。"又"《兵部式》:从行身死,折冲赗物三十段,果毅二十段,别将十段……队副以上各给绢两匹,卫士给绢一匹,充殓衣,仍并给棺"。至于抚恤,仅有赠官,推授子弟之例,见《新唐书》卷一〇八《刘仁轨传》。

度,在现代政治组织之下,当然无足重要;最高限度,也只能采用其原则的一部分,作为某一时期某一地域某一点的参考,可不置论。但府兵在中古时代,施行逾二百年,连续到四个朝代,毕竟都有相当成功。后来又影响到宋明兵制,清代也有人把八旗兵制相当于府兵,因而传为美谈。可见府兵制度,自有相当价值,也就是说府兵在某种时期某种情势之下,是最适宜而最有效的。

我们称赞府兵制的好处,是针对当时政情而言,为清晰起见,再反回去总括地说一说府兵的时代背景。(一)南北朝和东西魏以及周齐对立之下,他们需要的兵,是"众强长久",也就是希望所有的百姓,都训练成为劲旅,不限种族,也不限于社会阶级。(二)在战争时,需要庞大的军队,休战时又希望军队即时成为生产者,以救济财政上的危机,但又希望不因生产而减去常备军的数目,如是"兵农不分",又成为必然发展。(三)在未统一以前,希望从一个中心点向四方发展。既统一以后,更希望有一个中心抗制四方,这又是府兵制度"居重驭轻"的本意。

府兵制度,是否合乎这些条件呢?总合上两节的讨论,再参照当日一般实际情形,我们可以说,府兵都能满足这几种要求。

(甲)居重驭轻　隋唐都是练兵关中①,达到一统的目的,一统以后,仍然要维持重首轻足的形势,所以隋在开皇十年有诏撤废山东河南和北方沿边军府,并不涉及政治中心一带②。唐代情形,也

---

① 隋承周业,利用已经恢复繁荣的关中,向南发展。唐初十二军,也在关中,参阅《邺侯家传》及《新唐书·兵志》。

② 《新唐书·陆贽传》:"太宗列置府兵八百所,而关中五百,举天下不敌关中,则居重驭轻之意也。方世承平久,武备微,故禄山乘外重之势,一举而覆两京。然犹诸牧有马,州县有粮,肃宗得以中兴。"

相仿佛,就史籍所见,此时居重驭轻的政策上,有三种的重要方式和意义:(一)唐代置府,以关中道最多,目的在于"举天下不敌关中",陆贽和苏冕均经论到此点。然而河北增置军府,关中之兵,又已微弱,忽成北重之势,便失原意。①(二)唐代卫府配置,极为周密,府兵征伐,有时就地调遣,有时出自邻道,此其一。宿卫府兵,简取有一定准则,分配有一定方式,例如三卫之分子,资历不同,又如诸卫之侍仗,各有等次,均寓防闲之义,此其二。②"越骑歘飞,皆出畿甸",此种规定,在省重兵跋涉之劳,又有防闲之效,此其三。③(三)军将不能割据一方,从每卫所领兵府多少和地域分配,已可看出。其命将出征之法,理由亦同。所谓"兵列府以居外,将列卫以居内,有事则将以征伐,事已各解而去"④,决无专兵忧虑。这三点都很重要。

(乙)兵农不分 兵农不分之最初目的,是政治稳定后,把过量的军队,使之土著,使之还农。次则于一般居民中,选择丁壮若干,用以宿卫征伐。北周和隋唐都利用此政策,解决编遣问题,解决财政问题,第二节中亦已述及。后来到开元二十五年,军州置兵健各给田宅,长期执役⑤,贞元二年,又令番兵开田为永业,留住军州⑥,便只达到编遣目的,而没有收到强兵效果。所以府兵的兵农不分,

---

① 《新唐书·陆贽传》:"太宗列置府兵八百所,而关中五百,举天下不敌关中,则居重驭轻之意也。方世承平久,武备微,故禄山乘外重之势,一举而覆两京。然犹诸牧有马,州县有粮,肃宗得以中兴。"
② 《唐六典》卷五《兵部》。
③ 《曲江张先生文集》卷一六《策问》,及《唐六典》卷五《兵部》。
④ 当时元帅有事置,无省省。见《新唐书·百官志》及《方镇表序》。
⑤ 《唐六典》卷五《兵部》注。
⑥ 《玉海》卷一三八注。

是孙樵所谓"兵未始废于农,农未尝夺于兵"。① 也就是杜牧所谓"三时耕稼,袯襫耡耒,一时治武,骑剑刀矢,裨卫以课,父兄相言,不得业他,籍藏将府,伍散田野"。② 白居易对于此点,剖析最为明白,《白氏长庆集》卷四七《策林》三:

> 夫欲分兵权,存戎备,助军食,则在乎复府兵置屯田而已。昔高祖受禅,太宗既定天下,以为兵不可去,农不可废。于是当要冲以开府,因隙地以营田。府有常官,田有常业,俾乎时而讲武,岁以劝农,分上下之番,递劳逸之序。故有虞则起为战卒,无事则散为农夫,不待征发,而封域有备矣,不劳馈饷,而军食自充矣。……况今关内镇垒相望,皆仰给于县官,且无用于战伐。若使反兵于旧府,兴利于废田,张以簿书,颁其廪积,因其卒也,安之以田宅,因其时也,命之以府官。始复于关中,稍置于天下,则兵权渐分,而屯聚之弊日销。

(丙)众强长久　募兵的弊病甚多,兵的素质不纯,亦其一种。府兵得免此弊。(一)简点丁壮,须验材力。(二)入籍以后,不得改业。(三)农隙工余,须行自习,府有冬试,番上有校阅。唐太宗时,且亲自教射于殿庭,当能给予府兵以精神上的振奋。③ (四)后备丁壮增多,可养成全国皆兵而无以兵为职业的风气,利于对内,亦利于对外,这才是所谓"众强长久"。

府兵制度的优点,大致可包括在上述三点之内,其次当谈到府

---

① 孙樵《经纬集》卷二《复佛寺奏》。
② 《杜樊川集·原十六卫》。关于府兵之经济基础——均田,当另论。
③ 《邺侯家传》。

兵制度的弊病。关于此点,读者或不免联想到各代府兵制度之易于破坏,而发生制度上之怀疑。实则府兵实行,虽不免有事实困难,然其所以易于破坏,大都人事方面问题(或者可以说行政上的问题),并不完全是制度本身缺点,此应首为说明。

所谓事实上的困难,发生在地域和时间两点。兵府的地域分布,各道不平均,各州也不平均,其弊有二:一是兵多的地方——如关中——虽分隶各卫,然而总兵的仍可利用易于集中的军队,以行其是。唐代武韦之祸即其一例。① 一是人民负担太不均平。府多的地带,虽互助仍难供办,府少的地带几无兵役。② 这都可以说是府兵制度有利而有弊的一点。

府兵番代,便涉及时间问题。平时分番宿卫,尚有固定的准则,困难不致太多。一遇到远道征伐,情形便有些不同了。照例出征远地,三年而代,事实上则又有四年五年六年或长征不归的例。③ 即假定为一年二年或三年,是兵已废于农;其他如衣资无着、远戍怀怨等问题,犹其余事。所以府兵实行期间,仍然要召募兵卒,以资调济;唐代自始即为征兵、募兵并用,并利用蕃兵,也就为的是牵就事实。④ 此外事实上的困难,如人民不愿为兵,亦其一种。尤其是富室豪家以当兵为苦,甚且以当兵为辱,这由于中国重文轻武的习俗,相承已久,反映在心理上、学理上,难于排除,因与制度本身无关,故不论及。

何以说府兵制度的破坏多由于人事问题,或行政问题呢？西

---

① 《旧唐书·中宗纪》:"太后韦氏临朝称制。……时召诸府折冲兵五万人,分屯京城,列为左右营,诸韦子侄分统之。"陈寅恪先生常云唐初革命,多自宫廷,即以此故。此为恰当之看法。
② 开元十八年裴耀卿条上便宜曰:"江南户口多,而无征防之役。"
③ 《唐六典》及《唐会要》。
④ 《资治通鉴》卷一九七至二一二。

魏北周,姑不论。① 隋唐二代,以唐代史料较多,易于明了,但论唐代而以隋代事实为辅,亦可知其大概。唐代府兵破坏之原因,以《邺侯家传》言之最详,亦最确切,原文云:

> 太宗明于知人,拔用诸蕃酋渠……时出征多不逾时,远不经岁,而能克捷。高宗始以刘仁轨为洮河镇守使,以图吐蕃,于是始屯军于境,而师老厌战矣。后以李敬玄为鄯城镇守使,而败十八万于大非川。时承平既久,诸将军自武太后之代,多以外戚无能者及降虏处之。而卫佐之官,以为番上府兵有权,朝要子弟解褐及次任之美官,又多不旋踵而据要津。将军畏其父兄之势,恣其所为。自置府以其番上宿卫礼之,谓之侍官,言侍天子也。至是卫佐悉以借姻戚之家,为僮仆执役。京师人相诟訾者,即呼为侍官。时关东富实,人尤上气,乃耻之,至有熨手足以避府兵者。番上贫赢受雇而来,由是府兵始弱矣。时人为语曰"将军大矿骑,卫佐小郎官",是也。

这篇文字,暗示出几个重要的问题:(一)府兵制度实行以后似乎使得君主走上黩武的途径。隋炀帝增置军府,扫地为兵。唐代也时常征伐远方,遣兵戍守,兵既易集,便无爱惜之心,浪费民力,以逞所欲。如是人民兵役的年限,增长时多,减少时少。② 事实诚然如

---

① 周继魏统,隋继周统,中间转移过来,一依旧式。且府兵在北周仅知其地狭人少,长征不归(《玉海》卷一三八注文),其详无由探悉。
② 《资治通鉴》卷一九二,太宗欲择中男年未十八其身躯壮大者为兵,因魏徵谏而止。又《敦煌掇琐》"十六作夫役,廿充府兵",又云"十四十五上战场,手执长枪"。又《全唐文》卷二一二,陈子昂《谏灵驾入京书》:"西蜀疲老,千里赢粮,北国丁男,十五乘塞。"此种记载极多,不备录。

此,但决非制度好坏问题,而是利用制度的人用得不得其当,此点极为明白。(二)府兵实行后,军队分子渐趋窳坏①,富人行钱参免,贫人逃亡,其在军者,又极穷困。这在府兵全盛时期,已有此现象,开元以后,情势更显。考其原因,又系执政者过于腐化贪污之故。《大唐诏令集》卷八二仪凤二年《申理冤屈制》:

> 或征科赋役,差点兵防,无钱则贫弱先充,行货则富强获免。②

这种现象,显然失去置府点兵本意。至开元中,整个政治机构,已推行不灵,如是简点所根据的户籍,又成具文,《唐会要》卷八三:

> 至开元中,玄宗修道德,以宽仁治本,故不为版籍之书,人户浸溢,堤防不禁。丁口转死,非旧名矣;田亩转换,非旧额矣;贫富升降,非旧第矣。户部徒以空文总其故书,非得当时之实。

在这种情形之下,任何好的制度,也不能推行,可说是府兵制度遭遇的最大厄运。(三)府兵实行后,渐失其本来的立场——兵农兼重不易其业。但因官吏贪纵,利其劳力,以供私役,至少当妨碍兵的训练。贞观年间,已经如此,魏徵曾云:

---

① 《唐会要》卷八五,魏徵谏太宗云:"比国家卫士,不堪攻战,岂为其少,但为礼遇失所,遂使人无斗心。若多点取人,还充其数,虽多,终是无用。若精简壮健,遇之以礼,人百其勇,何必在多?"参阅《旧唐书》卷八四《刘仁轨传》,知以后情形,并未改善,高宗时仍如此。

② 《资治通鉴》卷二〇一刘仁轨奏:"州县每发百姓为兵,其壮而富者行钱参逐,皆亡匿得免,贫者身虽老弱,被发即行。"可见不平状态,由来已久。

> 顷年以来，疲于徭役……杂匠之徒，下日悉留和雇；正兵之辈，上番多别驱使。①

这又涉及历代所难解决的吏治问题，也就是府兵制推行的根本问题——人事影响制度之又一种。（四）人民对于府兵观念的改变，也可以看作人事上的阻碍。"侍官"在初，并非恶名，北周时已有之。府兵意义，重在平时宿卫，至少认为宿卫是正常，所以法定名称为"侍官"。后来设卫，改为"卫士"，天宝中，又称"武士"。② 改卫士为武士，武士为美名，似乎由心理上反映而来。然而天宝以前，一般心理，尚未完全厌恶府兵，唐人墓志，折冲府官多入衔，甚至卫士之卑亦列入③，其重视可知。大抵轻视与厌恶之渐，起于高宗武后之世，而盛于玄宗开元以后，其所以厌恶府名与轻视府兵者，其由有三：由于府兵分子之不纯④，由于官勋之滥授⑤，由于人民之厌战⑥。总其原因，则又当政者之过，非制度之优劣问题。

---

① 见《贞观政要》卷一〇《慎终篇》，又《唐鉴》卷八："诸卫府自成丁从戎，六十而免，其家又不免杂徭，浸以贫弱。"这也是法外侵陵之一种。

② 《周书》卷五建德四年改诸军军士，并为侍官。《唐会要》卷七二，天宝十一载"改诸卫士为武士"。

③ 千唐志斋藏《杨纯墓志铭》："次子濬，长上果毅兵也。"（开元九年时迁葬立）

④ 配罪人军府，视为流徙之地，此非置府本意，而唐代刑法有之，见苏瓌《刑部散颁格》残卷。

⑤ 《旧唐书》卷四二《职官志》："自是（咸亨五年）以后，战士授勋者，动盈万计，每年纳课，亦分番于兵部及本郡当上省司。又分支诸曹，身应役使，有类僮仆。据令乃与公卿齐班，论实在于胥吏之下，盖以其猥多，又出自兵卒，所以然也。"其后更甚，《通典·兵》一："天宝以后，边帅怙宠，便请署官。易州遂城府、坊州安台府别将，果毅之类，每一制则同授千余人。"

⑥ 人民厌战，由唐代诗人口吻中，可见之民间歌谣，亦如此。《敦煌掇琐》有一首关于军事的："天下恶官职，不过是府兵。四面有贼动，当日即须行。有缘重相见，业薄即隔生。……"类此者尚有一二首，其不愿当兵的心理，充分表现。

府兵制度，因执行者不能尽得其人，以致弊病百出。凡制度原意本来极佳者，已渐失初衷；立制纲网极密者，亦渐归简陋，日积月累，终至完全崩溃。唐代府兵，简点不均，训练不力，调度不当，由来亦久。其结果则为亡户逃丁增加，卫士之不补以及市井无赖之入军。制度渐趋败坏，遂至不可收拾。开元十年(722年)张说建议召募长从宿卫，府兵最重要的职任，至此不复担负。天宝八载(749年)李林甫又请停上下鱼书，府兵的活动，实际上已告终结。各地兵府也名存实亡，有官吏而无兵丁，暂以粉饰太平，点缀官场形式而已。① 府兵破坏，整个的社会经济也同时发生动摇，我们虽不能说，府兵破坏，影响社会经济的发展，但至少是社会经济崩溃的一个象征。府兵制度与社会经济切切相关，一有变动，其他也被牵连。此种关系，于兵制研究自亦不能忽视。

(原载国立中央研究院社会科学研究所出版
《中国社会经济史集刊》第五卷第一期，1937年4月)

---

① 关于唐府兵之破坏，请参阅滨口氏《从府兵制到新兵制》一文(《史学杂志》第四十一编第十一至十二号)。

再论西魏北周和隋唐的府兵

"府兵之制,史册不甚详。"①尤以西魏北周二代,其事尚在创始。因时制宜,规制莫由固定,是以书志记载,多从简略。唐中叶以后,熟于掌故者已难知其详,如李泌对德宗之问②,历为兵制史研究者所本,经近人考证,知亦未能尽得其实。按李泌家世,历掌府兵要职,犹不免传闻失实,则此段史实之难于考订,固亦势然。大抵一种新制度之产生,往往须经历若干困难与改正,方能成熟,方能健全,吾人研究府兵制度演变,非独史乘上之补苴鉴定,即政治军事与民族文化,亦有其互相关系与互相说明之处。府兵发展渊源,其为史家所注意,亦固其所。

七年以前,曾撰《西魏北周和隋唐间的府兵》一文③,稍后又有日人滨口重国氏之《西魏之二十四军与仪同府》一文刊出,其论证与鄙说不尽相符。兹就近来读史所得,对府兵之源流背景、兵农合一与组织系统重加商讨。所得结论与滨口氏之作及前此之文不尽相同,不欲立异,亦不欲固守陈说,只在重抒所见,以见正于留心此问题者。

在未提供论证之先,尚有若干基本观念,必须指出者:(甲)制

---

① 《玉海》卷一三八引《邺侯家传》唐李泌对德宗问。
② 详《邺侯家传》中。
③ 《中国社会经济史集刊》第五卷第一期。

度创立之顷,往往变易最多,以制度适应环境,亦即顺环境而不能不更张制度。西魏北周以及隋唐,正当兴革之际,兵制变易甚繁,即此之由。此种变易之趋向,吾人尚可加以概括说明,至于制度本身,则实难举一以概其余。(乙)新旧制度变化之际,往往新旧杂陈,例如由募兵而改为征兵,或征兵改为募兵,即不免征募兼用。(丙)征兵制度中,亦可分为各种不同方式。隋唐府兵,本为简点征召,但以几家供一兵之原则为根据,非为及龄而役,乃系被点而役。且被点者终身为兵,在平时固有三时务农之机会,一遇持久战或长征,即有暂成兵农分离之势。故研究时固当注意平时与战时之差异,亦当注意于理论与事实之难于尽符。(丁)制度变化,名实不必相副,有时名不变而实变,有时名实俱变而差异悬殊,如欲就名论实,斯固难得其要,即准此以论彼,亦未必能得其实。府兵组织与督将职权,变化极大,欲求叙述切当,名实均宜注意。凡此四端,其要易知,而亦易于为人所忽,能明乎此,然后分读诸家之作,其庶乎可以明辨。

一、西魏府兵制度之源流

府兵制度,非突然生长,乃系根源于旧时规制演化而来。其直接影响府兵制度之成立者,一为北魏之镇,一为西魏北周之防。镇为兵士地著,兵亦可以当农,防为土著充兵,民亦可以为兵。[①] 镇兵制度,以营镇之变而渐废,防兵制度,则亦因兵不习练与防民农作

---

① 谷霁光:《镇戍与防府》。见《禹贡》半月刊第三卷第十二期,当参阅。

而未能大事开展，如是乃渐演而为军坊与乡团，以及集大成之府兵制度。府兵始于西魏大统八年（542年），其时规模初具，实际内容，与隋唐固大异其趣，欲明乎此，更当先行了解同时实行之军坊乡团制。然后镇防与军坊乡团以及府兵之相互关系，亦可晓然。

军坊有军人合坊而居之义，亦有兵士地著之义。何以军人必须地著，必须合坊而居，此与当时政治社会之特殊情况有关。按内徙之部族兵与汉人军，多有家累，不地著则政府给养，所需甚大，不城居则征集调度与乎捍卫守望，以必极不灵活①，所以魏末已有"六坊"，《隋书·食货志》云：

六坊之众，从武帝而西者，不能万人，余皆北徙。……文宣受禅，多所创革，六坊之徒者，更加简练。

其时所谓"六坊"，应指左右卫将军所属之四坊及太子左右卫率所属之二坊而言。② 此外应有其他军坊。隋开皇中诏书有谓"魏末丧乱，军人权置坊府"者，知坊数不只六，而立坊亦不必限于左右卫也。隋唐之初，亦有军坊。《隋书·百官志》载："诸府皆领军坊，每坊置坊主一人、佐二人。"《新唐书·兵志》载：武德中析关中为十二道，后更号为十二军，"军置将军一人，军有坊，置主一人，以检察户口，劝课农桑"，至贞观十年，十二军废，乃改为折冲府。又知府兵制恢复之始，军坊固一度重行于世，坊与府之相互关系，实不难于此窥见其要。

---

① 《魏书》一五《元祯传》："淮南之人相率投附者三千余家。置之城东汝水之侧，名曰归义坊。"是南方降附有家累者亦合坊而居。

② 《隋书》二七《百官志》。

军坊在使军人合坊而居,北周武帝天和元年(566年)筑武功、郿、斜谷、武都、留谷、津坑诸城以置军人。① 是为军人城居之证,城居不独有捍卫之便,亦有且田且守之便。王思政在弘农,修城郭,起楼橹,营田农,积刍秣,自是弘农有备,未沦敌手。又其时趋向在于利用军队以营农。例如独孤信在陇右,赵贵在梁州,李贤在河州,均以屯田著称。② 此非特将领或地方官一人之事,固亦国家既定政策。苏绰置屯田以资军国,而《北周书·薛善传》谓"时欲广置屯田以供军费,乃除司农少卿,领同州夏阳县二十屯监",是知屯田固曾普遍施行,史传所载,乃成绩优异之有数人员而已。又此种屯田,非为民屯,乃为军屯,《北周书》中不乏明证,今特引《金石萃编》卷四〇《姚辩墓志铭》为例:

> 天和二年(567年)……统营校,公抚养士卒,劝课农桑,莫不家实食,人知礼节。

唐武德中军置坊主,坊主检查户口,劝课农桑,亦犹有屯田之义。既知军坊为兵士地著与兵而营农,则下引之开皇十年诏书,前此诸家虽解说纷纭,莫衷一是,今乃了然无疑矣。原诏云:

> 魏末丧乱,军人权置坊府,南征北伐,居处无定,家无完堵,地罕苞桑,朕甚悯之。凡是军人,可悉属州县,垦田籍帐,一与民同,军府统领,宜依旧式。

---

① 《北周书》五《武帝纪》。又四四《李迁哲传》可参阅。
② 《北周书》一六《独孤信传》、一六《赵贵传》、二五《李贤传》。

解释此诏书之基本原则，当为按照开皇十年前之兵制，不能以唐代府兵制予以悬揣，是则以军坊之内容，说明此诏书之内容，自亦较为切当。诏书所指，乃为府兵制尚未健全之情形，而亦战乱时之情形，以制度未健全，故军人不属州县，垦田籍帐，不与民同，此正魏末军坊之最大缺点。又战乱之顷，长征不归，或居无定处，虽有军坊，而亦家无完堵，地罕苞桑，亦正非治世之常经。由是知府兵创立之初，制度固未臻于健全，而时当战乱，即有固定之规制，亦难以守常不变。故开皇十年之诏书，不独可用以证明军坊制度之早已存在①，而开皇十年（590 年），为府兵制度之一改革时期，于此亦殊足以引起吾人之深切注意。

与军坊同时并存者有乡兵之制，乡兵亦曰乡团。有类于后世之团兵或团结兵。乡兵与防兵制度极相近，在北周时，防兵多为乡兵，特后者征防并重，性质仍有差异耳。按北周时，府兵之名，不经见，多曰乡兵，其后渐以乡团之名为普用。盖军坊乡团与坊主团主，在官制兵制中为固定，宜其不云乡兵而曰乡团。乡兵为府兵制度之所由发源，其重要性渐在军坊之上。换言之，府兵本由军坊乡兵蜕变而来，而实以乡兵为主干，乡兵之由来与其变化，胥用详为解说。

乡兵之重要，始于东、西魏分立之时，其时东魏较强，西魏兵力极为薄弱，而元从与降附，多籍隶山东，难于信赖②，乃不能不鼓励地方豪强，以从事于攻守，时谓义兵，或曰乡兵，皆别于正规军而

---

① 隋时左右卫兼统亲卫，下置开府与仪同，并统诸军坊乡团，则军坊之制在隋亲卫兵中仍有之。见《隋书》二八《百官志》。
② 《北周书》二五《李贤传》："魏孝武西迁……时山东之众，多欲逃归，帝乃令贤以精骑三百为殿，众皆惮之，莫敢亡叛。"又二《文帝纪》："关中留守兵少，而前后所虏东魏士卒皆散在民间，乃谋为乱。"

言,义兵纷起,西魏基业乃固。《北周书》中有如下之记载:

> 魏玄……及魏孝武西迁,东魏北徙,人情骚动,各怀去就,玄遂率募乡曲,立义于关南……自是每率乡兵,抗拒东魏,前后十余战皆有功。邙山之役,大军不利,宜阳、洛州皆为东魏守,崤东立义者,咸怀异望。而玄母及弟并在宜阳,玄以为忠孝不两立,乃率义徒还关南镇抚。

> 韩雄……及魏孝武西迁,雄便慷慨有立功之志。大统初,遂与其属六十余人,于洛西举兵,数日间众至千人,与河南行台杨琚共为掎角,每抄掠东魏,所向克获,徒众日盛。……遣雄还乡里,更图进取,雄乃招集义众,进逼洛州。

> 陈忻……孝武西迁之后,忻乃于辟恶山招集勇敢少年数十人,寇掠东魏,仍密遣使归附。大统元年授持节、伏波将军、羽林监、立义大都督,赐爵霸城县男。三年太祖复弘农,东魏扬州刺史段琛拔城遁走,忻率义徒于九曲道邀之,杀伤甚众。

此外如杨㩀屡以义徒立功,其众至万人,所掠粮储亦足以资军国。①其他如王悦、裴侠、泉企、敬珍、郑伟、李延孙、阳雄之徒,均以立义见称②,而西魏亦得其用,卒使东魏边防一度发生动摇,收效固为不小。《北史》五五《房谟传》云:

---

① 《北周书》三四《杨㩀传》。
② 《北周书》三三《王悦传》、三五《敬珍传》、三六《郑伟传》、三五《裴侠传》、四四《阳雄传》、四三《李延孙传》、四四《泉企传》。

除晋州刺史,加骠骑大将军,又摄南汾州事。先时境接西魏,土人多受其官,为之防守。至是,酋长、镇将及都督、守令,前后降附者三百余人。

北周局面之稳定,颇得力于乡兵和义军之附从,尤以重要战役或边防降叛之严重关键中,多赖之以转危为安,所以西魏建军过程中,除广募关陇豪右外,奖励乡兵或义军之归附或参战,更为急切要图。盖此种义军,本为地方上之一种特殊势力,治平时固足以阻碍政令之推行,战乱时又不免有举足轻重之势,此所以招抚义军,同为东西魏开国时之重要工作。

乡兵之最初形式,原为义从,而其性质,实近于汉末以来之家兵或部曲。① 其特点有三:一曰兵士地著。大抵最初之乡兵或义军均以家计或户计,兵士有室家之累,游移诸多不便,故兵士地著为常经,迁徙不定,乃为例外,如杨㬇部下,多为土人,固无论矣,即首领他迁,原有部曲,亦往往留居本土。如李元真原为本州治中,后任衡州刺史,留其子迁哲于本乡,监统部曲事。又陈忻为熊州,其部曲仍在宜阳,知部曲未必随任之官。又如任果本南安豪族,从军征讨之际,亦令其乘传归南安,率乡兵伐蜀,即其明证。至如以部曲随军征讨,或率众内附,不为羁旅之人,即为奇零之户。且一经迁徙,仍有地著之可能,其永久逐食流移者殆寡。二曰不烦公费。乡兵具有部曲性质,当其未成正规军之先,给养所出,属之将领,往往不烦国家公费。如李贤率乡人出马千匹以助军,且以乡兵建立

---

① 《北周书》四三《陈忻传》:"身死之日,将吏荷其恩德,莫不感恸焉。子万敌嗣,朝廷以忻得士心,还令万敌领其部曲。"其时将领与部曲,形同君臣,委质之后,无复贰心,故军帅颇难变易。

奇勋,王悦罄其行资以飨战士,所募乡兵,亦屡有战功。其尤甚者,劫掠所获,更足以资国用。《北周书》三四《杨㒲传》:

> 㒲威恩夙著,所经之处,多并赢粮附之。……大获甲仗及军资以给义士。……又分土人义首,领所部四出抄掠,拟供军费。

凡此均非治平之常经,要亦战乱中权宜之法。所以部曲之依附,在于"投仗强豪,寄命衣食"①,而将领之能拥有部曲,不为轻财好施之士,即为众望所归之人②,而平时赡养之方,亦有赖于兵士地著。盖兵士地著,尚可解甲归农,若干下野之将领,或去官之官吏,所以能保存其部曲者,殆即地著而归农,有以使之然。③ 至于在任之官帅,亦在使部曲屯田,此最普遍,而亦军坊发展之所由,今不具论。三曰就近征防。乡兵以就近防守,或短期应战为常,而以长征远戍为偶然。乡兵既属地著,乡兵首领,往往于立功之后,即任本乡地方官,亦即军帅行州郡事或领州郡事。时当战乱,将领部曲不免随军征行,所掌州郡,固亦随加改授,但任官本州本郡,仍为重要原则。盖官司本土,习以为荣,而特殊势力之不容分离,又属难于更革之原因。《北周书》云:

> 泉企……子元礼……及洛州陷,与企俱被执而东,元礼

---

① 《北史》四六《孙绍传》。
② 《北史》四九《毛遐传》、《毛鸿宾传》、《北周书》四三《韦祐传》、《陈忻传》。
③ 《北周书》三六《郑伟传》、三五《薛端传》。伟、端二人,均曾弃官归乡里,而仍拥有部曲。

于路逃归。时杜窋虽为刺史,然巴人素轻杜而重泉……遂率乡人袭州城,斩窋,传首长安。朝廷嘉之,拜卫将军、车骑大将军,世袭洛州刺史。……及元礼于沙苑战殁,复以仲遵为洛州刺史。仲遵宿称干略,为乡里所归,及为本州,颇得嘉誉。

扶猛……太祖以其世据本乡,乃厚加抚纳……割二郡为罗州,以猛为刺史……武成中,陈将侯瑱等逼湘州,又从贺若敦赴救,除武州刺史。后随敦自拔还,复为罗州刺史。

上述各端,均为乡兵之特点,亦即乡兵优点与缺点所在,北周时代,如何取其长而舍其短,乃为府兵制度所由演变,另详下节。

二、府兵制度之演变

府兵制度之理想境地,乃为兵农合一,兵民分治,将不专兵,而众强长久。但制度实施时,往往有其利亦有其弊,始终难于达到理想。即就制度本身而言,一制度之完成,决非一朝一夕之故,必须经历若干困难与改进,方能渐趋健全。又加政局之倏忽变动,制度实施,时虞中断,而乱时法令,且不免破坏制度之完整,以是研究府兵制度时,除注意其连续关系外,亦当留心治平常经与战乱权宜之分辨,庶乎源流易明,而免纷歧。今兹讨论,一就连续之制度中,分为若干时期,以说明其主要变化,一就治平之常经,窥见其演变由来与趋向,至于战乱之权宜,与夫战时编制,以变化过繁暂从略。

(甲)西魏大统八年至十六年之府兵

大统八年至十六年(542—550年)为西魏扩军时期,亦为乡兵整理时期,亦可云府兵发轫时期。其时宇文泰主政,复有苏绰为之谋主,内政渐谋改革,前此一年颁行之十二条制是也。军政方面在大统五年以后,连年大阅,实为整军。至大统八军置六军,复大会诸将于马牧。九年邙山之败,又广募关陇豪右以增军旅,扩军整军之同时并进,殆即始于此时。

大统十二年,乃开始整理乡兵并扩充乡兵,其整理方式,似为拣选督将,专司统领,盖欲变私兵为国家军队,在使义从中央化,而组织系统趋于专一化,《北周书》三七《郭彦传》云:

> 郭彦……大统十二年,初选当州首望,统领乡兵,除帅都督。

又三九《韦瑱传》:

> 大统八年……顷之,征拜鸿胪卿,以望族兼领乡兵,加帅都督,迁大都督。

又三二《柳敏传》:

> 迁礼部郎中,封武城县子,加帅都督,领本乡兵,俄进大都督。

是督将虽出于当州乡望,而系由中央选用,亦有由中央官兼用者,自与义从之自拥军帅不同。至于扩充乡兵,应与之同时并进,《北周书》二三《苏椿传》:

> （大统）四年，出为武都郡守，改授西夏州长史，除帅都督，行弘农郡事。……十四年，置当州乡帅，自非乡望，允当众心，不得预焉，乃令驿追椿领乡兵。

诸州分别选置乡帅，自为乡兵中央化与普遍化之明证。又三七《韩褒传》：

> （大统）十二年，除都督，西凉州刺史。羌胡之俗，轻贫弱，尚豪富。豪富之家，侵渔小民，同于仆隶，故贫者日削，豪者益富。褒乃悉募贫人，以充兵士。优复其家，蠲免徭赋，又调富人财物以赈给之。

又知乡兵之扩充，亦借募兵方式以施行，而韩褒之法（免赋役并调富人财物赈给），则又日后府兵制所本。

由大统八年至十六年，乡兵之扩充与整理，应属最初步工作，而整理之意更重于扩充。整理方式中主要之点，在于使强豪之私兵，变为中央化之地方军。此时私人部曲，自不能一一改隶或改编，但组织加强，私兵易受节制。且乡兵扩充之后，强豪之私兵与中央化之地方兵，乃可以互相牵制，亦属强干弱枝之法。故府兵发轫时期，仍不离原有乡兵之本色，特组织上渐有不同耳。

（乙）大统十六年至隋开皇十年之府兵

大统十六年（550年）及其以后，为乡兵之再度整理与扩充，而扩充与整理乃渐注意于兵之分子与兵之力役。其结果进而为府兵形成时期。其主要更张如下：

> （大统）十六年，籍民之有材力者为府兵。（《玉海》一三七引《后魏书》）
>
> 保定元年（561年），改八丁兵为十二丁兵，率岁一月役。……及受禅……仍依周制役丁为十二番，匠则六番……十八以上为丁，丁从课役，六十为老乃免。（《隋书·食货志》）
>
> 建德六年……移并州军人四万户于关中。（《北周书·武帝纪》）
>
> 建德二年（573年），改军士为侍官，募百姓充之，除其县籍，是后夏人半为兵矣。（《隋书·食货志》）
>
> 开皇三年（583年），帝入新宫，初定军人以二十一成丁，减十二番，每岁为二十日役。（《隋书·食货志》）

从上引史料观之，籍民为兵与募民为兵，均属扩军，特籍民为兵，为拣选丁壮，渐寓征兵之意，是扩军亦所以整军耳。其后又募民为兵，乃中央公开召募，以充实中央之常备军。此与军帅或豪强之自募部曲又属有别，此其一。自有籍民为兵之制，役龄乃须规定，而府兵为中央常备军，与原有募兵不同[①]，如是役期亦须规定。依西魏力役之制，"凡人自十八以至五十有九，皆任于役，丰年不过三旬，中年则二旬，下年则一旬"。兵役似亦为一月。《北史》六〇传论云：

---

① 原有之募兵，不必为终身役，而系终年役。府兵制之募兵，为终身役，而每年役期有一定。原有之募兵，给养全赖政府，府兵中之募兵，政府免其赋役，而以兵役代力役。

> 每一团仪同二人,自相督率,不编户贯。……十五日上,则门栏陛戟,警昼巡夜;十五日下,则教旗习战,无他赋役。

如此述说为可信,即知西魏役期,确以一月为正。不知由一月役增至四十五日役在于何时,但保定元年,有"改八丁兵为十二兵丁"之规定,则保定元年兵役为恢复前制。① 又开皇三年改十八成丁为二十一成丁以及减十番为二十日役之规定,则开皇三年兵役更为减少。减役为整军,在求役龄役期之减短,使之平均,使之合理。但其事并不与扩军政策相违,因兵多则番可减,而服役年限可短,即以多数之兵分担前此少数人之义务,乃属于兵有益,于国无损。至于战时,役龄役期,又可临时延长或事后补偿,是其为制,于扩军亦为大利。此其二。此时府兵,亦未完全脱离部曲本色,即兵士属兵籍而不属民籍,《隋书》所谓"除其县籍"者是。魏晋以来,部曲属于将军,在军固服兵役,在野亦不对国家负任何直接义务——如赋役。北周建德二年之募民为兵,其所以除其县籍者,在于奖励人民之当兵,一经入伍,家中亦免赋役,使其待遇方与被籍为兵者等②,而其本人成为国家之永久志愿军或终身役,故同时改军士为侍官,

---

① 见《隋书·食货志》。按府兵兵役为力役之一种,服兵役乃服力役,且减赋税,而役期亦以依照力役之时限为正。此云:"宣帝时发山东诸州,增一月功为四十五日役,以起洛阳宫。"《周书·宣帝纪》则云:"发山东诸州兵,增一月功,为四十五日役。"即知兵役偶亦可用力役代替。又"八丁兵"为八番,"十二丁兵"为十二番,即每兵于一年之中,八番上一或十二番上一,故隋依周制。"役丁为十二番",即"丰年不过三旬"是也。唐以近远分番,周隋以月日计番,意义实一。《北史》五五有"番代往还"之文,知分番非独唐代为然。

② 《北史》六○传论,谓二十四军所领之兵,不编户贯。

一方面表示尊高,以其侍卫天子;一方面表示安定,以治平侍卫为常。此其三。

(丙)隋开皇大业中之府兵

隋代府兵,应合军坊乡团而言,坊有坊主一人,佐二人,团有团主一人,佐二人,以上统于左右卫,又有骠骑府或鹰扬府,以上统于十二卫。其所以异于北周者,在于开皇十年(590年)之改革,是年初令军人悉属州县,垦田籍帐,一与民同,其诏书已引见上节。诏书之意,在于军人地著而土断①,借以恢复治平之常经。盖前此之军坊乡团,虽原则上为地著,而战乱不定,实际上亦不免于远徙长征,欲革除此种现象,其第一条件在于政局稳定,而其方式,乃为土断军人。凡军人现居州县,即入其州县之籍,一如侨寓人之依土为断也。土断之利,一在军人地著而无流徙寄寓之弊;一在清厘户籍,而无隐冒混通之弊;一在寓兵于农,而无部曲专隶之弊。至此兵农不分,与军队中央化之目的,乃底于成。

开皇十年,兵役亦属减少,一为下令百姓年五十者输庸停防,一为诏罢山东河南及北方沿边之地新置军府。② 盖平陈之后,宇内无事故也。炀帝大业中(605—617年)改定男子以二十二成丁,亦为减役,但以后"将事辽碣,增置军府,扫地为兵",而征战数起,服役无常,府兵之制,渐趋破坏。

(丁)唐武德贞观中之府兵

隋末乱离,府兵之制中废。至唐武德初,始置军府,《新唐书·

---

① 土断之意,系民籍依土为断,不复有侨居寄治之异,此在南朝曾推行之,今借用此名词以资说明。
② 《资治通鉴》一七七。

兵志》云：

> 发自太原，有兵三万人，及诸起义以相属，与降群盗，得兵二十万。武德初，始置军府，以骠骑车骑两将军府领之。析关中为十二道，曰万年道，长安道，富平道，醴泉道，同州道，华州道，宁州道，岐州道，豳州道，西麟州道，泾州道，宜州道，皆置府。三年，更以万年道为参旗军，长安道为鼓旗军，富平道为玄戈军，醴泉道为井钺军，同州道为羽林军，华州道为骑官军，宁州道为折威军，岐州道为平道军，豳州道为招摇军，西麟州道为苑游军，泾州道为天纪军，宜州道为天节军。军置将副各一人，以督耕战，以车骑府统之。六年以天下既定，遂废十二军，改骠骑曰统军，车骑曰别将。居岁余，十二军复，而军置将军一人，军有坊，置主一人，以检查户口，劝课农桑。

府兵恢复之始，在于使元从义军地著而土断，故所置之道或军，均在关中，而将军之职，在督耕战，坊主之职，在检查户口，劝课农桑。要而言之，当时只有军坊乡团，尚未能从事于正常府兵之重建也。太宗贞观十年（636年），始分道置折冲府，籍民为兵，二十成丁而入，六十出役，籍虽为兵，实属州县，其制度又与开皇时相似矣。

（戊）总论西魏北周与隋唐时代府兵之演变

唐贞观以后府兵之简点，非为及龄而役，乃就材力、资财、丁口诸标准中简取之，被点者为终身役，即二十成丁而入，六十出役，平时只在番上宿卫。虽因道路远近之不同，役期微有差异，大致亦以一月役为标准。斯时兵出于民,而籍为先定,兵虽有籍,而府实为空,故为兵农不分,将不专兵,而众强长久。隋开皇初制,大体亦同,特其时军坊乡团及鹰扬府并存。即武德贞观制之混合,军坊为原有职业兵之遗规,乡团乃为完全征兵之新制,一在使兵士土著,一在土著为兵,如吾人熟知武德军府之特点,当可易于明了。北周之时,通常系籍民为兵,有时亦募民为兵。兵自有其役龄与役期,其方式亦与隋开皇之制略同,所异者兵籍自兵籍,不与民籍合,下番之兵,仍不为通常之民,社会上乃有军民之别①,不免为政令推行与统治施行之一种阻碍。西魏之时,乡兵本为特殊势力,其后督将特由中央选任,究不免于"暂经隶属,即礼若君臣"之弊,且兵非简点,良莠与强弱莫由齐一,是其最大缺点,由整军扩军中所可窥见者如此。

其次兵农合一,在隋唐时甚为明显,兵固可长征不归,但自理论言之,仍为三时务农而一时讲武。北周对军士役期定每年三十日或四十五日或二十日,则兵亦有返农之时,此虽不必普遍施行,要为乡团最称便利之基本条件,其时发兵与发丁不同,而役期时有伸缩,即知法令之曾经施行也无疑。② 西魏之世,果为如何,此点殊费词说。按军坊与乡兵本制,从征归农,可随宜设施。合家地著,自可兼事农作,至少亦可从事于屯田。特征战频仍,居处不免变易,"三时务农"之理想境地,当然无法谈到,吾人所当注意者,乡兵

---

① 当日诏令,往往分言军民,而二十四军军别举人,以上吏部,军人仍为社会上一特殊阶级。
② 役期在理论上为有一定,实际上则易受战乱影响而不免延长。《北周书》建德元年诏"频岁师旅,农亩废业",知役期延长有害于农。即以唐代论,长征不归,在所不免,虽事后可以免番,究亦有妨农功,是以吾人对于兵农合一之制,未可过于理想,亦未可过重理论。

非国家正规军,其役期自较正规军为有伸缩,而征防之后,复归本土,亦可少减逐食流移之烦。大体言之,乡兵有兵农合一趋向,如谓此时已有兵农合一之规制,则未必然。

三、府兵组织之演变

(甲)"军府"名称之渊源

欲明府兵之组织系统,当先研究军府名称之变化与其由来。军府名称有三:一曰骠骑府,二曰鹰扬府,三曰折冲府,而通称曰军府。军府之来源甚早,北魏镇兵中之兵户,亦可称为"府户"。盖镇将有治所,又多带将军号,镇治亦犹府治,故兵户亦同府户,此可云府兵二字之最初源流。又北魏太祖时,中山特置军府。① "军府"当为"某某将军府"之简称,其后缘淮亦有之②,此制至北齐犹存,《北史》五五《唐邕传》云:

> 又奏河阳、晋州与周连境,请于河阳、怀州、永桥、义宁、乌籍,各徙六州军人并家,立军府安置,以备机急之用。

此时之军府,约同于隋之"军坊",而亦相当于唐武德中之军府,职责在于以督耕战是也。特军府之组织不一,视将军号以为之辨,如车骑府则车骑将军所掌,辅国府则辅国将军所掌,品位不同,组织

---

① 《魏书》五八《杨椿传》:"自太祖平中山,多置军府以相威摄,凡有八军,各配兵五千,食禄主帅军各四十六人。"
② 《南齐书》五七《魏虏传》。

自亦大异。然此均得通称军府,而所属之兵,亦得称为府兵,此又军府名号之又一源流。

西魏北周之世,府兵与军府之名不经见,而云乡兵,或曰乡团①,实则乡兵或乡团,只可云府兵制度中之一支而已。从官志方面考证,其时军府可特称为骠骑府,乡兵属其统领,募兵之一部分应亦属之。骠骑府为骠骑将军府之省称,当于下段论之。是知西魏军府,实为继承北魏之旧名。

(乙)骠骑府与骠骑将军

军府在隋大业中称鹰扬府,唐贞观十年后称折冲府,史有明文,无容置疑。西魏北周之军府,滨口氏以为应称为仪同府。以余考之,似应称为骠骑府。第一,从官制研究,府之主管长官,为骠骑将军。② 按柱国大将军及大将军均正九命,骠骑大将军开府仪同三司及车骑大将军仪同三司均九命,骠骑将军车骑将军正八命,大都督八命,帅都督正七命,都督七命③,则大都督与仪同之间,不可无骠骑将军之一级,乃属显然。又开府长史正六命,仪同府长史六命,骠骑府长史正五命,其他尚有司马列曹参军等属员,则骠骑将军府有治所,乃亦显然。第二,从军帅官历研究,史传叙述官历,多有遗漏,然其时由大都督升骠骑将军再升仪同者,亦不乏其例。如念贤由大都督经骠骑将军递升为开府,若干惠亦然。又如侯植原为骠骑将军都督,后进大都督,知原官为骠骑将军都

---

① 《龙山公□质墓志铭》(清华大学图书馆藏):"周朝受大都督龙山公选补仪同,领乡团五百人守隘三峡。"
② 《邺侯家传》谓西魏置府兵,每府有郎将主之,前此余亦依其说,滨口氏认为未可置信,其理由颇为充足。但彼以为府兵之长官为仪同将军,未为切当。
③ 《北周书》二四《卢辩传》,并参阅《北史》三〇《卢辩传》。

督。赵贵原为骠骑大将军开府仪同三司，后以临战失律免官，以骠骑大都督领本军，知贵为降三级任用，即骠骑将军府大都督是。① 此外经历骠骑将军上升者极多，特升叙系统不一，而越级升叙者有之，史多缺文，今已难于备考。② 幸于间接推求之中，仍可体会其要。第三，从军府源流研究，隋大业中军府主管长官为鹰扬郎将，府曰鹰扬府，唐贞观中军府主管长官为折冲都尉，府曰折冲府，则此时因骠骑将军厘掌府事，府曰骠骑府，似为可能。又按隋开皇中、唐武德中，军府主管长官均骠骑将军，其副均曰车骑将军，则此时之制，应亦如此，因军府为前后相承一线之发展，官号相仍，府名自亦一致。

（丙）团与仪同

《北史》六〇传论谓："柱国大将军……六人，各督二大将军。……是为十二大将军，每大将军督二开府，凡为二十四员，分团统领，是二十四军。每一团仪同二人，自相督率，不编户贯。都十二大将军，十五日上，则门栏陛戟，警昼巡夜；十五日下，则教旗习战，无他赋役。"③ 滨口氏以为军之下有一团之单位，其系统如下：

---

① 《北周书》一六《赵贵传》，一七《若干惠传》，一四《念贤传》，二九《侯植传》。

② 参阅《北周书》一八《王思政传》，三三《库狄峙传》、《赵刚传》，三五《郑孝穆传》、《崔猷传》。

③ 《北周书》一六传论仅云"柱国大将军……六人，各督二大将军……十二大将军又各统开府二人，每一开府领一军兵，是为二十四军"。不知《北史》根据何种史料，乃旁及于二十四军之督将与兵士。

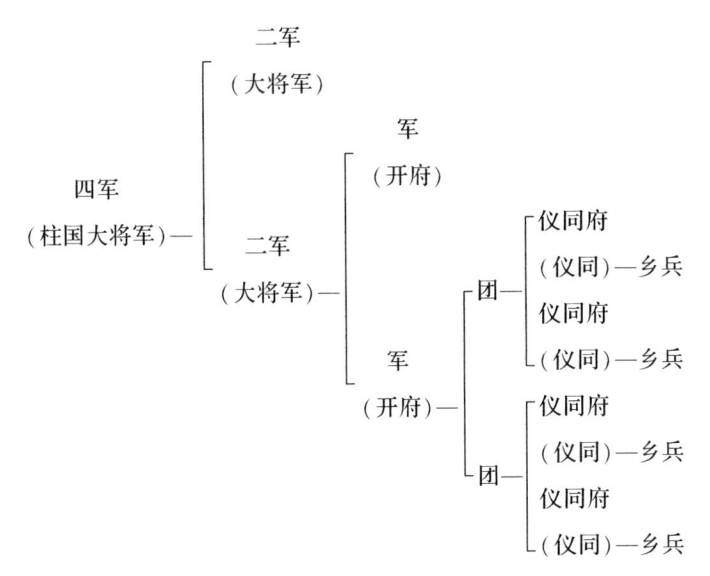

```
                      二军
                     (大将军)
                                      军
                                     (开府)             仪同府
                                                      (仪同)—乡兵
四军                                          团
(柱国大将军)—                                         仪同府
                      二军                            (仪同)—乡兵
                     (大将军)—
                                      军              仪同府
                                     (开府)           (仪同)—乡兵
                                              团
                                                      仪同府
                                                     (仪同)—乡兵

四军
(柱国大将军)
四军
(柱国大将军)
四军
(柱国大将军)
四军
(柱国大将军)
四军
(柱国大将军)         (二十四军)(四十八团)(九十六仪同府)
  六柱国    十三大将军   二十四开府  九十六仪同
```

滨口氏之论证,一在军府之被称为仪同府,一在团之被认为组织单位。前者已如上段辩其非,兹再论团之确定含义。按团在府兵中本为组织单位之一,唐代府之下有团,团有校尉,若以之与此时较,则大都督实当其任。与滨口氏一说不合。余以为《北史》传论之文，是否可以完全信赖，仍当有疑。① 今无积极证明可断其不确，仍当假定为可信，但团之含义，应为泛指分团而言，或指军团（军坊乡团之缩称）而言，或更取广泛之义，指"地团"②而言。即二十四开府，分乡团或军团或地团而统领，每一乡团、军团或地团有仪同二人，以督率其骠骑府。盖其时乡团之名为普用，而骠骑府或府兵则非通称耳。

仪同地位，从官制演变中观察之，应同于开府之副贰，即骠骑大将军开府仪同三司、车骑大将军仪同三司，与府之主管长官骠骑将军及副贰车骑将军，正相承属，特仪同相沿为独立之牙府，故尚未与开府之府合一。重迭繁复，仍为战时之制，至于隋代，其趋向在于简化府卫之统辖级层，大业中，府直隶于卫，开府与仪同并省。

（丁）府兵组织之演变

兹将府兵在平时之统辖系统，分列于下，至于战时指挥与调遣，往往以临时法令规定，或命令颁布，不附于此。

1. 西魏大统十四年前：

---

① 《北史》六〇传论未可完全信赖。其理由有三：一、"分团统领"之文，系据百衲本，监本作"分开国领"。按"分开国领"，或指领封爵之加号开国者言，或即"分开统领"亦或"分军统领"、"分开府领"之误。其下"每一团仪同二人"，或本"每一开府仪同二人"，亦或"每一军仪同二人"，因上文及脱字而误。兹无版本上之确证，未敢断定。二、原文不顺，"不编户贯"之下，有"都十二大将军"一句，不甚衔接，疑亦有误。三、《北周书》仅述及柱国、大将军、开府三级，未及仪同。盖列传附此者，在注意八柱国兼及二十四军。《北史》所加，则更就兵制观点加以述说，本不免于画蛇添足之讥，而上下文不甚衔接，文义亦不顺，是其大弊。今查《玉海》、《通考》、《邺侯家传》，均无此段记述。

② "地团"指乡兵或府兵所辖之地域范围而言，为一法定名词。

（大将军府）　　（开府府）　　（仪同府）　　（骠骑府）

大将军　　　　开府　　　　仪同　　　　骠骑将军

大都督——帅都督——都督——子都督

2. 大统十四年后：

（柱国府）　　（大将军府）　　（开府府）　　（仪同府）

柱国　　　　大将军　　　　开府　　　　仪同

正九命　　　　正九命　　　　九命　　　　九命

6员　　　　　12员　　　　　24员　　　　48员

（骠骑府）

骠骑将军　　大都督　　帅都督　　都督

正八命　　　八命　　　正七命　　七命

员随府增

3. 隋大业中：

（卫将军府）　　（鹰扬府）　　（团）　　（旅）　　（队）

卫大将军　——　鹰扬郎将(正)　——　校尉　——　旅帅　——　队正(正)

正三品　　　　正五品　　　正六品

4. 唐贞观中：

（卫将军府）　（折冲府）　（团）　（旅）　（队）　（火）

卫大将军　　折冲都尉　　校尉　　旅帅　　队正　　火长

从大体上比较之，大业中之改制，变化最大。一则府直统于卫，减少层层节制之烦，而收如身使臂之效。一则府主管官员去将军之号而称郎将，实际权力为减低，而官品亦降，乃减少地方或个人势力之法，而亦军府增置之结果。①

---

① 军府之组织，参阅前此拙作，兹不重述，其他本文未详述者准此。若干问题尚须参阅滨口氏之文，题目刊物，均见前注。

附论

府兵制度,生长于乱离而趋于治平之环境中,虽其间几经治乱,而治平亦未完全实现,但从政策与现象言,大要为摆脱乱离以入治平。府兵之断而复续与其与时更张,正亦与此种环境相合。第一,为扩军整军并进,大凡私兵国家化与役龄役期确定,以及给养自备共同负担等属之。第二,为建军与建国并进,军令与军训之分开,兵民生产之注重,以及兵民在职责上身份上之分合均属之。制度渐次完善,亦即舍短取长之结果。隋唐府兵,虽未为最理想之制度,实行时固亦未能达于理想境地,而国家统一与民族复兴,应与府兵制度之施行有关。此种问题,在今日视之,殊为重要,以不在本文讨论范围之内,仍当从略。

(原载《厦大学报》第三集,1944年)

三论西魏北周和隋唐间的府兵
——府兵的阶级成分问题商榷

一、府兵成分问题的提出

府兵制度,解放前曾两次加以论述。① 后来陈寅恪、岑仲勉和唐长孺诸先生陆续发表了有关府兵的著作②,对府兵的源流和制度的变化等,都作了较详尽的考订,也初步解决了史籍记载中的许多纷歧问题。其中重要成就之一,是明确了隋开皇十年以前的府兵,不列户籍,而开皇十年后,府兵的"垦田籍帐,一与民同",找出了府兵制度在发展变化中的一个关键,为进一步研究府兵与封建政治的关系提供了有利条件。③

---

① 作者曾写过《西魏北周和隋唐间的府兵》,见《中国社会经济史集刊》第五卷第一期,1937年;《再论西魏北周和隋唐的府兵》,见《厦大学报》第三集,1944年。另有《唐折冲府考校补》,见《二十五史补编》第六册,1936—1937年。

② 陈寅恪著有《论唐代之蕃将与府兵》,见《中山大学学报》(社会科学版)第一期,1957年,另散见于其《唐代政治史述论稿》和《隋唐制度渊源略论稿》两书中。岑仲勉著有《府兵制度研究》一书,上海人民出版社,1957年。唐长孺著有《魏周府兵制度辨疑》,见其所撰《魏晋南北朝史论丛》一书中,三联,1955年。此外日人滨口重国在以前著有《从府兵制到新兵制》和《西魏之二十四军与仪同府》等文,冈崎文夫也有这方面的论述。

③ 陈寅恪、岑仲勉、唐长孺先生对此都有较详尽的阐述,作者在《再论西魏北周和隋唐的府兵》一文中,着重指出军人地著、土断军人,仍属切要之说,可参考。

府兵列入"民籍"与否,在隋开皇十年前后是不同的,这已成为定论。但过去研究,笼统地把隋唐府兵列入户籍作为是兵农合一,而西魏北周府兵不列户籍作为是兵农分离,即不免停留于问题的表面。首先是府兵的阶级成分没有明确,即府兵来源于地主、农民或其他阶层究以何者为主,不先予以分析,就无法肯定兵农的分合问题。事实上府兵的阶级成分问题还不曾引起注意,即不免因袭旧说,主观臆断,以为在封建社会中当兵的必为农民,而且只是农民。然而封建史籍中的"兵"、"农"以至"民"、"户"等字,一般都把阶级属性混淆、掩盖起来,例如"以田畜为事"或"世世以农桑为业",就不指农民而指地主①,所以依据旧史某些抽象、笼统的词句,来判定兵农分合问题,那是极其不可靠的②。其次封建史籍中论述兵农分合,不外乎地主阶级富国强兵这一论点的阐明。③ 问题研究如果停留或仅仅旨在论证于这一论点,其结果必然被局限或陷入封建史学的泥淖中去,否则也只能是资产阶级形式主义的史学研

---

① 《汉书》五八《卜式传》、七八《萧望之传》、八七《扬雄传》等,即其一例。其他朝代,也有类似情况。

② 过去府兵争论问题停留在兵农分合的分歧点上,封建史学更以此为研究中心。唐杜牧《原十六卫》认为府兵"三时耕稼,被襏襫耒,一时讲武,骑剑兵矢",把府兵看成是完全来自农民,一直到清王鸣盛《十七史商榷》,仍认为"唐制府兵寓兵于农,无事时耕于野"。历来封建史籍中,把地主收租剥削,往往说成"家世力农";把封建军队中的武士,视同农民出身的卒伍。他们把地主当兵和农民当兵完全混同起来,原不足怪,但我们对此不能不重新作一阶级分析。

③ 府兵在封建政论中认为兵农合一,可以富国强兵,《文献通考》一五二引苏轼应诏策:"唐有天下,置十六卫府兵……然皆无事则力耕而积谷,不惟以自赡养,而又足以广县官之储,是以兵虽聚于京师,而天下亦不至于弊者,未尝无事而食也。"可以作为一种具有代表性的意见。我们研究如果跟随这种论点,其结果就超越不了封建史学的范围,不能从中找出历史发展的规律。作者以前在研究府兵时,犯了这种错误,必须批判,此文已试图纠正自己这方面的错误和缺点。

究,虽然看到了兵农分合的现象,探讨不出兵农分合的本质。因此,府兵的列入"民籍"与否,即使能够确定为兵农分合问题,其性质和作用,还必须从社会发展规律中加以研究。

下面着重考订府兵的阶级成分及其变化,分析封建社会发展与封建兵制发展的阶段性,并试为运用马克思列宁主义关于国家学说加以阐明,这将直接涉及兵府的特点问题,间接地又可为研究封建政治与封建经济提供新的线索。

二、西魏北周府兵成分的构成

北魏分裂,宇文泰拥魏孝武西迁,原来羽林虎贲——六坊之众跟着西迁的不满万人。① 在关西军将贺拔岳、侯莫陈悦火并之后,宇文泰招怀这些势力,临时组合成为与东魏抗衡的政治军事集团,兵力仍极寡弱,估计在西魏大统三年(537年)以前,其军队总数不会超过五六万人。②

宇文泰在大统四年邙山战败以后,便极力扩军,大统八年更转入扩军和整军阶段,如是以大统八年到十六年(542—550年),逐

---

① 岑仲勉先生在其《府兵制度研究》一书中,把六坊解释为六镇,是出于臆测之词。镇与坊了不相涉,其时鲜卑族所编组成的羽林虎贲,在京城集中于军坊安置。北魏分裂后,大部分随高欢东走相州,跟宇文泰西迁关中的不满万人,六坊之众乃指原来羽林虎贲而言。出身北镇或来自北镇的,则称"镇人"、"镇民"。

② 宇文泰在关中被推为帅,每次调兵遣将去进攻侯莫陈悦,只是一两千人,渐次增加也只五千到一万人。大统三年,北齐以二十万兵来攻,宇文泰在弘农的战士不满万人,形成"众寡不敌"极为悬殊的局势,而且"关中留守兵少",东魏降卒原来散在民间的,乘机为变。当时虽然是以十二将东伐,最多不会超过五万人,合其他地方的兵,总计为五六万人。

渐形成了府兵制。估计大统十六年左右常备兵的总数至少已有十五六万人。① 到北周建德五年(576年)平定北齐,其常备兵力又至少有三十万人。②

宇文泰和其后代继承人是怎样扩充兵源的呢？历来拘泥于《隋书·食货志》"夏人半为兵矣"之说,笼统地以为西魏北周扩军完全是征调汉族农民为兵,这是极不精确的。其实西魏北周扩军的主要方式有两种,一是招致乡兵,一是籍民为兵。最初以扩大和招致乡兵为主,渐进入籍民为兵的阶段,而习惯上统称乡兵,并且一直到隋代,乡兵仍为府兵的一种通称。③ 弄清楚乡兵来源和籍民为兵的具体内容,府兵的阶级成分也就可以了然。

---

① 大统十六年,六柱国下十二大将军,每一大将军督开府将军二人,是为二十四军,每军兵数不多。据《周书》二一《尉迟迥传》,尉迟迥以大将军衔率兵伐蜀,战时督六个开府将军出发,共为六军,只不过甲士一万二千、骑万匹,平均每军不过四千人左右,所以二十四军合计不满十万人。当时还有亲军、禁旅以及州郡兵,估计总数可达十五六万。所以在553、554两年中两次伐蜀,每次都出兵五万人左右,当时东有强敌北齐,尚留有两倍兵力,或两倍以上,应是合乎实际情况的。

② 北周进攻北齐,根据《周书》六《武帝纪》记载,共出兵约十五万人,合亲军、禁旅以及各地驻军,至少在三十万人。由于南方有陈,所留兵力合计当在一倍以上。

③ 府兵在西魏北周以至于隋,一般以乡兵为一种通称,府兵之名,到唐代才逐渐通用。西魏北周所称乡兵,在大统八年以前,纯系地方豪强在其本乡本土所结集的宗党、部曲。大统八年到十六年乡兵经过整理,一般纳入西魏皇朝直接统辖的二十四军的系统之内。这时候所谓乡兵,即系府兵,府兵制度也正在形成。到隋代仍沿用乡兵之名以称府兵。《隋书》六三《樊子盖传》,以仪同领乡兵。同卷《刘权传》,以车骑将军领乡兵。同书六四《张奫传》,授大都督领乡兵。同书六四《陈稜传》,拜开府,寻领乡兵。这些官兵正是卫府系统下的府兵,只是大业初兵府改称鹰扬府以后,乡兵名号在《隋书》中便不复见。研究府兵制度的,不了解西魏北周的府兵萌芽于乡兵,也不了解隋代的府兵,仍得以乡兵称呼它,这不独影响到府兵起源问题的难于解决,而且府兵初期特点和府兵阶级成分问题,也不易明确。

1. 招致乡兵和乡兵的主要成分

乡兵原为地方豪强在其本乡本土所结集的宗族、部曲和乡里，构成为一种地主的私人武装。他们在地方上压迫剥削农民，同时在统治阶级内部又造成极端分裂。东西魏、北齐北周对峙中，这些地主武装的乡兵，便成为双方争取的对象，而西魏军事力量上的基本部队远较东魏为弱，也就特别重视对乡兵的招致。大统三年弘农之战，打败东魏陕州刺史李徽伯，如是宜阳邵郡相率降附，原来河南地方"豪杰"多聚兵响应东魏，也各率所部来降，初步突破了东魏独霸的局面。① 如是西魏极力招致乡兵，除承认其原有势力并予高官重爵外，仍鼓励其扩充部队，并对这些乡兵一律给予所谓"义兵"、"义众"或"义徒"的称号，而这些乡兵的头目也号称"立义"，有的尚获得"某州义首"的特殊名位，从而诱致地方豪宗强族组织武装来为西魏效力。② 当时东西魏争夺河南河东接壤地区，州县得失往往反复不定，宇文泰为了牢固地控制这些乡兵，鼓励他们把宗党、部曲以及家口资财等迁徙入关。③ 甚至在东

---

① 《周书》一《文帝纪》大统三年。
② 《周书》三七《赵肃传》："大统三年独孤信东讨，肃率宗人为乡导……领所部义从据守大坞。"同书三三《王悦传》："太祖初定关陇，悦率募乡里从军，屡有战功。"同书三六《司马裔传》："大统三年，大军复弘农，乃于温城起义……河内有四千余家归附，并之乡旧。"同书三六《令狐整传》："立为瓜州义首……整以国难未宁，尝愿举宗效力，还率乡亲二千余人入朝，随军征讨。"类似这些乡兵，有的称为"义兵"、"义众"，而都属宗党、乡旧势力，普遍见于《周书》列传中，作者在《再论西魏北周和隋唐的府兵》一文已着重论述，兹不征引。
③ 《周书》三七《寇儁传》：大统五年将家属及亲属四百余口入关。三六《裴果传》：沙苑之战以后，率其宗党归阙。三六《司马裔传》：从温城起"义"后，率众归阙。

魏后方,也鼓励他们立"义",遥授官职,这都说明宇文泰是何等重视于招致乡兵。①

西魏势力的稳定和加强,颇得力于乡兵。弘农之战以后,河桥之役,韩雄于洛西"举义",几天之内,兵众集合到千人,更还乡里,招集所谓"义众",进逼洛州,一度配合独孤信所领西魏基本部队攻下洛阳。沙苑之役,河东裴侠也领乡兵远道参战。其克复河东时,河东的敬珍、张小白、樊昭贤和王玄略等纠合兵众万余人以猗氏等六个县及其户十余万归附。后来平定梁州,荥阳郑伟与宗人郑荣业,纠合州里,众有万余人,梁州乃被攻下。② 单从这几个战役来看,归附西魏的乡兵,从几千人到万多人,数目已是不少,而在长时期内又注意于收集各地乡兵。③ 乡兵增加对于逐步改变"众寡悬殊"的局面,是起了重大作用的。

乡兵性质,颇类部曲,有时也以部曲称乡兵。④ 究其实质,西魏时期的乡兵,一般具有与魏晋以来部曲的基本性质而又表现为不同的特点。乡兵为地主私人武装,且系以宗族、乡旧的血缘或地域关系组成,也易于形成一种世代隶属关系,这是与部曲相同的地

---

① 东西魏在河东河南接壤地带,随时有为对方所夺去的可能,也即成为对方的后方,如阳猛在善渚谷立栅应西魏,本人为上洛人;魏玄于关南应西魏,本人为任城人。个别情况下,如卢光在山东"立义",西魏遥授以大都督的名号。樊深的本族和王家一族在河东猗氏"立义",终为东魏所杀。战争胜败和州县得失,时有变化,西魏却致力于招致乡兵以抗东魏。以上均见《周书》各本传。

② 以上均见《周书》各本传,以下凡引述史料见周书本传者,不再注明,以免冗烦。

③ 参阅作者《再论西魏北周和隋唐的府兵》一文,关于西魏北周招致乡兵、整理乡兵以及乡兵与府兵起源问题,已作了初步论述,这里从略。

④ 《周书》四四《李迁哲传》世为山南豪族,父亲李元真拥有部曲,李元真任衡州刺史,李迁哲即留本乡监统部曲事,其后李迁哲第六个儿子李敬猷又继统其兵。这完全是一种部曲兵,当时也列在乡兵之内,所以到隋代还有以部曲称乡兵、府兵的,但一般仍是把二者区别开来,没有完全混淆。

方,也充分表现出部曲的封建属性。① 但乡兵与部曲仍有其不同的地方,魏晋以来的部曲,一般为流民或贫苦农民以及游民依附于王侯将帅的,携带妻累,逐食流离,而王侯将帅则往往"招怀"或强制他们作为部曲,所以那时候部曲成员中虽包括宗族、乡里中的中小地主,却有许多为农民。② 至于乡兵成分,则以宗族、乡旧中的地主或历来依附地主生活的所谓士为主,而一般"流民"、"村民"较少,也即是纯粹农民较少。

研究乡兵成分的原始资料,没有留存,这必须间接从考订旧史入手。就旧史中厘定、综合的记载来看,乡兵具有两个特点,并从而可以推断乡兵的成分。第一,乡兵的组成,一般由于结集而来,少由召募。其中如阳猛于善渚谷立栅,收集"义徒";裴邃纠合乡人,据险自固;刘志纠合"义徒",举广州归附;韩雄招集"义众",进

---

① 汉末以来家兵部曲很盛行。朱儁曾以家兵镇压过农民起义。曹魏时任峻有宾客、家兵数百人,曹洪有家兵千余人,李典拥有宗族部曲三千余家一万三千多丁口。都具有宗族、乡旧的血缘或地域关系。南朝的梁,据《梁典·总论》所载,"大半之人,并为部曲","或事王侯,或依将帅","携带妻累,流逐东西"。构成了地主私人势力,不向国家交纳赋役,为封建割据的一种表现。

至于坞垒营堑,亦均地主武装,其数尤多。《三国志》一一《王修传》:"胶东人公沙卢宗强,自为营堑,不肯应调发。"同书一六《杜恕传》:"杜恕去京师,营宜阳一泉坞,因其垒坞之固,大小家焉。"《资治通鉴》八六:"石勒寇魏郡,百姓望风降附者五十余垒,皆假垒主将军都尉印绶。"《太平御览》四三五引《晋中兴书》:"刘遐遭天下大乱,自为坞主,攻抄日至,无时不战,逐立壁河济之间。"《晋书》八一《刘遐传》:"沛人周坚与同郡周点,因天下乱,各为坞主,以寇掠为事。"《晋书》一〇〇《苏峻传》:"永嘉之乱,百姓流亡,所在屯聚,苏峻纠合得数千家,结垒于本县。"同书九八《桓温传》:"时坞主张平,自称豫州刺史,樊雅自号谯郡太守,各据一城,众数千人。"名豪大侠,富室强族,纷纷起兵,在战乱时期特别显著,上但为其一些事例。

② 曹魏时关中诸将,招怀返乡流民以为部曲,见《三国志》二一《卫觊传》。又南朝招致北方官吏军将,给予官职,这些人多募部曲,凡逃避力役的人,只交纳一些财扬,虚名上簿,名在远役,身留乡里,其中有中小地主,亦有农民,见《南史·郭祖深传》。

逼洛州；郑伟纠合州里，"立义于陈留"；段永结合宗人，潜谋归款；李贤招集豪杰，以保原州。其不称"结合"、"招集"而称"率募"者，在《北周书》纪传中殊不多见，如魏玄"率募乡曲"，"王悦率募乡里"，仍为当时特例。乡兵由宗族、乡里中的所谓"豪杰"自相结合起来，组成一支推戴西魏的地方势力，正是封建割据战争中急剧变化情况下所易于产生的，也正符合于封建内战中所谓"义众"、"义徒"的实质。至于一般农民或流民，除非被迫或被骗之下，不会和这些强宗豪族纠合在一起实行封建内乱性质的"举义"。第二，乡兵的主要成员，一般稍有资财，随军征讨，能负担一部分军事给养，或者具有封建特殊势力能筹出兵的部分资给，或者在战争中抄掠以供军用。李贤在北魏时能率乡人出马千匹以助军，西魏大统初又招集"豪杰"从军。令狐整率乡亲二千余人随军征讨，躬同丰约，尽其力用。杨㯹大获甲仗及军资以给"义士"，又令土人义首率部四出抄掠拟供军费。由于他们结集"立义"，要在"同取富贵"，因而他们之间，一般表现为轻财好施，互相周恤。① 王悦率乡里千余人，从军洛阳，尽其所携行资，市牛飨士，一时表现了军将的慷慨风度，结果人人尽力，大有斩获。他们依照以前惯例②，各自携带资

---

① 西魏北周的主要将吏中，均轻财重"义"。贺拔胜"性又通率，重义轻财"，"兄弟三人，并以豪侠知名"（《周书》一四本传）。独孤信"少雄豪有节义"（《周书》一六本传）。宇文贵"好施爱士"（《周书》一九本传）。尉迟迥也是"好施爱士"（《周书》二一本传）。蔡祐"性节俭，所得禄皆散与宗族，身死之日，家无余财"（《周书》二七本传）。这些人表现了一种所谓侠义，构成封建割据势力，后来统一于宇文泰。以上只是其中一些例证，他不列举。

② 北魏以来，旧例应召从军者，资粮之绢，人十二匹，这些资绢由各人随身带着，不入公库，见《魏书》四四《薛虎子传》、六九《袁翻传》等。这里王悦所携行资，虽仍惯例，却不必为原定额数，豪宗富室倡议起兵，不同于平时征调，因而不能拘泥于数字方面。

三论西魏北周和隋唐间的府兵——府兵的阶级成分问题商榷

粮。王悦把自己行资拿出来飨士,以结其心,表现了封建侠义精神,后来在进攻江陵时,又以廪米帮助同行部队,这样更易于形成一个统一的封建政治军事集团。这一封建政治集团的首领——宇文泰,既"不事家人生业",又"轻财好施,以交结贤士大夫",而在战时所虏财物,尽以赏赐士卒,自己一无所取。所以乡兵中除稍有资财者外,即"不事家人生业"的豪侠,也由于虏掠所得相互支给,得以乘机起兵,希取富贵。

西魏初期的乡兵,正当宇文泰和高欢争霸之初,又夹杂着北魏皇统之争,有些像军阀混战的汉末政局,《三国志·魏志》注引《典论》有云:

> 是时四海既困中平之政,兼恶(董)卓之凶逆,家家思乱,人人自危。……大兴义兵,名豪大侠,富室强族,飘扬云会,万里相赴。……而山东大者连郡国,中者婴城邑,小者聚阡陌,以还相吞灭。

汉末所谓"义兵"与魏末所谓"义兵",实质上相同,又是一线相承的发展。所以地主中的豪宗强族以及名豪大侠,结集为一些大小军事集团,自出器械资粮,从事封建内战。西魏正收罗这些乡兵,稳定并加强其割据势力,因而可以推定,乡兵的主要成员是以地主及其家臣宾客为主。由此更可了解西魏利用了这些分散的地主武装,以对抗东魏,一时扭转了"众寡悬殊"的劣势局面。以后又整理了这些部队来对抗以完全依靠雇佣军队的东魏[①],在军事上渐居优

[①] 东魏也招致所谓"义兵",但东魏原来拥有北魏六坊之众的绝大部分兵员,高欢又有从北镇带来的基本部队,在与葛荣以及尔朱氏战争中收编其军队,所以自始就有几十万军队。所以"义兵"在东魏,看不出任何重要地位。

势。抗衡局面的变化,这就是其中关键之一。

2. 籍民为兵和所籍为兵的主要成分

西魏在招致乡兵以后,对乡兵进行了整理①,与此同时,又实行籍民为兵。

西魏大统九年(543年),广募关陇豪右,以增军旅,仍旧是召募方式,鼓励豪右从军。到大统十六年(550年),才正式籍民之有材力者为府兵,当时乡兵已整理就绪,府兵制已基本确立,籍民为兵乃在扩大当时兵额并补充以后兵额。②

籍民为兵,必有一定规章,根据《玉海》一三七所引《后魏书》的记载,籍民为兵,系以材力为标准。③ 这个标准,同书所引《邺侯家传》的记载,又获得具体而较详细的补充,兹摘录于下:

---

① 西魏整理乡兵,主要为加强其向心力,在组织系统上统一于皇朝,初步形成了柱国大将军—大将军—开府将军—仪同将军的统率系统,仪同将军府为乡兵基层组织,最重要的是由皇朝简选"人才"去统率和训练乡兵。大统八年韦瑱以望族兼领乡兵,加帅都督。十二年初选当州首望统领乡兵,郭彦被任为帅都督。十四年苏椿亦以乡望很高,任当州乡帅。仪同府及其以下的军将,由皇朝直接选任,一方面承认乡豪的势力,一方面加强其对皇朝的向心力。

② 大统八年到十六年,府兵制已基本形成,以望族兼领乡兵、以当州首望任州乡帅,在组织原则和制度上已经整理完毕。籍民为兵,仍纳于这一系统之内,所以后来府兵仍称乡兵。当然整理乡兵发展到籍民为兵的阶段,府兵与原来西魏招致的乡兵究有不同之处,下面仍当论述。

③ 《玉海》一三七引《后魏书》,指明大统十六年籍民之有材力者为府兵,下引《邺侯家传》的记载也指明初置府兵征取兵员标准为财力、材力、丁口三项内容,其中有材力一项。两个记载,正好符合。自然两个记载的全文不是完全可靠,必须予以鉴定,但又不能全部否定。过去研究,往往取其一面而忽视另一面,那是不正确的。

三论西魏北周和隋唐间的府兵——府兵的阶级成分问题商榷

> 初置府兵,皆于六户中等以上家有三丁者选材力一人,免其身租庸调,郡守农隙教试阅,兵仗衣驮牛驴及糗粮旨蓄,六家共备,抚养训导,有如子弟,故能寡克众。①

从《邺侯家传》的记载来看,籍民为兵,有三项标准:(甲)"六户中等以上家"是资财标准。当时赋役按资财分为九等,即上上、上中、上下、中上、中中、中下、下上、下中、下下户有九等区分,这也叫"户等"。"六户中等以上家"则指中下以上的户,也即九等户中属于中等以上的六个"户等"。②他们既拥有一定资财,被籍为兵时,兵仗衣驮糗粮,可以自筹,可以相互支给,可以由"乡望"、"乡帅"等军将筹给,如果"抚养训导,有如子弟",这虽不完全同于

---

① 《邺侯家传》的记载,也有人怀疑其真实程度,主要在于"免其身租庸调"与"郡守农隙教试"二句,谓其不符当时情况。如果深入研究,未必尽然。租庸调名称虽通用于隋唐,而北周赋役制,实已实行了租庸调,唐代人李繁撰《邺侯家传》即以租庸调表明西魏北周赋役制,毫不足怪,不能谓为完全失实。"郡守农隙教试"的事情,可能有些出入。从隋唐府兵制度来看,地方官确乎不负训练的实际责任,只是点兵发兵刺史要会同办理,而府兵教习不好,技艺不精,也可以加罪刺史(见《通考》)。西魏北周时地方官是否参加对府兵的训练,目前尚无史料可资证明,只能存疑。至于农隙教试,北周时大阅多在冬季,也偶有在春季初期(见《周书》和《玉海》),这是由来已久的一种习惯,《邺侯家传》这句话,仍然可能符合事实。此外"六家共备"之文作如何解释,亦曾引起争论,陈寅恪先生作六柱国供备兵仗给养来说明,个人认为,对于六家释为六柱国,完全可信。《邺侯家传》在这段文字的上面并已指明六家即六柱国,即可确切证明。至于供备兵仗给养的内容,不限六家,其中包括六家部下的自筹给养与兵卒自备,六家供备是指总的情况而言,不能从文字上机械地加以解释,当别论述。

② "六户中等以上家"乃指户等而言,《隋书》二四《食货志》也有相似的写法。北齐"料境内六等富人,调令出钱","六等富人"与"六户中等以上家"在文字上虽有繁简之不同,而含义则同。唐禁军飞骑"取二等以上户",彍骑取下等或八等户(见《新唐书》五〇《兵志》),征调兵员,有户等限制,殊无可疑。

当日所谓宗团或"子弟兵"①，而其军队实质，却可说是"有如子弟"。凡是户等高的，一般属于地主，不为富室强族，即为乡豪任侠。他们互相结合，利用军事力量以统治农民，也用以邀取功名富贵。即知大统十六年以后的籍民为兵，主要在于带强制性地征取地主当兵，这与大统九年的广募关陇豪右以增军旅基本上相同，只是由募变为籍、由关陇到全境，变化之迹，亦非常明显。（乙）"家有三丁者选一人"是丁口标准。三丁择一，五丁择二，所谓三五简发之例，汉末以来已渐通行。②但是这户等标准之下才能适用的补充条件，其丁口规定即不同于一般的三五简发。（丙）"选材力一人"是体格标准。看来当时为了加强封建军队的素质，颇重材力条件，《后魏书》着重指明"籍民之有材力者为府兵"，已可充分看出。以上资财、丁口与体格的标准，在原则上仍有先后轻重的区别，这是仍然可以肯定的，不应予以忽略。

由上可知，籍民为兵，在于征取豪右富室，府兵初行时期的兵的主要成分，仍为地主（包括其家臣宾客，以下同）。但北周建德二年（573年），又扩大兵源，募百姓当兵，除其县籍，专列军籍。③这时候，又改籍为募，并普及于百姓，不限于"六户中等以上家"。如是《隋书·食货志》下出论断，说是："是后夏人

---

① 《周书》一五《李弼传》，"（李晖）魏恭帝二年加骠骑大将军仪同三司出为岐州刺史，从太祖西巡，率公卿子弟别为一军"，这即一种子弟兵。又杨隋有宗室兵，又有宗团骠骑，见《隋书》四六《杨尚希传》。汉末以来，历有这种性质的家兵家将。

② 曹魏为三五简发，即三丁取一，五丁取二。晋武伐吴，则二丁三丁取一人，四丁取二人，六丁以上三人。这种变化很多，三丁取一，只是当时一种规定。

③ 《隋书》二四《食货志》："建德二年，改军士为侍官，募百姓充之，除其县籍，是后夏人半为兵矣。""除其县籍"即不列民籍，不预赋役。

半为兵矣。"①由此又可看出兵数是大量扩张,人数最多的汉族农民又被卷入兵役负担之内,府兵成分原以地主为主,至此加入许多农民,也可能以农民为主要成分了。从550年到573年,二十多年时间,府兵兵源成分,又在改变,论其立制初意,籍民为兵,在于征取豪右富室,乃可断言。只是后来又增入募兵内容,制度随着起了变化,此时府兵成分究以地主或农民为主,限于史料缺乏,目前无法考订出来,只得从略。

西魏北周一共经历四十五年(535—580年),就其主要时期(也是绝大部分时间535—573年)来看,从招致乡兵、整理乡兵以及籍民为兵,都在于招致、募取或征取富室豪右当兵。就在府兵形成以至成立以后(大统八年至建德二年542—573年),仍然如此,所以我们可以确知:西魏北周时代的初期府兵,府兵成分以地主为主,也就成为初期府兵的一个基本特点。

北朝统治者的北魏皇朝,出于鲜卑部族,鲜卑部族由氏族社会家长制时代转到奴隶社会,又很迅速地封建化,保存着家长制时代的尚武精神,奴隶主和封建主都担负着军事上的任务。原来家长制时代的依靠虏掠、自筹给养,在奴隶主封建主则以剥削所得支持本身的军事任务并用以扩大掠夺范围,满足其物质欲望。北魏以来鲜卑部族和其他部族的贵族,多仍旧编入军队,而在征调汉人当兵时,也非常重视差取"豪门多丁"和"资绢自随"②,因此西魏北周

---

① 《隋书·食货志》"是后夏人半为兵矣"之文,夏人指汉族而言,固无可疑。但不能误解为以前汉人全不当兵,只是此时土著汉人当兵的多了,甚至占了丁男的一半,其中即包括人数最多的农民在内。当然这一"半"字,也不能机械地解释为二分之一,只是形容其占了较大比例数。

② 《魏书》八九《张敕提传》、八二《常景传》、一九《元天赐传》、一六《元法僧传》、四四《薛虎子传》、六九《袁翻传》等。

的招致、整理乡兵和籍民为兵所形成的府兵制度,仍然是北魏兵制一线相承的一种发展。过去兵制研究的著作中,往往说府兵制是受了鲜卑部落兵制的影响,这种说法,是不符合于马克思列宁主义关于国家学说的基本原则的,原始社会末期的部落战争,人尽为兵和各自在战争中取给,仍然是生产劳动中偶然的事件,当时没有阶级、没有国家,也就没有正式组成的军队,就没有什么部落兵制。① 应该看出,府兵所受北魏兵制的影响,主要在于鲜卑拓跋氏迅速由家长制转入奴隶制、封建制,而不全在于原始社会的遗留,鲜卑拓跋氏在封建化过程中虽仍残存着原始社会生活某些特点,问题在于他们已日益封建化,这样对于府兵制源流变化的一个方面,才会获得正确的理解。

　　北魏兵制影响着府兵制的源流变化,还只是问题的一个方面。北魏迁都洛阳以后,不只是皇朝日益封建化了,即在北镇一带许多僻远地区,也不断在封建化过程中,因而也必须重视原来的封建兵制的一面。

　　古代封建兵制的内容,虽不能完全可考,战国时秦重宗室军功,魏重武卒,仍然以"士"为军队主要成分或核心。后来秦国统一,先发闾右富强,后取闾左贫弱。汉亦重"良家子",征发守边,有时募吏民或选郡国吏三百石伉健习射者皆从军。而各地骑士,备马从役,有马者复三卒之赋,有车者轺车免算,也在鼓励富民当兵。

---

① 组成正式军队是国家产生以后的事,费道罗夫上校等《马克思列宁主义论战争与军队》指出:"原始社会,没有生产资料私有制,没有阶级、阶级斗争和国家,因此不需要军队。氏族之间,即使冲突,也是全体成员形成的武装来进行的。"(见《马克思列宁主义论战争、军队和军事科学》)参阅同书,波雅特金上校《马克思列宁主义关于战争的理论的一些问题》一文。

其中虽常发谪戍、死罪征戍,又募胡骑、羌骑,在军队成分上,不免大有改变,而富室豪吏当兵旧例,从来没有间断。① 至于汉末黄巾起义时,大小将吏组成家兵部曲对起义进行镇压,而封建内战的三国鼎立时期,地主武装纷纷割据,士族从军的风气骤然盛行,许多军将拥有宗族、宾客的家兵,朱儁以家兵向黄巾、黑山进攻②,李典以宗族部曲三千余家支持曹魏,并输谷粟供军,全部家口一万三千余人由乘氏迁居魏郡,以实京郊③。其时名豪大侠、富室强族纷纷起兵,也绝不是一种偶然发生的现象。

府兵制沿袭了北魏封建化过程中兵制的一些重要因素,其中豪右富室当兵在原来封建兵制中也不曾完全间断过,只是在北魏末年北镇流民起义当中以及东、西魏分立之际,豪右富室的武装——乡兵④,风起云涌,西魏充分利用并组织这些势力,形成了府兵制度,因而豪右富室当兵,构成为府兵制度中一个基本特点。

---

① 《文献通考》一四三至一五〇。
② 汉末士族从军的风气盛行,除沿袭旧习外,由于黄巾起义后地主感到威胁,各自起兵对抗,又由于封建割据形势的发展变化,纷纷起来争权夺利,为其重要原因。西魏北周乡兵产生和扩大,是由北魏末年农民起义和分裂局面所形成的,原因又大致相同。朱儁的家兵,见《后汉书》一〇一本传,其他如许褚之徒,也同有家兵,见《三国志》一八本传。
③ 《三国志》一八《李典传》:"时太祖与袁绍相距官渡,典率宗族及部曲,输谷粟供军。……典宗族曲三千余家居乘氏,自请愿徙诣魏郡……遂徙部曲宗族万三千余口居邺。"其他坞垒营垒均为地主武装,已见前注。
④ 《魏书》六八《甄琛传》,以堪率乡义试守常山太守,同书七二《路思令传》,率其乡曲以抗葛荣,同书五七《崔孝芬传》率勒宗从以抗鲜于修礼,其弟崔孝演也领宗属以对抗起义军。其他事例甚多,分见《周书》一九《宇文贵传》、二九《侯植传》、一九《杨㯹传》(《杨忠传》内)、二八《史遵传》(《史宁传》内)、四三《李长寿传》(《李延孙传》内)。

三、隋唐府兵成分的构成

隋府兵制,除组织系统尚有较详尽的记载外,其他多无可考。开皇十年(590年)府兵在兵府列入兵籍,在家乡又同时列入民籍。"垦田籍帐,一与民同",即府兵兵员在地方行政上不复成为独立系统。至于其他方面,大抵因袭西魏北周之制"而加润色"①,被点为兵的,须自备兵仗,自筹给养②。其兵的成分,可能仍以富室强丁为主,以史之缺文,暂不论列。

唐府兵制,史籍保留的资料较多,其成分问题,又较西魏北周和隋代为易了解。

唐府兵拣点标准,仍继承西魏旧例,以资财、材力、丁口三项规定为依据。《唐律疏议》一六《擅兴律》:

> 诸拣点卫士(征人亦同),取舍不平者,失一人杖七十,三人加一等,罪止徒三年。
>
> 不平,谓舍富取贫、舍强取弱、舍多丁而取少丁之类。
>
> 财均者取强,力均者取富,财力又均,先取多丁。

---

① 《文献通考》一五一:"隋兵制,大抵仍周齐之旧而加润色。"
② 《隋书》六四《张定和传》:"初为侍官,会平陈之役,当从征,无以自给,其妻有嫁时衣服,定和将鬻之。"又七〇《赵元淑传》:"元淑疏宕不事生产,家徒壁立,后数岁授骠骑将军,将之官,无以自给。"都是地主分子从军自备资粮的事例,也不难由此窥见其一般情况。

根据这个条文,可知唐拣点府兵的标准,首先考虑资财,其次材力,再其次丁口。所不同的地方乃是它不受西魏三丁选一的限制,所以材力转列在丁口标准之上而依存于资财。至以资财为最基本的一种依据,则又完全相同。

唐代法令上希望富室强丁当兵①,完全可以肯定,而事实上确也如此。《旧唐书》七〇《戴胄传》:

> 比见关中河外,尽置军团;富室强丁,并从戎旅,重以九成作役,余丁向尽。……乱离甫尔,户口单弱,一人就役,举家便废。入军者督其戎仗,从役者责其糇粮。②

戴胄所提出的"关中河外,尽置军团;富室强丁,并从戎旅"这一事实,是在贞观五年(631年)。早在贞观元年,陕州刺史崔善为也说是:"畿内之民,是谓户殷,丁壮之人,悉入军府。"③"户殷"即为殷实之户④,关中殷实之户较多,有材力者都充府兵,已经成为惯例,以后其他地域亦复如此⑤。

---

① 唐代府兵称为卫士,依律取富室强丁,至于募兵,称为征人,情况亦同。《旧唐书》四三《职官志》:"天下诸州差兵募,取户殷多丁,人材骁勇。"仍然在于富室强丁,故上引《唐律疏议》说是"征人亦同"。
② 军团由府兵的军坊乡团而来,即府兵的一个代名词。"入军者督其戎仗",应包括糇粮而言,文因下以见义,古代排偶文句中多如此。故唐府兵应备戎仗资粮,也即所谓行军的随身七事。七事指被、服、资、物、弓箭、鞍辔、器仗,见《新唐书》五〇《兵志》,《唐律疏议》一六《擅兴律》,《通典》一四九《杂教令》。
③ 《册府元龟》四八六。
④ 《旧唐书》四三《职官志》:"天下诸州差兵募,取户殷丁多,人材骁勇。""户殷"乃指殷实之户,与此同其意义。
⑤ 《冥报拾遗》:"唐居士李信者,并州文水县之太平里人也,身为隆政府卫士,至显庆年冬,随例往朔州赴番。"李信属士大夫,身为卫士,并州属河东路。

贞观十年府名为折冲,府数也增加了。① 折冲府集中地区,被点为兵的,不一定都为富室,贫下户也有被点为兵的可能。唐高宗龙朔三年(663年),下令"卫士八等以下,每年五十,放令出军,仍免庸调"②,这是法令中对贫下户的一种优待办法,至于富室强丁负担兵役本无困难,所以兵役年龄没有缩短。由此可知,有时情况变化了,兵的成分也不免有些变化,而法令中对富户和贫户兵役年限的处理,仍然是有区别的。

拣点府兵,对于大官僚家庭,规定为可以免役,小官吏家庭则仍须按照资财、材力、丁口三项标准点充,《旧唐书》四三《职官志》:

> 凡兵士隶卫,各有其名。左右卫曰骁骑,左右骁卫曰豹骑,左右武卫曰熊渠,左右威卫曰羽林,左右领军卫曰射声,左右金吾卫曰伙飞……总名曰卫士,皆取六品以下子孙及白丁无职役者点充。凡三年一简点,成丁而入,六十而免。

六品以下的子孙和不入仕途的白丁,都有按规定点充府兵的可能,也更说明"白丁无职役"的上户和中户,均不能免于拣点的。

唐律规定富室强丁要当府兵,所以"户等"的确定,非常重要。当时一般三年一定户,县令对于"所管之户,量其资产,类其强弱,定为九等"。户帐填注,也较细致,必须了解每户或每丁的"五九三

---

① 根据《新唐书·兵志》、《通典》、《通考》诸书,折冲府之名,始于贞观十年。又根据《通典》、《通考》以及《玉海》引《会要》诸书,贞观十年增设兵府,总数已达541或564或574个。这可能是贞观十年以后一段时期递增之数,故诸书记载不一。

② 《通典》六《食货》。

三论西魏北周和隋唐间的府兵——府兵的阶级成分问题商榷

疾,及丁中多少,贫富强弱,虫霜旱涝,年收耗实,过貌形状"①。这不独关系到户税、地税和其他科差的征收,也即是拣点府兵的唯一依据。

唐律关于府兵拣点标准的规定,最初基本上是能实行的。地主当兵,仍然保持了西魏北周以来的旧风气。② 当日出征,多"近不逾时,远不经岁",而能克捷,又有勋爵来吸引这些人。出征克捷后,也易于获得勋爵,因此一般地主和出身于地主的豪侠游手,以及依存于地主的家臣宾客,不独愿当府兵,亦且乐于投募为"征人"。③ 唐朝最初对府兵一般加以"礼遇",唐太宗刚即位,即亲自对府兵在殿庭加以教试④,后来一个陈仓县尉依法杖杀折冲都尉,太宗至于说:"是何县尉,辄杀吾折冲!"⑤府兵(包括军将)的受到重视,不难看出。

当然唐律关于府兵拣点标准的规定,也不可能想象为完全贯彻实行得了的,更不可能想象为长期贯彻实行得了的,因此在制度

---

① 《唐六典》三〇。
② 唐初募兵,应募者多,贞观十八年唐太宗自夸,说是:"朕今征高丽,皆取愿行者,募十得百,募百得千,其不得从军者,皆愤叹郁悒。"(《资治通鉴》一九七)后来麟德元年刘仁轨也说:"人人投募,争欲征行,乃有不用官物,请自办衣粮,投名义征。"(《旧唐书》八四)当时一般地主"自办衣粮,投名义征"以及乐于应募从军,府兵的征调也应该容易,到后来都有变化,趋于强行征取,那是有区别的。
③ 府兵对于官品高的,依法可以免役,而唐初却有官大勋高的地主,应募从军,娄师德在上元中以监察御史,应"猛士"募,以抵抗吐蕃内侵。(《旧唐书》九三)又柱国飞骑尉等合应募一百人,在显庆三年应募征高丽(《金石萃编》五《信法寺弥陀象碑》),都说明地主尚具有当兵风气。
④ 这是武德九年九月的事,见《资治通鉴》一九二。但《唐会要》八五,魏徵说唐太宗对府兵"礼遇失所",乃魏徵用此以阻止唐太宗的点及中男,所以《资治通鉴》记载同一事件,删去了"礼遇失所"这一类词句。
⑤ 《旧唐书》八四《刘仁轨传》。

破坏的过程中，官府总是设法加以补救，希望维持原来要求或要求中一部分内容。但当其遭受损害以及官府所采取的补救办法中，仍可反映出制度的原来全部或部分要求，这也有助于府兵成分问题的研究。

唐高宗显庆五年（660年）后，在募兵中已有富者"行钱参逐，亡匿得免"一种较为普通的现象发生。当时军将刘仁轨已看出这样情况的有违规定并提出产生原因和改进意见。① 由此亦可看出"行钱参逐"的现象发生在募兵中，也只是显庆五年后才逐渐发生，以前一般不是如此，至少也不是较大量存在的。同时在募兵中的"富者获免"和"贫者被发即行"，尚且视为不正常的现象，府兵要求更严。毫无疑问，府兵拣点还不会像募兵那样放松，这是可以注意的。

毕竟府兵的拣点标准，逐渐被破坏了，武后以后"番上者贫羸受雇而来"，而"关东富实，人尤上气，乃耻之，至有熨手足以避府兵者"②，显见府兵已不为富实之室所乐于充当，但依法仍须列入"军名"、"征名"，只有出钱雇用贫弱农民"假名"应役③。在这种情况下，府兵拣点的户等规定，已是名存实亡。不过在这里仍然看出一个问题，即除以兵役直接加诸贫下户者外，其中"番上者贫羸受雇

---

① 《资治通鉴》二〇一刘仁轨奏："州县每发百姓为兵，其壮而富者，行钱参逐，皆亡匿得免，贫者身虽老弱，被发即行。"这虽不是发生在府兵拣点时，却可能也发生同样现象。后来仪凤二年下诏："征科赋役，差点兵防，无钱则贫弱先充，行货则富强获免。"（《大唐诏令集》八二《申理冤屈制》）虽泛指赋税兵役，其中可能包括府兵拣点在内。

② 《玉海》一三八《邺侯家传》。

③ "军名"是被点为府兵，名列府兵籍帐。有了军名之后，被派出征，叫作"征名"。"假名"则别人代替服役，均见《唐律疏议》。

而来",其"军名"、"征名"仍属富室或合乎户等的子弟,法律对于富室多少还有着一些约束作用。

府兵制关于富户充当府兵的规定逐渐被破坏,府兵制也随着破坏了。最后产生着"天下恶官职,不过是府兵"的歌谣①,人人规避,兵益耗散。府兵在宿卫和征战中都已无法负担其任务,而代以彍骑和扩充的禁兵以及其他各色募兵。出土的天宝十载(751年)户籍簿或科差簿,其中所载六等、七等、八等、九等户籍中,都有卫士,八、九等户充当府兵已占很大数字,而且年龄都在40—60岁之间,绝无23—40岁的人。府兵制度已经是名存实亡,这在户籍残卷中也充分反映出来。

总上所述,唐代府兵,最初仍在拣点富室强丁充当府兵;后来虽逐渐发生变化,富室强丁的被点为兵仍然没有完全停止,即使富室行钱参逐,有时候其"军名"、"征名"仍属富室。这变化从高宗显庆五年(660年)左右开始发生,到武后证圣元年(695年)左右又比较显著。② 玄宗开元十一年(723年)左右,府兵已为彍骑和扩展中的禁军以及其他各种募兵所代替。天宝八载(749年)府兵番上活动正式停止,以后虽仍有府兵之名已无府兵之实。③ 其中变化多端,而府兵成分问题,始终成为其最主要的一个关键和标志。

---

① 王永兴:《敦煌唐代差科簿考释》,附《唐差科簿丛辑》,《历史研究》1957年第12期,页71—100。
② 府兵制度的被破坏,武后时较为显著,上面已经论述。武后证圣元年左右,又为当时变化的一个主要阶段,这与当时均田制破坏、武周代唐后政局变化以及边疆战争激烈等都有关系,当另行论列,这里从略。
③ 天宝八载,府兵停止上下鱼书,各地折冲府和卫士仍然存在,上引天宝十载户籍簿即可知之。一直到天宝末年,折冲府虽无卫士,仍有兵额,代宗宝应元年(762年)折冲府仍见于记载,可见府兵名存实亡,延续了相当长的时期。

四、府兵成分与封建政治经济的关系

府兵在西魏北周和隋唐间,虽不是唯一的军队①,却是在相当长的时间内成为封建军队的一种核心力量。府兵自始在于征调富室豪右的子弟充当,其中虽有贫下户的农民,有时如北周末年和唐开元天宝,农民被迫点充府兵的数额甚至大大增加,而制度上的原来要求和临时法令的规定,却仍在于拣点富室。府兵的成分系以地主阶级成员为核心,可说是府兵制度的一个基本特点。

府兵在全部军队中的比重,不一定都占绝大多数,如唐初出兵,有时可达二三十万以上,而府兵总额最高亦止六十万,经常有分番宿卫的任务,战时又受到"番第"的限制不能多事调发,因此府兵作为封建军队中一支较为可靠的核心力量来使用,还不能单从数量来看。它的主要作用,在于巩固以关中为中心的封建政治中心,所谓"举关中之众以临四方",系唐代中央集权的一个军事部署。从西魏以来,把乡兵纳入封建皇朝的统率系统,由地方割据势力转化为中央集权的势力,唐代已取得了完全效果。② 因此府兵在

---

① 西魏北周隋唐,除府兵之外,都有禁军、募兵或临时征发以及其他地方兵,相互比重有着很多变化,府兵不为唯一的军队乃为事实。府兵与禁军以及临时征募虽同时存在,当其极盛时期,却作为一支核心力量来运用,如北周并吞北齐、隋唐向外征战是,这一点也不可不注意。一般研究,有的抓住府兵而忽视其他军队,而把府兵和其他军队完全等同起来,这都是陷于主观片面。

② 唐关中府兵多,河东河南也不少,整个地形成一种"举关中之众以临四方"的优势。岑仲勉先生在《府兵制度研究》一书中否认这一作用,是过于机械的一种解释,要知关中和四方在全部军事上又是相辅相成的。

三论西魏北周和隋唐间的府兵——府兵的阶级成分问题商榷

当时一般视同军队中的核心力量,也还不能看成是其全部力量,同样在实行府兵制的同时,尚有其他军队,从来也不是唯一的军队。

地主阶级成员在府兵中的比重,在所有时期中不一定都占绝大多数,如西魏乡兵中的宗族、乡党,会包括一些农民在内。北周末年扩军之后,"夏人"半数为兵,农民更会占着更大数量。唐代折冲府集中地区,除富室强丁外,不点及八九等户是无法满足兵额和其材力标准的。后来富室逃避兵役而把兵役转到贫下户,兵籍中占着更多的贫下户的农民,那也毫无疑义。因此府兵的成分系以地主阶级成员为核心,还不能完全从数量来看(自然数量也是其中一个重要因素,上面考订,也在从数量上予以研究)。他们的主要作用,在于他们不同程度地乐于从军,体现了他们对于封建政权的维护,并且走向于支持中央集权以强化封建国家机器,无论在隋末的镇压农民起义和唐太宗的征讨高丽,折冲府士卒一般都较为活跃和坚持。这是由于府兵中的地主成员正代表了其阶级利益。① 因此地主阶级成员在府兵中成为核心,也还不应理解为占有全部成员,但是其中成员比重的变化,仍然与府兵作用大小和府兵制兴废有着极其密切的关系。

军队是国家机器中的一个主要工具,封建地主阶级也是了解的。他们在一定历史条件下,直接参加军队,组成以地主成员为核心的军事力量。魏末各地流民和北镇镇民纷纷起义,包含着反阶级压迫和反部族压迫的内容,乡兵成为这时候地主武装的一个主要形式,其目的在于镇压起义的流民和镇民,后来起义被镇压了,其内部演成分赃式的割据形势。宇文泰又大力招致乡兵、广募豪

---

① 《资治通鉴》一八三、一九八。

相关研究补编

右,进一步籍民为兵,征取富室强丁。如是以地主成员为核心的府兵,乃正式建成。隋唐因沿旧制,加以损益,隋唐之间,曾用府兵镇压农民起义,而隋唐都用府兵从事对外战争,唐太宗则特别以抵御外来袭击来"鼓舞"府兵的士气并加强其训练。① 府兵仍是作为全部军队中一支较可靠的核心力量来看待的。

从府兵的形成和发展的过程中,不难看出,他们用以对内压迫农民,对外抵御侵略或进行掠夺,或者从事割据、互相火并。而其起因,由于地主的镇压流民和镇民的起义,到隋唐之间府兵又用以镇压反隋的农民起义,府兵又体现了封建国家的内部职能,同时这也是主要的。隋唐对外掠夺和抵御外来侵略,府兵又体现了封建国家的外部职能,但又是从属于其内部职能的,如隋炀帝征讨高丽,因农民起义而兵力转向于镇压农民。马克思列宁主义曾经反复地说明:剥削者国家具有决定它全部活动的两个职能,一个是它的内部职能,是要压制被剥削的多数;一个是它的外部职能,是统治阶级侵占别国领土或者保卫本国领土,而内部职能最为主要的。并且又反复地说明:自从国家产生以来,军队在国家机器中为其最重要的一个组成部分,军队在社会生活中占了特殊的地位。② 府兵在封建兵制的发展中,虽只占着较短的时间,由其形成与其功用,都充分体现出封建剥削压迫的政治目的及其阶级本质,离开马克思列宁主义国家学说来研究府兵制度,那只能涉及府兵的某些现象,不能窥见府兵的本质。同样,府兵研究,也充分证明了马克思列宁主义国家学说是放之四海而皆准的真理。

---

① 《资治通鉴》一九二。
② 列宁:《论国家》。参阅康士坦丁诺夫《论国家和法律》,赫鲁斯托夫《马克思列宁主义论战争》。

三论西魏北周和隋唐间的府兵——府兵的阶级成分问题商榷

府兵体现了封建国家本质一般性,同时从其一般性中又具有其一定历史条件的某些特点,这主要为封建兵制的骑士、武士与强制性雇佣军队处于迂回曲折的发展变化中。

封建国家的军队,有时由地主阶级成员直接参加军队为武士、骑士,有时则强征农民为兵,有时则以雇佣形式强制性地召募农民为兵以至进入半雇佣兵制。[①] 无论哪种形式,都构成为封建国家机器中的一个主要工具,由于封建地主阶级在那时候掌握了政权、掌握了生产资料,运用哪种形式来组成军队,是不能改变军队的阶级本质的。这也是理论上和事实上所完全证明了的。但是为什么从西魏北周到隋唐,地主阶级成员乐于从军并组成了以地主成员为核心的封建军队,仍然取决于当时一定的历史条件。

封建社会初期,地主一般为武士或骑士。这是历史上较为普遍的现象,中国历史发展也毫不例外。战国以来的骑士、武士,汉代的良家子和家兵以及宗族部曲等,都表现了封建武士的一般传统。封建武士的普遍和强大,除了由于进行阶级压迫、巩固封建统治的原因外,同时又标志着地方割据性,秦汉时期由于经济和边防等原因,较早地形成了封建集权与统一,封建骑士也自然地减少和削弱了,而其势力和风气不是马上都断绝了,所以秦汉时期,地主仍然当兵,有时还很盛行。

封建经济不是直线上升而是曲折地向前发展变化,表现在政治上中央集权与地方分权形成为"变动不居的把戏",总的趋向虽

---

① 中国封建兵制中,尚未发展到雇佣兵制。府兵以前的募兵,因为强征农民为兵,为力役地租形式转变而来,不能视为雇佣兵制。即府兵以后的募兵,也是强制性的征调,不过在给养上支付较多而较正常,这是商品经济发展中的变化,同为地主由当兵到不当兵的一个变化。这是非常复杂的问题,只能另行论述。

为中央集权的形成和强化，却不同程度地包含着地方分权的因素而出现割据状态。① 汉末以来的地方割据，加上边疆部族不断内侵，形成四百年的长期混乱。封建地主阶级已不能依靠其国家的统一武装来维护其封建剥削，三国以来的坞垒城堡一直连续到北朝，他们在其占领的大小地区上建立了自己的统治机构——类似小型的国家机关，主要是加强对农民的强制，有时也为了对付另一些强宗豪族，有时也为了抵御落后部族的内侵。② 武士、骑士的风尚，就在这种情况下又复盛行起来，汉末富室强族和名豪大侠的风起云涌，北魏末年乡兵的各自组成及其扩大，在这一阶段中表现得更为突出，决不是偶然的。

封建经济发展到魏晋南北朝，其中始终包含着并酝酿成封建集权和统一，封建割据性的部曲、乡兵在一定时间内和一定条件下就可能增强其对皇朝向心力。他们通过长期割据战争的无谓消耗又在农民起义和部族斗争中受到了打击和教训趋向于支持集权与统一。西魏北周乡兵的纳入皇朝统率系统，也就表现得非常明显。到隋唐统一，封建国家机器强化了，封建国家在集权统一下能充分体现其内部与外部职能，地主阶级成员乐于从军，仍然表现其对皇朝向心力的倾向。③ 这样，整个地形成封建政治的一个发展阶段。

在这一阶段的封建经济与政治的发展过程中，我们讨论兵农分合问题，必须作具体分析，不能撇开兵农的阶级内容不谈，也不

---

① 《毛泽东选集》第二卷，页594。
② 参阅《苏联历史分期问题讨论》页35，车列卜林《论封建时代俄国历史的分期》其中关于古俄罗斯的统一与分裂部分。
③ 《木兰歌》大致作于隋唐，是文学艺术中典型地表现了这一倾向，其中人物，也须予以阶级的分析，其中自买兵仗与堂阁宴会的描写，不能不是地主成分。

三论西魏北周和隋唐间的府兵——府兵的阶级成分问题商榷

能把秦汉以前所谓兵农分合和隋唐以后所谓兵农分合完全混为一谈。兵农分合应该是具体的东西,而不会是任何抽象存在的东西,这一阶段的兵农分合问题,应该具体到这一历史条件下进行分析。

府兵制度中的兵农分合问题,以隋开皇十年(590年)为划分阶段。隋开皇十年以前,府兵专列兵籍,集中于军坊安置兵卒和其家口,有时荐举官员也独自成为一个单位①,而其最主要的为"垦田籍帐,不与民同"。这在封建行政中属于兵民分治,其兵皆为终身服役的职业兵。从其中包含的农民成分来讲,他们脱离了农业生产,可说是兵农分离。从其中地主成分来讲,他们一般不直接进行对农业生产的经营,有的甚至不直接进行封建剥削,而只是构成封建剥削的政治机构的一个工具,其本身根本谈不上所谓兵农分合,只是构成兵农分离的封建兵制中一种主要力量。

开皇十年以后,府兵虽有军名,但分散在乡团安家,上番任役和定期训练等属军府统领,平时在家则属地方行政管辖,特别是"垦田籍帐,一与民同"。兵籍民籍又分又合,这与以前是大大不同的。从其中包含的农民成分来讲,他们在上番任役和定期训练之外,可以从事农业生产而负担沉重的兵役和兵仗给养,仍然可以说是兵农合一。从其中地主成分来讲,他们有时间在家经营田园,直接进行封建剥削,旧史上虽也说"敦本务农",那只是不劳而获。其本身也根本上谈不上所谓兵农合一,同样只是构成兵农合一的封建兵制中一种主要力量。

开皇十年的变化,重要不在兵农分合而在垦田籍帐兵民同异的问题上。开皇十年以后,一般要求府兵"地著",府兵由终年服役

---

① 参阅《北史》九至一〇《孝闵纪》、《静帝纪》。

相关研究补编

到每年定期服役,使其中农民能从事农业生产,均田制推行又可以使他们领有一定土地,有利于封建经济和财政。唐初所谓"元从义军"二十万,分隶十二军,安置在关中,分别授以田地,有的田多构成了地主,有的田少成为土著农民,唐代府兵就在这一基础之上扩大起来的。① 至于以后一般地主点充府兵,可以邀取官勋,按官品勋级更可以获得多占垦田的机会(一般农民授田不能足额甚至只是占有永业田),府兵便成为地主多占田地的一种手段。② 唐代乡村中授有柱国、飞骑尉以及折冲、队正的人相当多,其中固偶有出身农民的,无疑地仍以地主为主,修寺建碑和供养祭祀都少不了他们,他们在乡村中构成为封建势力,而在封建军队中构成为核心力量。③ 这正表现出均田制会逐渐地变化为地权集中,也正表现出封建国家机器的强化,而其枢纽在于由地方割据变化到中央集权。隋开皇十年府兵地著,初步完成了这样一个变化。

开皇十年的变化,其确定下来不是一朝一夕,其确定下来更向前发展也是逐渐的。我们抓住开皇十年这一变化关键,府兵制中的兵农分合问题和兵农分合与封建政治经济的关系,也基本上可以获得解答。

由此可知,开皇十年府兵制规定了"垦田籍帐,一与民同",是完成和确立了由地方割据到中央集权这一变化。府兵成分仍然以地主成员为核心,府兵也就在集权统一的形成与确立过程中一直

---

① 见岑仲勉《府兵制度研究》,页58。并参阅《新唐书·兵志》。
② 《苏联历史基础读本》页19,伊凡第四时期的俄罗斯国家一段可参阅。
③ 参阅《金石萃编》《续编》及其他有关唐代金石集录,名目繁多,不及列举。唐代授田,一般不足额,或只有口分田而已,为数止二十亩,而官贵永业田、勋田却使这些人可以多占田地,他们逐渐地更多地掌握生产资料,均田破坏,即为其一个原因。

作为军队的核心力量来运用。因而隋唐封建大帝国的建立,府兵便成为一个重要的政治因素。

府兵破坏以后,封建政治经济走向另一发展阶段,封建兵制逐渐形成一种强制性的雇佣兵役。① 府兵制可说是封建前期兵制的一个段落,有必要把一些带有根本性问题研究清楚,以便联系整个封建政治经济的发展加以阐明,特提出上述诸问题以就正于读者,更希望专家们能深入研究,在兵制史领域中提出新的问题和论点,开展争鸣。

1958 年 2 月 2 日

(原载江西师范学院编辑出版《科学与教学》

1958 年第 1 期)

---

① 彼得罗夫上校《论人民群众和统帅在战争中的作用》:"在封建割据时期,西欧各国的骑士军队中,也只有封建主(领主及其家臣)才能充当军人,而被压迫阶级的代表——占人民绝大多数的农民,只能在骑士军中充当骑士的庸仆,替自己的主人服务。晚期封建主也不是大规模地吸收农民参加军队,而是采取雇佣兵的办法。这点在西欧各国特别明显。"(《马克思列宁主义论战争、军队和军事科学》页 160)。中国封建兵制虽不尽同,这一论点仍然可供参照。

四论西魏北周和隋唐的府兵[*]
——府兵初期资粮与军备问题再探讨

一、问题争论的中心及其意义

府兵初期系指西魏北周两个朝代而言。当时府兵的资粮和军备,究竟是以兵士自备(包括乡里共备在内)为主,抑系以军将供给为主,历系争论的中心内容。问题本身好像很简单,只不过是一个具体问题的考证。其实并非如此。西魏北周,上承北魏末年大动荡、大分裂的局面,下启隋唐统一的初基,怎样正确理解兵制中资粮、军备的供给来源,正足以深刻地窥见出当时封建政治经济嬗变之迹。当时府兵,是兵士自备衣粮,还是由军将负责筹措,得依存于封建政治和封建经济这一客观条件,同时又必然牵涉到前后历史发展变化的渊源关系。我们不能把这一争论单纯看作是考据技巧上的纷歧,而应当从考证工作中察觉到,乃是封建政治由割据到统一过程中的一个带关键性的重大变化。考证离开了当时政治经济条件和历史发展的渊源关系,往往会导致主观武断的错误。历

---

[*] 旧著《西魏北周和隋唐间的府兵》,《再论西魏北周和隋唐的府兵》,《三论西魏北周和隋唐间的府兵》,分别见《中国社会经济史集刊》第五卷第一期(1937年),《厦大学报》第三集(1944年),《科学与教学》第一期(1958年)。

四论西魏北周和隋唐的府兵——府兵初期资粮与军备问题再探讨

史上任何大小事件的发生,都具有其内在规律,府兵初期衣粮军备由谁供备,还只是一般现象,只是敲门砖;当具体考虑到府兵初期衣粮军备的供给问题乃系全面反映割据与统一过程中的一个带关键性的转折点,才能触及封建政治与经济的本质,才算是升堂入室。历史是辩证地发展着,文字考证一步也离不开唯物辩证法。过去争论不免停留在某些文字的考证和某些史实的推理方面,问题当然不得解决。作者本人在《府兵制度考释》①一书中,对此亦曾详为论列,但亦不免于就事论事,没有深入分析问题的本质,没有指明问题争论的关键所在。兹就近年来读史所得,作为再探讨的初步尝试,以正于读者。

二、如何准确地解释有关的历史记载

史籍上关于府兵初期资粮军备问题的记载,极为稀少,文字亦极简略,争论是从这些记载开始的,有必要抄录于下,以便共同探讨。

> 西魏大统八年,宇文泰仿周典置六军,合为百府。十六年,籍民之有材力者为府兵。(《玉海》卷一三七《兵制》引《后魏书》)
> 初置府兵,皆于六户中等以上家有三丁者,选材力一人,

---

① 旧著《府兵制度考释》,上海人民出版社出版,1962年7月第一版,1978年7月第二次印刷。有关府兵初期衣粮军备问题的叙述,见页41—60(即本书41—61页。——编者注)。

免其身租庸调,郡守农隙教试阅。兵仗衣驮牛驴及糗粮旨蓄,六家共备,抚养训导,有如子弟,故能以寡克众。(《玉海》卷一三八引《邺侯家传》)

每兵唯办弓刀一具,月简阅之。甲槊戈弩,并资官给。(《北史》卷六〇传论)

周太祖辅西魏时,用苏绰言,始仿周典置六军,籍六等之民,择魁健材力之士,以为之首,尽蠲租调,而刺史以农隙教之,合为百府。……凡柱国六员,众不满五万。(《文献通考》卷一五一《兵制》)

上引四段文字,内容上大体一致,只是详略不同,重点不同,行文皆略有差别,个别名词术语引起解释上的纷歧,有必要先就这些文字本身,予以分析,其要点如下:

(一)"籍六户中等以上家有三丁者,选材力一人"为府兵。这一句话,概括了资财、丁口、材力三个条件,这是籍民为兵的基本标准。当时惯例,按资财区分民户为九等,也叫九品的,《通考》二说是东魏北齐有三等九品之制,九品亦称九等,九品又区别为上三品、中三品、下三品,九等则可区别为上户、中户、下户,三等之名由此而生,内容相同,名称不甚统一。北齐有"六等富人"的说法①,即上三品、中三品或上户、下户六等之民户,贫富的分界线,法律上以第六品和第七品相区分,这种惯例,相沿已久,西魏北周大体上是相同的。《邺侯家传》的"六户中等以上家",即《通考》"六等之民"的同义语,指的是同一件事,写法不同,文字繁简不同,上引北

---

① 《文献通考》二《田赋》二。

齐"六等富人"一语,意义完全相同,写法却也不同,史籍上相关记载,相互印证,可以肯定"六户中等以上家"就是"六等之民"的同义语,而"六户"与"中等以上家"是联文的,相互见义。有人把"六户"作为六个户头来解释,不与"中等以上家"联文,当日史籍中尚找不到这样的写法,而"中等以上家"一语,不能确切指明是九等户中的上三品和中三品,行文习惯上也就不会采用,这又是大体上可以肯定的。

"六户"不能释为"六个头户",已如上述。而《邺侯家传》中的六户,是否即为其下文"六家"的同义语,本来易于作出否定的回答,但资材军备由谁供备问题的争论,其焦点在于辨明"六户"与"六家"究否为同义语,接下去还得予以重点研究。

(二)"兵仗衣驮牛驴及糗粮旨蓄,六家共备"指明了资粮军备归谁供给的问题,争论焦点在于"六家"二字的解释,一说六家即"六户",一说六家为"六柱国家"。两种说法,作者认为"六家"即"六柱国家"的说法为妥,至于把"六家"等同于"六户"的意义,无论从文字上讲或从史实上讲,都是不能自圆其说的,这一焦点问题的争论,孰是孰非,已比较清楚,理由有如下几点:

第一,把"六家"释同"六户",认为二者之间存在着必然的联系,也即说成为六户共出一兵、六家共养一兵,并认为《邺侯家传》只讲了籍民为兵的标准,而《通考》又只讲了资粮军备供给的负担者,二者相互补充,相互为用,好似无可非议。但"六户出一兵"的内涵和实质如何,先得弄个明白,不可望文生义。如果说六户出一兵是可信的,这也只系当时封建国家籍民为兵下达任务时的指标数字,从民户总数中要能有六分之一的丁壮数字成为府兵,并非均衡地分配到每个地区每个村落都是六户一兵,从资财、丁口和材力三个条件而言,不可能任何地区各自一组的六户,都能出一兵或恰好只出一兵,也不可能在地方组织中各自一组的六户固定地成为出兵养兵的基层单位,在当时政治尚极混乱的情况下,更不可能有这种长期的、统一的和整齐的兵役、资粮、军备征集制度。按北周大象中有户三百五十九万①,府兵总数不及五万,大致为六户出一兵。籍民为兵的实施,主要依据资财、丁口和材力的三个条件,六户籍一兵,乃为下达任务的计算指标,也可能是完成任务后户数与兵数的一个概括比例,按户籍和兵籍,大体上是可以计算出来而又实现得了的。历代兵役征集,不乏此例,苻坚时"民十丁遣一兵"、后魏明元帝"户二十输戎马一匹、大牛一头"②,都只能作为计算指标来看,具体征集,还有其地区、民户等不同情况和不同方式,临时划一已不可能,长期固定,更是无法办到。这类问题,我们在研究中常常出现不切实际的误解,如井田制的"井九百亩"和"八家皆私百亩",不作为征赋的计算标准来看,而被作为如实实施的一种井田图式,当然是一种误解。又魏晋的户税,不注意其九品混通,而被作为每户平均征收实数的征收制度,这种解释,自然会是失以毫厘、差之千里的,应该引起足够的注意。

　　如上所述,当日籍民为兵,不是以固定的六户一组作为出兵单位,从而也就确定了六户不能是养兵单位,这一文字和史实考证,非常重要。

---

① 《文献通考》一〇《户口》一。按八番兵或十二番兵的服役时间计算,府兵五万,人户三百六十万,分别为九户出一兵或六户出一兵。但当时府兵一般为长期服役,便会是七十二户出一兵,数字方面的计算,并不是那么简单,须得慎重。因此当时是否"六户一兵"为下达"籍民为兵"的指标数字仍应存疑。

② 《文献通考》一五一《兵》三。

四论西魏北周和隋唐的府兵——府兵初期资粮与军备问题再探讨

第二,把"六家"视同"六户"的同义语,从《邺侯家传》文字本身来讲,实在说不通。《邺侯家传》这段文字主要谈了四件事:一是籍民为兵的户等、丁数、材力三个条件和六户一丁的计算指标,二是被籍为兵的可免租庸调,三是资粮军备由谁供备,四是养兵、练兵的成效。弄清楚这段短短的文字,必须了解作者的中心思想在于阐明第四点"养兵、练兵的成效"。我们知道《邺侯家传》的作者是唐代人李繁,李繁祖先原为六柱国之一,历来与府兵关系密切,他的父亲李泌和他本人主张恢复府兵制,写传的目的,在宣扬府兵制的内容及其成效。因之从论点与史实一致性来分析这段文字,就比较易于中肯。这段文字,大致可归纳为下列两点:1. 府兵的成效是战争中"以寡克众";2. 成效的取得,主要由于"兵仗旨蓄,六家共备,抚养训导,有如子弟"。当然免其身租庸,郡守农隙教试阅,也是有其同样关系的,却非这段文字的主要内容,暂可置而不论。谈府兵制以家传形式出现,显然是想极力颂扬其家世,六家就指六柱国家,正符合于家传作者的主要意图。当时府兵由封建皇朝免其身庸调,由六家供其兵仗旨蓄,封建皇朝与六家分别对府兵提供经济条件,具体到六柱国家除提供经济条件之外,还广泛地负有"抚养训导"的全部职责,"有如子弟",正指其全部职责而言。其能在战争中取得"以寡克众"的成效,关键也在于此。上面已经谈到,固定的六户共出一兵为不可能,长期间由固定的六户共养一兵更不可能。如果固定地由六户共养一兵,当时征战频繁,居处不定,兵不固定在本地,难于"抚养训导,有如子弟"。又兵士流动,家属亦随营流动,"郡守农隙教试阅",乃系流动中随所在"地团"而言,并非固定地分散在本乡本土而由本乡本土予以抚养训导。当时军人城居,全属军事管辖，与唐代府兵番上是有其重要区别的。至于军队获得"以寡克众"的成效，《家传》作者当然把功绩归于六家——六柱国，决不会是"六户"，这是不能产生任何疑义的，整个行文措词，均可以证明这种解释的准确性。

（三）综合上引四条记载来看，籍民为兵的条件，《邺侯家传》有资财、丁口和材力三项，《通考》有资财、材力二项，《后魏书》只有材力一项。按当时动乱不安、户籍不实，籍兵条件的全部施行，确乎困难，一般恐是以材力为主要依据。籍者，按图录而强取之，强制性很强。史籍文字简略，我们根据几种记载，相互见义，融会贯通，对于正确解决有关争论问题，亦有裨益。

（四）《北史》传论谓"每兵唯办弓刀一具，甲槊戈弩，并资官给"，此可以用以与《邺侯家传》"兵仗衣驮牛驴及糗粮旨蓄"相互补充。《北史》只讲兵器，其轻兵器出自兵员个人，重兵器全由官给；《邺侯家传》系全面概述军备、资粮之由"六家共备"，不涉及兵员个人"自办弓刀"问题，"每兵唯办弓刀一具"，应是可靠的一个记载，可以补其他记载的缺文。至"官给"与"六家共备"二语，文字上不同，内容上则归于一致，六家亦为官家，官私或公私均为对称之词，《北史》文意与《邺侯家传》文意，可以并行而不相悖。

（五）其他方面如《邺侯家传》说"免其身租庸调"，《通考》"尽蠲租调"，当以《通考》之说为是。至于郡守农隙教试一事，两书记载大体相同，这件事应该说是有的。府兵有的在乡里，称为"乡团"，由郡守农隙教试。但集中城居的府兵，有军坊，就不必由郡守教试。这些记载，出自唐宋，史文缺失，而又传闻异词，诸多舛谬，在所难免，兹不尽述。

四论西魏北周和隋唐的府兵——府兵初期资粮与军备问题再探讨

三、争论中有关重要史实的辨明

初期府兵,史文缺失。关于六户出一兵、六户养一兵之说,只是从《邺侯家传》"六户"一词作出的一种文字上的假说和主观上的推论,并没有直接的史实依据予以印证。其所引用的间接史实,系以北魏戍兵的"资粮之绢,人十二匹";石虎的征发,五丁取三、三丁取二,征士五人出车一乘、牛三头、米十五斛、绢十匹;苻坚的十丁遣一兵等事例,又结合唐代府兵自备弓矢、鞍辔、器仗等以及麦九斗、米二斗之例,并前后联系起来,从而认定西魏北周亦为六户共出一兵,六户共养一兵,衣粮军备,全由私家负担,不由官给,也不是归六柱国家筹办。这样的分析、综合,在论据上殊为薄弱,在论证上极不谨严,论断自然难于正确,其错误主要有如下几点:

(一)历史发展的阶段,既是相互联系的,又是相互区别的。在相同的阶段中或不相同的阶段中,看其以联系为主,还是以区别为主,要从实际出发,作出具体分析。事先作出绝对的肯定或否定,都不是实事求是的态度,应该予以抛弃。西魏北周仍是个动荡的时代,如以西魏北周以前和以后的历史事例来概括西魏北周出现的一切历史事件,那是不切合实际的,从方法论上讲,这是违反唯物辩证法的原则精神,是极为危险的。

(二)具体分析西魏北周以前的发兵,有如石虎的五丁取三、三丁取二,是发兵下达的指标,是临时发兵的暂时措施,这与按地区五户出三兵的实际分配,有很大的不同。又征士五人出一定数量的车、牛和粮绢,又是征收衣粮军备下达的另一种指标,它既然与五丁取三不同,又与五户的出兵与养兵,完全不是一回事。如果以西魏北周六户共出一兵和六户共养一兵的一种两相结合的长期固定的制度,等同于石虎、苻坚时候的按户出兵、按士输军备的方式,以一种标准不同的偶尔一次的措施,并依据后者作为证实前者的存在,不独是不伦不类,而且是违反逻辑。

(三)具体分析北魏戍兵,"资粮之绢,人十二匹",系就一年出戍的需要来计算的,不是终身役。又唐代的府兵,府兵自备衣粮兵备,只是就每年上番一月资粮来计算的,也不是终年服役,无需负担全年资粮所需。① 又唐代不曾有着几户共点一兵的指标下达,亦没有几户共养一兵的规定,习俗上虽有邻里相助的传统,亦非制度所确立下来的。又唐代府兵,除番上或出征外,一般都不脱离家乡和生产,这是治平时期才能行得通的办法,西魏北周战乱频繁的情况下,都是不可能实现得了。凡此诸端,均无法互相比附,更无法推断二者有其必然的渊源关系。

总之,关于六户共出一兵、六户共养一兵之说,既无直接史实的证明,又找不到任何旁证,单纯就前后兵制某些类似之处,企图作出确切的论证,这种论证是站不住脚的。这种论证方式,用以研究一个稳定朝代某一制度的渊源关系,已不适宜,何况由南北朝到隋唐,朝代更换已不少,西魏北周又处在战乱与统一这一转变的关键时刻,要想简单推彼及此、推此及彼,更是不可能和不应该的。

关于释"六家"为"六柱国家",并释"六家共备"为"六柱国家"各自供备衣粮军备,其直接论据确乎不多,但毕竟有着一些可资说

---

① 《魏书》四四《薛虎子传》:"资粮之绢,人十二匹……在州戍兵,每岁交代。"又《北史·元孝友传》"十五丁出一番兵",可以互相说明。

四论西魏北周和隋唐的府兵——府兵初期资粮与军备问题再探讨

明的史实基础和文字记载。从"六家"的含义而言,新旧《唐书·高祖纪》,都有"称为八柱国家"、"号八柱国家"以及《北史》六〇传论"咸推八柱国家"之文,显系当日政治上社会上的一种习惯称呼。我们进一步对照《邺侯家传》的记载,论据就更加确切无疑。《邺侯家传》既讲到"自初属六柱国家"和"六家主之"的事实,又指明"八柱国言六家何也?""其总戎盖六家也"的原因。关于《邺侯家传》"六家共备"的含义,在其前后本文中,自有注脚,已无容另行解释,更无容另生疑窦。从六柱国家筹措衣粮军备的一些间接事例而言,也还有不少记载,诸如王悦屡以私财飨兵,临战前夕,罄其行资,市牛犒士,在行军途中,以部队所具的粮食,分给缺粮的其他部队;令狐整、李迁哲实行所谓"同丰约"、"共甘苦",还是保存了过去蓄养家兵、私兵的风气;李迁哲在信州,军粮匮乏,乃收葛根造粉,跟米配合在一起,支持食用,即军将自筹军资的有力例证。这在拙著《府兵制度考释》中已作过说明,不再述及。

"六家"释作"六柱国家",而"六家共备"应认定为六柱国家分别供备衣粮军备,从文字记载上讲,可以肯定为不误。但我们作考证工作,应力求"信而有征",即使文字记载可以确信,一定还应要求历史事实的证明。可是当时军将自筹军备给养,只有极少数的间接事例,而六柱国家的自筹军备给养,除《邺侯家传》的文字记载外,并无其他事例和文字说明,其情况与释六家为六户之说,确乎有些类似,争论的悬而不决,焦点也正在这里。那么作者既主"六家共备"为六柱国家自筹军备衣食之说,又怎样来解释这个关键问题或焦点问题呢?

解释这一关键问题,需要从当时整个政治社会情景多方面予以论证,以下会分别作出说明。为了行文方便起见,先行提出论证方面的一个总前提,这个总前提,即前面曾经一再提及的,西魏北周为从战乱走向统一的关键朝代,府兵正产生在这一转变的关键时期,分裂与战乱,稳定与统一,其因素交织在一起,极为错综复杂。这表现在军事和军事制度方面,比于其他政治经济,更为敏锐,更为集中。整个政局,属于承先启后的转变时期,军事和军事制度,应当特别注意其承先启后的变化,其现象,其本质会是十分错综复杂的,简单不得,疏忽不得。

西魏北周的政局,稳定和统一的因素逐渐增加,这是潜在的一种趋向,不经仔细分析,是难于窥见得到的。但分裂和割据的事实,仍然十分突出,而又十分显著,两相比较,极为微妙。正是在这种变化莫测的时候,如果出现六户共出一兵、六户共养一兵的新情况,以替代由来已久的差遣、调发和召募,史籍上应该大书特书,不会是没有广泛记述和具体记载。从这个意义上讲,史籍中找不到六户共出一兵、六户共养一兵的具体说明和有关史实,乃是合乎逻辑的事。反之,六柱国家自筹军备给养,包括其部下自筹军备给养在内,原是历来私兵部曲仰给于军将的常规,史文多缺而不书,也是合乎逻辑的事。两相对照,可以得出一个初步的论断,即六户共出一兵、六户共养一兵,这个事实,在当时是不存在的;而由六柱国家自筹军备给养,仍在继续保持,《邺侯家传》的记载,应属可信。

为了从整个历史发展——包括政治经济和社会结构的变化中,弄清楚这一争论问题,下面分别予以分析综合。

四、从西魏北周的政局来看,不可能顿时出现六户共出一兵和六户共养一兵的新情况

在封建制度下,要实现六户共出一兵、六户共养一兵的要求,

四论西魏北周和隋唐的府兵——府兵初期资粮与军备问题再探讨

至少得具有如下的几个条件:一是政局稳定,一个兵从二十岁到六十岁,四十年时间作为终身兵,长期地固定地受着共出一兵的六户抚养。二是户籍计帐比较详实,可以作为简兵养兵的依据和稽考。三是农业生产、人口地著以及社会秩序等都较稳定,流徙、逃亡的情况不多。四是州县以至乡里的组织都较健全,足以保证兵员的征发、递补以及抚养诸事的正常进行。如此等等,无烦列举,没有一定条件,无论如何,实现不了,自不待言。

西魏北周,正当魏末大动乱之后,东西魏和北齐北周长期对峙,战争频繁,又与南朝分别抗衡,西北西南方面的突厥与氐羌等边疆争夺亦多。就是西魏北周四十多年间,两换朝代,两朝内部权力之争,也很激烈,大大地影响了政治的稳定。经过魏末长期的大动乱,西魏北周虽然采取了不少措施希图扭转这种局面,也决非一蹴可期的。

北周宇文泰和重臣苏绰为了拨乱反正,制订许多条制,进行了许多工作,成效是有的。北周地方官政绩卓著者确乎不少,一部二十四史中所谓"良吏",论其实际人数,前后各朝,几乎无与伦比。①但这种地方官从整个时期整个地区而言,仍然是凤毛麟角,其治迹虽有其极大作用和影响,决不可以想象为达于至治至极。由乱到治,而又治中有乱、乱中有治的情况下,有关的一些事实,暂置勿

---

① 《周书》二大统元年有"益国利民便时适治"的二十四条制,又十年前后所订二十条及十二条定为中兴永式,"于是搜简贤才,以为牧守令长,皆依新制而遣焉,数年之间,百姓便之"。同书二三《苏绰传》:"绰始制文案程式,朱出墨入,及计帐户籍之法","其牧守令长非通六条及计帐者不得居官"。当时整饬吏治,是有一套办法,并大力推行,推行也有成效,据同书三二《唐瑾传》,宇文泰时有"六尚书皆一时之秀","号为六俊",算是朝廷有好官,地方亦多好官,有一点新的气象。又按《周书》二百五十个左右的列传中,有良吏事迹的,不下五六十人,在历朝史册中,殊为少见。

论,只以与兵制有关的两项事项为例,用以概括其余:

一是北周户口数字极为紊乱。北周平齐后,所得北齐户总数三百零三万,口总数约两千万,两三年以后,其户数仍为三百五十九万,口总数约一千万。① 如果按这两个数字作分析只说明一个问题,那就是计帐和户籍在北周平齐强盛时期,仍然十分紊乱,原来北齐每户平均六口强,北周只是每户平均两口半强,前者的比数是接近当时实际的,后者的比数在任何一个朝代里都是不可能的。如果府兵按六户中等以上家有三丁者择材力一人充任,又会出现什么样的情况呢?不是无兵可简,便是可简不多,值得我们注意。西魏制为"计帐户籍之法",又制为"六条诏书","其牧守令长非通六条及计帐者不得居官",十二年之后,改建六官,更新旧制,三十三年之后,北周颁下《刑书要制》,隐丁隐地有罪。② 看来这些制令,很不完善,而又置之未行,行之不力,既然隐丁隐地,于法有罪,何以此后的三四年户籍计帐竟紊乱到难于想象的地步呢! 这里除隐丁隐地这一原因外,人民流亡,军户顿增,也构成为户口减少的重要因素,六户共出一兵和共养一兵,从中央到地方,组织上可以说毫无基础可言。

二是兵制本身极不稳定,又极为混乱。大统九年,"广募关陇豪右以增军旅";大统十六年,籍民之有材力者为府兵;建德三年,"诏荆襄安延夏五州总管内有能率其从军者,授官各有差,其贫下户给复三年";同年"改军士为侍官,募百姓充之,除其县籍,是后夏

---

① 《文献通考》一〇《户口》一。
② 《周书》二大统元年事,二三《苏绰传》,三二《唐瑾传》,五《武帝纪》建德六年事。

四论西魏北周和隋唐的府兵——府兵初期资粮与军备问题再探讨

人半为兵矣"。① 军队中部族有胡夏之分,成分上有豪右、贫下户之分,又有元从、"义众"、新简、新募之分,方式上有简与募之分,又有县籍与军户之分。从当时平齐出兵总数估计为三十万,府兵以五万计,只是总数六分之一。这个六分之一的府兵,分别出自较为固定的六家和养于较为固定的六家,实行起来,十分困难,中等以上家有三丁者取材力一人,六家之中如不再行承受召募,兵源从何而来?撇开这些因素不谈,孤立地看六户共出和共养一兵之制,会是不切实际的。

五、西魏北周时期,家兵、部曲的性质没有出现根本的变化

西魏北周统治上层的人物,是以鲜卑为主体的少数部族的北镇集团和以汉族为主体的关陇集团结合在一起的政治势力。鲜卑等少数部族来自武川等镇,迁移在关陇一带,仍保持其一定统属关系,处于汉化过程中而没有达到民族完全大融合的境地。关陇集团又有各自分别为乡里、宗族的不同派系,乡里、宗族关系又往往结合在一起,而以地域为中心,从州县以至乡村、城镇,都有大小不等的派系存在。东、西魏分裂之际,各地地主武装和部族武装,风起云涌,互相抗衡,亦互相拥戴。这些武装势力的头目,称为乡豪、首望、豪帅、义首等,而兵士则称为徒侣、义士、宗人、家僮等,分合聚散,倏忽变化,其趋向为大鱼吃小鱼,不归东魏,即依西魏。在一个地区范围之内,也处于抗衡或火并状态,例如洛州有泉、杜二大姓

---

① 《周书》卷一至六各本纪以及《隋书·食货志》。

之争,各自聚众,称为乡兵,亦称义众,成为东西魏争夺洛州的主要目标。① 其他如裴果、樊深、乐运等在地方有所谓挫抑豪右之名,都是把较小股的和较分散的地主武装合并起来②,由小的割据逐步成为大的割据,一旦大的割据势力都归于西魏皇朝,就形成地方军队统辖于中央的局面。平齐以后,北方就已初具封建统一的政治基础。

割据势力统辖于封建皇朝,经历着极为曲折、艰巨的过程,军队的家兵部曲性质,始终没有能够完全改变,原来那些乡豪、首望等所率领的宗亲、义众、徒侣、家僮等,逐步纳入府兵统辖系统,仍称乡兵,本质上保留原来的地方和宗族以及部族的关系,其色彩都十分浓厚。西魏大统十二年,"初选当州首望,统领乡兵",或者是"以望族兼领乡兵",领乡兵者其军阶为帅都督,成为府兵统帅系统中的一级较为重要的组织。由于它是统领乡兵的一个重要基层组织,北周天和五年曾省去帅都督这一级组织,不到四年这一组织又恢复了,可见帅都督之领本乡兵,是十分重要的,是无法省去的。③ 特别这些乡兵,一般仍视同家兵、部曲,一经隶属,便即具有一种类似人身依附的关系,如宇文广死后,其弟宇文亮进位大将军,"广之所部,悉以配焉";李迁哲的第六子敬猷,由京城回到本乡,"还统父兵",授大都督;陈忻在军队中"雅得士心","还令万敌(忻之子)领其部曲"。④ 家兵、部曲这一总的趋势,虽然在逐渐减弱,而这种痕迹及其实际性质,仍然是表现得极为明显。

---

① 《周书》四四《泉企传》,《周书》二大统三年有关记载。
② 《周书》四五《樊深传》,三六《裴果传》,四〇《乐运传》。
③ 《周书》三九《梁昕传》、《韦瑱传》,二三《苏椿传》,三二《柳敏传》;《隋书·田式传》;《周书》五《武帝纪》天和五年和建德二年。
④ 《周书》四四《李迁哲传》,四三《陈忻传》,一〇《宇文亮传》。

四论西魏北周和隋唐的府兵——府兵初期资粮与军备问题再探讨

府兵初期兵员为终身兵,而且是家属随同居住的①,兵员既有耆老,又有妻子,故军人以户计,最初虽有县籍,实际上长期隶于军户,后来除其县籍,永为军户。建德六年十二月移并州军人四万户于关中,可见军户很多,人数很多。又建德二年十二月,诏"军人之间,年多耆寿,可颁授老职,使荣沾邑里",又可见军户同家乡关系仍旧维持,地域宗族以及部族色彩颇浓。军户与民户较为混杂,后来倾向于集中居住,帅都督统领乡兵,有乡团,而各地筑城颇多,军户城居,集中为军坊。天和元年起在各地筑城,连续五年未曾停止。府兵既为终身兵,家属随营居住和生活,乡团或军坊都比较集中,军户成为军队系统中的特殊组织,驻地还可随军迁移。《隋书》所谓"魏末丧乱,宇县瓜分,役车岁动,未遑休息。兵士军人,权置坊府,南征北伐,居处无定,家无完堵,地罕苞桑,恒为流寓之人,竟无乡里之号"②,说明其征守地区变化频繁的情况,它与县籍中的民户,完全不同。这也可以看出六户出一兵、六户养一兵之说,事实上行不通。

这里顺便提及一事,即西魏北周军队的统辖和军将名号、权力,大体上是沿袭魏末丧乱中的规模,并没有重大改革。府兵初期有柱国大将军、大将军、开府将军、仪同将军、大都督、帅都督、都督。以前,将军开府,乃极少有的权力机构,柱国大将军更是一个非常的称谓。魏末逐渐形成,名号既崇,权力极大,西魏北周仍然承认这些名号,权力仍然不小。至于隋唐,鹰扬府、折冲府的长官,只称郎将,有时称为将军,也认为名号太崇,随即改变不用。

---

① 《周书》三一《梁士彦传》:"令妻及军人子女昼夜修城。"
② 这是开皇十年的一个诏令。《北史》一一《隋本纪》所载略同。

六、六柱国家怎样能供给其部队的衣粮军备

魏末群雄纷起,强宗豪右,各有武装,他们以私财供军,其应募从军者又多拥有私财,自具兵器和战马以及资粮等。当时战乱不休,郡县失据,刺史令长,常常变动,有一些州县官吏,号令不出城邑,乡豪、首望,各自专制一方,集政权、财权、兵权于一乡、一宗、一人之手,常常是官私不分。《北史》四九《毛鸿宾传》有谓:"领乡中壮武二千人……洛中素闻其名,衣冠贫冗者竞与之交……四座常满,资给衣食,与己悉同,私物不足,颇有公费。"这寥寥数语已道出所谓私财养士的一点内幕,有助于我们了解私财赡军的内容、实质。

"六家共备",即六柱国家供备,也即六柱国家为主的所属军将自筹衣粮军备,自筹方式根源于战乱中传统习惯而来,从当时广泛事例予以分析,大致有如下几种:

(一)私财供军。东、西魏分立之初,各个大大小小的首望、乡豪都有乡里宗族、部族徒侣和亲兵,如令狐整领乡亲二千余人归于西魏,战乱之后,仍剩下宗人二百余户,并列属籍(赐姓宇文氏),史书说是"举宗效力",而令狐整尝与宗人"躬同丰约",这些强宗各有资财,随军征讨,当时颇多此例。他如李贤曾率乡人出马千匹以助军,后来成为乡兵中的一个重要支柱。梁览散财召募,构成为日后乡兵的一支基本队伍。① 大体上家兵、部曲的结合,是与首望、乡

---

① 《周书》三六《令狐整传》、二五《李贤传》,《北史》四九《梁览传》。

豪以及所部自拥资财分不开的。在封建的宗族的地区的子弟兵部队中,军将及其部下,以私财和公物养兵,将士在军营生活中休戚相关,有如阎庆"善于绥抚,士卒未休,未尝先舍,故能尽其死力,屡展勋劳"①,《邺侯家传》所谓"抚养训导,有如子弟",许多军将,其行动都与阎庆相类似,这些事例恰好都是为《邺侯家传》的最好注脚。至于这些私财,由于剥削、掠夺以及出自公费等,会是多种多样的,那就无法去判明了。

(二)就地筹措。战乱之中,资粮匮乏,家兵部曲进驻到哪里,就在哪里筹办资粮。宇文泰因关中大饥,打下弘农之后,就在弘农"馆谷五十余日",一支万人的部队,都取给于弘农一郡。杨忠东讨,粮食缺乏,乃招诱稽胡,遂至"馈输填积"。宇文贵西讨,赵刚在渭州,为之"资给粮饩"。于谨援洛阳,权景宣"督课粮储,军以周济"。② 事例甚多,无容列举。军将怎样筹措资粮,一般还不都是出自正常租调,而是临时征发。宇文邕征齐,"发关中公私驴马悉从军"③,杨摽在建州"所经之处,多并赢粮附之",他如韩褒"调富人财物"赈给兵募之类④,恐怕都是"竭泽而渔",史册固亦难于详载。

(三)虏掠与劫夺。军将攻城略地,以虏掠为生,陆腾"大获粮储,以充军实",史宁拔梁九城,获户二万,所部镇河阳,前后掳获数万人,以充军实。杨摽还令各领所部,"四出抄略,拟供军费"。掳

---

① 《周书》二〇《阎庆传》。又如三七《寇儁传》所谓"笃于仁义,期功之有孤者,衣食丰约,俱与之同"。三六《令狐整传》所谓"善于抚驭,射同丰约,是以人众并忘羁旅,尽其力用"。宗兵、乡兵中较流行的所谓义气,均类此。

② 《周书》一九《杨忠传》,三三《赵刚传》,二八《权景宣传》。

③ 《周书》五《武帝纪》,又《北史》四九《梁览传》:"既为本州刺史,盛修甲仗,人马精锐。"这在当时,皇朝与地方,随时可以"征发不已",不同于正常租调的征收。

④ 《周书》三四《杨摽传》,三七《韩褒传》。

掠所得,一般都分给将士,将士和士卒又复各有私财。杨㯹"大获甲仗及军资,以给义士",史宁"所得军实,悉分赏将士,宁无私焉",梁椿连自己所获赏物也"分赐麾下"。是以部下感恩图报,士卒用命。宇文泰本人首先予以倡率,当其打败王悦之后,"收悦府库,财物山积,皆以赏士卒,丝毫无所取",连其幕僚私自拿了一个银镂瓮给他,仍然剖赐将士,由此大得人心,士气大振。①

(四)皇朝与地方的正常征调。当西魏北周战争较少的时候,政局亦较稳定,军将领总管、刺史、县令之职,且各有封邑,封邑由先具虚名,复予寄食他州他县,有实封,有禄入。军将本身私财增加了。地方正常赋入,除上供封建皇朝外,州郡也有所得。独孤信,"在陇右岁久","大军东讨,信率陇右数万人从军",应是地方供给的。后来皇朝蓄积财富益多,军费亦由皇朝支付,宇文护征齐,动员几十万兵,"兴兵至洛,不战而败,所丧实多,数十年委积,一朝麋散"②,可见这个时候,衣粮军备,已由官给,这与军将自筹给养的情况,已经是大不相同了。

(五)屯监之入。苏绰建言"置屯田以资军国",其屯田营田之实,从来未尝间断:王思政镇弘农,营田农;李贤在河州,大营屯田,以省运漕;宇文贵在梁州置屯田积刍秣。政局不稳定的时候,置屯较多,有助于衣粮的供给。③

兵甲器仗,最初依靠掳获,又各地亦有储备。政局稳定以

---

① 《周书》二八《陆腾传》、《史宁传》,三四《杨㯹传》,二七《梁椿传》,一《文帝纪》。
② 《周书》三六《令狐整传》,三〇《于翼传》。又二九《达奚寔传》"氐人感悦,并从赋税,于是大军粮饩,咸取给焉",也算是正常赋税,用以供军。
③ 《周书》二三《苏绰传》,一八《王思政传》,二五《李贤传》,一九《宇文贵传》,二〇《贺兰祥传》。

后，官造兵仗，开始进行，薛善为司农少卿领同州夏阳县二十七监，每月役八千人，营造军器，军备官给，此时已经是毫无问题的了。①

总上所述，"六家共备"应从魏末以来家兵部曲的积势予以理解，西魏北周虽然在励志改革，而改革的条件，须得逐步予以创造，宇文泰、苏绰的全盘改革，不可能超越时代所形成的既定环境，又不是一骤可期，我们不能把府兵初期的规制，等同于唐代。一切从实际出发，具体的历史事件，都得从当日时空条件，一一予以具体分析。

七、封建割据与统一的辩证关系　宇文泰的政治远见

西魏北周是由魏末丧乱到隋唐统一这一大转变的关键阶段，这一大转变，是以宇文泰的扶植西魏、进行全面改革肇其端。西魏北周的统一关陇以至统一北方，比之于汉末乱离后的三国鼎立以及宋代由五代十国纷争得有"杯酒释兵柄"的美谈，其成功关键，均有过之而无不及。历史条件是大有不同的。曹操挟天子以令诸侯，收容各种势力，任贤使能，改革政治，大兴屯田，初步统一北方，结束了当时"家家思乱，人人自危"的大混乱局面，结果吴蜀仍各峙一方，战乱不曾稍戢。下观五代十国，兵强则逐帅，帅强则叛上，其灾难都不及东汉、北魏末年那么广泛深重，赵宋实力又较强，"杯酒释兵柄"，正亦时势使然，故宋代统一局面的维持，亦颇为长久。至

---

① 《周书》二六《长孙俭传》，三五《薛端传》、《薛善传》。

于宇文泰虽可借重于西魏皇朝正统名号，以招诱各种地方势力，而他本人兵力不多，卒能笼络英豪，吞噬邻土，在关陇一带，建立了统一北方的据点，并启隋唐统一的初基。《周书》所谓"太祖田无一成，众无一旅……鸠集义勇，纠合同盟"，其功业是十分艰巨的。要是比于曹操和赵匡胤，实有其胜人之处，苏绰辅助宇文泰以成其功，英雄会合，在封建政治发展过程中，殊属不可多得。

宇文泰的改革措施，这里不可能加以全面论述，只就其整军治兵而言，充分可以看出其政治远见。军队的改革，可以反映其政治改革的中心内容及其实质，下面打算概括地对此作出说明。

魏末丧乱，开始于北镇，北镇为鲜卑与汉族的强宗豪族集中地带，北镇之乱，整个北方被骚扰，流民南下，又汇成民族大流徙的洪流，生产萧条，民人亡徙，为五胡十六国以后的一次各民族的浩劫。乱极思治，此不独各地人民为然，即首望、乡豪以至官僚军将，都逐渐产生厌乱的要求和心愿，宇文泰历经患难，"驱驰戎马之际，蹑足行伍之间"，当其"平丑奴、定陇右"时，史册称为"时关陇寇乱，百姓凋残，太祖抚以恩信，民皆悦服"。大统元年宇文泰为"督中外诸军事、录尚书事、大行台"，就进行改革，史谓"太祖以戎役屡兴，民吏劳弊，乃命所司斟酌今古，参考变通，可以益国利民、便时适治者，为廿四条新制，奏魏帝行之"。接着在大统三年进行整军，沙苑之役，下令："维尔士众，整尔甲兵，戒尔戎事，无贪财以轻敌，无暴民以作威。"自此以后，一切军政措施，大体上是能适应时代的要求，符合于"民心思治"的愿望的。

封建统治内部的秩序，是以君臣隶属关系为其纽带的。臣之于君，地方之于皇帝，以及小吏之于大官，表现为忠与不忠，或表现为向心力与离心力，即隶属关系中物质利益和伦理观念相结合的

四论西魏北周和隋唐的府兵——府兵初期资粮与军备问题再探讨

具体反映。隶属关系紊乱,导致封建主各制一方,互相猜忌,互为雄长。当此之时,宇文泰"内询帷幄,外仗材雄,推至诚以待人,弘大顺以训物","修六官之废典,成一代之鸿规,德刑并用,勋贤兼叙,远安迩悦,俗阜民和"。封建史册,对此自多溢美之处,究其实际,确又有一定依据。①

宇文泰东伐,沙苑之役,发遣十二军。其十二大将都是旧时割据雄豪,后来建立二十四军,开始实行府兵制,仍然是以这些原来人物为之首领。终宇文泰之世,对这些人,都是推心置腹,疑猜不生,裂痕弥合。同时也表现于宇文泰本人忠诚对待西魏君主,曾不萌改朝换代之念,从封建伦理立论,本自无关宏旨,但君臣隶属关系,逐步走向正常,政局上逐步走向平稳,仍然是时代的需要,符合于当时历史发展的要求的。

宇文泰承认旧时割据雄豪的势力,把他们纳入西魏皇朝的直接统辖,接受西魏皇帝的政令和军事指挥调遣。这本来不是一件轻而易举的事,他之所以很快地做到这一点,在于有其便时适治的策略。宇文泰不亟亟于改变旧时割据雄豪家兵部曲的关系及其实质,也即不即时损害他们的切身利益;并在形式上甚至在某些实质上保留其原来的色彩和隶属,后来甚至规定军将功高者赐予鲜卑勋族姓氏,所统军人亦改从其所属军将之姓,仍然是一种笼络方式。② 唯一前提,是直辖于皇朝,不能擅自割据称雄,以增强其对皇朝的向心力,而削弱其他地方、其他人物的离心力,这是符合于封

---

① 以上引文,均见《周书》一至二《文帝纪》。
② 《北史》五《魏本纪》大统十五年,原代人改为汉姓者,恢复胡姓。又九《周本纪》魏恭帝元年,"以诸将功高者为三十六国后,次者为九十九姓后,所统军人,亦改从其姓"。

建统治的本质,而为当时拨乱反正需要的正确措施。宇文泰的功业,只是属于封建统治分合、治乱的转化问题的范围,是同一阶级统治的改革,不同于不同阶级的对抗和革命。改革可以"为之以渐","顺时而动",反之,骤变与大变,往往不易成功而遭致失败。如果宇文泰不看到家兵部曲的积习难移,不跟这些旧时割据雄豪推心置腹,继续分裂与混战仍是可能出现的。即以军队给养和军备而论,西魏皇朝因无法统一供给,如果想要直接归于人民供给,在地方组织和经济措施上以至整个社会秩序、社会生产方面等,都是办不到的。宇文泰以及苏绰等虽具雄才大略,要是离开当时客观条件,会是一事无成。他们顺时而动,正是其深识卓见,值得予以称许的地方。

封建政治中的统一与割据,为整个封建社会中一种变动不居的把戏。虽然从大体说来,随着封建社会的发展,割据因素越来越小,统一因素越来越多,但统一之中总归包含着割据的因素,割据之中总归包含着统一的因素,在一定条件下,相互转化,转化总不会是绝对的,形成封建统一与割据的辩证关系不能以个人意志为转移。宇文泰顺应当时统一因素的增强,并利用原来割据因素来为统一事业作基石,从而更有效地加强统一因素,这是辩证法中的相反相成,相反相成可以进而为相辅相成。宇文泰不自觉地运用封建统一与割据的辩证关系,奠定了统一北方的功业,确乎是难能可贵的。

简短的结论:

府兵初期资粮军备的"六家共备",是《邺侯家传》记载下来的,《邺侯家传》这一本文和前后文,对"六家"作了"六柱国家"的解释,结合其他记载的相互说明,均可证明为不误。

根据文字记载,并考察当时整个政治经济的历史事实,又都证明府兵资粮军备,只能是六柱国家供备,也即是军将自筹,不可能也不会是六家共出一兵、六家共养一兵。当时历史条件注定是如此,不能是别的。

封建政治中的统一与割据是辩证地发展着,宇文泰在府兵制实施中,顺应统一因素的增长,并利用原来的割据因素,转变过来作为增强统一因素的基石,用以逐步削弱割据势力,取得成功,乃是不自觉地运用统一割据互相转化的辩证法,相反相成从而相辅相成。任何历史事件,都是辩证地发展变化着的。我们研究任何一个历史事件,都应当是辩证地看问题,只有这样,才能做到实事求是,使历史学真正成为科学。

(此文原题为"西魏北周时期统一与割据势力消涨的
辩证关系——四论西魏北周和隋唐的府兵"。
原载《江西大学学报》1981年第2期)

五论西魏北周和隋唐的府兵[*]
——府兵制的确立与兵户部曲的趋于消失

汉末以来,战乱频仍,社会动荡不安,客佣增加,并更多地转变为客户,客户广泛发展,世代相传,"寄命衣食"。表现在军队里,乃私兵、部曲的盛行,形成为封建人身依附关系强烈的世兵制。世兵制,兵员被迫服兵役,对其主帅有着人格上的依存;是基本上脱离生产的职业兵,全家世代相袭,"寄命衣食"于其主帅;兵员只列军籍,不编户贯。他们可以脱离乡土,但宗族、乡里在其所属组织中往往保留着极为浓厚的色彩。这种世兵制,影响到政治上,是分裂割据,大小军阀之间互争雄长,各民族之间也常常引起相互间的冲突和迁徙、分化、融合。门阀势力、军阀势力统制着整个封建政治,成为长期的大动乱时代。

佣客和客户的增加,影响到兵制中私兵、部曲的普遍推行,又通过军队这一杠杆作用,加深了社会上各民族间阶级、阶层的变化,客户、营户、屯户、杂户、官户、荫户等,不独名目繁多,互有等

---

[*] 《西魏北周和隋唐间的府兵》(见《中国社会经济史集刊》第五卷第一期,1937年);《再论西魏北周和隋唐的府兵》(见《厦大学报》第三集,1944年);《三论西魏北周和隋唐间的府兵》(见江西师院《科学与教学》第一期,1958年);《西魏北周统一与割据势力消涨的辩证关系——四论西魏北周和隋唐的府兵》(见《江西大学学报》1981年第2期)。

五论西魏北周和隋唐的府兵——府兵制的确立与兵户部曲的趋于消失

差,而且数目益增,并加强了对封建主的人身依附关系。奴隶在生产与生活领域内的人数,亦时增时减,总的趋向,是随着客户、荫户的增加而相对地减少。府兵制的形成和确立,兵户、部曲趋于消失,军人编入户贯,"垦田籍账,一与民同",其关键固在于均田制的推行,而军队的世兵制转变为封建义务兵制,起了极其巨大的作用。军队是国家的主要工具,军队本身的组成,必然反映出作为政治经济一个重要纽带而发生着重大的杠杆作用。

本文想概略地叙述汉末至隋初兵制中兵员成分的变化,并着重阐明当时军队组成及其对政治经济的杠杆作用,借以与读者商榷。

一、秦汉以来客、佣与客户、佃户的发展变化

秦汉时的客、佣,一般均指"徒附"而言,其社会地位高于奴婢。《后汉书·仲长统传》所谓"奴婢千群,徒附万计"①,"徒附"即客、佣一类的身份,有似封建地主的"私属"或"附庸"。当时封建地主除了用奴婢种田之外,日益更多地使用客、佣,所谓"豪民侵陵,分田劫假"、"多规良田,役使贫民"②,都是富人假予贫民以田而役使之的一般性记述。还有人以自己租赁到之田产假予贫民,从事中间剥削者,如宁成"贳贷陂田千余顷,假贫民,役使数千家"③,乃租

---

① 仲长统《昌言·理乱篇》。
② 《汉书·王莽传》,又《陈汤传》。当时对于使客、佣和客户种田,概括称之为"豪杰役使",社会上已形成了这一专门术语。
③ 《汉书·酷吏传》。

佃制日趋发展的重要证明。西汉限制奴婢,东汉几经免奴为良,耕种上更多地仰给客、佣,整个趋势,由来已久。

佣、客社会地位低下,第一是经济上贫弱,被富人豪民所役使;第二是政治上不得推择为吏;第三是社会身份上低人一等。梁鸿在吴,依大家为人赁舂,只能居于庑下,后被特殊恩遇,"乃方舍之于家"。连衣服也有区别,不与编户齐民同。当时侮辱人称为"老佣",即可见之。

汉代的佣客,一般只及其身,不必累及家属;服役可以有时间性,不必是终身,更不必为世代服役;户贯上虽不与士族等,仍可以同于编户齐民,一般尚不为"不编户贯"、"不属守宰"。① 有如郑玄,家贫,"客耕东莱,假田播殖";孟尝"隐处穷泽,身自耕佣",第五访常佣耕以养兄嫂,都只是暂时性的客佣。② 公沙穆变服客佣,申屠蟠因树为屋,自同佣人,身份的形式改变了,士人的实质并未改变。③ 孔嵩家贫亲老,佣为新野县阿里街卒,以先佣未竟,仍不肯先期离开街卒的现役。④ 这些事例都出现在士大夫身上,与一般农民不同,却又反映出当时社会现实,客佣一般还不为客户,也不为世仆。客佣取代田僮——奴婢而任耕种,其社会地位已经降低,但地位仍然高于奴婢,而且役期可以变易,受着契约性的制约。

汉末战乱不休,穷人无法生存下去,多投靠富家豪族,寄命衣食,而富家豪族又招徕穷人,为之耕种。自此以后,客户、佃户逐渐

---

① 参阅《后汉书·贾琮传》,又《逸民传》,又《刘玄、刘盆子传》。
② 《后汉书·郑玄传》,又《孟尝、第五访传》。
③ 《后汉书·吴祐传》,又《周黄徐姜申屠列传》,又《党锢列传》。
④ 《后汉书·独行列传》。

五论西魏北周和隋唐的府兵——府兵制的确立与兵户部曲的趋于消失

增多起来①,有如魏氏赐公卿以租牛客户各有差,这不会是小数字②。又如西晋占田制规定,一品官可以占田五十顷,得荫五十户以为佃客,东晋规定佃客的基数略低,仍然可以有佃客四十户③,这都大体上反映当时客户、佃户增多的实际情况。北朝官户、屯户、营户、杂户、别户之类名目繁多,其身份均略同于客户,属于官府④,甚至有绫罗户,专供纺织,无条件地为官府服役,依附于官府,其性质乃与依附于私家相似⑤。

客户普遍增多,既以户计,不只限于一身,又不只限于一代,而在法律上,不编户贯,不属守宰,"私属"、"附庸"的地位,乃完全制度化了。这种变化,除历史的长期形成的原因以外,主要为现实的两种趋向,一是官府以客户赐予臣下。曹魏赐予公卿以下客户;孙吴以"复人"、"复户"赏赐功臣;占田制中规定佃客之类对国家"皆无课役",使得许多农民从编户齐民中分离出来,成为私家的仆人。二是豪势侵役寡弱。西晋时,"私相置名"已多,北魏时"民多荫附,荫附者皆无官役,豪强征敛,倍于公赋"⑥,法律上承认并保障富民势家的拥有客户,而一般编户,又可投靠富民势家作为荫户。魏晋

---

① 魏晋南北朝客户同于佃户的性质。这种客户与唐宋所云"客户"仍有区别。唐宋客户如《全唐文》三七二柳芳《食货论》所云"人逃役者多浮寄于闾里,县收其名谓之客户",那就不一定具有佃户性质。

② 《晋书·王恂传》。

③ 《晋书·食货志》,《隋书·食货志》。

④ 官户、杂户之类,极为混乱,有待专题论述。这里只就其社会身份而言,基本上同于客户,即其身份高于奴婢而又低于编民。例如《北齐书·文宣纪》:"免诸伎作屯牧杂色役隶之徒为白户。"又如《周书·武帝纪》:"凡诸杂户,悉放为民,配杂之科,因之永削。"即可见之。参阅《唐律疏议》三,及一二杂户、官户条。

⑤ 《魏书·仇洛齐传》:"逃户占为细茧罗縠者非一,于是杂营户帅遍于天下,不属守宰,发赋轻易,民多私附,户口错乱,不可检括。"

⑥ 《晋书·食货志》,《魏书·食货志》。

南北朝,确是封建制度发展中的一大变化,封建化的加深与推广,是值得加以重视的研究课题。

二、汉末以来私兵部曲的发展

私兵、部曲,具有世兵的性质,汉末开始发生,到南北朝臻于极盛。汉末到隋初,兵制史中出现着这么一个重大变化,有关史实,在我的《府兵制度考释》和何兹全同志《读史集》中分别详为论列①,这里一般从略。

私兵、部曲是客户、客佣制在军队中的反映,也是客户制在军队中的延续和扩展。兵户、部曲一般是以户计的,家属往往随营或另行集中居住,世代相袭,构成为全家的固定身份。部曲之女称为"客女"②,说明部曲的社会地位,完全与客户相同。私兵、部曲为终身役,亦为世代相继,兵户之子称为"士息",士息与客女都表明其社会地位低下。兵户、部曲及其后代的身份,有政治上的约束和法律上的规定。第一户籍上不列为编户齐民,只列入兵户、军户、镇户、府户之内,对于所属的官府和军将,有强烈的人身依附关系,经济上所谓"寄命衣食",尖锐地表达了依附关系的一个方面。在法律上部曲杀伤主人,比于编户齐民相互杀伤,罪加一等或一等以

---

① 《府兵制度考释》第三章,"魏晋以来的家兵、部曲与'兵户'、'士家'"(见本书79—86页——编者注);《读史集》第四部分,《魏晋南朝的兵制》、《府兵制前的北朝兵制》。

② 《唐律疏议》六,"称部曲者,部曲妻及客女亦同";又一三,"客女谓部曲之女"。

上，甚至詈骂主人，也构成为刑事案件，处罚很重。① 第二，一个人沦为部曲，列入兵户，全家身份是固定不变的。当时有两种情况可以改变这种身份，一是大混乱中军队离散了或者兵籍丧失了，部曲可以逃亡，但家属随营，寄命衣食，逃亡也是困难的，被捕判罪又是极严的，整个社会经济结构是如此，找不到任何生路，逃亡也是无计可施的。二是依据"部曲死事科"立了功②，或者立了功提升为军将，可以免除部曲身份，毕竟是机会很少；又如军将之间权力的变化，把兵籍焚毁，放免为良，这种可能性更少③；又如有的兵户、部曲由官府或军将特免，那也是很少见的④。总的趋向，乃是兵户、部曲增加，军将各自招诱部曲，迫人当兵，以至召募、征发，不一而足。南朝之梁，"大半之人，并为部曲"⑤，北魏时，北镇兵户，也往往"投仗强豪，寄命衣食"⑥，由兵户转而为私人部曲。整个兵制，已基本上处于私兵、世兵一种局面，难于遏止。

私兵、部曲是封建经济结构中的客户在军队中最完整的反映，在封建兵制史中又形成为私兵世兵的基本特点，而在上层建筑领域内，起支配作用，又是什么呢？这主要来源于血缘、地缘关系的影响，即宗族、乡里势力严重地支配着军队的组成，导致着私兵、部曲的大量出现。

---

① 《唐律疏议》六，"部曲殴良人者，加凡人一等"；又二，"殴伤部曲，减凡人一等，奴婢又减一等"；又二三，"部曲、奴婢詈旧主者徒二年，殴者流二千里，伤者绞"，"主殴旧部曲、奴婢折伤以上，部曲减凡人二等，奴婢减凡人一等"。
② 《三国志·魏志·齐王芳纪》。
③ 参阅《宋书》的《谢晦传》、《二凶传》、《竟陵王诞传》。
④ 《魏书·刘侯仁传》，又《高聪传》、《蒋少游传》。
⑤ 《文苑英华》卷七五四，何之元《梁典总论》。
⑥ 《魏书·刁雍传》，《北史·孙绍传》。

军队成员由编户齐民性质变为部曲性质,起源于汉末的"家兵",通常把"家兵"解释为"私家之兵"或"私兵",那是望文生义的看法,也是不得要领的说法。其实"家兵"乃指兵员与军将有着政治经济上的依附关系,有着人身依附关系,而其构成的社会基础,最基本的乃为宗族与乡里关系。

"家兵"的最确切解释,有如《后汉书·朱儁传》:"拜儁交阯刺史,令过本郡简募家兵及所调,合五千人。"家兵是从故乡召募而来,构成为其部曲,至于调发的兵,一般不成为私兵,二者原是互有区别的。后来任峻有宾客、部曲数百人,宾客包括宗族、姻亲、门生、故旧;李典有宗族、部曲三千余家,都明确指出了宗族、乡里关系。孙策就袁术索还其父孙坚的部曲千余人,即出于丹阳精兵之地,故乡色彩十分浓厚。① 《三国志·吴志·孙策传》注文引《江表传》,对刘繇、笮融的直系部队,即称之为"故乡部曲",原来史书记载上对此是明确的。一个新的制度出现,会当引起史家的重视,后来习以为常,往往以部曲二字包含着宗族、乡里的内涵,不另注明宗族、乡里关系,那也无足为怪。北魏末年到隋初,乡兵大量出现,北周一度任命新的一批帅都督,领本乡兵,是较为完整的记载。乡兵的全盘含义,如果袭用汉末兵制术语,亦可称之为"乡里部曲"或"故乡部曲"。部曲中突出了乡里的特点,实也包括宗族在内。军队私募,有的确以宗族为主体,如魏之李典、北周令狐整"咸愿举宗效力"。② 但一般不可能包含很多的宗族成员在内,隋初有"宗团骠骑",为杨家军,那是少见的。地缘关系中包括着一定的血缘关

---

① 《三国志·吴志·孙策传》注引《江表传》。
② 《三国志·魏志·李典传》,《周书·令狐整传》。

五论西魏北周和隋唐的府兵——府兵制的确立与兵户部曲的趋于消失

系。西魏时以拓跋氏原来统国三十六,大姓九十九,乃以诸将功高者为三十六国后,次者为九十九姓后,"所统军人亦改从其姓"①,这直接反映拓跋氏原来部族军的特点,也反映出汉族军制中的宗族遗痕,乡里部曲,总不能完全离开宗族关系。

部曲的宗族、乡里色彩,指其组织的核心部分而言,乡里本身可以扩大,又可以把不同乡里纳入于军将统属之内,如曹洪将家兵千余人,就扬州募兵,得庐江上甲二千人;东到丹阳,复得数千人,扩大的兵数,比于原来家兵多出了几倍,算是最突出的一个事例。②北齐的崔㥄,授徐州刺史,朝廷给以广宗部曲三百,清河部曲千人。部曲一经隶属,即发生封建依附关系,北齐陆法和,"部曲数千人通呼为弟子"③,这是最好的说明。从整体来讲,都是以宗族、乡里为其基础的。

宗族、乡里的社会势力,秦汉时代原很突出,在人们观念中,十分牢固,当时人习以为常,并不作为特殊问题看待,史籍中虽然多此痕迹,一般并不对此予以大书特书,只在特殊情况下,如战乱中所反映出的势力和集团,才会被史家所注意。西汉末年东汉初年,动乱中宗亲势力抬头,一是如汉光武以宗亲、乡里起兵,其部下如耿纯、寇恂之辈均以宗族子弟为其核心力量④;二是战乱之中,宗亲、乡里依附当地豪强大姓,流徙避乱,以至群居共处⑤。到东汉末年,又经变乱,这种现象重复出现,以至南北朝侨州郡县之设,都与

---

① 《北史·周本纪》。
② 《三国志·魏志·曹洪传》。
③ 《北史·崔㥄传》,《北齐书·陆法和传》。
④ 《后汉书·光武纪》,又《寇恂传》、《耿纯传》等。
⑤ 《三国志·魏志·杜恕传》;《晋书·苏峻传》,又《刘遐传》、《祖逖传》。

宗族、乡里的势力有关。我们研究魏晋南北朝的私兵、世兵，决不可不注意私兵、部曲的宗亲、乡里的特点。我们应当说，魏晋南北朝兵制，从其总的趋向来讲，是以具有浓厚的宗族、乡里色彩的私兵部曲为主要组成部分，这既有别于秦汉兵制，也有异于隋唐兵制，如果泛论整个古代兵制的话，注意这一特点，仍是非常重要的。

三、府兵制的确立在于消除私兵部曲

府兵制形成和确立的关键问题，在于消除私兵、世兵制，而消除私兵、世兵制的关键问题，又在于消除以宗族、乡里为核心的兵户、部曲。

府兵制形成前后，正是以宗族、乡里为核心的私兵、部曲最盛行的时候，除南方的梁，兵户、部曲，弥漫全境，这里不予置论外，北方则东魏西魏、北齐北周相继对峙，战争十分紧张和频繁，彼此都有常备兵和临时召募征发的军队，又都广泛地利用地主武装，鼓励他们武装其宗族、乡里以为各自效力。一时强宗豪族分别拥兵，风起云涌，都标榜为"义首"，可以被授予立义都督等军号，史书则称他们为"乡豪"、"首望"、"豪帅"，其部下为"义士"、"宗人"、"徒侣"。① 当时东魏西魏、北齐北周争夺的中心地带为洛州，洛州主要大姓有泉、杜二家，各自聚众，称为乡兵，彼此各自拥戴一方，直接火并，强弱胜败，几经反复。其他地方豪右举兵以及相互火并的事

---

① 参阅拙著《西魏北周统一与割据势力消涨的辩证关系》，《江西大学学报》1981 年第 2 期。

情非常之多，有的可以打着"义举"的旗号，拥戴一方，有的则以挫抑豪右为名，以强凌弱，都拥有私人武装，构成为一姓一地的割据势力，这与西汉末年、东汉末年的情况，本质上并无二致。当然最主要的仍在于对峙中的基本部队，同样具有浓厚的宗族、乡里色彩。就西魏北周来说，宇文泰是以收集贺拔岳的军队及其所属将领起家的。贺拔岳被侯莫陈悦所害，宇文泰对其部下"收而用之，得其死力，咸云为主将报仇"①，这些军将拥戴新主以报旧主，其部下都有着宗亲、乡里的渊源关系。宇文泰收集贺拔岳系统的部队，后来又招致一些军将，扩充自己的实力，都系以宗族、乡里为其主要特点的。宇文泰势力构成的两大支柱，一是武川豪酋，一是三辅著姓，其将领中有如李弼、李远、辛威、苏亮等为著名西土的世家，赵贵、寇洛、梁御、侯莫陈崇、独孤信、若干惠等，都与武川有着地域上的关系，他们都以带领乡兵起家。②李贤以乡兵擒侯莫陈悦之将吏归，又于擒窦泰、复弘农的战役中有功，以至李贤这一家，"冠冕之盛，当时莫比焉。自周及隋，郁为西京盛族，虽金、张在汉，不之尚也"。令狐整，屡有战功，后来率宗亲二千余人入朝，随军征讨，以至宗人二百余户，并列属籍，赐姓宇文氏。如此等等，整个封建统治局势，是强宗豪族势力在起支配的作用，以宗族、乡里为核心、为纽带的私兵、世兵势力，形式上与实质上，均已发展到登峰造极的程度。

实行府兵，在于消弱以至消除这一以宗族、乡里为核心、为纽带的私兵、世兵势力，在当时封建政治中确乎是一个极其尖锐的矛

---

① 《周书·李弼传》。
② 《周书》各本传，不具引。

盾,宇文泰及其继承者宇文邕等,以至包括一些大臣如苏绰、宇文护之流,是怎样解决这一尖锐矛盾并底于成功的?这当然是艰巨的,改革之中,呈现着极为错综和曲折的过程,但改革的线索,仍很清楚。

关于建立府兵制,削弱、消除以宗族、乡里为核心、为纽带的私兵、世兵势力,其措施主要可归纳为下列六点。

(一)常备兵均纳入六柱国统辖系统之内,层层控制,直属皇朝,大有助于改变原来的私人隶属关系。由柱国大将军到基层的都督,由皇朝任命,亦可以随时更换,军将与士伍之间的宗亲乡里关系,便不似以前那么固定了。从此军将兼领别人部曲,或者子孙继领父祖的部曲,都要中旨特许,不全由自己决定。而且柱国大将军、大将军、开府将军、仪同将军之类,如不加实职如"治某军总管军事"或"某军总管军事",或奉命出征出戍,只能视同勋号,并无实权,皇朝逐步握有统帅和指挥权力,使割据势力,不易滋生。

(二)遴选当州首望,统领乡兵。西魏大统十四年任命的一批乡帅,《周书·苏绰传附弟椿传》说是"置当州乡帅,自非乡望允当众心,不得预焉"。除苏椿外,其他如郭彦、柳敏、韦瑱辈,都是以望族领本乡兵,他们都在皇朝有官职,有似皇朝官吏派赴地方任职,使乡兵皇朝化,这又是一个重大措施。

(三)逐步让军队安土定居。在城有军坊,而且新筑许多城以处军人,在乡有乡团。定居则家累可以有其生业,可免昔时部曲"逐食流离"之苦。原来职业兵的家庭,生活上可以引起一些变化,逐步不全是"寄命衣食"了。当时战争仍然不少,安土定居,自然又会受到极大的阻障,只是总的趋向,在于定居。

(四)逐步制订兵役的番期。担任皇朝禁卫时,一般为每年一月役,"十五日上,则门栏陛戟,警昼巡夜;十五日下,则教旗习战"。如果出征出戍会打乱番期,亦可以二三年合并计算。安土定居,番役易于执行,原来的终身兵、职业兵性质,事实上已有若干程度的改变。番休番役之法在私兵世兵和战争流徙之中,那是不容易实现的。

(五)扩军以改变军队成员的组成成分。西魏北周,开始是"广募关陇豪右,以增军旅",继之乃为"籍六户中等以上家有三丁者选材力一人,免其身租庸调"。再其次是各种各式的召募,有的可以"给复三年",有的"除其县籍",以至说是"是后夏人半为兵矣",新的兵员不断增加,大批兵员的补充、扩大,原来军队的组成成分,多少要受影响。新募新籍的兵都来自编户齐民,即使身份上有豪右与贫下户之不同,本身并不同于部曲。虽然这些人被除其县籍,列入军户,有似汉末的"士家",可以称之为"国家部曲"。但这种"国家部曲"性质的军队,已不同于私人部曲,军队组成成分,已具有极为重要的变化。

(六)皇朝对军人"免其身租庸调",或者"除其县籍",对皇朝"无他课役",此与私兵部曲的"不供课役"不同,私兵部曲一般都是由军将"私相置名",依附于军将个人,对国家不供赋役。府兵初期,已是兵士直接依附于封建皇朝,以兵役代替了其他赋役,二者有其重要的区别。

所有这些措施中,最带关键性的两件:第一是西魏大统十六年"籍民之有材力者为府兵",第二是隋开皇十年下令"凡是军人,可悉属州县,垦田籍帐,一与民同"。籍民为兵,走向封建义务兵役制,消除了宗族、乡里色彩,也不复是职业兵、终身兵、世代兵,更不会是私兵。取消军户、兵户,还复编户齐民身份,社会地位提高了,封建兵制,至此也大为改观。①

建置府兵诸措施所以取得成效,主要是依存于整个客观形势的发展。其时民族大动荡大分化,已趋于融合,阶级阶层的变化如奴婢放良、镇户府户的免为平民等等,其趋向亦由来已久。北魏以来,实行均田制,北周也颁布过均田法,社会上存在着均田的"当年权格",仍在产生积极的效果。其时北周境内,开始整饬吏治,发展生产,地方上豪富强宗的势力有所削弱,赋役亦开始以贫富为差,都给府兵建置以有力的配合。如此等等,客观形势是有利于统一,有利于削弱宗族、乡里势力的。更重要的是,汉末黄巾大起义之后,封建阶级内部分崩离析,一时社会上沉滓泛起,组织宗族乡里以镇压农民的反抗,又从中各谋私利,相互掠夺,相互火并,导致四百年的战乱不休并引起民族大动荡大流徙。再经过北镇起义和其他大乘起义等,民族斗争与阶级斗争相结合的诸般斗争,在新情况下又给与汉族地主和少数民族地主以严重打击,整个封建阶级陷于极端混乱中,他们又复组织起封建性的核心力量——宗族乡里,全力以赴,同时又复各谋私利,争夺不休。其中一部分稍有远见的人物,被迫地有所醒觉,乱极思治,也想从战乱不休中解脱出来,有如北周的于谨、赵贵、贺拔胜、独孤信等,可以称之为"混乱中封建秩序的代表者",励精图治的宇文政权与这些人物结合在一起,局面逐步稳定,隋的统一基础,也就逐步确定下来。府兵制在这种总的趋向下,得以形成和确立,乃亦事势之所必然。有关这类问题,这里不予评论,只略为提示一下,借以引起我们的重视而已。

---

① 上述诸六点,有关资料均见《府兵制度考释》中,不具引。

四、封建兵制在当时政治经济发展中所起的杠杆作用

私兵、部曲是社会上佣客和客户在军队中的反映,及其在军队中盛行以后,又积极地给予社会政治以极大影响,表现为客户的增多和人身依附的加强,以宗族、乡里为核心的门阀势力的抬头,分裂割据势力的增长,此时军队成员的组成,引起整个封建政治经济的巨大变化。

汉末以来,私兵部曲的出现,社会上客户普遍地增多了。这种客户,除了地主诱迫和贫民投靠之外,主要是通过行政手段解除一些人对国家提供课役,列为官吏军将的私属。从曹魏赐给公卿以下租牛客户各有差之后,到西晋颁布占田法令,承认一品官可以有佃客五十户①,几十年间,佃户普遍增加,这种政治压力,是与私兵部曲成为军队的主干联系在一起,而以军队为其背景的。南方得荫人为佃客,北方则有荫户,三十、五十家合为一户,以至"百家合户、千丁共室"者,豪富之家,"庇荫"着许多客户,当时所谓民多隐冒,主要是豪富之家,据客户为私有,对皇朝不供课役。北镇起义以后,北方私兵部曲渐次增多,而"帖荒田七年,熟田五年,钱还地还,依令听许",帖田亦即佃客之例②,"贫者地无一廛",只有依附于人,帖田谋生。人身依附关系,无论在社会上在军队中都加

---

① 曹魏时,客户在贵要之家,已是"动有百数"。西晋占田制,规定一品官的佃客无过五十户,乃是规定的最高限额,实际上大官僚大地主的佃客会超过这个限额的。

② 《通典》二,引宋孝王《关东风俗传》。

强了。

封建割据,是通过军队的私兵部曲来实现的,如果只是社会上客户的增多,并不能直接形成分裂割据的局面,这是无庸多为说词的。我们还应当特别注意者,乃在于认清封建割据,又是以门阀为其支柱的。门阀是一种社会势力,又是一种政治势力,政治势力作为主导,它是与地主私人武装力量糅合在一起的。南方的琅琊王氏,北方的陇西李氏,都有着广泛的直接、间接的武装力量,乃为最明显的例子。军阀与门阀在当时都是以宗亲乡里为其社会基础的,又集中体现为军阀拥有私兵部曲,并通过门阀势力而加强其政治权力和社会影响,分裂割据乃长期不得结束。

同样,在府兵制建置之初,私兵部曲逐步减少和趋于消失,又必然要影响着整个的社会结构。早在北镇起义之时,改镇立州,镇户城民,曾恢复编户齐民的地位,乃是从军队系统中首先出现的。西魏北周,扩大召募与点籍,除其县籍,免其身租庸调,原有的私兵部曲,很自然地获得同样待遇,削弱其对军将的人身依附关系,特别是"自后夏人半为兵矣",人数多其对社会上的影响,会是处于决定性的作用。均田制中,奴婢与牛,不计算在授田之列,更没有客户佃户授田或容允占有客户、佃户的任何踪迹,正是军队成员在人身附依上的削弱,在一定程度上实现了一定范围内的社会解放。

府兵制的形成和确立,封建割据势力,由削弱以至消失,而门阀势力也相应地大大削弱了,门阀失去军阀的相辅相成,其政治权力、社会影响,也逐渐丧失了。唐朝修《氏族志》,由以门阀为线索的崔氏第一,改为以皇朝为中心的李氏第一。这一改变,决定于皇帝,自为因势利导,而门阀势力已经是强弩之末,唐皇朝作此决定,也算是水到渠成。①

军队是国家的主要工具,它与政治直接联系在一起,必然要集中表现当时的社会经济,同时又必然是积极地反作用于当时的政治经济以及民族文化等。这里概略叙述一下,从汉末到隋初,客户、佃户的增多和减少以及其人身依附的加强和削弱,军队在其中所起的杠杆作用,对于研究兵制和国家学说,都是有益的。这方面的研究,尚待加强,浅陋之见,只是抛砖引玉。

五、余论

由私兵部曲之改变为府兵制,是封建兵制与整个社会进程的一个重大发展,这是应当肯定的。但封建社会的进程,极为错综复杂、迂回曲折,生产力的发展很慢,封建生产关系变化不大,魏晋南北朝的私兵部曲,一度消失之后,在一定情况下,又会以其他形式出现。宋代禁兵,列为军户,有如汉魏的"士家",入军必须黥面,对封建国家的人身依附关系仍较强,这种封建募佣制,兵为终身兵、职业兵,一定程度上又具有世代为兵的因素。明代卫所制,为职业兵,且为世兵,其对封建国家具有兵户、屯户的双重性质。宋明兵制,又出现着魏晋南北朝世兵、职业兵的某些痕迹,这自然不是历史重演,却是封建兵制中有些带本质性的现象反复以不同形式出现的具体说明。中国近代史上,一开始还出现了湘军、淮军等,这种突出地以宗族、乡里、姻亲、故旧、门生、幕僚为核心、为纽带的军

---

① 《新唐书·高俭传》。

队,又一度出现在半殖民地半封建社会中。太平天国革命,对封建统治的打击,十分沉重。地主阶级企图挣扎,全力以赴,最终又乞灵于封建最根本最腐朽的势力——宗族、乡里。宗乡团练,一时沉滓泛起,回光返照,湘淮军组织起来,并短暂地取得某些成效,以作垂死挣扎。事情的出现,固然不足为怪,但问题的严重性,又确乎应该予以深思。封建社会的长期延续,其原因应从封建社会经济结构中去寻找,而封建政治的直接影响,封建兵制的杠杆作用,也是不可忽视的。府兵制的建立,在当时条件下,有利于发展生产,有利于削弱宗族乡里观念,有利于消除割据势力。当时的封建政治家如宇文泰、宇文护、宇文邕、苏绰以至杨坚辈,既看到封建割据势力的严重性,在承认它的存在的前提下,因势利导,逐步变私兵部曲为军户,并把军户变为"一编户贯",从而在社会上削弱了农民对地主的人身依附关系,这是符合当时政治经济形势发展的要求的。他们重视军队,重视军队对政治经济以至民族文化的杠杆作用,虽然他们本人并不能自觉到这一点,从我们研究兵制来讲,应该予以充分注意,俾能有效地发挥出历史研究的积极作用。

(原载《江西师院学报》1983 年第 4 期)

谷霁光先生学术年表[*]

1907年(清光绪三十三年)

2月2日,出生于湖南省湘潭县乌石乡景泉村白竹坪。

1915年

开始在湖南省湘潭县读私塾。

1922年

在湖南省湘潭县益智中学求学,三年后因反对教会离开学校,学校亦停办。

1925年

在湖南长沙文艺中学读高一。

1927年

5月至8月,因湖南长沙文艺中学停顿,闲居在湘潭县方上桥家中。

9月至11月,在湘潭县百花生生馆刘闻知处补习国文。

1928年

1月,考入南京东方公学。补习功课,完成高中应学课程。

7月,南京东方公学高中毕业。随即考入上海大同大学。

1929年

从上海大同大学肄业。

---

[*] 本年表由邹锦良编撰。

8月,考取清华大学。9月,入清华大学物理系就读。

1930年

由清华大学物理系转入历史系就读。

1932年

撰《字源》、《〈尚书·周书〉和〈逸周书〉事实相同、体裁相同几篇的比较研究》。

1933年

6月,清华大学历史系毕业,旋即担任清华大学历史系雷海宗教授助教。

1934年

5月20日,与吴晗、汤象龙、夏鼐、罗尔纲、梁方仲、朱庆永、孙毓棠、刘㑺、罗玉东等人组织成立"史学研究会"。汤象龙任总务,吴晗和罗尔纲先后任编辑,谷霁光任文书。

1935年

撰《府兵制度的起源》、《崔浩"国史"之狱与北朝门阀》、《镇戍与防府》、《安史乱前之河北道》等。撰《补魏书兵志》(后列入《二十五史补编》第四册),《唐折冲府考校补》(后列入《二十五史补编》第六册)。

1936年

由吴晗介绍加入"禹贡学会"。

9月,任南开大学文学院讲师,兼商学院经济研究所研究员,副研究导师,中央研究院社会研究所《中国社会经济史集刊》特约纂述兼编辑。

1937年

9月,随南开大学迁长沙。不久右臂发炎开刀。

1938 年

4月,南开大学迁往昆明,无意续聘,离职,手伤未愈,在湘乡女职兼英文课两三个月。

8月,被聘为厦门大学历史系副教授。

1940 年

在福建长汀,任厦门大学历史系教授,兼学报编辑。

1943 年

撰《〈中国近代史〉》(书评,蒋廷黻著)。

1944 年

日寇深入宁都。厦门大学把图书仪器迁往长汀县濯田乡,将江西会馆长汀万寿宫改为图书馆。全家迁往长汀县,谷先生出任厦门大学长汀办事处主任。

由顾颉刚通讯邀请加入重庆"中国史学会"。

1945 年

吴士栋教授调离厦门大学历史系,谷先生接任历史系主任。

10月,离开福建厦门大学。11月,全家迁往江西,任国立中正大学教授。

1947 年

代理国立中正大学总务长。

1948 年

任国立中正大学训育委员会委员。

1949 年

6月,任国立南昌大学史地系教授,兼任史地系主任。

7月,入江西八一革命大学政治研究班学习。

1950 年

2 月,入华北人民革命大学政治研究院(第二期)学习,任学习班长。

1951 年

4 月,于华北人民革命大学政治研究院毕业,任南昌大学史地系教授,兼任系主任、教务长。

1953 年

9 月,任江西师范学院教授,兼任教务长。

1956 年

8 月,任民盟江西省第三届委员会副主委。

1957 年

撰《李秀成伪降说质疑》,刊于《历史教学》(期数不详)。

1958 年

4 月,编撰《中国古代及中世纪史讲义(隋唐宋元部分)》(江西师范学院历史系铅印本)。

1960 年

1 月,任江西大学教授,江西大学副校长。

1962 年

7 月,《府兵制度考释》出版(上海人民出版社)。

1966 年

6 月 18 日,《江西日报》公开点名批判谷霁光先生为"'三家村'黑店江西分店老板"、"反党反社会主义的黑帮分子"和"反党反社会主义反革命的资产阶级知识分子",派出工作组到大专院校。谷霁光先生停职,受到批斗。

1970 年

在江西省武宁县、景德镇等地劳动改造。

1971 年

年底,从"集训队"回到南昌。

1974 年

在南昌家中休养。

1978 年

3月,任第五届全国政协委员。去信罗尔纲,讨论宋江晚节问题。3月26日,罗尔纲回信。

7月,《府兵制度考释》重印(上海人民出版社)。

1979 年

4月,中共江西省委恢复谷霁光先生江西大学副校长职务。

6月,去信罗尔纲,探讨太平天国虚君制问题。

8月21日,中共江西省委为谷霁光先生平反。9月,任江西大学教授,江西大学校长(任期至1983年9月)。10月20日,《江西日报》全文刊登了《经党中央批准,中共江西省委作出决定,为谷霁光教授平反恢复名誉》。12月27日,任江西省第五届人大常委会副主任(任期至1983年4月30日)。

1980 年

1月,与谷远峰合撰的《王安石经济思想若干问题试析》刊于《中国史研究》第1期。

5月,《中国古代经济史论文集》出版(江西人民出版社)。姚公骞、周銮书为该书作序。

1981 年

4月,去信罗尔纲,继续探讨太平天国虚君制问题。

1982 年

1 月,《史林漫拾》出版(福建人民出版社)。

1983 年

5 月,任江西省政协第五届委员会副主席。

9 月,辞任江西大学校长,任江西大学名誉校长。

10 月,突发脑血栓,半身不遂,住进医院。

1984

在家休养。

6 月,任民盟江西省第七届委员会主委(至 1987 年 11 月卸任)。

9 月,去信罗尔纲,交流罗尔纲所著《怀吴晗》、《湘军兵志》。

11 月 9 日,被聘为中国魏晋南北朝史学会顾问。

1985 年

《府兵制度考释》再版(台湾弘文馆出版社)。

1 月 9 日,被聘为中国大百科全书军事卷军制分支学科顾问。

2 月,与罗尔纲书信往来,罗尔纲寄赠所撰《水浒传》研究论文。4 月,去信罗尔纲,探讨罗尔纲所撰《水浒传》研究论文。10 月 4 日,罗尔纲来信,交流书稿序文问题。

主持教育部"七五"重点规划项目"中国兵制史"研究。

1987 年

10 月,为《王安石研究》(1987 年第 2 期)题词:"荆公新法深穷究,抚属英才谨护持。"在给王安石研究会的信中,谷老写道:"寄上对联一副,请收。'抚属英才谨护持',也包括王安石这一代改革家在内,有人甚至指责其某些政策是反动的,颠倒是非,一至如此,我们都要起来护持。贵会责任重大。我们当然不会是贱今而厚古,但却可以温故知新,历史人物一定要历史予以评价。抚州是'才子之乡',也一定要正确地评论其现实德才表现,贵会也自然负有责任。今与古从来就是息息相关的。'任重道远',此语算是纪实,也是一种期望,谨祝王安石研究会工作日新月异。"

1988 年

9月26日,被聘为中国经济思想史学会名誉理事。

1989 年

3月,《试论王安石的历史观与其经济改革》(刊于《争鸣》1987年第1、2期)一文荣获江西省第三次社会科学优秀成果奖一等奖。

1990 年

11月24日,撰《〈明清景德镇城市经济研究〉序》(该书为梁淼泰著)。

1991 年

与周銮书教授交流江西省乐安县流坑村的保护问题。

1992 年

与汤象龙、罗尔纲合撰的《〈中国近代海关税收和分配统计(1861—1910)〉序言三篇》刊于《财经科学》第4期。

1993 年

3月23日,因脑溢血逝世。

读《府兵制度考释》书后

何兹全

最近读了上海人民出版社 1962 年 7 月出版谷霁光先生著的《府兵制度考释》。这是一本好书,不仅材料丰富,而且分析细致深入,处处有新义。读后得益不少。

府兵制度在中国兵制史中占有重要的地位,同时在中国社会经济史中也占有重要的地位。府兵制前期的军民分籍、兵家的身份、地位以及军民分籍到军民合籍的变化等等问题,同时也就是社会史中的重要问题。

府兵制起于西魏大统,废于唐之天宝,前后约二百年。其间发展变化,可分为前后两期,隋以前为前期,隋及唐为后期。隋及唐府兵制的材料比较多,而隋以前则很少。前期府兵制的内容如何,实不甚明悉。近年来,经一些史学家的辛勤用力,其中特别是陈寅恪、唐长孺、岑仲勉和谷霁光四位先生,对前期府兵制有关材料的挖掘整理、爬梳分析,取得了很大的成绩,府兵制前后的发展变化,来龙去脉,渐渐有了一个清晰的轮廓。

谷霁光先生对中国兵制史有多年的研究,对府兵制写过多篇论文。这部《府兵制度考释》就是在他多年研究的基础上写出来的。

一种制度的出现,总不是突然的。在它成长为一种制度、显著地呈现在人们面前之前,往往已经在社会事物之中早已逐渐出生和生长。历史研究工作的重要任务之一就是要揭示这些制度的内部因袭演变之迹。本书在第一、二、三章"府兵名称的由来及其演变"、"西魏、北周时期府兵制度的形成"、"府兵制与魏晋以来封建兵制及鲜卑拓跋兵制的渊源关系"里,用丰富的材料分析说明府兵制和魏晋以来军府领兵制度以及拓跋部族制兵制的渊源关系。这样就使府兵制的出现和汉族皇朝的兵制联系起来,和鲜卑拓跋氏的兵制联系起来,使府兵制和当时的社会联系起来,也就使府兵制成为历史发展中相互联系的一环而不是孤立的现象。

府兵制承继了前代汉族皇朝的兵制和鲜卑拓跋氏的兵制两个历史渊源。

汉末,中央集权的政府垮台,世家豪族的势力发展和强大起来。这些世家豪族多有家兵、部曲,多的动至数千家。和世家豪族的家兵、部曲相联系的是兵户或士家制的出现。家兵、部曲是世家豪族的私家军队,兵户、士家是封建皇朝的官家军队。家兵、部曲的出现,使世家豪族领下的户口从皇朝的户口中分裂出来;兵户、士家的出现,又使兵户从一般民户中分裂出来。魏晋以来,地方上多以刺史治民,都督领兵。都督的军衔就被称为军府,军府的军队,也就慢慢被称为府兵。府兵的名称,两晋时已较流行。谢玄在淝水之战时所使用的军队,就称为北府兵。

这是府兵制度的一个历史渊源。府兵这个名称就是前代已有的,只是前代是一般都督府所领的军队的通称,府兵制度下成为专称。唐长孺先生首先指出府兵名称的这一历史关系,经谷霁光先生的阐释,这可以说已是定论了。

读《府兵制度考释》书后

府兵制的另一历史渊源是鲜卑拓跋氏的部族兵制。拓跋初起时,内部包括许多部落,《魏书·官氏志》所载魏氏之初,"统国三十六,大姓九十九"。所谓三十六国、九十九姓,就是一些部落。这些部落的成员都有当兵的权利和义务,所谓"凡此诸部,其渠长皆自统众"(《魏书·官氏志》)。拓跋氏入主中原时,在北部缘边地区设镇,以防御柔然等部族从北面抄袭。入中原后,也在西、南边境上设镇。这些镇府的兵士,主要是拓跋氏各部落的成员。随着拓跋氏社会的阶级分化和封建化,氏族贵族发展成封建贵族。"散诸部落,同为编户"的结果,一部分部族成员成为普通民户,而在镇府当兵的则成为兵户,即所谓府户。

鲜卑拓跋氏这种早年的部族兵制构成府兵制的又一渊源。府兵制成立时期,"以诸将功高者为三十六国后,次功者为九十九姓后,所统军人亦改从其姓"(《周书·文帝纪》下),就是在形式上摹拟鲜卑拓跋氏当时的部族兵制。

关于府兵制和拓跋氏早年部族兵制的关系,陈寅恪先生曾首发其覆。陈先生在《府兵制前期史料试释》一文里(此文后来收入《隋唐制度渊源略论稿》一书作兵制章)即指出"府兵之制,其初起时实摹拟鲜卑部落旧制"。但陈先生似乎过于强调了府兵制的鲜卑部族兵制这一渊源,而忽略了魏晋以来汉族皇朝乃至五胡十六国北方各族统治时期兵制的另一渊源。谷霁光先生对这一问题的意见,是比较全面的。

由于史料缺少,有关府兵制的好多问题,都不容易弄清楚,解说不一,引起争论。谷霁光先生挖掘材料,整理分析,取得很大成绩,府兵制许多有争论的问题,得到解决。例如初期府兵的军备给养,《北史》卷六〇说:"每兵唯办弓刀一具,月简阅之,甲槊戈弩,并资官给。"而《邺侯家传》则谓:"兵仗衣驮牛驴及糗粮旨蓄,六家共备。"这两条记载似乎有矛盾,成为研究中争论的问题。"六家"何所指,就有不同的解释。陈寅恪先生提出六家疑即"六柱国家"之说。但陈先生只将问题提出来,未作充分的解说。谷霁光先生一方面从文字上证释了六家就是六柱国家,并指出六家即指六柱国,《邺侯家传》中即自有注脚,无须旁证;另方面说明这也就是魏晋以来私家养兵的继续,"'六家共备'即六家自筹给养,或者说给养由六家负责解决",当然,也不能"机械地解释成为六家全盘供备其全部军队的资粮"。* 谷先生认为,《北史》"并资官给"说和《邺侯家传》"六家共备"说也不矛盾。谷先生指出这正是私家的私兵、部曲中央化过程中的现象。"六家共备"是六柱国的军队走向中央化仍处于初期变化过程中,在军资衣粮供备上尚保留着的原来私兵的一些痕迹,而"并资官给"却反映了转变中的发展趋势。** 这是谷先生从发展上看待历史问题,辩证地看待历史问题的结果。看来似乎是矛盾的现象,却原来是历史发展过程中前后相连续的现象。矛盾的问题解决了。

有些人讲府兵制,往往给人一种印象,好像府兵制是当时唯一的兵制,府兵以外,别无兵。谷霁光先生批评了这种见解,指出:"府兵制实行的同时,还始终存在着其他兵制,即使府兵成为最主要的军队的时候,其他军队的重要作用,仍然不能予以忽视。西魏以来,州郡兵一直不曾削弱,有时候还是继续加强。"***

府兵也不是唯一的禁卫军,府兵之外,从魏周到隋唐,始终还

---

　　* 见本书第46页注②。——编者注
　** 见本书第49页。——编者注
*** 见本书第21页。——编者注

读《府兵制度考释》书后

另有一种禁军存在。* 在这个问题上,谷先生批评了唐长孺先生不同的看法。谷霁光先生认为:"唐长孺先生把北周二十四军宿卫与禁军宿卫等同起来,误以为禁旅全属二十四军的军人或军士,因而忽视了禁军的独特地位和作用,其原因就是不了解府兵与禁军始终同时并存这一普遍事实。"**

府兵在当时全部军队中占多大的比重呢?就唐代而论,谷先生同意岑仲勉先生的意见。岑先生估计唐代兵数单是边兵一项就有四十九万,府兵约六十万人。一般以六番计,在番的只有十万人。因此即使府兵不作别用,全部用作边兵,也只有十万,还有三十九万必须来自别项兵源。***

谷先生的结论如何,还可以进一步研究。但使人不先就认为府兵制就是当时唯一的兵制,府兵就是唯一的兵,却是很重要的启发,对进一步研究府兵制大有好处。

从中国兵制史来看,府兵制度不仅是承前,和魏晋以来的兵制、鲜卑拓跋氏的部族兵制有渊源关系,而且是启后,宋代的兵制也从唐代府兵制中吸取经验,接受影响。宋代兵制的特点之一是"兵无常帅,帅无常师",兵权集中在中央,有事派将领兵出征,事完回来仍将军队交出。宋代这种集兵权于中央的办法,就是从唐代府兵制中吸取来的。唐府兵制是以卫统府,十二卫和六率居中央,折冲府散在地方。谷霁光先生指出,"十二卫和东宫六率所领的折冲府,都不集中在一个地区,这是以卫统府的一个重要方略"。"一个卫所领折冲府分散在各地,军将不易专其兵,卫大将军名位虽

---

* 见本书第19页。——编者注
** 见本书第20页。——编者注
*** 见本书第21页。——编者注

崇,不过是'蓄养戎臣',平时尚统领所属上番卫士宿卫京师;战时受命出征,其军队系由朝廷临时从各卫及募兵中调遣,真是'将虽有名而权实去,兵将在内而京师实重',为高度中央集权的措施。同样,就一个道或一个州而言,折冲府虽多,所隶卫、率的系统不同……战时受皇朝调遣接受行军元帅或行军总管的指挥,而所隶行军元帅或总管,往往不是本卫将军,这样就不易形成为割据势力。而且卫大将军和地方长官都无调遣军队之权,平时'伍散田亩,力解势破',即使在教阅时集中起来,而统领系统不同,足以互相牵制,不易变成为一种私兵。所以折冲府虽分布各地,仍然为皇朝直辖的中军,绝不同于具有地方色彩的外军,这又是高度中央集权的具体体现。"* 我看,这正是宋代兵制中"兵无常帅,帅无常师"的所本。"将虽有名而权实去,兵将在内而京师实重",杜牧《樊川文集》和《玉海·兵制》虽均有此说法,盖当时舆论如此**,但后人谈兵制的似乎很少就此点发挥。谷先生的阐释,使唐代府兵制对宋代兵制的影响,宋代兵制和唐代府兵制的因袭沿革关系也初步被揭示出来。

自己对府兵制度,特别是唐代的府兵制度没有研究,读过谷先生的书后,获益实多,但有些地方还感到不满足,有些问题还有疑问。

第三章讲府兵制和鲜卑拓跋氏兵制的渊源关系时,谷先生说:"拓跋氏进入中原后,即兼用汉法征汉人为兵。其办法主要有两种。一种是征发汉人充当镇户,世代执役,一般多集中于城郭,后

---

* 见本书第158—159页。——编者注
** 见本书第159页注②。——编者注

来更多地叫作城民。……一种是征发汉人分番出征或远戍,其办法是十五丁出一番兵,或十丁取一,或三五简发,或丁壮尽征等。"*按拓跋氏以汉人为兵,似是中期以后的事,初入中原时,他的军队组成,主要是鲜卑拓跋本部族的人和丁零等人。公元451年,魏主拓跋焘致宋盱眙守将臧质书云:"吾今所遣斗兵,尽非我国人,城东北是丁零与胡,南是氐、羌。设使丁零死,正可减常山、赵郡贼;胡死,减并州贼;氐、羌死,减关中贼。卿若杀之,无所不利。"(《资治通鉴》卷一二六)这里拓跋焘所举的没有汉人。固然,他这里没有举,在逻辑上说,不等于没有。但我们结合其他材料看,魏初没有汉兵,大约是可以肯定的。即本书举作论据的材料和事例,如《魏书·高祖纪、肃宗纪、元孝友传、元天赐传、元法僧传》等,都在魏中叶以后,也说明这点。拓跋氏进入中原之初,有所谓宋兵将军、鲁兵将军等称号,这些将军所统领的兵,可能是汉人。但这多系临时收招,还不成制度。北魏一朝,汉人当兵的发展过程,大约是:先作运丁,参与军需的运输,其后作州郡地方兵,再其后始服兵役。说"拓跋氏进入中原后,即兼用汉法征汉人为兵",时间似乎提前了些。

在讲"府兵制与均田制及封建国家职能的关系"这一章里,谷先生说均田制度下"一丁百亩,不是指一般农民说的,能够占有百亩的,起码是一个小地主身份"。**按从北魏到隋唐,均田制的授田办法尽管有些变化,但一夫一妇、一床或丁男为户的授田亩数,大都在百亩上下。向来讲均田制的,一般是把这个受田百亩的农家

---

* 见本书第87—88页。——编者注
** 见本书第200—201页。——编者注

当作农民看待。谷先生把它看作"起码是一个小地主身份"的提法，是个新提法。

说"均田制是维护地主占有的一种土地制度"*，"这种土地制度本质上是维护地主的利益，特别是有官、勋的官僚地主的利益"**，是完全对的，因为在均田制下，无论是北魏、北周、北齐，还是隋、唐，官僚地主阶级的占田和农民的占田是无法比拟的。由于奴婢可以受田，官贵另有永业田、职分田、勋田等等，官僚地主所得到的田，远远超过农民所占到的田。行的是均田制，实际上却大大不均。我们说均田制在本质上是为地主阶级的利益服务的，就是就这种情况而言的。但通常的想法，受田百亩左右的那个一夫受田，总还都是农民。没有考虑过这些受田者"起码是一个小地主身份"这个问题。

谷先生说孟子所谓八口之家百亩之田，那时田亩小、产量低，故有可能。魏晋以来，田亩的面积大了，产量不断提高，一夫治田四十亩，丁男课田五十亩，已是相当高的数额。秦汉以来的屯田，一般是一人耕种十多亩至二十多亩，已不免粗放。北魏均田，一夫一妇八十亩，超过一夫一妇的耕作能力。唐代的实际情况是丁男一般不过受田三十亩，唐太宗在灵口所见就是如此。唐代后期，有田不及五十亩，即是穷人，有田五十亩以上便可跻于富人之列。由此可以推知，一丁能有百亩，已构成为一个小地主。***谷先生并举唐代敦煌县户籍残卷所载两户为例，来证实他的说法。****

---

* 见本书第197页。——编者注
** 见本书第202页。——编者注
*** 见本书第199—200页。——编者注
**** 见本书第200—201页。——编者注

读《府兵制度考释》书后

我对谷先生有田百亩已是小地主之说,认为是应该重视的新说,但仍有疑问。

按汉初陈平兄弟有田三十亩,算是贫士。他嫂嫂说他"亦食糠核耳!"(《史记》卷五六《陈丞相世家》)西汉后期的贡禹有田一百四十亩自谓"年老贫穷","妻子糠豆不赡,裋褐不完"(《汉书》卷七二《贡禹传》)。西汉文帝时的晁错估计当时的农民家庭,也是以百亩来算,而这样一个家庭,已是年年负债,要走上鬻田宅卖妻子贫苦没落之路。(见《汉书》卷二四《食货志》上)唐太宗在灵口所看到的农家,固然有受田三十亩的,但这远不是什么美好的情况。唐太宗就为此忧心忡忡,一夜没有睡好觉。(见《册府元龟》卷一〇五)自然,唐太宗所忧的并不是农民的生活,他忧的是农民生活不好,会起而革他的命。但从这个故事看来,很难说有田三十亩已是够耕种够生活了。唐代后期有田五十亩是穷人(见《新唐书》卷一二〇《袁高传》),但很难从这句话得出结论说"有田五十亩以上便可跻于富人之列",更难"由此可以推知,一丁能有百亩,已构成为一个小地主"。均田制是维护官僚地主阶级的利益的,和农民一家占田百亩是两回事。不一定占田百亩已是小地主身份,均田制才是维护地主阶级利益的。均田制之所以是维护地主阶级利益的,是因为在均田的幌子下,官僚地主的占田远远可以超过百亩。

我们还可以天宝年间的人口数和田亩的比数来看这个问题。据《通典》卷二《食货门·田制》下载:"天宝中,应受田一千四百三十万三千八百六十二顷十三亩。注:按十四年有户八百九十万余,计定垦之数,每户合一顷六十余亩。"一顷六十亩比谷先生认为已经是小地主的一百亩高出二分之一以上。汪篯先生近来提出新说,认为"史籍上的隋唐田亩数非实际耕地面积"(《光明日报》

1962年8月15日《史学》双周刊第244号），"史籍上的隋唐田亩数是应受田数"（《光明日报》1962年8月29日《史学》双周刊第245号）。即使依汪篯先生之说，把天宝中的田亩数打个折扣，砍去三分之一，说天宝年间的实际垦田数约略和汉代相当，有八百余万顷，平均每户仍合一百亩左右。如果唐代真能作到田亩平均，每户都有田百亩，依谷先生之说，那就天下只有地主而无农民了。

而且，一般农民占有田地多少，因时代不同而有所不同，因地区不同也可以有所不同，例如，边疆地区的农民占有的土地就可以远远大过内地的农民。

我对谷先生之说，虽有怀疑，但仍认为此说之提出是应该重视的。这是个新问题，提出来，能发人深思，引导我们进一步来考察这个问题。

第二章讲"西魏、北周时期府兵制度的形成"时，谷先生说："大统八年'初置六军'，大统九年'广募关陇豪右以增军旅'，是府兵制形成中的重大事件，也是研究府兵制初期阶段一个关键问题。"＊"府兵初期的组成，乡兵构成为一个重要方面，研究府兵制源流，必须对此详加阐明。"＊＊在这一章里，谷先生比较详细地论述了广募豪右和招纳乡兵在府兵制形成时期的地位。

按魏晋以来，府兵之名称已经出现。但府兵制之成为制度，使府兵由通称成为专称，其关键却在于设府取兵。《玉海》卷一三七《兵制》引《后魏书》所谓"西魏大统八年，宇文泰仿周典置六军，合为百府。十六年，籍民之有材力者为府兵"，同书卷一三八《兵制》

＊ 见本书第27页。——编者注
＊＊ 见本书第30页。——编者注

引《邺侯家传》所谓"初置府兵,皆于六户中等以上家有三丁者,选材力一人,免其身租庸调,郡守农隙教试阅",都说明设府取兵是府兵制成立的标志。

前面已经提到过,魏晋以来已有军府,两晋时府兵的名称已相当流行。但当时并没有府兵制度,因为当时虽有军府,还不是设府取兵。魏晋以来,兵分两途,一是私兵,一是官兵。世家豪族都有家兵、部曲,这是私兵;政府有兵户、士家,这是官兵。广募豪右,招纳乡兵,把私兵变为官兵,削弱了世家豪族的势力,加强了中央政府的势力,这自然是重要的。但这只是中央和地方的斗争,集权和割据的斗争。广募豪右和招纳乡兵是中央皇权和地方割据的矛盾统一。这种矛盾统一,在三国时就已出现。曹操就曾广募豪右、招纳地方兵,组成他的军事势力。东吴孙权的军事力量更是靠这种方式组成。这时期,军府也逐渐形成。但因为他们都没有设府取兵,便没有形成府兵制。

谷先生讲西魏北周时期府兵制度的形成,似乎注意点太多地放在时期上了,讲的多是这个时期的兵制,而不是放在府兵制上。因此,府兵制组织系统的成立,即何时开始设府取兵问题,谷先生似乎并未多予注意。谷先生似乎是把府兵制成立的时间放在西魏大统八年。他说:"从西魏大统八年(542年)到北周大象二年(580年),一共三十八年的时间,府兵制度已经形成,属于府兵制发展的初期。"* 既然府兵制成立的关键在于设府取兵,我同意唐长孺先生的意见,"就整个组织系统之建立而言,却只有在(大统)十六年"(《魏晋南北朝史论丛》第266页)。《通鉴》把宇文泰"始籍民之材

---

* 见本书第22页。——编者注

力者为府兵","合为百府"(卷一六三)系在梁简文帝大宝元年,即西魏大统十六年,是有识的。招募豪右、接纳乡兵参加六柱国系统,是府兵制形成时期的情况,这两种兵士来源是六柱国领兵初期的重要兵源,但府兵制之成为府兵制,应仍在设府取兵。二者是有密切关系的,又是有区别的。没有设府取兵,只有广招豪右、接纳乡兵,就只能产生军府,而不能产生府兵制。

作者在引言中说,本书是以考释为主,而考释又不是以问题为纲,系按历史年代顺序加以述说。* 因此,一段材料,一个问题都考释得很细致深入,但也就因此文字上不免使人有琐碎甚至重复之感,大的系统线索也因之不够鲜明突出。

总之,《府兵制度考释》是一本好书,我读了受益很大。所提的几点想法,也只是读后还不能满足的几个疑问,可能完全是不正确的。

(原载《历史研究》1962年第6期)

---

* 见本书第4页。——编者注